权威·前沿·原创

皮书系列为
"十二五""十三五"国家重点图书出版规划项目

中国社会科学院创新工程学术出版资助项目

中国上市公司发展报告
（2018）

ANNUAL REPORT ON THE DEVELOPMENT OF CHINESE LISTED COMPANIES (2018)

中国社会科学院上市公司研究中心
张　鹏　张　磊　刘煜辉　钱学宁　黄胤英　张　平／著

社会科学文献出版社
SOCIAL SCIENCES ACADEMIC PRESS（CHINA）

图书在版编目(CIP)数据

中国上市公司发展报告.2018/张鹏等著.--北京：社会科学文献出版社，2018.8
（中国上市公司蓝皮书）
ISBN 978-7-5201-3277-0

Ⅰ.①中… Ⅱ.①张… Ⅲ.①上市公司-经济发展-研究报告-中国-2018 Ⅳ.①F279.246

中国版本图书馆CIP数据核字（2018）第185697号

中国上市公司蓝皮书
中国上市公司发展报告（2018）

著　者／张　鹏　张　磊　刘煜辉　钱学宁　黄胤英　张　平

出 版 人／谢寿光
项目统筹／邓泳红　吴　敏
责任编辑／吴　敏

出　　版／社会科学文献出版社·皮书出版分社（010）59367127
　　　　　地址：北京市北三环中路甲29号院华龙大厦　邮编：100029
　　　　　网址：www.ssap.com.cn
发　　行／市场营销中心（010）59367081　59367018
印　　装／三河市龙林印务有限公司

规　　格／开本：787mm×1092mm　1/16
　　　　　印　张：19.75　字　数：298千字
版　　次／2018年8月第1版　2018年8月第1次印刷
书　　号／ISBN 978-7-5201-3277-0
定　　价／98.00元

皮书序列号／PSN B-2014-414-1/1

本书如有印装质量问题，请与读者服务中心（010-59367028）联系

▲ 版权所有 翻印必究

《中国上市公司发展报告 2018》
编 委 会

主　　　编　　张　平

本报告执笔人　　张　鹏　　张　磊　　刘煜辉　　钱学宁

　　　　　　　　　黄胤英　　张　平

总　协　调　　周　济

中国社会科学院上市公司研究中心组织架构

主　　任　张　平

副 主 任　王宏淼　周　济　张　磊　刘煜辉　钱学宁
　　　　　　张　鹏

秘 书 长　周　济　程锦锥

副秘书长　王进杰

研 究 员　陈昌兵　程锦锥　杜丽虹　郭　路　黄俊杰
　　　　　　黄胤英　刘煜辉　楠　玉　钱学宁　王宏淼
　　　　　　王进杰　王　习　王亚菲　吴　伟　张　磊
　　　　　　张　鹏　张　平　张小溪　仲继银　张自然

中国社会科学院上市公司研究中心简介

中国社会科学院上市公司研究中心的前身是1996年经中国社会科学院批准成立的"中国社会科学院经济研究所上市公司研究与预测中心"。2003年经中国社会科学院批复同意改用现名,成为院级中心,中国社会科学院学部委员、原经济研究所所长张卓元研究员担任中心主任。从2016年6月开始,中心主任改由中国社会科学院经济研究所研究员、中国社会科学院国家金融与发展实验室副主任张平接任。该中心为面向市场的非实体性研究机构,基本职能定位是开展上市公司理论与政策研究,向国家有关部门提供政策建议,促进我国资本市场的健康发展,推动现代企业制度的建设。

中心自成立以来开展了一系列学术活动。第一,在中心成立伊始,每年与多家全国性证券公司以及地方政府联合召开中国上市公司论坛年会。历届论坛以其议题的前沿性、代表的广泛性、信息的准确性、组织的有序性博得了广泛赞誉,成为对中国证券市场和上市公司发展产生积极影响的知名学术会议品牌。第二,多次承担了中国社会科学院、经济研究所以及有关单位、地方政府的重大课题研究,先后提交了研究报告、学术论文数十篇,其中多篇在国内核心报刊上发表,受到了同行的普遍关注。第三,从2014年开始,每年撰写一部《中国上市公司发展报告》,作为"中国上市公司蓝皮书"由社会科学文献出版社正式出版。第四,人才队伍建设方面,中心依托中国社会科学院经济研究所,与企业合作成立博士后工作站,共同招收博士后研究人员,为中国上市公司和资本市场研究培养高素质人才。

摘　要

本书总报告《新经济动能转换与资本市场结构转变》指出，受强监管导致信用收缩、外部风险冲击加大等因素影响，预计中国经济2018年增长6.6%、2019年增长6.3%。上市公司业绩增长与经济增长呈现分化趋势，A股估值已降至历史较低水平，上市公司运营保持稳定，价值投资浮现。当前中国新经济快速增长使得经济增长新旧动能接续正常，新经济领域"独角兽"涌集，新经济逐步成为经济增长的重要驱动力，但受高成长性、高创新能力、轻资产与高技术等业务特点影响，中国目前资本市场体系不足以支持新经济快速发展，因此必须加快建立和完善多层次资本市场体系，为中国新经济发展及中国新旧动能顺利转换保驾护航。分报告一《中国上市公司价值评估研究》在总报告基础上从微观角度对中国上市公司进行了评估，报告在2017年价值评估模型基础上，更加完善细化和加入、更新多维度创新能力衡量指标，最终形成财务状况、估值与成长性、创值能力、公司治理、创新与研发五个维度的价值评估模型，并主要使用2017年年报公开数据对中国A股和香港中资股、美国中资股分行业上市公司进行了评估与综合排名，筛选出了分行业价值较高的上市公司。从排名结果我们发现，供给侧结构性改革，消费升级，新科技、新业态和新模式等新经济发展，对外开放等构成上市公司价值增长的重要因素，也对中国未来经济结构转型具有一定的参考价值。分报告二《互联网经济发展、颠覆性创新和中国增长动力重构》进一步从新经济角度分析了在人口红利消失后重构增长动力的世界性难题。报告指出互联网经济提供的技术手段有助于企业成功应对个性化销售趋势的市场需求结构变化，获取敏捷红利，延长人口红利的周期，并增进消费者福利。更为关键的是，得益于互联网经济的技术保障，创造新市场并具有足够外溢效应的颠覆性创造成为可能，进而成功重构增长动力。本报告选择A股、港股和美中概股市场上与互联网关系密切的中资非金融服务业和制造业上市公司来分析2004~2017年中国互联网经济发展情况，并对美中概股互联网服务业上市公司与美互联网服务业上市公司进行简要的比较。在颠覆性创新特征尚不明显和敏捷红利面临衰竭的双重作用下，中国互联网经济仍不足以重构增长动力。专题报告《新一轮债券违约潮特点与金融风险防范》指出2017年以来的新一轮债券违约规模增速明显超过前两年，且呈现与以往不同的特点：第一，金融去杠杆政策下，对外部融资依赖性较强的民企融资受限，违约占比显著上升；第二，随着去杠杆政策效应从货币收紧到社融增速下降，表外融资收缩加剧债券违约；第三，随着资管新规等政策落地，从银根收紧演化为到表外资金收紧，一些流动性较好的优质债券被动抛售；第四，随着市场化进程加快，违约处理机制亦得到进一步完善。2017年债市整体延续熊市，主要受以下因素影响：首先，经济方面受内外双重承压，国内经济增速回升、联储带动全球货币收紧；其次，货币政策稳健"中性"、边际收紧利空债市；再次，监管收紧加剧短期流动性风险，特别是资管新规改变市场机构行为；最后，汇率波动、中美利差走阔进一步推动中债利率上行。2018年上半年，债市收益率整体震荡下行，受到央行降准以及未随美加息等影响，资金面较上年同期边际宽松。2018年又将是企业非金融信用债到期的高峰，如何有序推进市场化进程，将债券违约风险控制在可控范围内，避免爆发系统性金融风险或者是区域性的债务风险，而有利于市场化的长远发展目标将是下一步工作的重中之重。

关键词： 新经济　资本市场　漂亮100　颠覆创新　债券市场

目 录

Ⅰ 总报告

B.1 新经济动能转换与资本市场结构转变
　　——2018年中国经济展望
　　………………… 刘煜辉　钱学宁　张　平　张　鹏 / 001
　　一　2018年经济展望 ……………………………………… / 002
　　二　上市公司业绩与GDP的关联分析 …………………… / 004
　　三　新动能转换与金融结构转型 ………………………… / 008
　　四　基于创新的"漂亮100" ……………………………… / 022

Ⅱ 分报告

B.2 中国上市公司价值评估研究 ………………………… 张　鹏 / 025
B.3 互联网经济发展、颠覆性创新和中国增长动力重构
　　………………………………………………… 张　磊　张　鹏 / 105

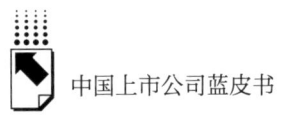

Ⅲ 专题报告

B.4 新一轮债券违约潮特点与金融风险防范
　　　——2017年以来的中国债券市场分析 ················ 黄胤英 / 135

Ⅳ 附录

B.5 A股：按申万行业划分标准 ······················ / 163
B.6 香港中资股：按GICS行业划分标准 ··············· / 255
B.7 美国中资股：按GICS行业划分标准 ··············· / 283

B.8 参考文献 ································· / 291

Abstract ······································ / 295
Contents ······································ / 298

总 报 告

B.1
新经济动能转换与资本市场结构转变
——2018年中国经济展望

刘煜辉 钱学宁 张 平 张 鹏*

摘 要： 受强监管导致信用收缩、外部风险冲击加大等因素影响，预计中国经济2018年增长6.6%、2019年增长6.3%。上市公司业绩增长与经济增长呈现分化趋势，A股估值已降至历史较低水平，上市公司运营保持稳定，价值投资浮现。当前中国新经济快速增长使得经济增长新旧动能接续正常，新经济领域"独角兽"涌集，新经济逐步成为经济增长的重要驱动力，但受高成长性、高创新能力、轻资产与高技术等业务特

---

* 刘煜辉，中国社会科学院经济研究所研究员，中国社会科学院上市公司研究中心副主任；钱学宁，中国社会科学院经济研究所博士，中国社会科学院上市公司研究中心副主任；张平，中国社会科学院经济研究所研究员、教授、博士生导师，中国社会科学院上市公司研究中心主任，国家金融与发展实验室副主任；张鹏，中国社会科学院经济研究所博士，中国社会科学院上市公司研究中心副主任。

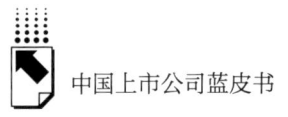

点影响，中国目前资本市场体系不足以支持新经济快速发展，因此必须加快建立和完善多层次资本市场体系，为中国新经济发展及中国新旧动能顺利转换保驾护航。

关键词： 强监管　外部风险　新经济　资本市场

一　2018年经济展望

（一）实体经济保持稳定增长

2017年中国经济增长达到6.9%，其中净出口贡献了1.09个百分点，2017年第四季度6.8%的经济增长中净出口有2.5个百分点的贡献，体现了外需对中国经济增长的带动作用。各类机构普遍上调2018年中国经济增长预测值，但从实际情况看，上半年经济没有能延续出口带动的趋势，出口反而拖累经济增长。由于经济增长主要依靠内需，机构对中国增长的预期相应调低。2018年上半年经济增长在外需拖累下，依然达到了6.8%，增长势头强劲，但环比增长低于2017年第一季度的环比增长1.5%，重新回到了2012~2017年6年间的最低增长水平1.4%。第二季度是开工季，投资显示出需求端疲弱，但生产端仍保持了较为强劲的增长势头。按经济增长自身运行趋势看，假设2018年下半年每一季度环比增长按6年间同期最低增长水平，分别为1.7%、1.6%计算，下半年经济增长为6.5%的水平，全年经济增长保持在6.6%以上。

表1　GDP季度环比增速

单位：%

年份	2012	2013	2014	2015	2016	2017	2018
第一季度	1.90	1.90	1.70	1.70	1.40	1.50	1.40
第二季度	2.10	1.70	1.80	1.70	1.90	1.90	1.80
第三季度	1.80	2.10	1.80	1.70	1.70	1.80	1.70
第四季度	2.00	1.60	1.70	1.60	1.60	1.60	1.60

从实体经济周期看，经济增长总体平稳，出现了增长逐季下降的趋势，主要原因是中美贸易战对中国外部需求的抑制。2018 年中国货币（M2）增长水平低于 GDP 名义增长水平，只有 8%，价格保持平稳，上半年 CPI 为 2%，预计全年低于 2%。PPI 受到石油价格扰动略上升，但基建需求下滑，PPI 稳定在 3.5% 的水平。与经济增长相对应的调查失业率低于 5%，劳动市场处于相对紧张状态。

尽管经济增长总体表现平稳，但逐季下滑趋势明显，这直接对 2019 年经济增长形成压力，预计 2019 年 GDP 增长达到 6.3%。当期对实体经济扰动最大的因素来自金融市场的恐慌。金融市场的恐慌直接导致信用收缩，从资金供给和预期上促使实体经济面临需求下滑和不良预期。

（二）信用收缩导致金融恐慌情绪出现

在实体经济增长平稳的背景下，金融市场则出现了恐慌情绪，而这恐慌情绪直接导致信用进一步收缩。金融市场的恐慌情绪首先来自债券市场，大量的债券续接资金被银行系统直接收回。中国央行是通过银行渠道进行货币发放的，银行依据资管新规的要求，全面降低配资杠杆，大量表外业务回表，债券市场立刻出现了包括上市公司在内的债券违约和发债困难，如某上市公司要发行 15 亿元债券，结果只销售了 5000 万元，导致债券发行失败。AA 级政府平台信用债券也面临困难。针对当期 AA 级信用债，民企、上市公司和地方政府在很多桌下特殊条款安排下都无法发行，实际利率水平超过 9%，债券市场上的"续借"融资能力急剧减弱。AA 级信用债与国债利率水平相差了 4~5 个百分点，按国际信用息差的标准，息差超过 4 个百分点就说明实体经济出现严重的衰退。信托市场也同样如此，一年期信托发行的成本快速上涨，达到了 9% 以上的水平。随着 6 月后大量信托和债券的逐步到期，资金市场恐慌情绪将加剧，并引起股票市场的恐慌。经济增长的一些减速因素和中美贸易导致的外部冲击因素在金融市场被放大。

中国经济增长平稳与金融市场恐慌的矛盾本质上是由金融市场自身问题引起的。特别是金融监管一时之间从过去的"父爱主义"监管变成各机构

和部门"竞争性监管",相互比谁监管力度大,这直接导致市场预期的不稳定。金融市场的不稳定也导致了实体经济的下滑。金融市场恐慌和实体经济下滑如果相互推动则会引致更大的恐慌。实体经济最大的问题是规模以下的中小微企业、民营企业获得资金的渠道越来越不畅,再被金融市场恐慌扰动,导致了融资难、资金成本上升快,更为严峻的是大量资金从这些有效率的企业中被抽走,企业活力持续下降。金融市场的恐慌推动了资金持续流向国企等有政府支持的部门以寻求安全,而非流向有效率的部门,因此每一次金融恐慌都会加剧资源配置的扭曲。消除金融市场恐慌是当务之急。

(三)外部风险加大

外部风险冲击来自中美贸易战,来自美国连续加息、石油价格上涨等一系列冲击,导致预期不确定,突出表现为汇率波动加剧,预计2018年人民币汇率维持在6.5~7。外部风险短期内难以消除,其影响值得关注:首先是中美贸易战直接影响了中国利用国际复苏的机遇,顺差进一步减少,并导致外汇占款下降;其次是美国加息周期再次考验中国的汇率—利率政策能力,但无论如何美国加息周期都必然会引起中国市场利率上涨,甚至名义利率也会有所上升,对中国当期的高杠杆经济会产生不利的影响;最后是石油价格上涨,当前的石油价格对中国影响不大,但如果突破到每桶80美元,则中国经济将受到冲击。我们预计2018年石油价格保持在60~80美元/桶,对中国经济冲击处于可控范围内。

二 上市公司业绩与 GDP 的关联分析

不同类型公司业绩与 GDP 的走势在不断分化。图1列示了主要指数每股收益增长与 GDP 增长率的对比情况,可以发现,2017年上市公司业绩与GDP 同步上升突出表现在沪深300上,而创业板则走低,2018年第一季度,创业板业绩恢复高速增长,中小板业绩保持增长平稳。大盘蓝筹股票代表的沪深300的业绩似乎与宏观政策的激励有关,2009年受到反金融危机的四万亿元激励，业绩逐步走强；2013年受到住房、金融等政策激励，业绩再次走强；经过2015～2016年的负增长后，受益于供给侧改革政策的实施，2017年业绩实现了11%的增长。这一方面说明供给侧改革有利于龙头公司提高集中度、投资自我改造升级，获得更好的金融资源，强者恒强，也引领了2017年蓝筹股行情。另一方面由于这些龙头公司主要依靠政策刺激获得增长，其内生增长亟待提高。创业板公司持续业绩下降，所谓壳资源和通过讲故事搞并购在严厉监管下逐步破灭，2017年大量高估值的创业板公司面临困境，业绩大幅下滑，2018年业绩有所回升，但内生性偏弱。业绩真正平稳的主要表现为中小板企业。

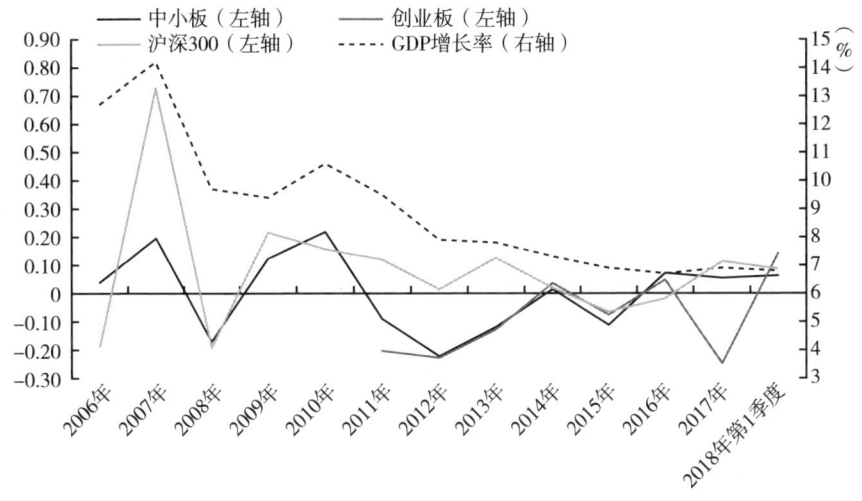

图1 主要指数每股收益增长与GDP增长率

资本化率是上市公司市值与GDP的比重。资本化率在一定程度上可以反映资本市场估值程度，揭示资本市场是否处于估值低点。从图2和表2我们发现，2017年资本化率稳定，2018年上半年下滑到历史低点，资本市场估值水平成为历史的相对低点。2018年上半年只有10%的公司是正收益，一季度业绩平均增长率高达41.8%，上市公司逐步回到历史低点估值的状态，维持60%的资本化率水平，股票市场的投资价值浮现。

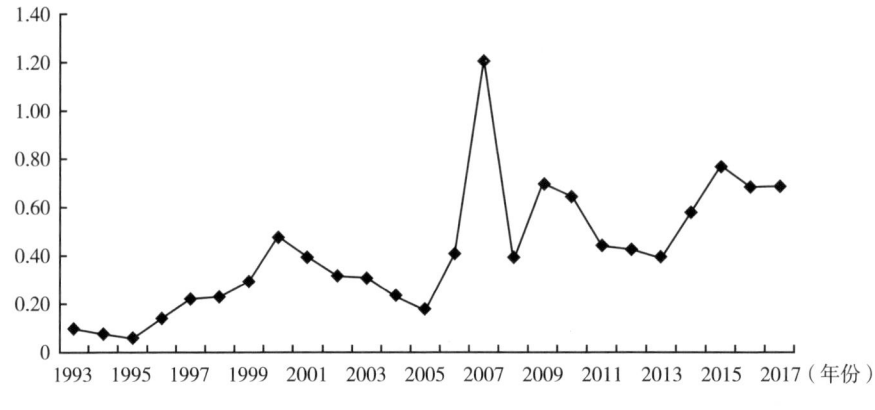

图2 中国资本化率

表2 A股主要指数低估值总结

指数类别	出现时间	2005年6月	2008年10月	2013年6月	2016年1月	2018年6月
	上证指数	998	1664	1849	2638	2782
上证指数	市盈率	16.93	13.52	9.68	12.86	12.54
上证50	市盈率	12.29	12.74	7.77	8.54	9.71
沪深300	市盈率	13.34	12.8	8.91	10.94	11.63
深证综指	市盈率	23.75	15.33	26.47	40.78	25.95
创业板指	市盈率			45.47	70.57	48.37
上证指数	市净率	1.65	2.1	1.29	1.41	1.36
上证50	市净率	1.71	2.16	1.18	1.05	1.13
沪深300	市净率	1.65	2.11	1.27	1.32	1.35
深证综指	市净率	1.65	2.05	2.27	3.34	2.4
创业板指	市净率			3.25	5.75	3.14

从上市公司运营情况看，2017年上市公司利润显著回升，上市公司扣非净资产收益率和总资产收益率分别为6.6%和2.9%，为近三年来最高，说明受益于供给侧改革和大宗商品价格回升影响，产业集中度明显提升，去杠杆效果较好，主板上市公司资产负债率从2013年的61.2%下降到了2017年的59%，中小板负债率2017年为47.5%，创业板负债率为40.4%，下降明显。资产周转率提高，产能过剩等问题得到一定程度的缓解。并且随着各

项降税降费政策的推出，上市公司负担重的现象有所缓解，期间费用率下降明显。同时，我们还可以看出上市公司扣非净资产收益率已经超过了融资成本，改变了前两年低于融资成本的状态，上市公司正朝着转型升级的方向运行。

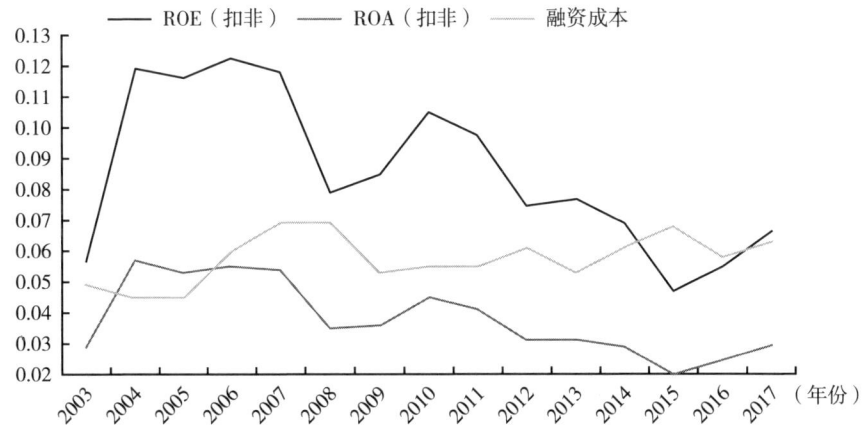

图3　上市公司利润率与融资成本

表3　非金融上市公司杜邦分析（删除ST股票）

年份	净资产收益率a	净资产收益率b	总资产收益率a	总资产收益率b	营运利润率	总资产周转率	资产负债率	融资成本	资本回报率	劳动生产率	工资	期间运营成本
2003	0.104	0.057	0.053	0.029	0.117	0.701	0.496	0.049	0.066	38691	2226	0.128
2004	0.132	0.119	0.063	0.057	0.123	0.779	0.521	0.045	0.082	53310	3101	0.115
2005	0.132	0.116	0.061	0.053	0.110	0.845	0.541	0.045	0.081	62514	3708	0.107
2006	0.141	0.122	0.064	0.055	0.105	0.900	0.548	0.060	0.092	79324	5493	0.096
2007	0.156	0.118	0.072	0.054	0.115	0.894	0.539	0.069	0.104	99509	5494	0.091
2008	0.101	0.079	0.044	0.035	0.076	0.882	0.561	0.069	0.064	104925	5560	0.092
2009	0.108	0.085	0.046	0.036	0.087	0.760	0.575	0.053	0.067	125690	6660	0.097
2010	0.130	0.105	0.056	0.045	0.091	0.852	0.572	0.055	0.082	168488	8254	0.088
2011	0.121	0.097	0.051	0.041	0.082	0.885	0.582	0.055	0.074	200073	9469	0.086
2012	0.097	0.075	0.040	0.031	0.073	0.843	0.588	0.061	0.059	208483	10331	0.093
2013	0.101	0.077	0.041	0.031	0.075	0.820	0.593	0.053	0.060	228312	11622	0.096
2014	0.091	0.069	0.038	0.029	0.077	0.765	0.588	0.061	0.056	243413	12885	0.102

续表

年份	净资产收益率a	净资产收益率b	总资产收益率a	总资产收益率b	营运利润率	总资产周转率	资产负债率	融资成本	资本回报率	劳动生产率	工资	期间运营成本
2015	0.070	0.047	0.030	0.020	0.075	0.661	0.575	0.068	0.044	247585	14587	0.114
2016	0.077	0.055	0.033	0.024	0.081	0.617	0.574	0.058	0.048	275878	17702	0.113
2017	0.088	0.066	0.039	0.029	0.084	0.671	0.567	0.063	0.057	331581	20802	0.108

注：净资产收益率a、净资产收益率b和总资产收益率a、总资产收益率b中a与b的区别是，a分子为净利润，b分子为扣除非经常性损益后的净利润。劳动生产率和工资的分子为毛利和应付职工薪酬，分母都是员工总数，单位是元/人。

三 新动能转换与金融结构转型

上市公司的快速成长成为中国经济稳定增长和结构转型的重要支撑，特别是新经济类企业和上市公司快速成长更加促进中国经济新旧动能转换，高质量发展的基础进一步夯实。但新经济的每一步成长都离不开资本市场的支持，中国现阶段金融结构需要向着支持新经济发展和新旧动能转换的方向转型。

（一）中国"新经济"与高质量发展

"新经济"的基本特征主要体现为高成长性、高创新能力、轻资产与高技术含量等方面。

一是具有高成长性。"新经济"企业的高速成长有赖于核心业务的技术变革或理念创新，带来市场核心竞争力的提升和市场范围的拓展，使得企业可以在较长时期保持较快且可持续的增长。与之相比，传统"旧经济"企业受经济转型等因素影响有增长变缓和盈利下滑的趋势，企业成长空间有限且易受经济周期影响。国务院于2012年颁布《"十二五"国家战略性新兴产业发展规划》，随后各省级亦制定相应的产业扶持政策。在政策的带动下，新兴产业迅速发展。新兴产业上市公司营收累计增速于2013年开始与市场总体分化并大幅领先于后者，同时，新兴产业增速仍有走强势头。

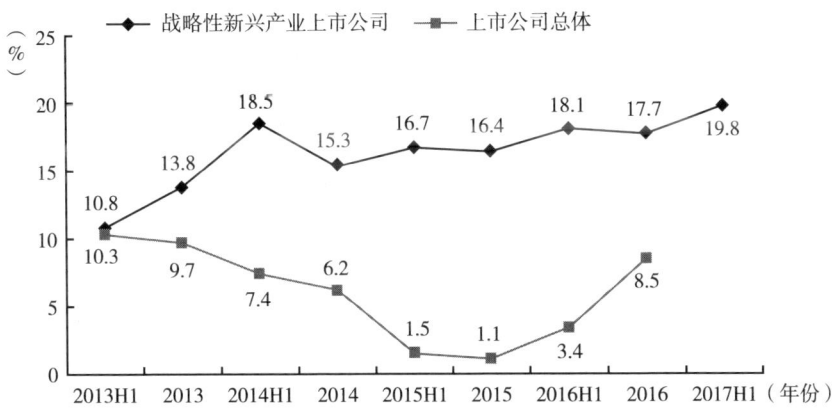

图4 新兴产业上市公司营业收入累计增速变化

资料来源:《战略性新兴产业2016年发展情况及2017年展望》《2016年战略性新兴产业上市公司持续向好》,国家信息中心官网。

2014～2017年,新兴产业表现出很强的经济韧性,生产与销售大体保持在平稳的区间。值得注意的是,新兴产业销售总指数始终高于生产总指数,这意味着新兴产业产品的市场需求仍然具有广阔的延伸空间。

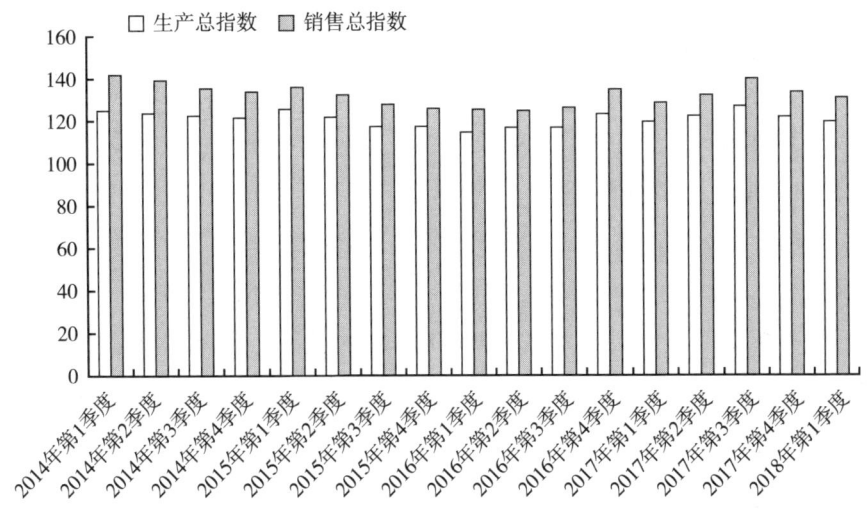

图5 新兴产业生产和销售总指数

资料来源:《2017年三季度战略性新兴产业企业景气调查报告》,国家信息中心官网。

事实上，中国高新技术产品和机电产品在对外贸易上一直保持正的贸易差额。2017年全球主要经济体的复苏带动中国高新技术产品和机电产品贸易差额占比呈现回升趋势。伴随着战略性新兴产业的深度发展，国际市场对新兴产业产品的需求必然更为强劲。

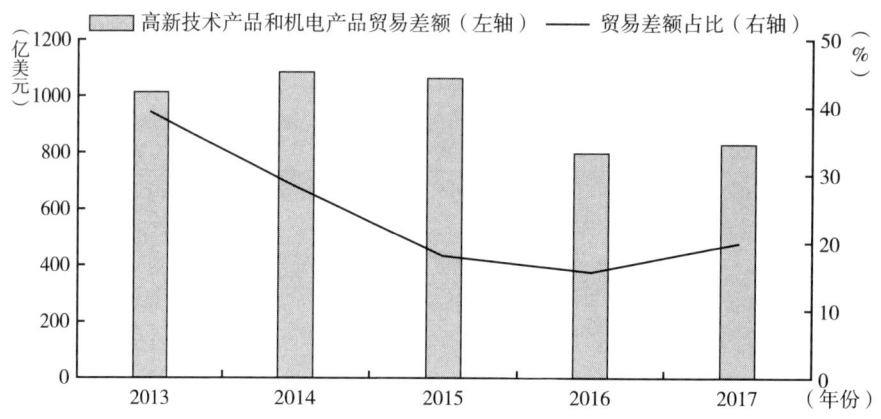

图6 高新技术产品贸易差额及总贸易差额占比

资料来源：Wind金融数据库。

二是具备"高精尖"知识产权和创新能力。"旧经济"多将主要经济资源用于生产环节，以扩大产能和提高生产效率为主要目的。"新经济"则多以研发和服务为中心，需要不断创新和多轮试错，因此高研发投入是"新经济"区别于"旧经济"的一个典型特征。

在内资企业中，民营企业更加注重自主研发能力建设。随着民营企业不断发展壮大，新兴产业创新活力将维持景气。事实上，2017年以来新兴产业创新不断涌现，如国产大飞机C919的成功试飞、可燃冰试采技术的突破、全球最大多晶硅生产线的开工建设及量子通信技术的突破等，证实了新兴产业内部积极的创新氛围。

三是更多体现为轻资产商业模式。"新经济"以知识和智力资产开发和转化应用为核心，企业的资产会更多表现为专利、技术、商誉、平台等无形资产。例如，在数字经济、平台经济和共享经济中，品牌、人才、社交以及

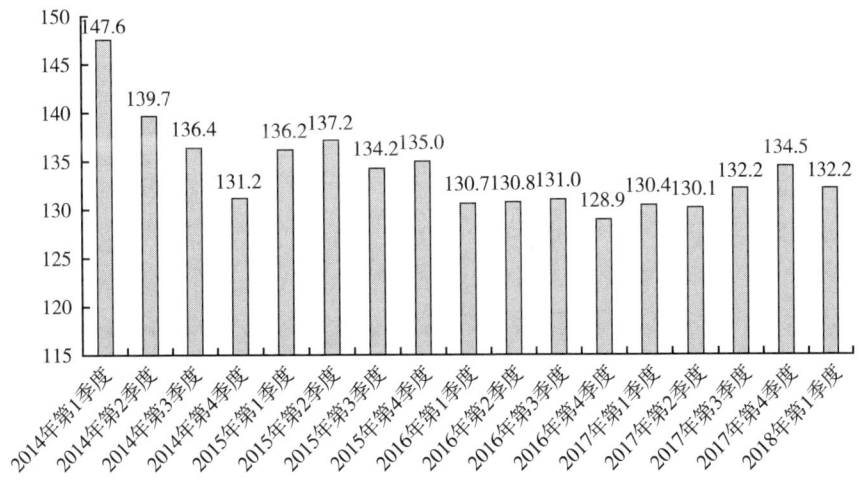

图7 新兴产业创新景气指数

资料来源:《2018年Q1战略性新兴产业重点企业景气调查报告》,国家信息中心官网。

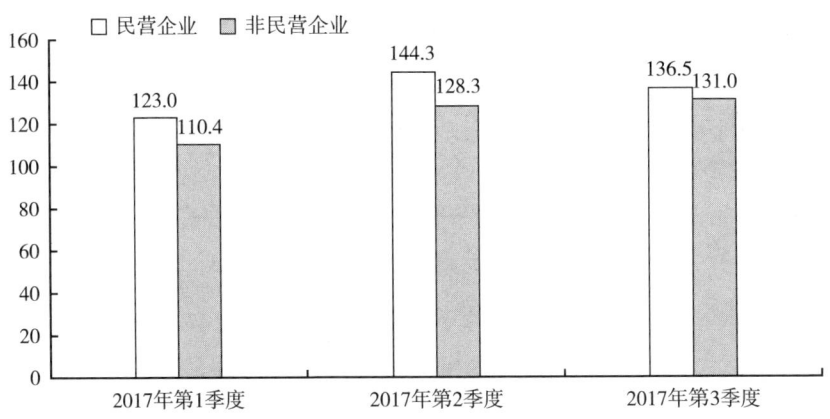

图8 民企与非民企研发投入指数新兴产业创新景气指数

资料来源:国家信息中心官网报告《2017年三季度战略性新兴产业企业景气调查报告》。

大数据成为企业经营和发展的关键要素。同时,由于新的智能化技术不断涌现和研发投入加大,这些企业无形资产的占比通常较高,体现出典型的轻资产特征,区别于传统资本密集型和劳动密集型企业。

四是具有高技术含量和高附加值的高端制造。高端制造是现代经济的重要基石,也是与研发、服务驱动的轻资产模式互补的一种"新经济"模式。高端制造业具有技术含量高、资本投入高、附加值高、信息密度高,以及产业控制力高、带动力较强等特点,边际利润水平通常较高。

根据高盛的中国"新经济"筛选逻辑,"新经济"的标的筛选可以以量化财务指标为依据,从 A 股、港股和在美上市的中概股中筛选出具有高科技投入、高人力资本投入、高成长性以及轻资产 4 个特征且市值最大的 50 家企业构成"新漂亮 50"组合,作为代表中国"新经济"的投资方向。从结果来看,中国"新经济"极具移动互联网时代特征,50 家投资标的中有 23 家是信息技术行业公司,合计市值占比 76%。此外,消费品、生物医药和传统企业转型升级也是"新经济"的发展方向。

表 4 高盛的中国"新经济"筛选逻辑

认定方法	量化财务指标
具有高成长性和合理估值	上市公司过去、未来(预测值)三年的收入年复合增长率(>10%),远期市盈率(<50 倍),市盈率相对盈利增长比率(<2.5 倍)
具备"高精尖"知识产权和创新能力	上市公司过去三年的研发投入占总收入的比值
更多体现为轻资产商业模式	反向指标:上市公司过去三年固定资产和总资产的比值
具有高技术含量和高附加值的高端制造	上市公司投资现金回报率

资料来源:Goldman Sachs Global Investment Research。

表 5 "新漂亮 50"投资组合行业分布

单位:家

信息技术	非日用消费品	生物科技	人寿与健康保险	电气部件与设备、航空货运与物流
23	13	5	4	5

资料来源:Goldman Sachs Global Investment Research。

(二)中国"新经济"方兴未艾

目前我国正处在经济新旧动能的转换过程中,"新经济"产业对我国经济增长正在发挥越来越重要的作用。两会政府工作报告中也对培育新动能提出了多项国家层面的支持政策，比如"加强新一代人工智能研发应用，发展智能产业，加大网络提速降费力度，扩大公共场所免费上网范围，取消流量漫游费，移动网络流量资费年内至少降低30%"，"推动集成电路、第五代移动通信、飞机发动机、新能源汽车、新材料等产业发展，实施重大短板装备专项工程，发展工业互联网平台，创建'中国制造2025'示范区"。医疗、两网融合、新的制造业、文化娱乐业等"新经济"所占比重上升。两会报告已经清晰表明决策层在有意识地降低中国经济增长对"地产+基建"这种路径的依赖，改变金融业支持实体经济的路径和方式，鼓励新产业、新业态、新制造业、新商业模式的快速发展。从产出方面来看，"新经济"的增速超过平均水平，一些高技术产业、新的制造业工业增加值累计同比大幅超过工业平均水平。传统产业虽然去产能后利润大幅增长，但投资持续呈负增长。通过对64个上市公司细分的子行业的资本开支增速进行梳理，显示出"新经济"产业和旧经济产业的明显分化：位于左边的资本开支大幅增长的行业绝大多数还是两网融合的新型制造业、高端制造业等"新经济"产业，位于右边收缩的是去产能、去库存的旧经济产业。从长期趋势来看，我国确实正处于这样一个新旧动能转换包括制造业转型的过程中。"新经济"的占比明显上升，这也符合转型方向的企业和产业占比上升的趋势。

（三）金融结构调整与资本市场变革

（1）从债权文化走向股权文化

债权文化之殇。在以债权为主的金融结构环境下，债权的内在契约形式和金融文化会产生相应的利弊。银行是提供信用的传统中介，利用自有资金与刚性负债进行信贷业务，中介价值在于适当的期限错配、合适的杠杆率、专业的风险定价管理，使社会资金的供求双方达成优化配置，具有很大的进步意义。但是，从信贷接受者角度，银行间接融资的弊端也一目了然。一是借贷的刚性，即不论私人部门经营状况和财务状况如何，到期都必须偿还相应的本息，否则就视作违约并处置抵押物，信贷资金游离于私人部门的投资

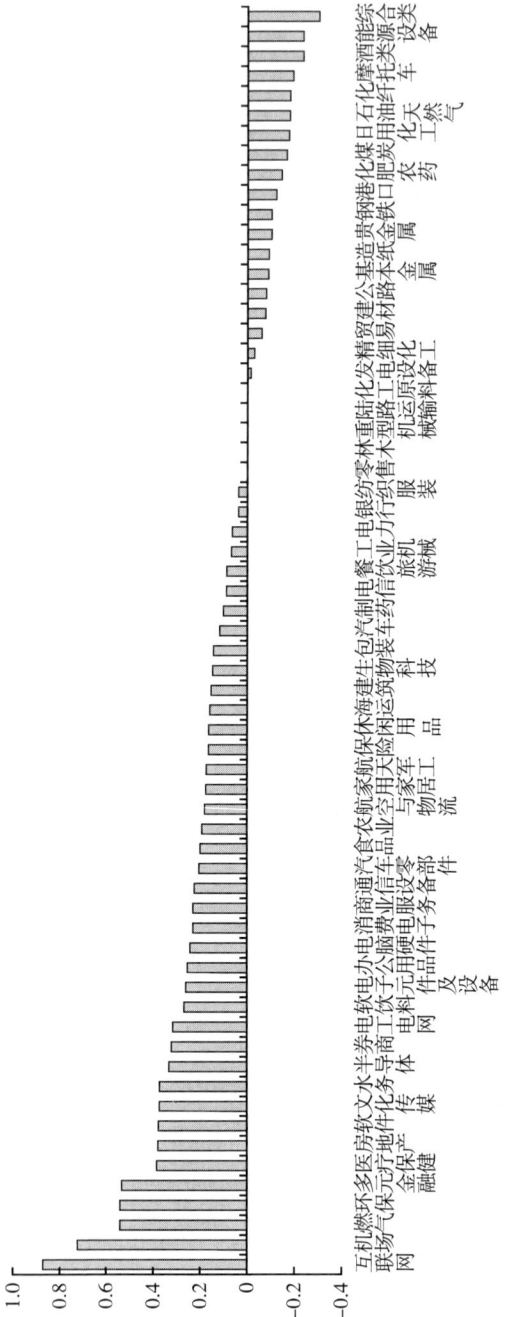

图 9 行业 CAPEX 三年复合增长率

资料来源：Wind 金融数据库。

经营损益之外，属于"硬负债"。二是期限硬约束，无论私人部门流动性怎样，贷款到期都必须无条件筹集足额资金进行偿还操作，再等候下一笔信贷，这样损害了私人部门流动性平滑，损害了信贷资金在实体经济中的使用效率，也给许多资金过桥中介提供了套利机会，增加了实体经济财务成本，也增加了私人部门投资经营决策的不确定性。三是银行信贷要求良好稳定的收入流、利润以及足量的抵押物，天然适合成熟大型企业的条件取向。同时，政府资信和房地产的自身抵押物也提升了信贷资源的可得性，所以，大型企业、房地产、政府平台成为银行信贷资源的最大占有者，挤占了大部分金融资源，对民间资本、"新经济"资本挤出效应明显。

（2）股权文化之兴

相形之下，股权资本具备更好的稳定性和长期性。股权筹资是基于各股东的共识与共同期望的一种合作投资，利益分享，风险共担。由于没有经过金融信用中介，直接融资的信息对称度高，有助于更灵活的市场选择和交易。股权资本具有更好的长期性，不会形成企业现金流的巨大波动，有利于企业制定长期的经营策略，提高资金使用效率，较债权资本有明显优势。另外，从企业杠杆角度看，利用股权资本替换债权资本，在增加企业债务率分

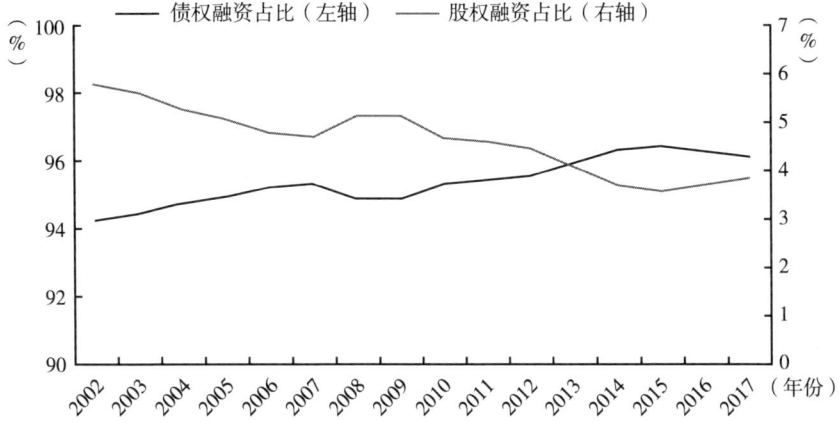

图10 中国金融结构的债权融资与股权融资占比

资料来源：Wind 金融数据库。

母的同时减少其分子,对降低企业债务率、增强企业资信和风险抵抗力、优化企业报表而言都有重大的意义。

(3) 打破隐性政府信用的泛滥和刚兑痼疾

要彻底重构中国金融信用文化,首先必须限制隐性政府信用的泛滥,坚决限制政府对所谓融资平台以及国有企业的信用背书,让市场机制来调节债权债务行为。同时,做好投资者风险教育,杜绝一切非存款类投资理财的刚兑现象,让债务与投资合约在法律框架内公平合理解决。这样才能实现市场理性的风险收益观和合理的收益率、利率频谱,理顺金融结构,更好地优化金融资源配置。

(4) 债转股的试点

债转股是变企业债务为企业权益的直接手段,对降低负债率立竿见影。以中国建设银行辖下的建信金融资产投资有限公司为例,截至2018年6月,建信投资累计与49家企业达成合作意向,签订债转股框架协议金额达6397亿元人民币。16家实施债转股企业中,14家企业资产负债率同比下降,下降幅度在3%以内的有5家、3%~5%的有3家、5%以上的有6家,利息支出减少效应明显,营收状况与净利润均有不同程度改善。

但是,当前债转股的主要动机来自传统基础类企业的临时债务困难,股权资金来源主要是银行理财、信托、股权私募机构等,仍然存在资金性质与期限的错配问题。同时,在债转股的标的选择和操作实践中,依然需要小心甄别,去芜存菁,助力优化产业结构下的经济实体,谨防僵尸企业的死而复生或借尸还魂。

(四)动能转化的金融结构调整要求

虽然债转股是改变负债率的直接做法,但当前债转股的金融意义还只是一种财务技术处理,是解决债务危机的权宜之计,并非真正意义上的信用文化转变。从股权文化角度,一个工具多元、筹资顺畅、退出通畅、定价灵活的多层次资本市场才是股权文化的真正保障。多层次资本市场已经从理论到政策呼吁了十多年,也进行了多次多方位的尝试,但至今依然乏善可陈。这与金融资源和工具的错配、资本市场监管失当、社会信用文化缺失有很大的关系。

中国"新经济"产业的特征要求资本市场做出适时的调整以满足"新经济"独特的融资需求。比如"新经济"企业的轻资产特征使其难以匹配先行抵押贷款融资的条件，这就导致宝贵的金融资源往往不断流向重资产的旧经济企业。金融体系需要识别"新经济"的融资特性，以适应转型中的制造业、"新经济"公司的需求。"新经济"企业成长过程的不同阶段具有不同的风险和资金需求特征。早期的创新型企业一般具有核心技术和知识产权，但往往面临资本投入少、创业周期长、风险、不确定的难题，需要多种金融工具和孵化环境支持新兴技术的创新和产业化进程。

解决小微企业融资难、融资贵问题，要完善金融服务体系，深化多层次资本市场改革。在发展初期，"轻资产"的"新经济"企业融资渠道较少，且较难靠资产抵押获取足够的银行贷款，这就需要多层次的资本市场给予融资支持。首先要重视天使投资、股权私募基金在扶持"新经济"企业发展方面的战略性作用，为优质创新型企业提供更好的金融服务。其次，我国债券、期货等直接融资比重仍有较大提升空间，两会报告中提出的"推动债券、期货市场发展"，也将为"新经济"企业发展输送"血液"。

从私人部门主体特征和企业生命周期看，不同企业类型或企业所处不同阶段的信用融资或筹资需求，所契合对应的金融服务模式（含机构与工具）是不同的。有显性或隐性国家信用背书的国企、成熟健康的规模企业、拥有良好抵押物的重资产企业，所对应的最佳金融资源供给就是银行贷款或者是高等级债券发行，其资信特征符合刚性约束与低风险的服务取向。而如果让银行贷款服务于高风险、弱稳定、轻资产的创新型中小微经济体，就近乎缘木求鱼，难以承受小微企业出险的高概率，如果按照一般金融学理论用高息来覆盖风险，又会让本就艰难求生的小微企业雪上加霜，压制创新成长。银行也曾响应号召进行"投贷联动"的金融创新，但由于《商业银行法》的约束和缺乏相应的服务文化，数年过去乏善可陈。创新型中小微企业的最佳对应金融服务工具是私募和风投的股权筹资。私募与风投以风险收益共担的

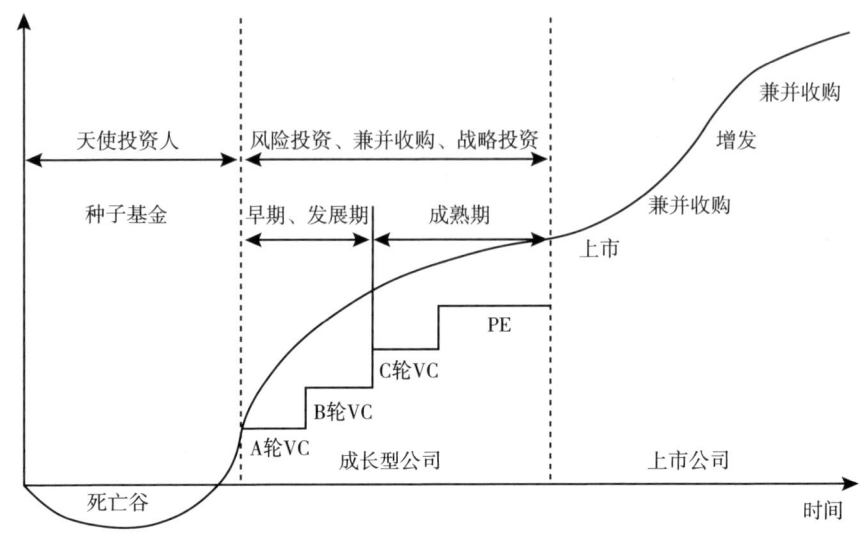

图 11　企业成长路径及融资方式

资料来源：本文整理。

长期合作机制来为创新实体筹资，使其免受刚性负债压力困扰，同时利用个体高成长概率来覆盖小微风险，在全球资本市场已经是很成熟的模式。

表 6　金融服务结构频谱（不同金融工具服务不同经济实体）

金融工具	经济实体
高等级债券	政府融资平台、大中型国企
银行信用	重资产企业、成熟企业、消费
资管与理财	项目企业、稳定物业
IPO 与增发	新兴企业、增长型企业
小贷与普惠金融	供应链小微企业、"三农"
私募与风投	创新型小微企业、轻资产企业

资料来源：本文整理。

（五）多层次资本市场构建要点

我国的多层次资本市场体系仍存在发展不充分、不均衡的问题。股权私募投资活跃，但退出渠道仍然不畅；由于中国仍然处于中高速发展阶段，各种投资机会层出不穷，资本对回报的预期也比较高，资本的期限耐受性不强。这就要求资本在不同阶段都有比较快捷的退出路径。当前股权私募投资市场已经出现天使轮、A轮、B轮、C轮、PE、Pre-IPO、IPO等比较完善的投资链条，民间自发的投资交易十分活跃。但是，主板IPO制度的僵化与低效、创业板的乱象、新三板的名存实亡给股权私募投资的大市场退出造成了很大困扰。企业扎堆排队沪深市场IPO，影响了支持科技创新的资本形成和良性循环。近年来证券市场的低迷，使得掌握"新经济"命运的股权私募基金难以自由寻找对接交易对手，最终的大市场退出渠道严重受阻，无法盘活存量投资以更好地扶持新兴产业，这成为金融资源利用效率的巨大扼制因素，需要进行切实的制度变革才可以打通资本市场最后环节，对"新经济"资本进行全流程无障碍服务，也才能给二级市场带来充沛的源头活水。

两会政府工作报告中提到"把握世界新一轮科技革命和产业变革大势，深入实施创新驱动发展战略，不断增强经济创新力和竞争力"。资本市场制度以服务国家战略和现代化经济体系为导向。在世界科技和产业的新一轮变革大潮中，我国资本市场制度也在吸收国际资本市场成熟有效的制度方法，改革发行上市制度，加大对新技术、新产业、新业态、新模式的支持力度。一批以新技术、新业态、新商业模式为代表的"新经济"企业，正在加速回归国内资本市场。比如借壳上市的360公司从美国退市，登陆上海证券交易所，成功回归国内资本市场。

吸引"走出去"的中国"新经济"企业走回来只是一个开始，未来要留住更多的"新经济"企业在国内上市。估值超过10亿美元的未上市企业被称为"独角兽"，据胡润百富统计，我国目前有超过120家独角兽企业，整体估值超3万亿元人民币，广泛分布于生物科技、云计算、人工智能、高端制造、互联网金融、互联网服务、大数据等行业。对于独角兽企业，我国正积极探索鼓励代表未来发展方向的战略性新兴产业龙头企业发行上市的路径。日前，证监会发行部对相关券商作出指导，包括生物科技、云计算、人工智能、高端制造在内的 4 个行业中，如果有"独角兽"的企业客户，立即向发行部报告，符合相关规定者可以实行即报即审，不用排队。如果泛科技相关领域 IPO 速度加快，可以预料国内独角兽企业或更多倾向于选择 A 股上市。吸引"走出去"的中国"新经济"企业走回来，留住更多"新经济"企业在国内上市，要求我国深化资本市场改革、不断完善资本市场制度。

深化多层次资本市场改革，要在上市发行制度方面进行彻底的改革。一是需要出台上市发行的负面清单，积极向注册制目标推进。监管机构只负责流程的合法性、监督信息披露的规范性，不苛求企业规模与增长指标，把定价权留给市场，给市场以清晰稳定的政策与规则预期。二是优化差别化发行上市条件，实施创业板、新三板市场的分层制度，真正体现企业生命周期不同阶段的融资需求与资本交易需求。三是规范发展区域性股权市场，深化新三板改革，明确主板、中小板、创业板、新三板、区域性股权交易市场和股权众筹等各层次股权市场定位分工，促进有机联系，建立转移、转板机制，促进中小企业的股权融资市场层次化、系统化。目前，在多层次市场体系建设方面，新三板分层和交易制度改革取得重要突破，证券发行与承销管理办法、新三板分层管理办法、新三板股票转让细则、区域性股权市场监督管理试行办法等的制定或修订取得了新进展，但由于市场的低迷和推进缓慢，发挥的实际效果仍然有待观察。四是出台并执行严格明晰的退市制度，在上市公司出现严重的治理混乱、违法经营、财务造假、不严格履行信息披露义务的情况下，给予其"逆注册制"的退市惩戒，以"类末位淘汰"的激励机制来整肃当前普遍存在的上市公司素质低下、诚信缺失的行为。

活跃在"新经济"的 PE、VC，也面临流动性和回报的问题。根据统计，1999 年美国科技型创新型公司从创立到上市只需要 4 年时间，现在平均是 11 年时间，这样的期限并不符合私募基金的投资取向。私募投资者往往希望三至五年，或者更短的时间就可以退出。如果在比较早的时候能给出一个退出的渠道，以便于拿到的新的资金能投向新项目，这样就能够提供整个企业生命周期投资的流动性。

为"新经济"企业提供多层次的融资条件，也利于创新项目分散风险，避免系统性金融危机。创新符合"新经济"特点的金融制度势在必行。要识别"新经济"企业的主体特点，适当放宽条件，有效满足"新经济"企业的融资需求。就中国的"新经济"发展而言，如果从国别看全球市值排名前 100 的"新经济"企业数量，中国基本与美国势均力敌。但是美国的资本市场从中国的"新经济"发展中得到的更多，因为一些"新经济"企业在国内无法上市，国内的上市制度非常看重稳定的现金流。基于此，中国资本市场制度需要进行一定的调整，把资本引入中国的创新型制造业。持续跟踪和分析已上市"新经济"企业的分布概况、收入和盈利成长性、研发投入情况以及估值水平，关注成长性指标，适当放松盈利性要求，制定多样化上市标准，支持处于成长阶段的创新企业上市。借鉴成熟市场经验，在财务状况良好的判断标准中兼顾经营现金流的情况分析，改变对相关单一的盈利指标的过度依赖状况。在适当时机放松发行市盈率管制等规定，完善市场化新股发行机制，便利企业融资，放松对"新经济"企业无形资产占比上限的要求。《首次公开发行股票并上市管理办法》中对于申报主板和中小板的发行人严格设定了无形资产占比不高于 20% 的要求，这与"新经济"企业的基本特征存在一定矛盾。"新经济"企业的研发投入较高，相当部分资产体现为专利、技术、品牌等无形资产。因此支持"新经济"企业发行上市，需要对无形资产占比指标的涵盖范围及计算标准予以适当调整。继续稳步推进 A 股新股常态化发行，缩短 IPO 排队时限，在审核导向上释放鼓励创新驱动引领示范企业上市的信号。2018 年 4 月 3 日，全球最大的流媒体音乐服务商 Spotify 采取直接上市的方式登陆纽交所，打破传统 IPO 模式，不仅全部交易股票来自现有股东的无锁定期抛售转让，而且无承销商的公开上市方式为这个独角兽公司节省了巨额承销费。制度创新有力支持了创新型"新经济"企业发展，值得中国资本市场借鉴与思考。

"新经济"公司最核心的资产是核心团队，差别投票权可以帮助"新经济"企业保持核心团队稳定。比如，有核心管理能力和技术能力的创始人，虽然只持有 10% 的股份，却可以拥有 51% 的投票权。这些灵活的资本权益处置、公司治理与上市安排,值得中国资本市场借鉴。随着高科技公司和风险资本的兴起,在2004年谷歌上市使用AB股制度后,特殊投票权制度成为鼓励企业家创业创新的工具,在美国资本市场重新被科技公司利用。2017年12月15日,港交所正式宣布扩宽上市制度,允许"同股不同权"的公司在主板上市,以吸引全球更优秀的"新经济"公司赴港上市,这是为满足"新经济"公司的治理特色需求的重大制度变革。除港交所之外,新加坡交易所也宣布允许双重投票权公司上市,帮助新加坡向"新经济"转型。这些制度创新都非常值得中国资本市场借鉴。

中国内部经济结构调整势在必行。但是经济的涅槃重生是一个痛苦的过程,产业转型几家欢乐几家愁,各种青黄不接给中国社会带来不同程度的挑战。眼下的中美贸易战很清晰地表明美国正在积极封堵中国的高质量发展路径,抑制中国制造业向高端领域渗透,这是全球化产业链与科技创新竞争的必然现象。中国只有切切实实地进行各种制度改革、优化金融资源配置和金融服务、完善资本市场、助力"新经济"资本的有效形成,才能实现经济结构的顺利调整和经济发展模式的华丽转身。

四 基于创新的"漂亮100"

虽然中国经济结构转型之路漫长,但令人欣喜的是中国部分先进企业发展转型和创值能力建设已取得一定成效,根据本书企业创值模型选取的"漂亮100"相关股票表现得尤为明显。我们根据各行业上市公司价值评估综合排名并参考各行业上市公司数量选取每个行业排名前5%的公司,选出最能代表本行业未来发展方向和盈利驱动的上市公司,构成漂亮100投资组合。

通过将漂亮100投资组合的100只股票采用流通市值加权的方法构建"漂亮100指数",如图12所示。2017年1月1日至2018年7月1日六个季度内,漂亮100指数同期涨幅高达56.5%,同期沪深300指数仅仅录得6.07%的收益率、中证500跌幅为-16.7%,说明漂亮100指数相对沪深

表7　漂亮100投资组合

行业	相关受益公司
食品饮料	贵州茅台、五粮液、双汇发展、洋河股份、伊利股份
银行	宁波银行、南京银行、贵阳银行、上海银行
汽车	广汽集团、华域汽车
电子	三安光电、海康威视、大华股份、歌尔股份、汇顶科技、三环集团、大族激光
家用电器	美的集团、青岛海尔、格力电器
休闲服务	宋城演艺、中国国旅
医药生物	恒瑞医药、信立泰、东阿阿胶、云南白药、华兰生物、济川药业、康弘药业、通化东宝、华东医药、九强生物、长春高新
房地产	万科A
农林牧渔	温氏股份、生物股份、牧原股份
有色金属	方大炭素、天齐锂业、赣锋锂业、华友钴业
通信	网宿科技
纺织服装	森马服饰、伟星股份、航民股份、鲁泰A、比音勒芬、罗莱生活
化工	万华化学、上海石化、乐凯新材、国光股份、建新股份
非银金融	安信信托
电气设备	大豪科技、宏发股份、隆基股份、汇川技术、正泰电器、福斯特、金风科技、信捷电气
建筑材料	海螺水泥、伟星新材、北新建材
轻工制造	索菲亚、顾家家居、好莱客、裕同科技、老凤祥、太阳纸业
计算机	广联达、航天信息、同花顺、用友网络、东华软件
传媒	盛讯达、三七互娱、顺网科技
采掘	中国神华、陕西煤业
机械设备	康斯特、美亚光电、集智股份、豪迈科技
商业贸易	永辉超市、跨境通、富森美
公用事业	长江电力、重庆水务、新天然气、三聚环保
交通运输	上海机场、大秦铁路、宁沪高速、上港集团
国防军工	景嘉微
钢铁	三钢闽光、宝钢股份

300指数在此期间取得了50.43%的超额收益。2018年以来，受外部因素和国内经济冲击，资本市场整体深度调整，但从趋势来看，我们发现漂亮100指数虽然也经历了大幅调整，但处于横盘状态，收益率仍然为正，以沪深300指数为代表的整个A股市场和以中小市值股票为代表的中证500指数下降趋势都较为明显，这说明漂亮100投资组合所选股票从微观角度来看是投

资者所青睐的代表未来行业发展的优质股票，从宏观角度来看是映照中国经济转型和创新驱动的指示器。

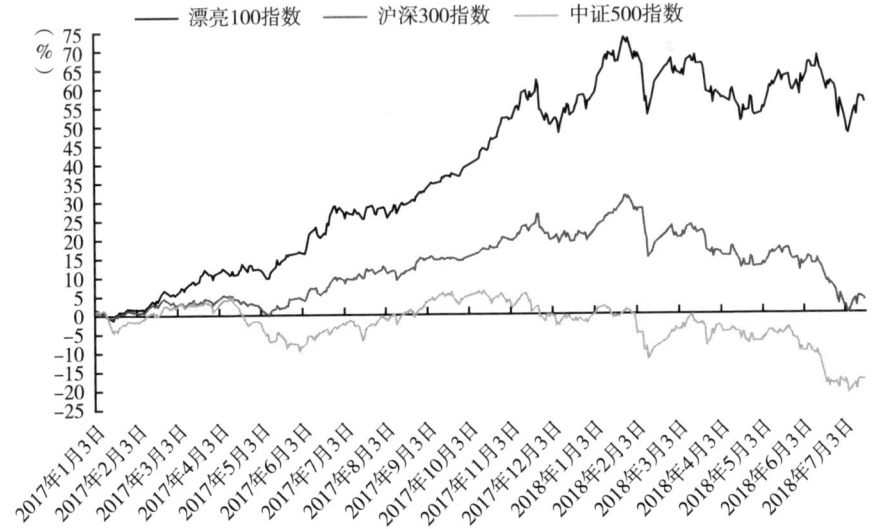

图12 漂亮100指数、沪深300指数和中证500指数市场业绩对比

分 报 告

B.2
中国上市公司价值评估研究

张　鹏*

摘　要： 2017年中国资本市场在强监管和推进供给侧结构性改革背景下，市场集中度提高，行业龙头大市值股票获得了投资者青睐，收益率增长很快，而大多数中小市值股票却表现平平，市场二八分化行情特征明显。但基于对国内外经济运行风险因素的担忧，A股下行趋势明显，市场风险偏好难以明显提升。未来必须依靠深化改革促进创新机制发挥作用，提高上市公司质量，有效促使新技术、新业态、新模式公司或者嫁接互联网的传统公司在经历流量扩张阶段后向原始、颠覆创新转变，从单纯促进资源配置效率提高到促进生产函数右移，带动市场整体风险偏好上移和整体经济厚底回升。基于此，

---

* 张鹏，中国社会科学院经济研究所博士，中国社会科学院上市公司研究中心副主任。

本报告在 2017 年价值评估模型基础上，更加完善细化和加入、更新多维度的创新能力衡量指标，最终形成财务状况、估值与成长性、创值能力、公司治理、创新与研发五个维度的价值评估模型，并主要使用 2017 年年报公开数据对中国 A 股和香港中资股、美国中资股分行业上市公司进行了评估与综合排名，筛选出了分行业价值较高的上市公司。从排名结果我们发现，供给侧结构性改革，消费升级，新科技、新业态和新模式等新经济发展，对外开放等构成上市公司价值增长的重要因素，也对中国未来经济结构转型具有一定的参考价值。

关键词： 创新　公司治理　评估模型　综合排名

2017 年中国资本市场在强监管和推进供给侧结构性改革背景下，市场集中度提高，行业龙头大市值股票获得了投资者青睐，收益率增长很快，而大多数中小市值股票却表现平平，市场二八分化行情特征明显。但进入 2018 年以来，受美国资本市场调整、中美贸易战以及国内经济运行风险因素影响，A 股下行趋势明显，上证指数跌破 3000 点，在 2700～2800 点横盘调整，市场风险偏好难以明显提升。因此，必须依靠深化改革促进创新机制发挥作用，提高上市公司质量，有效促使新技术、新业态、新模式公司或者嫁接互联网的传统公司在经历流量扩张阶段后向原始、颠覆创新转变，从单纯促进资源配置效率提高到促进生产函数右移，带动市场整体风险偏好上移和整体经济厚底回升。鉴于此，本报告对上市公司价值评估特别注重构造上市公司的创新能力评价体系，同时从财务状况、估值与成长性、创值能力、公司治理等构成上市公司创新的基底和基础角度，配合创新指标体系全方位、360 度科学评价上市公司的价值创造能力、成长性，发掘中国创新能力强、发展质量高的各类行业佼佼者。鉴于有很多优质的公司在海外融资，大量优质上市公司孤悬于中国香港和美国等资本市场，若对中国企业进行价值评估，忽视上述公司显然会遗漏很多优质资源，为此，本报告也参照A股价值评估指标并兼顾数据的可得性设计香港中资股和美国中资股价值评估指标体系，对在香港和美国上市的中资股进行了价值评估，并在评价的基础上，深入挖掘这些优质上市公司的特征，探讨其发展对中国经济转型和资本市场建设的重要意义。

一 总体概述

中美贸易摩擦、强监管、利率汇率波动等因素导致市场风险偏好下移，反映了中国经济转型升级的迫切性和必要性，十九大报告提出我国经济已由高速增长阶段转向高质量发展阶段，建设现代化经济体系是转变发展方式、优化经济结构、转换增长动力的关键举措。从微观角度而言，高质量、高成长的优质上市公司是现代化经济体系的细胞，只有越来越多高质量、高成长的优质上市公司的涌现才能提振投资者信心、实现风险偏好修复，也是有效应对中美贸易摩擦、促进经济升级的核心。在中国庞大市场规模的有利条件下，互联网新术的出现让新技术、新业态、新模式享尽中国流量红利，无论是新行业还是传统行业都在互联网技术的引领下实现了规模扩张，甚至无序经营。这一方面对市场监管提出新要求，另一方面说明在经历流量红利后增长的引擎必须转向原始创新、颠覆创新需求，依靠创新带来的技术突破实现经济增长方式的根本转变。当然，这不仅需要上市公司自身的投入，也涉及整体经济制度设计和政府现代化治理能力的提高，如多层次资本市场的建立、政府对知识产权的保护、政府对公共产品的供给等，这在总报告中已有深入研究。我们仅仅对影响上市公司创新研发的一些关键因素进行分析，以便更全面解读促进上市公司创新的关键因素，从而为寻找高质量上市公司提供理论支持。

第一，创新一定来源于持续不断的投入，高研发强度是其明显特征。虽然移动互联网、云计算、大数据、物联网等新技术在中国取得了极大的成功，无论是嫁接这些技术的传统行业还是以这些技术为依托兴起的新兴行业，都成功地依靠上述技术可以最大程度渗透基层用户的普惠特征，充分挖掘利基市场，找到了传统行业、大企业所不能触及的利基市场，撬动了大量流量，极大地降低了获客成本，一旦流量导入成功和变现进度加快就会改善上市公司的盈利状况，但随着流量红利的结束，这种相对低成本、低门槛的投入模式正在式微，若要不断地改善盈利状况显然还要依靠持续的技术创新投入，为用户提供量身定制的个性化产品。因此，虽然使用互联网技术能够增加潜在消费人群，但由潜在转化为现实客户的关键是产品的质量、种类和更新换代的速度。中国作为世界上规模最大的市场，不缺少规模但缺少满足不同层次消费的高质量产品，这也是十九大报告提出的发展不平衡、不充分的具体体现，消费者的潜在消费需求还没有充分释放，持续的创新投入使生产高质量产品、提供优质服务的概率最大化，以适应流量红利结束后产生的原始创新、颠覆创新需求，将流量时代高成长转化为创新驱动时代的高盈利、高质量。

第二，创新需要上市公司具有充足的自由现金流。上市公司创新的资金来源多样，但最根本和最具持续性的还是上市公司内部现金流的增长性和稳定性。按照达摩达兰的研究，上市公司价值取决于公司自由现金流及其增长速度与平均资本成本。在平均资本成本保持稳定的情况下，公司在满足股东、债权人、优先股东的利益诉求后，将能够自由支配的现金流投入创新，从而增加上市公司价值。从原始创新和颠覆性创新特点看，创新的突破性和广泛溢出性（能够对行业资源配置、竞争态势和产业格局形成重要影响）说明其投入具有长期性和不确定性，并且原始创新和颠覆性创新投入甚至带有一定的随机特征，创新的目的性很弱，将来的市场需求更是没有或很少考虑，虽然可以依靠外部融资和外源性融资增加创新投入，但外部融资无论是股权投资还是债权资金要么有一定盈利的要求要么有期限固定等特征，显然外部融资不能更好地匹配原始创新、颠覆创新的特色，只有持续不断的、充分前瞻性的内部资金支持研发投入才可能在原始创新、颠覆创新上取得突破，因此一般创新的资金来源可以是外源融资，而以原始创新和颠覆创新为特征的探索式创新倾向于依赖内源融资即上市公司自由现金流。

第三，良好的治理结构是公司进行创新的重要保障。无论是持续不断地进行研发投入还是公司将自有现金流用于原始、颠覆创新，都需要公司具有良好的治理结构。上市公司进行技术创新特别是原始创新对经营者而言着眼的是长期发展目标，具有一定的外部性，现任公司高管持续进行研发投入不一定会得到市场验证或者商业化收益，但能让继任高管坐享研发红利，若没有良好的治理结构将会使高管屈服于短期盈利目标，从而对上市公司可持续发展造成伤害。传统的委托代理理论认为对公司高管赋予一定的剩余控制权索取权利，如股权激励、薪酬与公司业绩挂钩等，会有效减少委托代理问题，部分消除原始创新的外部性，激励高管加大对公司创新的支持力度。随着越来越多的互联网公司的成功，人们越来越意识到公司创始人或高管团队智力资本对公司发展的重要性，国内外大型互联网公司的成功与创始人的特质具有密不可分的联系，它们治理结构中采用同股不同权或者双层股权结构本质上赋予公司高管更多的股权，使创始人或者高管团队在经营中具有掌控公司、配置公司资源的能力，使公司能够持续保持核心竞争力。因此，无论是传统理论还是新经济发展现实都说明了公司良好的治理结构是创新和核心竞争力的重要保障。

第四，不断吸引优秀人才和持续累积的人力资本将会厚植上市公司创新的基础。创新是人力资本密集型工作，需要源源不断的高智力人力资本的支持。上文也提到随着新经济的到来，优秀人力资本包括创始人团队的开拓进取和目标坚定等特征、核心技术员工在公司的价值、鼓励创新的浓厚文化氛围等都将吸引优秀人才加入。近年来上市公司不断推出高管股权激励计划或者员工持股计划是激励高管或者员工和增强凝聚力的重要手段，中国证监会也制定并发布《上市公司股权激励管理办法》和《关于上市公司实施员工持股计划试点的指导意见》用于规范上市公司股权激励和员工持股计划的落实，从 Wind 的统计看，2017 年实施员工持股计划的上市公司有 233 家，实施股权激励计划的企业数量更是逐年增加，说明企业越来越意识到人才价值、人力资本的重要性，充分给予核心技术人才和高管试错的空间、容错的

机制,在不考虑产出和盈利的宽松环境下,随着研发力度的持续加大,产生原始创新的大数定理将会发生作用,使上市公司真正具有原始、颠覆创新能力和增强自身的核心竞争力。

第五,创新需要多层次资本市场体系的支持。创新特别是原始创新和颠覆创新往往具有首创性,前期缺少甚至没有市场、经验和研究支持,甚至来源于创新者的"异想天开",因此将创新从想法到付诸市场实践需要相当长的时间和大量的资金投入,但创新失败的可能性相当大,显然依靠以银行为主的间接融资体系的需要抵押物支持、现金流稳定等特征不符合创新的融资要求,以间接融资为主的市场体系不愿意将资金投入不确定性高、风险大的创新项目。只有发展包括天使、VC、PE、多层次股权市场、多层次债券市场在内的资本市场体系才能满足不同类型上市公司创新投入的融资需求。现阶段虽然中国多层次资本市场体系建设取得重要成就,如建立新三板,开通沪港通、深港通、债券通,强化资本市场监管让资金脱虚向实等,但就支持新经济成长发展和传统经济顺利转型而言还有很多工作要做。

综上所述,本报告重点在创新方面对上市公司价值评估模型进行了大幅调整,参照上述影响创新的各类因素设计或调整相关指标,最终形成创新投入、创新产出、创新效益和创新资金来源共四方面的创新指标体系。创新投入方面既考虑物质投入,如研发强度,更强调人力资本投入;创新产出既考虑申请专利量,也加入专利授权量、无形资产形成等实实在在构成上市公司创新成果的度量;创新资金来源方面特别强调了自由现金流(也包含财务指标体系的相关调整)对上市公司创新的重要支持作用。同时,创新需要配合完善的公司治理制度,所以本报告特别在管理层激励、公司股权结构、董事会运作、信息披露和内控等方面对指标体系进行了调整。

二 评估体系

本报告将中国上市公司价值评估分为 A 股和海外中资股两个板块。A 和海外中资股所使用的财务会计体系存在一定差异,并且 Wind 数据库中 A

股和海外中资股的数据可得性也存在显著差异，因此我们分别设计了A股和中资股上市公司价值评估指标体系。

（一）A股五因素综合评价指标模型

在2017年版"中国上市公司蓝皮书"中，结合国内外公司价值评估理论，对于公司价值评估应该从内在价值、外在价值、企业治理等多方面综合考虑，我们设计了衡量各驱动因素的五因素评价指标体系，本年延续2017年跟踪资本市场新特征及完善的公司治理体系与创新研发能力在培育上市公司核心竞争力中的重要作用，在综合评价指标体系中对公司治理指标体系继续进行扩充，深度挖掘创新与研发指标对公司创新的影响，最终上市公司价值评估模型由如图1所示的体系构成。

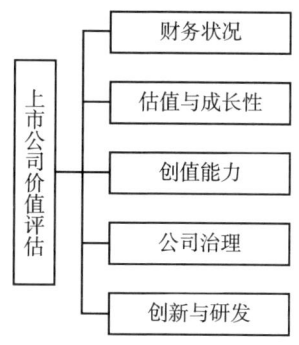

图1 上市公司综合评价指标体系

（二）样本选择和资料来源

A股上市公司剔除所有ST类股票，相关资料截至2017年12月31日，包括2015~2017年的年报数据，研究资料主要来自万得资讯金融研究终端，专利申请和专利有效性数据、技术人员持股情况来源于国泰安数据库，数据处理和排名计算采用R软件进行。筛选后，按照申万行业分类各行业上市数量如表1所示。

表 1 申银万国行业分类

单位：家

序号	Wind 代码	申银万国行业划分	上市公司数量
1	801020.SI	采掘	50
2	801760.SI	传媒	110
3	801730.SI	电气设备	159
4	801080.SI	电子	162
5	801180.SI	房地产	118
6	801130.SI	纺织服装	75
7	801790.SI	非银金融	43
8	801040.SI	钢铁	31
9	801160.SI	公用事业	117
10	801740.SI	国防军工	43
11	801030.SI	化工	252
12	801890.SI	机械设备	269
13	801750.SI	计算机	166
14	801110.SI	家用电器	54
15	801710.SI	建筑材料	63
16	801720.SI	建筑装饰	90
17	801170.SI	交通运输	91
18	801010.SI	农林牧渔	82
19	801880.SI	汽车	122
20	801140.SI	轻工制造	97
21	801200.SI	商业贸易	86
22	801120.SI	食品饮料	76
23	801770.SI	通信	76
24	801210.SI	休闲服务	28
25	801150.SI	医药生物	221
26	801780.SI	银行	24
27	801050.SI	有色金属	97
28	801230.SI	综合	39

资料来源：Wind 资讯。

(三) A股分行业评价指标体系

1. 财务状况

企业财务状况是上市公司价值评估的基础,良好的财务状况是公司生存和成长的基础,我们设立多角度财务指标综合反映企业在筹资、投资和经营全过程中的财务状况,特别突出企业现金流在企业成长和创新中的关键作用,所以我们更新和调整了很多财务指标以求能更好地反映以企业现金流为基准的财务情况。考虑到不同行业的差异,银行业、证券行业以及保险行业财务报表与其他行业存在显著不同,房地产行业在国民经济中处于特殊地位,故针对这四个行业设立与其他一般性行业不同的财务指标,然后根据这些指标进行定量的指标计算,利用层次分析法计算各种指标对于企业财务状况的影响系数,并分行业对上市公司财务状况进行排名。

表2 财务状况评价指标

行业	类别	财务指标
银行业	收入驱动力	净息差
		生息资产扩张速度
	收入结构	非利息收入占比
	资本水平	资本充足率
	资产质量	不良贷款率
		拨备覆盖率
证券行业	规模	净资本
	盈利能力	净资产利润率
	营运能力	资产周转率
	偿债能力	杠杆率
	收入驱动力	经纪业务市场份额
		融资融券市场份额
保险行业	盈利能力	净资产利润率
		给付率
	营运能力	退保率
		费用率
	偿债能力	资产负债率

续表

行业	类别	财务指标
房地产行业	财务安全性	短期风险头寸
	战略理性	财务安全底线—净借贷资产比
	营运效率	营业利润率
		存量资产周转率
非金融地产行业	现金流动性能力	流动比率
		速动比率
		现金比率
		现金流量比率
	长期偿债能力	资产负债率
		现金有息债务比率
		利息保障倍数
	营运能力和财务弹性	应收账款周转率
		存货周转率
		营业周期
		全部资产现金回收率
		现金满足投资比率
	盈利能力和盈利质量	销售净利率
		销售毛利率
		扣非净资产收益率
		销售现金比率
		非经常性损益占利润总额之比

我们从行业差异角度将上市公司分为三类：金融行业、房地产行业和非金融地产行业，并针对这三类行业分别设立了三类财务指标。金融行业财务指标主要从资产规模、收益率、资产质量和风险等角度评估上市公司，房地产行业财务指标主要从财务安全性、战略理性、运营效率角度评估上市公司，非金融地产行业财务指标主要从现金流动性能力、长期偿债能力、营运能力和财务弹性、盈利能力和盈利质量角度衡量上市公司财务业绩。我们先给出一般性指标定义，再结合不同行业给出特殊性指标定义和行业内公司排名。

(1) 金融行业财务指标

①银行业

生息资产扩张速度 =（本年生息资产规模 − 上年生息资产规模）／上年生息资产规模

意义：反映作为银行利息收入重要来源的生息资产增长速度。

分析逻辑：在中间业务收入占比不高以及净息差逐年变动幅度不大的情况下，中国银行业的利润驱动主要依靠生息资产扩张，生息资产扩张速度很大程度上决定了银行净利润的增长水平。

净息差 =（银行全部利息收入 − 银行全部利息支出）／全部生息资产

意义：反映银行净利息收入的收益率，相当于营业利润率的概念。

分析逻辑：净息差是银行放贷收益的集中表现，反映银行综合平衡资产负债和成本收益后的定价能力，净息差越高银行的利润率就越高，零售客户多、客户规模小以及融资期限短的银行净息差往往较高。

非利息收入占比 = 中间业务收入／营业收入

意义：反映银行除生息资产收益以外的其他资金运用带来的收益状况。

分析逻辑：非利息收入占比越高，银行受信贷政策和利率市场化的影响就越小。

资本充足率 =（资本 − 资本扣除项）／风险加权资产

意义：反映商业银行在债权人和存款人的资产遭到损失前，以自有资本承担损失的程度。该指标可以抑制商业银行风险资产的过度膨胀，保护债权人和存款人利益，提高银行抵御风险的能力。

分析逻辑：资本充足率是上市银行的命脉，资本充足率越高，其能够承受违约风险资产的能力就越强，资本风险也就越小。不过上市银行有降低资本充足率的动机，中国商业银行的主要利润来源是存贷差，存贷规模越大，收取的息差越多，利润就越高，但这样会通过做大分母降低资本充足率。

不良贷款率 = 不良贷款余额／各项贷款 × 100%

意义：反映金融机构的信贷资产安全状况。

分析逻辑：不良贷款率越高，说明银行收回贷款的风险越大，银行的贷款质量越差，因为每个银行不良贷款计提标准不同，所以应关注不同时期银行不良贷款率的变化。

$$拨备覆盖率 = 贷款损失准备金余额 / 不良贷款余额$$

意义：衡量商业银行贷款损失准备金计提是否充足。

分析逻辑：该指标越高，说明不良贷款的保障越充足，每个银行计提标准不同，所以应关注具体银行与自身的历史数据的比较。

②证券行业

$$净资本 = 净资产 - 金融资产的风险调整 - 其他资产的风险调整 - 或有负债的风险调整 - / + 中国证监会认定或核准的其他调整项目$$

意义：衡量证券公司资本充足和资产流动性状况的指标。

分析逻辑：一方面，净资本充足的券商可以抵御潜在的市场风险、信用风险、运营风险和结算风险等风险，另一方面，由于资本中介型创新业务非常消耗净资本，净资本的实力决定了未来券商能否抢占创新市场份额的先机。

$$净资产利润率 = 净利润 / [(期初所有者权益合计 + 期末所有者权益合计)/2] \times 100\%$$

意义：反映公司股东的投资报酬率。

分析逻辑：该指标是衡量上市公司盈利能力的重要指标，该比率越高，说明为股东带来的收益越高，一般有全面摊薄净资产收益率和加权平均净资产收益率两种。

$$资产周转率 = 营业收入总额 / 资产平均总额 \times 100\%$$

意义：反映了企业经营期间全部资产管理质量和利用效率。

分析逻辑：我国证券公司 ROE 主要推动力在于高销售净利率，未来资本中介业务的发展将促进券商向提高资产周转率推动 ROE 转型，资产周转率高的券商说明闲置资产利用率较高，市场中介功能发挥得较好。

$$\text{杠杆率(权益乘数)} = \text{资产总额} / \text{股东权益总额}$$

意义：衡量所有者投入企业的资本占全部资产的比重。

分析逻辑：华尔街投行的一大特征就是高杠杆经营，杠杆率越高，券商净资本就越高，创新业务发展得到的支持力度越大，对于传统业务的依赖就越少。

$$\text{经纪业务市场份额} = \text{券商股票和基金交易额} / \text{全行业股票和基金交易额}$$

意义：衡量个体券商经纪业务市场占比。

分析逻辑：券商经纪业务目前仍然在业务总收入中占比最大，在佣金率不断下滑的背景下，市场份额越大，券商经纪业务收入对总收入的贡献就越大。

$$\text{融资融券市场份额} = \text{券商两融余额} / \text{全行业两融余额}$$

意义：衡量个体券商两融业务市场占比。

分析逻辑：融资融券市场份额越大，带来的佣金收入和息差收益越多，同时还可以为自营业务降低成本和提供更多的套期保值机会。

③保险行业

$$\text{资产负债率} = \text{保险公司负债总额} / \text{资产总额}$$

意义：反映保险公司在清算时的经济补偿能力。

分析逻辑：保险公司普遍进行高负债经营，从股东角度看，在资本利润率高于借款利息时，该比率越高越好。

$$\text{净资产利润率} = \text{净利润} / \text{资产净值} \times 100\%$$

意义：反映保险公司资产净值的盈利能力。

分析逻辑：一般而言，该指标越高越好。该指标如果高于同期银行定存利率，则表明适度负债对投资者而言是有利的，而反之将损害投资者利益。

$$\text{费用率} = \text{营业费用} / \text{营业收入} \times 100\%$$

意义：反映保险公司的经营管理水平和费用支出情况。

分析逻辑：该指标越低，表明保险公司为取得1元营业收入所投入的成本就越低。

给付率 =（期满给付 + 死伤医疗给付）/ 寿险、长期健康责任准备金 × 100%

意义：反映人寿保险公司积累的寿险、长期健康责任准备金用于保障人寿保险业务或年金业务的满期给付、死伤医疗给付及年金给付的程度。

分析逻辑：该指标很重要，该指标越低，说明保险公司的给付业务比较分散，寿险、长期健康责任准备金在支付各种给付后，所剩充裕，盈利能力和运营能力越强。

退保率 = 本期合计退保金总额 /（期初累计准备金总额 + 本期纯保费总额）× 100%

意义：反映公司承办管理能力。

分析逻辑：该指标越高，保险公司业务经营稳定性越不好，业务质量越差，保险公司应当尽量避免退保的发生。

(2) 房地产行业指标

短期风险头寸 = 1年内到期负债率 + 已订约但未拨备的承诺资本支出 / 年末总资产 − 现金比率 − 低谷中的存量资产周转率 = [（流动负债 − 预收账款）/ 年末总资产] + 已订约但未拨备的承诺资本支出 / 年末总资产 − 现金 / 年末总资产 − 低谷中的合约销售金额 / 年初总资产

说明：低谷中的合约销售金额由于无法从报表中获得，我们使用当年的（营业收入 + 年末的预收账款 − 年初的预收账款）来替代，而已订约但未拨备的承诺资本支出我们用（应收账款/25%）来替代，而低谷中的存量资产周转率我们打算用2008年初的总资产周转率来替代。

意义：短期风险头寸度量了房地产企业在危机中的抗风险能力。

分析逻辑：该指标越大，房地产企业对外部融资的需求越大，财务风险越大，该指标负值越大，说明低谷中的房地产企业可以利用与套利扩张的盈余资金就越多。当短期风险头寸大于零时，房地产企业在低谷中的现金与销售回款不足以覆盖一年内的到期负债和其他支付要求，当短期风险头寸小于零时,房地产企业可以应付所有的短期支付需求。

净短期借贷空间 = 低谷存量资产周转率 − 日常运营支出／总资产
　　　　　　　 − 已订约但未拨备的承诺资本支出／总资产
净长期借贷空间 = 低谷存量资产周转率 − 日常运营支出／总资产
净借贷资产比上限 = 总借贷空间 = 净短期借贷空间 + 净长期借贷空间
财务安全底线 = 净借贷资产比上限／市场平均的权益比率 + 长期债券／净资产
净借贷资产比 = 低谷中的存量资产周转率 − 已订约但未拨备的承诺支出／总资产

意义:反映房地产企业在低谷中销售回款能够覆盖银行贷款、承诺资本支出和其他必须支出的负债上限。

分析逻辑:一般将净借贷资产比与财务安全底线相比,距离财务安全底线幅度越大,企业面临的财务困难就越小。

营业利润率 = (营业利润 + 财务费用 − 投资收益 − 公允价值变动损益)／营业收入

意义:反映房地产企业获取盈利的能力和经营效率的高低。

分析逻辑:该指标越高说明房地产企业盈利能力越强。

存量资产周转率 = 合同销售金额／上年总资产

意义:反映房地产企业的资产周转速度。

分析逻辑:该指标越高,利润率越高,企业的扩张速度就越快。

(3) 非金融地产行业指标

在分析中所有指标均需考虑不同行业和不同时期的差异,与同行业平均水平或者历史水平相比才能得出较为合理的结论。

①现金流动性能力指标

流动比率 = 流动资产合计／流动负债合计

意义:反映企业的短期偿债能力。

分析逻辑:从理论上讲,流动比率维持在 2∶1 是比较合理的。但是,由于行业性质不同,流动比率的实际标准也不同。所以,在分析流动比率时,应将其与同行业平均流动比率、本企业历史的流动比率进行比较,才能得出合理的结论。

$$速动比率 =（流动资产合计 - 存货）/ 流动负债合计$$

意义：更准确地反映企业的短期偿债能力，流动资产中扣除存货，是因为存货在流动资产中变现速度较慢，有些存货可能滞销，无法变现。

分析逻辑：根据经验，通常认为速动比率等于 1 比较合理。因此，在财务分析中，往往以 1 作为速动比率的比较标准，认为企业的速动比率在 1 左右比较正常，偏离太多则存在一定的问题，但是需考虑不同的行业和时期。

$$现金比率 = 货币资金 / 期末流动负债$$

意义：从公司现金及现金等价物角度来反映企业当期偿付短期负债的能力。

分析逻辑：现金比率越大，公司的货币资金越充足，充足的现金有利于保障企业短期偿债能力。

$$现金流量比率 = 经营活动现金净流量 / 期末流动负债$$

意义：从流量角度反映企业的偿还流动负债的能力。

分析逻辑：现金流量比率越大，表明企业经营活动产生的现金净流量越大，越能保障企业按期偿还到期债务。

②长期偿债能力

$$资产负债率 =（负债总额 / 资产总额）\times 100\%$$

意义：反映企业资产中债权人提供的资产比重，反映企业的举债水平及风险程度。

分析逻辑：资产负债率存在明显的行业差异，该比率越大，企业的财务风险越大，同时利用债务获取盈利的能力就越强，经营风险比较高的企业适合保持较低的资产负债率，而经营风险比较低的企业适合保持较高的资产负债率。

$$现金有息债务比率 = 经营活动产生的现金流量净额 / 带息债务$$

意义：反映企业现金流流入覆盖带息债务现金流出的能力。

分析逻辑：企业带息债务一般指银行短期借款、长期借款，该比率越大，说明公司长期偿债能力越强。

$$\text{利息保障倍数} = \text{息税前利润} / \text{利息费用}$$
$$= (\text{利润总额} + \text{财务费用}) / (\text{财务费用中的利息支出} + \text{资本化利息})$$

通常也可用近似公式：

$$\text{利息保障倍数} = (\text{利润总额} + \text{财务费用}) / \text{财务费用}$$

意义：反映企业经营收益相对于债务利息的倍数，衡量企业偿还借款利息的能力。

分析逻辑：利息保障倍数至少应该大于1，倍数越大，说明企业偿还长期债务的能力就越强，一般选择3年或3年以上的利息保障倍数。

③营运能力和财务弹性

$$\text{应收账款周转率} = \text{销售收入} / [(\text{期初应收账款} + \text{期末应收账款}) / 2]$$

意义：反映企业应收账款变现速度以及管理效率的高低。

分析逻辑：该指标越高表明企业资产流动性越强，营运资金没有过多呆滞在应收账款上。结合应收账款周转率与企业信用期限，还可以评估购买单位的信用程度以及生产企业的信用条件合适与否。分析中应注意季节性经营的企业以及大量使用分期收款结算和现金结算的企业。

$$\text{存货周转率} = \text{产品销售成本} / [(\text{期初存货} + \text{期末存货}) / 2]$$

意义：反映存货周转速度和企业变现能力。

分析逻辑：该指标越高说明存货的占用水平越低，变现速度越快，存货积压的风险就越小。分析中应注意去除不同存货计价方法所产生的影响。

$$\text{现金满足投资比率} = \text{近3年累计经营活动现金净流量} /$$
$$\text{同期内的资本支出、存货增加、现金股利之和}$$

意义：反映企业经营活动现金流量满足资本支出与存货增加和发放现金股利的能力。

分析逻辑：该比率越大越好，大于或等于1，说明企业可以用经营获取的现金满足企业扩充所需资金；如果小于1，则说明企业来自经营活动的现金流量不足以满足企业扩充所需资金,需要外部融资。

$$营业周期 = 存货周转天数 + 应收账款周转天数 = \{[(期初存货 + 期末存货)/2] \times 360\}/产品销售成本 + \{[(期初应收账款 + 期末应收账款)/2] \times 360\}/产品销售收入$$

意义:反映资金周转的快慢。

分析逻辑:该比率越小,说明企业从取得存货开始到销售存货并收回现金的时间越短,资金周转速度越快。

$$全部资产现金回收率 = 经营活动现金净流量/期末资产总额$$

意义:反映企业资产产生现金的能力。

分析逻辑:该比率越大,说明资产利用效率越高,企业获取现金能力越强,经营管理水平越高。

④盈利能力和盈利质量

$$销售净利率 = 净利润/销售收入 \times 100\%$$

意义:反映每一元销售收入贡献的净利润程度。

分析逻辑:该比率越大,说明企业的获利能力越强。销售净利率越低说明企业成本费用支出越高。销售收入是扣除了销售折扣、销售折让后的净额。

$$销售毛利率 = [(销售收入 - 销售成本)/销售收入] \times 100\%$$

意义:反映每一元销售收入扣除成本后的初始获利能力。

分析逻辑:该指标越高,表示销售成本占销售收入的比重越小,可以有更多的钱用于各项期间费用和形成盈利。

$$扣非净资产收益率 = 扣除非经常性损益净利润/[(期初所有者权益合计 + 期末所有者权益合计)/2] \times 100\%$$

意义:反映公司股东的投资报酬率。

分析逻辑:该指标是衡量上市公司盈利能力的重要指标,该比率越高,说明为股东带来的收益越高。为防止上市使用营业外收入调节净利润的可能,不能真实反映上市的盈利能力,这里使用扣除非经常性损益净利润能更加真实地说明企业的盈利能力。

$$销售现金比率 = 经营活动现金净流量 / 销售额$$

意义：反映每一元销售收入贡献的净现金流入量。

分析逻辑：该比率越高，说明企业的收入质量越好，资金的利用率越高。

$$非经常性损益占利润总额之比 = 非经常性损益 / 利润总额$$

意义：反映企业日常经营活动的盈利能力。

分析逻辑：该指标越大，说明企业非经常性损益占利润总额之比越大，企业正常经营获得的收益份额越小，企业盈利能力不具有可持续性。

2. 估值与成长性

估值有相对估值和绝对估值，我们既兼顾市盈率、市净率等相对估值指标，也考虑每股自由现金流等绝对估值指标，以便更加完整地对上市公司的估值能力进行评估。计算上，参照加拿大皇家银行选股模型，我们对所有28类上市公司设立价值指标、成长性指标和稳定性指标三类指标，进行定量的指标计算，利用层次分析法计算各种指标对企业估值和成长性的影响系数，分行业对上市公司进行排名。

表3　估值与成长性评价指标

行业	类别	估值与成长性指标
所有行业	价值指标	基于一致预期的市盈率
		扣除非经常性损益的市盈率
		市净率
		每股自由现金流
	成长性指标	营业收入增长率
		净利润增长率
		海外业务收入比率
		资本支出增长率
	稳定性指标	股票收益率稳定性
		盈利稳定性
		非经常性损益频率

(1) 价值模块

$$\text{基于一致预期的市盈率[预测市盈率(PE,未来12个月)平均值]}$$
$$=\text{股票在指定交易日期的收盘/预测每股收益}$$

意义：每股市价为未来某年预测每股收益的倍数。

分析逻辑：预测每股收益指的是，截至指定日期市场近12个月对该公司在未来某年预测每股收益的一致预测。该指标适合与同行业股票进行比较，得出公司是否被低估或高估。

$$\text{扣除非经常性损益的市盈率[市盈率(TTM,扣除非经常性损益)]}$$
$$=\text{市值/前推12个月扣除非经常性损益后的净利润}$$

意义：前推12个月扣除非经常性损益后的净利润算法为，根据报告期"归属母公司股东的净利润"计算：①最新报告期是年报，则TTM=年报；②最新报告期不是年报，则TTM=本期+（上年年报－上年同期），如果本期、上年年报、上年同期存在空值，则不计算，返回空值。

分析逻辑：与市盈率分析逻辑相似，该指标适合与同行业股票进行比较，得出公司是否被低估或高估。

$$\text{市净率(PB)}=(\text{股票在指定交易日期的收盘价}$$
$$\times\text{截至当日公司总股本})/\text{归属母公司股东的权益}$$

意义：按照指定日期所选股票的人民币收盘价计算的公司总市值与同期公司账面净资产的比值。

分析逻辑：市净率可以用于投资分析。每股净资产是股票的账面价值，用成本计量，每股市价是这些资产的现时市场价值，是证券市场交易的结果。一般认为，市价高于账面价值时企业资产的质量较好，有发展潜力；反之则质量较差，没有发展前景。市净率侧重于对未来盈利能力的期望。

$$\text{每股自由现金流}=\text{企业自由现金流/总股本}$$
$$\text{企业自由现金流}=\text{EBIT}+\text{折旧和摊销}-\text{营运资本增加}-\text{资本支出}$$
$$=\text{EBIT}(1-\text{所得税率})+\text{固定资产折旧}+\text{无形资产摊销}$$
$$+\text{长期待摊费用摊销}-\text{营运资本增长}-\text{构建固定和}$$
$$\text{无形资产及其他长期资产支付的现金}$$

意义：从企业自由现金流角度能更加真实反映企业的价值。

分析逻辑：企业自由现金流是企业的真实价值，使用企业自由现金流对企业进行价值评估在投资界盛行，每股自由现金流是股票定价之锚，该指标越高说明企业价值越大。

(2) 成长性模块

$$营业收入增长率 = 过去三年营业收入增长率平均值$$

意义：反映营业收入的成长持续性和幅度。

分析逻辑：该指标越高，公司盈利能力越强，未来或持续高速增长的可能性越大。

$$净利润增长率 = 过去三年净利润增长率平均值$$

意义：净利润增长率反映了企业实现价值最大化的扩张速度，是综合衡量企业资产营运与管理业绩，以及成长状况和发展能力的重要指标。

分析逻辑：该指标越高，说明企业未来成长状况和发展能力越好。

$$海外业务收入比率 = 海外业务收入／营业收入$$

意义：海外业务收入反映了公司产品或服务在海外的销售情况，是企业"走出去"和核心竞争力的重要体现。

分析逻辑：该指标越高，说明企业产业或服务在海外受欢迎的程度越高，企业的核心竞争力越强，为企业"走出去"和开拓海外市场插上腾飞的翅膀。

$$资本支出增长率 = 过去三年构建固定和无形资产及\\其他长期资产支付的现金增长率$$

意义：资本支出是企业投资强度的重要体现，虽然互联网时代倡导轻资产模式，但这里的资产仅仅指固定资产，无形资产增长也是资本支出的重要体现。企业的成长也需要持续不断的固定或无形资产投资支持。

分析逻辑：该指标越大，反映企业再生产能力越强，未来营收和利润增长空间越大。

（3）稳定性模块

$$股票收益率稳定性 = 以月为单位，过去股价三年的标准差$$

意义：反映上市公司股价的离散程度。

分析逻辑：后一时间段末股价与前一时间段末股价比的自然对数，求这些数值的标准差。该指标越低，说明股价的稳定性越好。

$$盈利稳定性 = 过去三年净利润标准差$$

意义：反映公司净利润的离散程度。

分析逻辑：该指标越低，说明公司净利润的稳定性越好。

$$非经常性损益频率 = 过去三年非经常损益标准差$$

意义：反映公司受到不经常发生或不正常交易事项的影响程度。

分析逻辑：该指标越大，说明公司受到的与经营业务无关系的活动的影响越大。

3. 创值能力

我们从过去为股东创造价值和未来为股东创造价值两个角度设立经济增加值（EVA）和市场附加值（MVA）两个指标来衡量上市公司创值能力，然后利用层次分析法计算 EVA 和 MVA 因素对企业创值能力的影响系数。

表 4 创值能力评价指标

行业	类别	创值指标
所有行业	过去为股东创造价值	EVA
	未来为股东创造价值	MVA

（1）经济增加值

$$EVA = 税后营业净利润 - 资本总成本 = 税后营业净利润 - 资本 \times 资本成本率$$

$$税后营业净利润 = 净利润 + (利息支出 + 研究开发费用调整项 - 非经常性损益调整项 \times 50\%) \times (1 - 25\%)$$

$$资本 = 所有者权益 + 负债合计 - 无息流动负债 - 在建工程$$

目前这套计算体系来自国资委考核标准,一是计算方法简单清晰,科目全部依据中国财务报表体系设计,二是将研发支出纳入收益,实质上是将研发支出资本化。经济增加值指标有助于引导企业更加关注价值创造,提高可持续发展能力。

(2) 市场附加值

$$MVA = 公司市值 - 累计资本投入 = 企业股票价格 \times 流通在外股票数量 - 企业占用的权益资本$$

企业债务资本的市场价值和账面成本价值基本相同,故将 MVA 简化。

4. 公司治理

上市公司与非上市公司相比,实现股东利益最大化的目标更为重要。根据 OECD、世界银行、南开大学公司治理研究中心与中国社会科学院公司治理研究中心的研究成果,公司治理体系通常包括董事会权利与责任、股东权利保障、利益相关者、信息披露等多维度,本文结合这些研究成果并考虑到由于融资结构的复杂,利益相关者参与公司治理的重要性显著增加,相对于一般性公司,上市公司股权结构、公司治理方面的重要性显著增加。我们引入股权结构与股东权利、董事会运作情况、内部激励、信息披露和社会责任等指标对上市公司价值进行评估。

表5 公司治理评价指标

行业	类别	公司治理与社会责任
所有行业	股权结构与股东权利	流通股份占比
		机构持股占比
		第一大股东持股比例
		现金分红比率
		年末股东权益增长

续表

行业	类别	公司治理与社会责任
所有行业	董事会运作情况	董事会下设专业委员会情况
		会议情况
		独立董事比例
		董事长与总经理两职分离
	内部激励	股权激励比例
		高管持股比率
		高管薪酬占比
	信息披露	审计意见
		内部控制意见
	社会责任	社会贡献率
		税款上缴率
		资产纳税率

（1）股权结构与股东权利

$$流通股份占比 = 流通中股份数量／总股本$$

意义：反映公司股权分散程度。

分析逻辑：该指标越高，反映公司大股东操纵公司经营的可能性就越小。

$$机构持股占比 = 机构持股数量／总股本$$

意义：反映机构投资者对公司业绩和创值能力的关注程度。

分析逻辑：机构投资者多，是对公司长期价值创造能力的肯定以及上市公司价值发现的重要渠道，能从外部促使公司内部治理水平的提升，因此该指标越高，公司治理水平就会越高。

$$第一大股东持股比例 = 第一大股东数量／总股本$$

意义：反映公司股权集中度。

分析逻辑：该指标越高，反映公司股权集中度较高，上市公司高管更可能通过输送公司利益来获得自身收入水平的提高，从而存在所谓的隧道效应（tunneling effect）。

年末股东权益增长 = 报告期股东权益／报告期上年股东权益

意义：反映公司运用股东资本获得资本增值的能力。

分析逻辑：该指标越高，说明企业运营效率越高，对股东贡献就越大。

现金分红比率 = 年度累计现金分红总额／归属母公司股东的净利润

意义：反映公司现金形式分配给股东的力度，是上市公司股东回报获得的重要体现。

分析逻辑：该指标越大，上市公司股东获得的现金红利就越多。

（2）董事会运作情况

董事会下设专业委员会情况 = 董事会下设专业委员会数量

意义：该指标越高，说明董事会中专业治理结构越规范和专业人才队伍越齐备。

分析逻辑：各专业委员会是按照《公司法》的要求，规范运作，充分发挥作用，对公司的重大决策提出审议、评价和咨询意见，为董事会决策提供建议。专业委员会的设立，将对完善集团董事会运作制度、提高董事会工作效率产生积极的影响。

会议情况 = 董事会、监事会和股东大会次数

意义：该指标反映上市公司董事会运作情况和运作效率。

分析逻辑：董事会会议是董事会履行职责、研究和决定公司重大决策事项和处理紧急事务的重要形式，我国《公司法》规定股份有限公司董事会每年度至少召开两次会议，董事会根据公司具体事项及时召开会议有利于公司民主协商，对所涉及事项进行充分讨论，对于公司科学决策和规范运作具有重要的意义。

独立董事比例 = 独立董事数量／董事数量

意义：反映上市公司董事会中独立董事比例。

分析逻辑：由于独立董事不像内部董事那样直接受制于控股股东和公司管理层，可以客观、公正、独立地做出有关公司决策的判断，独立董事比例

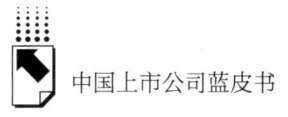

越大，说明公司内部治理水平越高，从而为公司长期可持续发展奠定基础。

$$董事长与总经理两职分离 = 虚拟变量（若不同为1,相同为0）$$

意义：说明公司董事长与总经理是否由一人兼任。

分析逻辑：董事长与总经理分别代表股东权益和经营者权益，若一人兼任可能会导致经营者为了自身利益损害股东权益，抽空公司长远发展的基础，而如果两职分离则董事会可以对经理层形成制约，促使管理者为公司成长服务。

(3) 内部激励

$$股权激励比例 = 激励总数／当时总股本比例$$

意义：反映公司经营者与股东利益的一致程度。

分析逻辑：该指标越高，反映公司经营者承担的经营风险越大，越能在经营过程中更多地关心公司的长期价值。

$$高管持股比率 = 董事长、董事及监事持股总量／股本总额$$

意义：反映公司经营者与股东利益的一致程度。

分析逻辑：该指标越高，反映管理者利益与股东利益越一致，代理成本越少，公司长期增长率越高。

$$高管薪酬占比 = 上市公司高管薪酬／总薪酬$$

意义：激励公司经营者减少道德风险，提升与股东利益的一致程度。

分析逻辑：该指标越高，越有利于管理者提升管理水平，促进公司不断成长，从而带来更高的薪酬。

(4) 信息披露

$$审计意见分为：标准的无保留意见、带强调事项段的无保留意见、$$
$$无法表示意见、保留意见和否定意见$$

意义：反映公司信息披露的质量。

分析逻辑：审计意见好，说明公司管理层有效地设计、实施和维护与财务报表编制相关的内部控制，以使财务报表不存在因舞弊或错误而导致的重大错报，选择和运用恰当的会计政策，作出合理的会计估计。审计意见共分为五类：标准的无保留意见说明审计师认为被审计者编制的财务报表已按照适用的会计准则的规定编制并在所有重大方面公允反映了被审计者的财务状况、经营成果和现金流量；带强调事项段的无保留意见说明审计师认为被审计者编制的财务报表符合相关会计准则的要求并在所有重大方面公允反映了被审计者的财务状况、经营成果和现金流量，但是存在需要说明的事项，如对持续经营能力产生重大疑虑及重大不确定事项等；保留意见说明审计师认为财务报表整体是公允的，但是存在影响重大的错报；否定意见说明审计师认为财务报表整体是不公允的或没有按照适用的会计准则的规定编制；无法表示意见说明审计师的审计范围受到了限制，且其可能产生的影响是重大而广泛的，审计师不能获取充分的审计证据。将标准无保留意见设定为1、其他为0。

内部控制意见分为:标准无保留意见、带强调事项段的无保留意见、
无法表示意见、保留意见和否定意见

意义：进一步反映公司内控信息披露质量。

分析逻辑：同审计意见，将标准无保留意见设定为1、其他为0。

（5）社会责任

社会贡献率 = 企业社会贡献总额/平均资产总额 =（支付的职工薪酬
+ 缴纳税款 + 利息支出净额 + 应缴增值税 + 产品销售税金及附加 +
应缴所得税及其他税）/总资产平均占用额

意义：反映企业占用社会资源所产生的社会经济效益大小。

分析逻辑：该比率越大，公司对于职工、股东、债权人和国家的贡献度越高，社会责任履行情况就越好。

税款上缴率 = 已缴纳税款/应缴纳税款 =（本会计期间营业税金及附加
+ 本会计期间所得税费用）/（应交税费期末余额 − 应交税费期初余额）

意义：反映公司对于国家相关税法的遵守情况。

分析逻辑：该比率越高，说明公司对税法的遵守程度越高。

资产纳税率 = 企业纳税总额 / 平均资产余额 =（本会计期间营业税金及附加 + 本会计期间所得税费用）/ 总资产期初期末平均值

意义：反映企业对国家的纳税贡献。

分析逻辑：该比率越高，说明公司对于国家的纳税贡献越大。

5. 创新与研发

创新与研发涉及上市公司多个行为维度，我们分别从创新投入、创新产出、创新效益与创新资金支持四个方面对上市公司的创新与研发行为进行捕捉，如表6所示，这些指标既反映了公司的物质投入也列示了无形、人力资本方面的投入，既反映了公司有形方面的创新产出也有公司无形方面的创新产出。我们对28个行业的上市公司的创新能力进行定量评估，利用层次分析法计算创新能力因素对企业价值的影响系数，从而得出创新行为对上市公司价值增长的影响。

表6 创新与研发评价指标

行业	类别	创新能力与战略资源
所有行业	创新投入	研发经费投入强度
		新产品开发
		人力资本投入
		员工持股计划
		技术人员投入
		技术人员持股比例
	创新产出	专利申请数量
		无形资产（扣除土地使用权）
		专利授权数量
	创新效益	核心业务增长率
		劳动生产率
		市场占有率
		超额收益率
	创新资金支持	内部融资能力
		公司自由现金流增长
		现金及现金等价物增长
		政府补助（科技补助,不含退税等其他补助）

(1) 创新投入

$$研发经费投入强度 = 研发经费 / 营业收入$$

意义：反映企业在报告期内内部支出和外部支出占营业收入的比重。

分析逻辑：该比率越高，说明公司在创新方面的投入力度越大。

$$新产品开发 = 广告费 / 营业收入$$

意义：反映企业对创新产品的销售能力。

分析逻辑：该比率越高，说明企业用于推广新产品、新服务的投入越大。

$$人力资本投入 = 公司大专以上职员人数 / 员工总数$$

意义：反映企业总体人力资本水平和人才结构。

分析逻辑：该比率越高，说明公司人力资本积累程度越高。

$$员工持股计划 = 员工持股数量 / 总股本$$

意义：表征企业在报告期内实施的员工持股绝对量和相对水平。

分析逻辑：该比率越高，可使员工报酬水平与企业经营业绩挂钩，员工利益与公司利益一致化，减少信息不对称与道德风险。

$$技术人员投入 = 技术人员总数 / 员工总数$$

意义：在上文研发经费投入基础上，从"人"的角度探讨公司研究技术人员投入强度。

分析逻辑：该比率越高说明公司研究人员投入强度越高，为公司创新能力提高奠定重要基础。

$$技术人员持股比例 = 技术人员持股数量 / 总股本$$

意义：反映企业技术人员持股情况。

分析逻辑：技术人员持股比例越高，说明公司不仅通过一般薪酬来激励创新人员，还将公司未来发展与技术人员挂钩，从而达到提高公司创新能力的目的。

（2）创新产出

专利申请数量 = 公司申请的发明、实用新型和外观设计三项之和

分析逻辑：上市公司申请的专利数量越多，说明上市公司2015年的研发支出逐步转化成实际成果，虽然这些技术成果与实际生产还有很大距离，但对于公司准确把握市场前沿科技信息和消费动态具有重要的意义，为公司产品创新奠定基础。

无形资产（扣除土地使有权）= log（无形资产 – 土地使用权净值）

意义：该比率越高，说明企业无形资产价值越高，是企业创新能力的重要体现。

分析逻辑：按照我国现有会计准则中关于无形资产的确认原则，无形资产主要包括专利权、非专利技术、商标权、著作权、特许权、土地使用权等，扣除土地使用权后基本上可以廓清上市企业创新产出水平，包括专利、非专利、特许权、商标权等。

专利授权数量 = 公司有效的发明、实用新型和外观设计三项之和

意义：该比率进一步在专利申请数量上表明公司专利申请的质量。

分析逻辑：与专利申请数量不太相同，专利授权数量则是某项专利已经被专利授权部门通过，将对公司生产经营产生实实在在影响的专利数量，是公司创新质量的重要体现，因此专利授权数量越多说明公司的创新能力越强。

（3）创新效益

核心业务增长率 =（2017年营业收入 – 2017年其他业务收入）/
（2016年营业收入 – 2016年其他业务收入）

意义：反映公司主营业务在报告期的增长率，说明了公司主营业务是否构成公司收入和利润的主要来源。

分析逻辑：该指标越大，说明公司的主营业务创新能力越强，构成公司的主要收入和利润来源。

$$劳动生产率 = 公司毛利率 / 职工总人数$$

意义：反映公司劳动者单位个人产出。

分析逻辑：该指标越大，反映公司的劳动生产率较高，说明在投入一定情况下，产出越高，公司的技术创新水平较高。

$$市场占有率 = 公司营业收入 / 行业营业收入之和$$

意义：一方面反映报告期内公司规模在行业中的变化，另一方面说明公司产品在行业市场的主导地位变化

分析逻辑：该指标越大，说明公司的规模较大和产品市场占有率较高。

$$超额收益率 = 公司销售净利率 / 行业平均销售净利率$$

意义：从净利润角度探讨了公司净利润和行业平均利润的对比情况，是公司超额利润获取能力的重要体现。

分析逻辑：该指标越大，说明公司的超额利润较大，超越行业平均利润，反映公司的技术创新能力越强。

(4) 创新资金支持

$$内部融资能力 = 经营活动现金流量 / 投资活动现金流量$$

意义：反映公司内部支持经营活动的能力。

分析逻辑：该指标越大，说明公司内部资金支持能力越强。

$$公司自由现金流增长 = 2017年公司自由现金流与2016年公司自由现金流之比$$

意义：反映公司内部融资或内源性融资渠道的宽窄。

分析逻辑：该指标越高，说明公司融资能力越强，公司可用于创新的内源性资金越充足。

$$现金及现金等价物增长 = 2017年上市公司现金及现金等价物 \\ 与2016年上市公司现金及现金等价物之比$$

意义：从存量角度反映公司内部融资或内源性融资渠道的宽窄。

分析逻辑：该指标越高，说明公司创新融资渠道越宽。

政府补助 = 扣除税收返还后政府补助金额

意义：说明公司技改、研发等项目从政府获得的资助经费。

分析逻辑：我国目前主要的政府补助包括财政贴息、研究开发补贴、政策性补贴。除去税收返还后，政府补助一般用于技改贴息、研究开发和技术人员补助等，因此该比例越高就越能说明公司研发活动较为活跃，研究开发经费支持也比较充足。

（四）海外中资股分行业评价指标体系

海外中资股主要考虑中国公司赴境外上市较多的中国香港市场和美国市场，行业分类上由于申万行业分类数据不全，我们使用国际通用的GICS行业分类标准，为与申万一级行业分类有对比性，我们使用GICS二级行业分类标准，中国香港和美国中资股GICS分布情况如表7所示。评估指标体系考虑到中国香港和美国市场数据可得性及为了与A股市场保持一致，我们设计了如表8所示的评估指标体系，由于各类指标与A股保持一致，这里对指标解释就不一一赘述。

表7 GICS行业分类

单位：家

	GICS行业分类	中国香港中资股上市公司数量	美国中资股上市公司数量
1	半导体产品与设备	16	8
2	保险	8	2
3	电信业务	12	4
4	房地产	106	3
5	公用事业	42	2
6	技术硬件与设备	57	6
7	家庭与个人用品	8	
8	零售业	26	10
9	媒体	21	2
10	耐用消费品与服装	85	4
11	能源	48	5
12	汽车与汽车零部件	30	4

续表

	GICS 行业分类	中国香港中资股上市公司数量	美国中资股上市公司数量
13	软件与服务	44	31
14	商业和专业服务	16	2
15	食品、饮料与烟草	46	6
16	食品与主要用品零售	8	1
17	消费者服务	26	11
18	医疗保健设备与服务	26	4
19	银行	23	
20	原材料	110	14
21	运输	36	8
22	制药、生物科技与生命科学	39	6
23	资本品	95	8
24	综合金融	55	8

表8　中国香港、美国中资股价值评估指标体系

行业	类别	财务指标
财务状况	现金流动性能力	流动比率
		速动比率
		现金比率
		现金流量比率
	长期偿债能力	资产负债率
		现金有息债务比率
		利息保障倍数
	营运能力和财务弹性	应收账款周转率
		存货周转率
		营业周期
		全部资产现金回收率
		现金满足投资比率
	盈利能力和盈利质量	销售净利率
		销售毛利率
		扣非净资产收益率
		销售现金比率
		非经常性损益占利润总额之比

续表

行业	类别	财务指标
估值与成长性	估值指标	PE
		PB
		每股自由现金流
		扣除非经常性损益的市盈率
	成长性指标	营业收入增长率
		净利润增长率
		资本支出增长率
	稳定性指标	股票收益率稳定性
		盈利稳定性
		非经常性损益频率
创值能力	过去为股东创造价值	EVA
	未来为股东创造价值	MVA
公司治理与创新	公司治理	第一大股东持股比例
		年末股东权益增长
		审计意见
		社会贡献率
	创新投入	研发经费投入强度
	创新产出	无形资产(扣除土地使用权)
	创新效益	核心业务增长率
		劳动生产率
		市场占有率
		超额收益率
	创新资金支持	内部融资能力
		公司自由现金流增长
		现金及现金等价物增长

(五)运用层次分析法计算各指标得分

首先,根据前文划分的财务状况、估值与成长性、创值能力、公司治理与创新等驱动因素,建立起上市公司价值评估的各层指标体系。

然后,根据各个因素及指标的相对重要程度来确定各因素及指标权重。通过对各指标的两两比较,得出每一指标相对于另一指标的标度值或者得分。相对重要程度度量如表9所示。

表9 专家打分规则

标度	含义
1	表示两个因素 X_i 和 X_j 相比，具有相等重要性
3	表示两个因素 X_i 和 X_j 相比，X_i 比 X_j 稍微重要
5	表示两个因素 X_i 和 X_j 相比，X_i 比 X_j 明显重要
7	表示两个因素 X_i 和 X_j 相比，X_i 比 X_j 强烈重要
9	表示两个因素 X_i 和 X_j 相比，X_i 比 X_j 极端重要
2,4,6,8	表示两个因素 X_i 和 X_j 相比，在上述两个相邻等级之间
倒数	表示两个因素 X_i 和 X_j 比较得出判断 a_{ij}，则 X_j 和 X_i 比较得出判断 $a_{ji} = 1/a_{ij}$

对于打分结果，对各因素及各因素下指标分别构造判断矩阵，计算判断矩阵的最大特征根和一致性指标，进行一致性检验。满足一致性检验的判断矩阵的特征向量的各个分量即各个指标对上一级指标（因素）的权重。利用该权重计算企业价值评估值。

由于行业众多，我们将行业按照产业特征分为制造业和服务业两大类，再按照产业结构和功能的相似性进一步划分为11类子行业，每一类子行业代表一种专家打分权重，通过对这11类子行业打分，得出所有申万或GICS行业的专家打分结果。考虑到银行行业、证券行业和保险行业财务报表不同和财务指标不同，我们对于这些行业采取不同的专家打分表，房地产行业也因财务指标不同而采取不同的专家打分表。

表10 专家打分表类型

产业	产业结构和功能	包括的申万行业	包括的GICS行业
制造业	上游能源	采掘、有色金属	能源、原材料
	中游制造	化工、钢铁、建筑材料、建筑装饰、电气设备、机械设备、轻工制造、军工	半导体产品与设备、技术硬件与设备、资本品
	下游需求	房地产、汽车、家用电器、农林牧渔、纺织服装、食品饮料	房地产、汽车、耐用消费品与服装、家庭与个人用品、零售业、食品、饮料与烟草

续表

产业	产业结构和功能	包括的申万行业	包括的GICS行业
服务业	物流	交通运输	交通运输
	TMT	电子、计算机、传媒、通信	电信、传媒、软件与服务
	金融	银行、非银行金融	银行、非银行金融
	休闲服务	休闲服务	商业和专业服务、消费者服务
	公用事业	公用事业	公用事业
	零售	商业贸易	食品与主要用品零售
	医药	医药卫生	制药、生物科技与生命科学、医疗保健设备与服务
	其他	综合	

（六）上市公司排名说明

1. 最近三年依靠借壳而上市的公司

审核制导致 IPO 排队，无法满足逐渐发展壮大企业的融资需求，一些未上市企业若能将资产注入目前已上市且经营不善、市值较低的公司，从而达到间接上市融资的目的，这就构成借壳上市。借壳上市公司通常名字或主营业务已经变更，上市当年无法与前些年业务形成对比，根据前面的财务指标计算和评价方法，若加入这些上市公司将会导致结果出现偏误，因此为谨慎起见我们将 2014 年以来借壳上市的公司排除在外，具体如表 11 所示。

2. 最近一年发生 ST 摘帽的上市公司

年报披露期往往是 ST 股票摘帽高峰期，年报业绩的改善往往令不少 ST 公司摘去市场警示的帽子，这些股票往往受到市场热捧，从而产生较高的估值指标。不过这些公司大部分基本面并未发生与股价相符的利好改善，所以这些公司的估值与成长性指标参考意义不大，这些公司包括但并不限于以下所列，特此说明。

表 11　2014 年以来借壳上市公司

证券代码	证券简称	上市日期	借壳上市日期	证券代码	证券简称	上市日期	借壳上市日期
601360.SH	三六零	2012-01-16	2018-02-28	600891.SH	秋林集团	1996-03-25	2015-10-20
002600.SZ	领益智造	2011-07-15	2018-02-09	600848.SH	上海临港	1994-03-24	2015-09-30
600781.SH	辅仁药业	1996-12-18	2017-12-28	600444.SH	国机通用	2004-02-19	2015-09-26
600764.SH	中国海防	1996-11-04	2017-10-24	002581.SZ	未名医药	2011-05-20	2015-09-23
600545.SH	卓郎智能	2003-12-03	2017-09-07	002343.SZ	慈文传媒	2010-01-26	2015-09-14
000710.SZ	贝瑞基因	1997-04-22	2017-08-10	600708.SH	光明地产	1996-06-06	2015-09-11
000968.SZ	蓝焰控股	2000-06-22	2017-01-24	600629.SH	华建集团	1993-02-09	2015-09-10
002352.SZ	顺丰控股	2010-02-05	2017-01-20	600229.SH	城市传媒	2000-03-09	2015-09-03
600528.SH	中铁工业	2001-05-28	2017-01-14	000833.SZ	贵糖股份	1998-11-11	2015-08-31
600490.SH	鹏欣资源	2003-06-26	2016-12-30	002044.SZ	美年健康	2005-05-18	2015-08-27
600603.SH	广汇物流	1992-01-13	2016-12-29	600338.SH	西藏珠峰	2000-12-27	2015-08-27
002468.SZ	申通快递	2010-09-08	2016-12-25	000795.SZ	英洛华	1997-08-08	2015-08-21
002109.SZ	兴化股份	2007-01-26	2016-12-21	002366.SZ	台海核电	2010-03-12	2015-07-23
002120.SZ	韵达股份	2007-03-06	2016-12-21	600606.SH	绿地控股	1992-03-27	2015-07-03
000892.SZ	欢瑞世纪	1999-01-15	2016-12-05	600297.SH	广汇汽车	2000-11-16	2015-06-18
600710.SH	苏美达	1996-07-01	2016-11-16	002074.SZ	国轩高科	2006-10-18	2015-05-14
000820.SZ	神雾节能	1998-06-30	2016-10-21	600217.SH	中再资环	1999-12-16	2015-05-13
600233.SH	圆通速递	2000-06-08	2016-10-11	600666.SH	奥瑞德	1993-07-12	2015-05-12
000813.SZ	德展健康	1998-05-19	2016-10-10	600163.SH	中闽能源	1998-06-02	2015-05-09
600515.SH	海航基础	2002-08-06	2016-07-27	600466.SH	蓝光发展	2001-02-12	2015-04-01
000408.SZ	藏格控股	1996-06-28	2016-07-26	600856.SH	中天能源	1994-04-25	2015-03-31
600179.SH	安通控股	1998-11-04	2016-07-20	600381.SH	青海春天	2001-05-08	2015-03-28

续表

证券代码	证券简称	上市日期	借壳上市日期	证券代码	证券简称	上市日期	借壳上市日期
000958.SZ	东方能源	1999-12-23	2016-07-07	000908.SZ	景峰医药	1999-02-03	2014-12-30
600167.SH	联美控股	1999-01-28	2016-06-08	000607.SZ	华媒控股	1996-08-30	2014-12-18
600090.SH	同济堂	1997-06-16	2016-05-25	002624.SZ	完美世界	2011-10-28	2014-12-18
002558.SZ	巨人网络	2011-03-02	2016-04-19	002280.SZ	联络互动	2009-08-21	2014-12-16
002147.SZ	新光圆成	2007-08-08	2016-04-15	000546.SZ	金圆股份	1993-12-15	2014-12-08
600346.SH	恒力股份	2001-08-20	2016-03-19	002143.SZ	印纪传媒	2007-07-20	2014-11-14
600681.SH	百川能源	1993-10-18	2016-03-19	002504.SZ	弘高创意	2010-11-18	2014-10-15
000591.SZ	太阳能	1996-02-08	2016-03-10	600273.SH	嘉化能源	2003-06-27	2014-09-30
000034.SZ	神州数码	1994-05-09	2016-03-01	002019.SZ	亿帆医药	2004-07-13	2014-09-29
600828.SH	茂业商业	1994-02-24	2016-03-01	002180.SZ	纳思达	2007-11-13	2014-09-26
000557.SZ	西部创业	1994-06-17	2016-02-01	000810.SZ	创维数字	1998-06-02	2014-09-25
002127.SZ	南极电商	2007-04-18	2016-01-18	000928.SZ	中钢国际	1999-03-12	2014-09-17
000413.SZ	东旭光电	1996-09-25	2016-01-05	002354.SZ	天神娱乐	2010-02-09	2014-09-16
002680.SZ	长生生物	2012-06-05	2015-12-31	600485.SH	信威集团	2003-08-07	2014-09-13
002411.SZ	必康股份	2010-05-25	2015-12-29	600483.SH	福能股份	2004-05-31	2014-07-25
600517.SH	置信电气	2003-10-10	2015-12-29	000605.SZ	渤海股份	1996-09-13	2014-07-11
002027.SZ	分众传媒	2004-08-04	2015-12-28	002373.SZ	千方科技	2010-03-18	2014-06-04
002270.SZ	华明装备	2008-09-05	2015-12-25	000035.SZ	中国天楹	1994-04-08	2014-05-27
002517.SZ	恺英网络	2010-12-07	2015-12-16	002174.SZ	游族网络	2007-09-25	2014-05-14
002036.SZ	联创电子	2004-09-03	2015-12-10	002071.SZ	长城影视	2006-10-12	2014-04-23
000018.SZ	神州长城	1992-06-16	2015-11-26	000681.SZ	视觉中国	1997-01-21	2014-04-10
600076.SH	康欣新材	1997-05-26	2015-11-20	002217.SZ	合力泰	2008-02-20	2014-03-27
000796.SZ	凯撒旅游	1997-07-03	2015-11-10	600398.SH	海澜之家	2000-12-28	2014-03-15
000615.SZ	京汉股份	1996-10-16	2015-10-28	000902.SZ	新洋丰	1999-04-08	2014-03-14

表12 2017年ST摘帽的上市公司

证券代码	证券简称	戴帽摘帽时间
000037.SZ	深南电A	去*ST:2017-04-17,*ST:2016-04-05
000155.SZ	川化股份	去*ST:2017-12-18,*ST:2015-05-04
000408.SZ	藏格控股	去*ST:2017-05-23,*ST:2016-04-28
000410.SZ	沈阳机床	去*ST:2018-03-01,*ST:2017-05-03
000504.SZ	南华生物	去*ST:2017-05-12,*ST:2016-04-26
000505.SZ	京粮控股	去*ST:2017-05-19,*ST:2016-04-26
000526.SZ	紫光学大	去*ST:2018-05-23,*ST:2017-04-11
000606.SZ	顺利办	去*ST:2017-03-14,*ST:2016-04-01
000611.SZ	天首发展	去*ST:2017-06-08,*ST:2015-04-30
000613.SZ	大东海A	去*ST:2018-03-15,*ST:2017-04-05
000617.SZ	中油资本	去*ST:2017-01-16,*ST:2016-04-01
000622.SZ	恒立实业	去*ST:2017-05-04,*ST:2016-04-29
000633.SZ	合金投资	去*ST:2017-05-18,*ST:2016-04-27
000659.SZ	珠海中富	去*ST:2018-04-25,*ST:2017-05-03
000670.SZ	盈方微	去*ST:2017-03-30,*ST:2016-05-03
000691.SZ	亚太实业	去*ST:2017-11-29,*ST:2016-05-04
000710.SZ	贝瑞基因	去*ST:2017-08-28,*ST:2017-03-01
000717.SZ	韶钢松山	去*ST:2017-04-05,*ST:2016-04-21
000780.SZ	平庄能源	去*ST:2018-05-11,*ST:2017-04-24
000809.SZ	铁岭新城	去*ST:2018-06-11,*ST:2017-04-26
000831.SZ	五矿稀土	去*ST:2017-05-03,*ST:2016-04-11
000856.SZ	冀东装备	去*ST:2017-04-07,*ST:2016-04-11
000913.SZ	钱江摩托	去*ST:2017-05-15,*ST:2016-04-21
000932.SZ	华菱钢铁	去*ST:2018-03-09,*ST:2017-05-03
000933.SZ	神火股份	去*ST:2017-05-02,*ST:2016-04-20
000962.SZ	东方钽业	去*ST:2017-04-05,*ST:2016-04-20
000968.SZ	蓝焰控股	去*ST:2017-05-15,*ST:2016-03-21
002061.SZ	浙江交科	去*ST:2017-03-14,*ST:2016-03-01
002069.SZ	獐子岛	去*ST:2017-04-05,*ST:2016-05-04
002109.SZ	兴化股份	去*ST:2017-03-28,*ST:2016-03-01

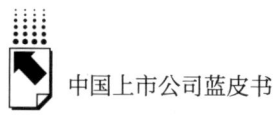

续表

证券代码	证券简称	戴帽摘帽时间
002134.SZ	天津普林	去*ST:2018-04-19,*ST:2017-05-02
002173.SZ	创新医疗	去*ST:2017-04-21,*ST:2016-04-19
002199.SZ	东晶电子	去*ST:2017-03-15,*ST:2016-04-26
002248.SZ	华东数控	去*ST:2018-04-16,*ST:2017-04-27
002289.SZ	宇顺电子	去*ST:2017-05-18,*ST:2016-05-03
002312.SZ	三泰控股	去*ST:2018-05-09,*ST:2017-04-28
002336.SZ	人人乐	去*ST:2017-04-28,*ST:2016-04-20
002379.SZ	宏创控股	去*ST:2017-05-24,*ST:2016-04-22
002423.SZ	中原特钢	去*ST:2017-04-21,*ST:2016-05-03
002490.SZ	山东墨龙	去*ST:2018-04-16,*ST:2017-04-07
002504.SZ	弘高创意	去*ST:2018-05-11,*ST:2017-05-03
002513.SZ	蓝丰生化	去*ST:2017-04-07,*ST:2016-04-27

3. 行业细分因素

由于我们使用的行业分类为申万一级行业分类或者GICS二级行业分类,而这些行业的分类细分到三级甚至四级、五级,有些行业内部不同二级行业之间以及三级行业之间财务状况、估值状况等指标相差较大,有些行业的排名会呈现出某一、二级行业或者三级行业所有上市公司排名均高于其他行业或者三级行业的上市公司的情况,将上市公司与所在细分行业的可比上市公司进行对比能够得出更为准确的排名。

三 评估结果

(一)A股上市公司价值评估综合排名结果

通过对上市公司以上5个要素打分并使用层次分析法,可以分行业得出上市公司价值评估综合排名。由于报告篇幅有限,我们只选取每个行业排名前十的上市公司,其他上市公司的综合排名分值以及五个要素的具体分值在附录中体现。

1. 银行

表13 银行

排名	代码	公司名称	总得分	财务状况	估值与成长性	创值能力	公司治理	创新与研发
1	002142.SZ	宁波银行	5.92	6.58	5.07	6.73	5.63	4.51
2	601009.SH	南京银行	5.81	6.13	5.66	6.08	5.77	4.48
3	601997.SH	贵阳银行	5.67	5.47	5.49	6.38	5.55	4.83
4	601229.SH	上海银行	5.67	6.13	5.64	5.7	5.43	4.58
5	600036.SH	招商银行	5.32	5.17	4.52	5.93	6.03	5.26
6	601169.SH	北京银行	5.3	5.02	5.63	5.17	5.79	4.76
7	601128.SH	常熟银行	5.25	5	4.4	6.53	5.46	4.28
8	600926.SH	杭州银行	5.18	4.8	5.17	5.62	5.51	4.5
9	601818.SH	光大银行	5.17	5.04	5.6	4.66	5.54	5.29
10	601998.SH	中信银行	5.12	5.13	5.35	4.71	5.42	5.12

2. 非银金融

表14 证券

排名	代码	公司名称	总得分	财务状况	估值与成长性	创值能力	公司治理	创新与研发
1	002736.SZ	国信证券	5.57	5.7	5.47	5.42	5.81	5.49
2	000776.SZ	广发证券	5.38	6.43	5.76	4.07	5.17	5.34
3	600030.SH	中信证券	5.35	6.98	5.79	3.06	5.67	5.44
4	000166.SZ	申万宏源	5.25	6.22	5.27	4.47	5.09	4.8
5	600999.SH	招商证券	5.2	5.83	5.73	4.14	5.2	4.92
6	600837.SH	海通证券	5.2	5.68	3.72	6.43	5.2	4.43
7	000783.SZ	长江证券	5.19	4.87	5.41	5.22	5.48	4.82
8	601377.SH	兴业证券	5.12	5.22	5.39	4.74	5.34	4.8
9	600109.SH	国金证券	5.12	3.87	5.38	6.02	5.4	4.83
10	601198.SH	东兴证券	5.11	4.39	4.93	6.39	4.4	5.19

表 15 保险

排名	代码	公司名称	总得分	财务状况	估值与成长性	创值能力	公司治理	创新与研发
1	601318.SH	中国平安	5.93	5.51	7.12	5.54	5.52	5.17
2	601601.SH	中国太保	5.22	5.27	4.98	3.98	6.37	4.87
3	601336.SH	新华保险	5.14	5.67	4.16	4.09	5.73	4.89
4	601628.SH	中国人寿	4.01	3.56	3.74	6.39	5.43	5.07

表 16 多元金融

排名	代码	公司名称	总得分	财务状况	估值与成长性	创值能力	公司治理	创新与研发
1	600816.SH	安信信托	5.77	5.59	5.34	6.76	5.56	4.8
2	600643.SH	爱建集团	5.44	5.14	5.45	5.89	5.31	5.08
3	000563.SZ	陕国投A	5.35	5.74	5.13	5.29	5.52	4.55
4	600093.SH	易见股份	5.25	4.29	5.65	5.75	5.29	5.37
5	000666.SZ	经纬纺机	5.22	4.96	5.62	4.93	5.27	5.6
6	600783.SH	鲁信创投	5.2	5.56	4.5	5.75	4.98	4.88
7	600830.SH	香溢融通	5.14	5.07	5.38	5.14	5.08	4.63
8	000416.SZ	民生控股	5.05	5.94	2.97	6.01	5.49	4.95
9	603300.SH	华铁科技	4.89	4.93	5.13	4.45	5.05	5.14
10	600318.SH	新力金融	4.8	4.66	3.87	5.76	5.03	4.75

3. 地产

表 17 地产

排名	代码	公司名称	总得分	财务状况	估值与成长性	创值能力	公司治理	创新与研发
1	000002.SZ	万科A	5.78	6.14	5.4	6.92	5.26	5.19
2	601155.SH	新城控股	5.66	5.26	5.55	7.16	4.72	5.6
3	000961.SZ	中南建设	5.55	6.75	5.17	4.86	5.02	5.95
4	000668.SZ	荣丰控股	5.5	6.43	5.18	5.7	5.2	5.01
5	000537.SZ	广宇发展	5.5	5.97	5.09	6.06	4.94	5.45
6	001979.SZ	招商蛇口	5.41	5.2	4.9	7.24	4.89	4.83
7	600173.SH	卧龙地产	5.36	5.06	4.8	5.4	5.47	6.09
8	000036.SZ	华联控股	5.36	5.55	5.4	5.41	5.77	4.68
9	002146.SZ	荣盛发展	5.36	6.34	5.37	5.39	5.03	4.67
10	600641.SH	万业企业	5.35	5.04	4.96	5.88	6.02	4.87

4. 采掘

表 18　采掘

排名	代码	公司名称	总得分	财务状况	估值与成长性	创值能力	公司治理	创新与研发
1	601088.SH	中国神华	5.98	5.9	5.67	7	5.1	5.62
2	601225.SH	陕西煤业	5.67	5.19	5.23	6.8	5.6	5.09
3	300191.SZ	潜能恒信	5.49	6.69	4.36	6	4.49	5.41
4	000780.SZ	平庄能源	5.38	6.47	5.16	4.42	5.56	5.35
5	000762.SZ	西藏矿业	5.37	6.59	4.55	5.59	4.65	4.69
6	002128.SZ	露天煤业	5.36	5.86	5.31	5.26	5	4.88
7	603979.SH	金诚信	5.32	5.49	5.44	5.18	5.15	5.16
8	600583.SH	海油工程	5.32	5.8	5.47	4.8	5.09	5.35
9	002738.SZ	中矿资源	5.28	4.77	5.08	6.03	5.24	5.22
10	002828.SZ	贝肯能源	5.26	5.36	4.94	5.91	4.92	4.45

5. 传媒

表 19　传媒

排名	代码	公司名称	总得分	财务状况	估值与成长性	创值能力	公司治理	创新与研发
1	300518.SZ	盛讯达	5.75	6.89	5.22	5.64	5.27	5.05
2	002555.SZ	三七互娱	5.67	5.75	5.09	6.66	5.22	4.96
3	300113.SZ	顺网科技	5.65	5.9	5.21	5.95	5.36	5.78
4	300494.SZ	盛天网络	5.56	6.83	5.12	5.49	4.56	4.95
5	603258.SH	电魂网络	5.5	6.03	5.09	5.51	5.42	5.27
6	300418.SZ	昆仑万维	5.47	4.85	5.52	6.03	5.31	5.84
7	002148.SZ	北纬科技	5.47	6.04	5.15	5.44	5.33	4.99
8	300031.SZ	宝通科技	5.45	5.64	5.91	5.35	5.06	4.37
9	603888.SH	新华网	5.39	5.96	5.28	5.58	4.51	4.85
10	300533.SZ	冰川网络	5.39	6.01	5.16	5.34	4.84	5.28

6. 电气设备

表20 电气设备

排名	代码	公司名称	总得分	财务状况	估值与成长性	创值能力	公司治理	创新与研发
1	603025.SH	大豪科技	5.95	7.29	4.69	6.14	5.71	5.48
2	600885.SH	宏发股份	5.91	5.54	5.59	7.03	5.52	5.25
3	601012.SH	隆基股份	5.88	4.76	5.59	7.64	5.73	5.03
4	300124.SZ	汇川技术	5.85	5.55	4.84	7.97	4.65	5.42
5	601877.SH	正泰电器	5.82	5.04	5.64	7.47	5.02	5.08
6	603806.SH	福斯特	5.79	6.69	5.59	5.74	5.29	4.48
7	002202.SZ	金风科技	5.68	4.34	5.82	7.27	5.16	5.27
8	603416.SH	信捷电气	5.64	7.13	4.8	5.43	5.25	4.91
9	002706.SZ	良信电器	5.59	6.31	5.19	5.46	5.39	5.32
10	300443.SZ	金雷风电	5.57	7.12	5.79	4.47	5.01	4.39

7. 电子

表21 电子

排名	代码	公司名称	总得分	财务状况	估值与成长性	创值能力	公司治理	创新与研发
1	600703.SH	三安光电	6.04	6.11	5.23	7.46	5.43	4.97
2	002415.SZ	海康威视	5.95	5.39	5.03	7.79	5.61	5.37
3	002236.SZ	大华股份	5.83	4.63	5.4	7.62	5.54	5.9
4	002241.SZ	歌尔股份	5.82	4.88	5.79	7.09	5.32	5.85
5	603160.SH	汇顶科技	5.77	6.26	4.82	6.39	5.38	5.97
6	300408.SZ	三环集团	5.73	6.62	5.12	6.04	5.3	4.6
7	002008.SZ	大族激光	5.65	4.85	5.17	7.13	5.53	5.16
8	600563.SH	法拉电子	5.6	6.45	5.37	5.45	5.27	4.65
9	300394.SZ	天孚通信	5.57	7.1	5.4	5.08	4.49	4.69
10	300183.SZ	东软载波	5.57	6.77	5.25	4.93	5.2	5.43

8. 纺织服装

表 22　纺织服装

排名	代码	公司名称	总得分	财务状况	估值与成长性	创值能力	公司治理	创新与研发
1	002563.SZ	森马服饰	6.04	5.71	5.41	7.83	4.88	5.48
2	002003.SZ	伟星股份	5.91	6.04	5.47	6.49	5.75	5.37
3	600987.SH	航民股份	5.86	6.37	5.33	6.48	5.35	4.84
4	000726.SZ	鲁泰A	5.81	5.69	5.75	6.69	4.9	5.14
5	002832.SZ	比音勒芬	5.77	6.73	4.96	6.03	5.58	4.73
6	002293.SZ	罗莱生活	5.65	5.35	5.13	6.67	5.57	5.07
7	002762.SZ	金发拉比	5.63	6.85	5.18	5.32	5.28	4.67
8	002327.SZ	富安娜	5.61	5.57	5.33	6.61	4.86	4.82
9	603518.SH	维格娜丝	5.61	6.38	5.38	5.46	4.95	5.56
10	002763.SZ	汇洁股份	5.56	6.42	5.16	5.78	4.88	4.65

9. 钢铁

表 23　钢铁

排名	代码	公司名称	总得分	财务状况	估值与成长性	创值能力	公司治理	创新与研发
1	002110.SZ	三钢闽光	5.82	5.85	5.38	6.6	5.48	5.21
2	600019.SH	宝钢股份	5.79	5.05	5.69	6.87	5.17	6.18
3	600507.SH	方大特钢	5.58	5.57	5.18	5.97	5.76	5.32
4	000932.SZ	华菱钢铁	5.44	4.27	5.29	7.06	5.21	4.88
5	002756.SZ	永兴特钢	5.4	6.95	5.09	4.69	4.58	5.2
6	603878.SH	武进不锈	5.34	6.74	5.19	4.34	5.09	4.95
7	000825.SZ	太钢不锈	5.27	4.79	5.73	5.75	4.51	5.16
8	000898.SZ	鞍钢股份	5.23	4.89	5.74	5.15	5.19	5.02
9	600782.SH	新钢股份	5.23	5.07	5.41	5.52	5.04	4.55
10	600282.SH	南钢股份	5.19	4.42	5.36	5.8	5.21	5.16

10. 公用事业

表24 公用事业

排名	代码	公司名称	总得分	财务状况	估值与成长性	创值能力	公司治理	创新与研发
1	600900.SH	长江电力	5.9	5.23	5.49	7.78	4.8	5.28
2	601158.SH	重庆水务	5.74	6.18	5.31	6.2	5.55	4.46
3	603393.SH	新天然气	5.72	6.98	5.18	5.75	5.09	4.43
4	300072.SZ	三聚环保	5.69	4.74	5.12	7.35	5.59	5.47
5	300137.SZ	先河环保	5.63	6.68	4.65	5.86	5.12	5.55
6	603568.SH	伟明环保	5.61	6.18	4.78	6.23	5.24	5.09
7	600674.SH	川投能源	5.6	5.31	5.49	6.62	4.98	4.67
8	300070.SZ	碧水源	5.58	5.26	5.46	6.22	5.23	5.55
9	600995.SH	文山电力	5.47	5.61	5.26	5.51	5.79	4.89
10	000301.SZ	东方市场	5.46	6.62	4.85	5.49	4.94	4.54

11. 国防军工

表25 国防军工

排名	代码	公司名称	总得分	财务状况	估值与成长性	创值能力	公司治理	创新与研发
1	300474.SZ	景嘉微	5.68	6.89	4.74	6.19	4.62	5.13
2	300456.SZ	耐威科技	5.62	6.18	5.71	5.48	4.87	5.39
3	002829.SZ	星网宇达	5.49	5.52	5.17	5.8	5.73	5.05
4	600562.SH	国睿科技	5.48	5.32	5.21	5.99	5.23	5.73
5	000547.SZ	航天发展	5.45	5.92	5.37	5.31	5.12	5.28
6	000738.SZ	航发控制	5.4	5.98	5.2	5.33	5.16	4.75
7	300527.SZ	中国应急	5.38	5.34	5.38	5.87	4.87	4.8
8	002013.SZ	中航机电	5.34	4.75	5.42	5.83	5.58	4.95
9	600967.SH	内蒙一机	5.29	5.12	5.34	6.03	4.55	4.63
10	300424.SZ	航新科技	5.28	4.98	5.19	5.82	5.03	5.23

12. 化工

表26 化工

排名	代码	公司名称	总得分	财务状况	估值与成长性	创值能力	公司治理	创新与研发
1	600309.SH	万华化学	5.81	4.54	5.58	7.8	5.1	5.49
2	600688.SH	上海石化	5.77	5.31	5.18	7.29	5.29	5.05
3	300446.SZ	乐凯新材	5.68	7.06	4.95	5.38	5.34	5.09
4	002749.SZ	国光股份	5.66	7.02	5.2	5.58	4.7	4.81
5	300107.SZ	建新股份	5.66	6.81	5.11	5.63	5.08	4.92
6	002450.SZ	康得新	5.61	4.95	5.6	6.34	5.28	6.03
7	002802.SZ	洪汇新材	5.55	6.61	5.03	5.46	4.81	5.38
8	002382.SZ	蓝帆医疗	5.53	5.66	5.39	5.79	5.36	4.94
9	002224.SZ	三力士	5.52	6.84	5.09	4.98	5.31	4.78
10	603585.SH	苏利股份	5.52	6.57	5.49	5.02	4.88	5.01

13. 机械设备

表27 机械设备

排名	代码	公司名称	总得分	财务状况	估值与成长性	创值能力	公司治理	创新与研发
1	300445.SZ	康斯特	5.76	6.76	4.92	5.64	5.79	5.52
2	300417.SZ	南华仪器	5.69	6.77	5.15	5.55	5.35	4.96
3	002690.SZ	美亚光电	5.66	6.65	4.98	5.9	5.1	4.94
4	300553.SZ	集智股份	5.65	6.76	5.03	5.67	5.09	5.06
5	002595.SZ	豪迈科技	5.65	6.13	5.45	5.75	5.42	4.81
6	300488.SZ	恒锋工具	5.63	6.86	5.16	5.54	4.79	4.92
7	603203.SH	快克股份	5.62	6.64	4.72	5.68	5.53	5.19
8	300470.SZ	日机密封	5.59	6.31	5.12	5.71	5.33	4.82
9	300521.SZ	爱司凯	5.54	6.52	5.1	5.49	4.99	5
10	300371.SZ	汇中股份	5.53	6.75	5.09	5.43	4.8	4.67

14. 计算机

表28　计算机

排名	代码	公司名称	总得分	财务状况	估值与成长性	创值能力	公司治理	创新与研发
1	002410.SZ	广联达	6.08	6.02	5.12	7.57	5.75	5.04
2	600271.SH	航天信息	5.92	5.46	5.32	7.45	5.5	5.17
3	300033.SZ	同花顺	5.88	5.99	5	7.41	5.08	4.85
4	600588.SH	用友网络	5.68	4.4	4.9	7.83	5.87	4.97
5	002065.SZ	东华软件	5.64	4.73	5.32	7.27	5.34	4.91
6	603660.SH	苏州科达	5.61	5.25	5.13	6.61	5.8	4.71
7	002195.SZ	二三四五	5.61	6.31	5.12	5.97	5.04	4.82
8	600570.SH	恒生电子	5.61	5.06	4.43	7.96	4.85	4.98
9	002230.SZ	科大讯飞	5.58	4.87	4.44	7.7	5.2	5.41
10	300559.SZ	佳发教育	5.56	6.55	5.47	5.25	4.88	4.87

15. 家用电器

表29　家用电器

排名	代码	公司名称	总得分	财务状况	估值与成长性	创值能力	公司治理	创新与研发
1	000333.SZ	美的集团	5.81	4.87	5.43	7.69	4.97	5.48
2	600690.SH	青岛海尔	5.74	4.46	5.65	7.45	5.37	5.35
3	000651.SZ	格力电器	5.7	4.81	5.37	7.73	4.55	5.14
4	002677.SZ	浙江美大	5.56	7.15	4.59	5.42	5.09	4.91
5	300342.SZ	天银机电	5.43	6.33	4.98	5.14	5.2	5.31
6	002508.SZ	老板电器	5.42	5.97	4.9	5.61	5.3	4.88
7	300403.SZ	地尔汉宇	5.41	6.94	5.09	4.95	4.46	4.76
8	603868.SH	飞科电器	5.41	6.14	4.85	5.57	5.11	4.87
9	002032.SZ	苏泊尔	5.36	5.37	5.24	5.73	5.06	5
10	002242.SZ	九阳股份	5.35	5.67	5.21	5.3	5.14	5.28

16. 建筑材料

表30　建筑材料

排名	代码	公司名称	总得分	财务状况	估值与成长性	创值能力	公司治理	创新与研发
1	600585.SH	海螺水泥	5.97	5.83	5.6	7.27	4.99	5.21
2	002372.SZ	伟星新材	5.68	6.2	5.43	5.99	4.9	5.2
3	000786.SZ	北新建材	5.68	5.71	5.35	6.47	5.13	5.06
4	002718.SZ	友邦吊顶	5.56	6.92	5.32	5.03	4.58	5.42
5	002271.SZ	东方雨虹	5.56	5.06	5.45	6.09	5.59	5.73
6	002043.SZ	兔宝宝	5.43	6.04	5.24	5.39	5.01	4.97
7	002795.SZ	永和智控	5.38	5.89	5.33	5.46	4.89	4.44
8	002088.SZ	鲁阳节能	5.31	6.05	5.35	5.18	4.51	4.65
9	600801.SH	华新水泥	5.31	4.77	5.49	5.9	5.06	5.02
10	601636.SH	旗滨集团	5.28	5.08	5.26	5.32	5.65	5.25

17. 建筑装饰

表31　建筑装饰

排名	代码	公司名称	总得分	财务状况	估值与成长性	创值能力	公司治理	创新与研发
1	603909.SH	合诚股份	5.6	7.11	4.52	5.41	5.63	4.78
2	601800.SH	中国交建	5.51	4.47	5.89	6.48	5.04	5.4
3	601668.SH	中国建筑	5.42	4.54	5.82	6.11	5.29	5.01
4	601390.SH	中国中铁	5.42	4.44	5.44	6.71	5.29	4.55
5	300500.SZ	启迪设计	5.38	7.18	3.96	5.34	4.79	5.37
6	601186.SH	中国铁建	5.38	4.46	5.73	6.11	5.18	5.19
7	002469.SZ	三维工程	5.37	6.93	4.55	4.77	5.2	5.26
8	002310.SZ	东方园林	5.35	5.26	5.35	5.82	4.84	5.03
9	600477.SH	杭萧钢构	5.32	5.29	5.07	5.38	5.92	4.91
10	300284.SZ	苏交科	5.29	5.18	5.75	4.85	5.74	4.77

18. 交通运输

表32　交通运输

排名	代码	公司名称	总得分	财务状况	估值与成长性	创值能力	公司治理	创新与研发
1	600009.SH	上海机场	6.34	6.98	5.3	8.02	5.01	4.6
2	601006.SH	大秦铁路	5.9	5.6	5.73	7.22	5.13	4.54
3	600377.SH	宁沪高速	5.76	5.21	5.59	7.07	5.17	4.84
4	600018.SH	上港集团	5.69	4.88	4.79	7.55	5.56	5.43
5	600270.SH	外运发展	5.66	6.07	5.54	6.06	5.06	4.53
6	002320.SZ	海峡股份	5.61	7.02	5	5.46	4.96	4.65
7	600004.SH	白云机场	5.57	5.35	5.89	6.04	4.93	4.82
8	600897.SH	厦门空港	5.56	6.09	5.71	5.21	5.23	5.06
9	600012.SH	皖通高速	5.49	6.26	5.52	4.89	5.38	5.04
10	000022.SZ	深赤湾A	5.47	5.99	5.31	5.44	5.04	5.21

19. 农林牧渔

表33　农林牧渔

排名	代码	公司名称	总得分	财务状况	估值与成长性	创值能力	公司治理	创新与研发
1	300498.SZ	温氏股份	5.94	5.65	5.4	7.67	4.79	5.14
2	600201.SH	生物股份	5.9	6.51	5.15	6.46	5.46	5.31
3	002714.SZ	牧原股份	5.8	4.99	5.39	7.73	4.92	5.14
4	600438.SH	通威股份	5.6	4.88	5.31	6.91	5.21	5.33
5	300149.SZ	量子生物	5.58	6.84	4.59	5.66	5.11	5.24
6	600298.SH	安琪酵母	5.55	4.8	5.31	6.79	5.53	4.79
7	002311.SZ	海大集团	5.54	4.95	5.21	6.93	4.86	5.23
8	603566.SH	普莱柯	5.53	6.48	4.97	5.29	5.54	4.98
9	000876.SZ	新希望	5.5	5.08	5.77	5.75	5.44	5.28
10	600598.SH	北大荒	5.45	5.64	5.22	5.77	5.37	4.67

20. 汽车

表34 汽车

排名	代码	公司名称	总得分	财务状况	估值与成长性	创值能力	公司治理	创新与研发
1	601238.SH	广汽集团	5.79	4.99	5.57	7.09	5.38	5.65
2	600741.SH	华域汽车	5.65	4.5	5.67	7.1	5.26	5.31
3	600660.SH	福耀玻璃	5.61	5.44	5.61	6.08	5.35	5.05
4	603023.SH	威帝股份	5.59	7.19	4.87	5.26	5.04	4.85
5	600104.SH	上汽集团	5.59	4.26	5.78	7.08	5.11	5.32
6	603306.SH	华懋科技	5.58	6.96	5.15	5.04	5.37	4.56
7	300507.SZ	苏奥传感	5.53	6.75	5.06	5.2	5.18	4.77
8	603997.SH	继峰股份	5.52	6.31	5.28	5.35	5.29	4.67
9	601965.SH	中国汽研	5.48	6.78	5.32	4.81	4.8	5.16
10	000338.SZ	潍柴动力	5.47	4.34	5.78	6.8	4.57	5.49

21. 轻工制造

表35 轻工制造

排名	代码	公司名称	总得分	财务状况	估值与成长性	创值能力	公司治理	创新与研发
1	002572.SZ	索菲亚	5.97	5.94	5.06	7.49	5.37	5.17
2	603816.SH	顾家家居	5.74	5.15	5.15	7.27	5.3	5.39
3	603898.SH	好莱客	5.68	6.2	5.07	5.95	5.69	4.96
4	002831.SZ	裕同科技	5.67	4.92	5.38	7.41	4.91	4.81
5	600612.SH	老凤祥	5.67	4.55	5.33	7.48	5.24	5.34
6	002078.SZ	太阳纸业	5.66	4.54	5.57	7.33	5.14	5.05
7	603899.SH	晨光文具	5.62	5.47	4.67	6.96	5.44	5.12
8	000910.SZ	大亚圣象	5.59	4.88	5.27	6.66	5.73	5.21
9	601515.SH	东风股份	5.59	5.59	5.3	6.3	5.06	5.17
10	600567.SH	山鹰纸业	5.53	4.25	5.62	7.11	5.08	5.09

22. 商业贸易

表36 商业贸易

排名	代码	公司名称	总得分	财务状况	估值与成长性	创值能力	公司治理	创新与研发
1	601933.SH	永辉超市	5.89	5.36	5.14	7.78	5.43	4.65
2	002640.SZ	跨境通	5.86	5.09	5.34	7.6	5.31	5.37
3	002818.SZ	富森美	5.83	6.11	5.16	7.01	5.01	4.69
4	600415.SH	小商品城	5.75	5.18	5.17	7.44	5.18	4.94
5	600735.SH	新华锦	5.6	6.42	5.06	5.57	5.53	4.89
6	603900.SH	莱绅通灵	5.59	6.16	4.87	6.07	5.26	5.1
7	002091.SZ	江苏国泰	5.58	4.85	5.56	6.8	4.92	5.29
8	002561.SZ	徐家汇	5.58	6.65	5.24	5.46	4.99	4.65
9	002419.SZ	天虹股份	5.58	4.91	5.31	7.04	5.18	4.54
10	600729.SH	重庆百货	5.57	4.8	5.48	6.73	5.34	5.05

23. 食品饮料

表37 食品饮料

排名	代码	公司名称	总得分	财务状况	估值与成长性	创值能力	公司治理	创新与研发
1	600519.SH	贵州茅台	6.2	5.93	5.49	7.85	5.66	4.92
2	000858.SZ	五粮液	6.14	5.89	5.28	7.65	5.63	5.72
3	000895.SZ	双汇发展	5.7	5.33	5.45	6.65	5.43	5.14
4	002304.SZ	洋河股份	5.7	5.04	5.35	7.15	5.28	4.94
5	600887.SH	伊利股份	5.67	4.79	5.23	6.98	5.52	5.99
6	300146.SZ	汤臣倍健	5.56	6.45	5.22	5.29	5.15	5.46
7	000568.SZ	泸州老窖	5.56	5.54	5.23	5.91	5.66	5.36
8	603288.SH	海天味业	5.54	5.74	4.8	6.68	4.77	5.06
9	603866.SH	桃李面包	5.5	6.33	5.08	5.46	5.51	4.16
10	002820.SZ	桂发祥	5.4	6.73	5.1	4.77	5.09	4.66

24. 通信

表38　通信

排名	代码	公司名称	总得分	财务状况	估值与成长性	创值能力	公司治理	创新与研发
1	300017.SZ	网宿科技	5.75	6.46	5.69	5.56	5.05	5.51
2	300571.SZ	平治信息	5.57	6.23	5.06	5.72	5.45	4.75
3	300570.SZ	太辰光	5.56	6.95	5.26	5.24	4.79	4.38
4	300548.SZ	博创科技	5.53	6.77	5.17	5.4	4.69	4.64
5	603421.SH	鼎信通讯	5.52	5.91	5.31	5.52	5.37	5.16
6	002396.SZ	星网锐捷	5.44	5.1	5.41	5.84	5.63	5.03
7	300250.SZ	初灵信息	5.33	6.76	4.98	4.6	4.74	5.35
8	300211.SZ	亿通科技	5.3	6.19	5.31	5.12	4.41	4.6
9	300531.SZ	优博讯	5.3	6.2	4.98	5.48	4.09	5.03
10	600487.SH	亨通光电	5.3	4.23	5.22	6.5	5.33	4.99

25. 休闲服务

表39　休闲服务

排名	代码	公司名称	总得分	财务状况	估值与成长性	创值能力	公司治理	创新与研发
1	601888.SH	中国国旅	6.11	5.69	5.45	8.03	5.32	4.7
2	300144.SZ	宋城演艺	6.05	6.56	5.32	7.08	5.17	5
3	603099.SH	长白山	5.46	6.94	5.22	5.09	4.39	4.61
4	600054.SH	黄山旅游	5.42	6.19	5.35	5.16	4.99	4.75
5	002033.SZ	丽江旅游	5.41	6.79	5.37	4.58	4.92	4.57
6	002186.SZ	全聚德	5.36	5.73	5.41	5.11	5.33	4.85
7	603199.SH	九华旅游	5.32	6.19	5.19	5.03	4.96	4.53
8	000888.SZ	峨眉山A	5.25	5.88	5.34	4.77	5.15	4.53
9	000524.SZ	岭南控股	5.24	5.28	5.64	4.81	5.23	5.14
10	600138.SH	中青旅	5.14	4.35	5.51	5.53	5.42	4.68

26. 医药生物

表40　医药生物

排名	代码	公司名称	总得分	财务状况	估值与成长性	创值能力	公司治理	创新与研发
1	600276.SH	恒瑞医药	6.32	6.83	4.78	8.04	5.83	4.91
2	002294.SZ	信立泰	6.08	6.34	5.09	7.53	5.22	5.37
3	000423.SZ	东阿阿胶	6.03	5.76	5.54	7.43	5.41	5.07
4	000538.SZ	云南白药	5.81	5.16	5.17	7.75	5.18	4.87
5	002007.SZ	华兰生物	5.81	6.73	5.13	6.18	5.26	4.83
6	600566.SH	济川药业	5.75	5.35	5.15	7.15	5.58	4.68
7	002773.SZ	康弘药业	5.74	6.58	4.66	6.46	5.33	4.86
8	600867.SH	通化东宝	5.73	6.21	4.93	6.51	5.3	5.05
9	000963.SZ	华东医药	5.71	4.34	5.34	7.87	5.38	4.92
10	300406.SZ	九强生物	5.67	6.9	5.2	5.22	5.46	5.05

27. 有色金属

表41　有色金属

排名	代码	公司名称	总得分	财务状况	估值与成长性	创值能力	公司治理	创新与研发
1	600516.SH	方大炭素	6.02	5.75	4.99	7.72	5.75	5.15
2	002466.SZ	天齐锂业	5.98	5.48	5.08	7.81	5.6	5.18
3	002460.SZ	赣锋锂业	5.85	5.4	4.96	7.98	4.78	5.19
4	000688.SZ	建新矿业	5.82	6.63	5.15	6	5.68	5.04
5	603799.SH	华友钴业	5.7	4.31	5.26	7.98	5.29	4.99
6	000975.SZ	银泰资源	5.66	6.8	5.07	5.51	5.32	5.02
7	000603.SZ	盛达矿业	5.62	6.49	5.24	5.59	5.12	5.02
8	603688.SH	石英股份	5.58	6.65	5.33	5.24	5.18	4.78
9	300395.SZ	菲利华	5.56	5.97	5.31	5.48	5.62	5.14
10	300127.SZ	银河磁体	5.52	6.71	5.07	5.4	4.86	4.63

28. 综合

表 42 综合

排名	代码	公司名称	总得分	财务状况	估值与成长性	创值能力	公司治理	创新与研发
1	603060.SH	国检集团	5.58	6.13	5.25	5.9	4.76	5.37
2	300012.SZ	华测检测	5.57	6.06	5.29	5.94	4.72	5.27
3	000007.SZ	全新好	5.55	6.52	4.63	5.86	4.93	5.54
4	000529.SZ	广弘控股	5.47	5.87	5.47	5.58	5.14	4.35
5	600113.SH	浙江东日	5.46	5.8	5.13	5.78	5.44	4.37
6	600419.SH	天润乳业	5.38	5.44	5.32	5.8	5.19	4.34
7	600620.SH	天宸股份	5.36	6.34	5.07	5.09	5.09	4.46
8	600053.SH	九鼎投资	5.3	5.03	5.1	5.99	5.23	4.68
9	600212.SH	江泉实业	5.3	5.89	4.63	5.53	5.42	4.51
10	600704.SH	物产中大	5.28	4.44	5.79	5.95	4.94	4.82

（二）漂亮100投资组合

我们根据各行业上市公司价值评估综合排名并参考各行业上市公司数量，在每个行业排名前10%的上市公司中选出最能代表本行业未来发展方向和价值驱动的上市公司，构成漂亮100投资组合。

表 43 漂亮100投资组合

行业	相关受益公司
食品饮料	贵州茅台、五粮液、双汇发展、洋河股份、伊利股份
银行	宁波银行、南京银行、贵阳银行、上海银行
汽车	广汽集团、华域汽车
电子	三安光电、海康威视、大华股份、歌尔股份、汇顶科技、三环集团、大族激光
家用电器	美的集团、青岛海尔、格力电器
休闲服务	宋城演艺、中国国旅
医药生物	恒瑞医药、信立泰、东阿阿胶、云南白药、华兰生物、济川药业、康弘药业、通化东宝、华东医药、九强生物、长春高新
房地产	万科A

续表

行业	相关受益公司
农林牧渔	温氏股份、生物股份、牧原股份
有色金属	方大炭素、天齐锂业、赣锋锂业、华友钴业
通信	网宿科技
纺织服装	森马服饰、伟星股份、航民股份、鲁泰A、比音勒芬、罗莱生活
化工	万华化学、上海石化、乐凯新材、国光股份、建新股份
非银金融	安信信托
电气设备	大豪科技、宏发股份、隆基股份、汇川技术、正泰电器、福斯特、金风科技、信捷电气
建筑材料	海螺水泥、伟星新材、北新建材
轻工制造	索菲亚、顾家家居、好莱客、裕同科技、老凤祥、太阳纸业
计算机	广联达、航天信息、同花顺、用友网络、东华软件
传媒	盛讯达、三七互娱、顺网科技
采掘	中国神华、陕西煤业
机械设备	康斯特、美亚光电、集智股份、豪迈科技
商业贸易	永辉超市、跨境通、富森美
公用事业	长江电力、重庆水务、新天然气、三聚环保
交通运输	上海机场、大秦铁路、宁沪高速、上港集团
国防军工	景嘉微
钢铁	三钢闽光、宝钢股份

（三）香港中资股上市公司价值评估综合排名结果

1. 半导体产品与设备

表44 半导体产品与设备

排名	代码	公司名称	总得分	财务状况	估值与成长性	创值能力	公司治理	创新与研发
1	0968.HK	信义光能	5.93	5.09	5.69	7.35	5.23	4.72
2	1347.HK	华虹半导体	5.44	5.97	5.18	5.38	5.05	6.92
3	3355.HK	先进半导体	5.39	6.13	5.12	4.92	5.36	7.43
4	0566.HK	汉能薄膜发电	5.38	5.24	4.66	5.92	6	5.29
5	1385.HK	上海复旦	5.37	5.57	5.07	5.38	5.54	6.37

续表

排名	代码	公司名称	总得分	财务状况	估值与成长性	创值能力	公司治理	创新与研发
6	0981.HK	中芯国际	5.33	5.51	5.19	5.09	5.72	5.5
7	0710.HK	京东方精电	5.13	6.53	4.96	4.49	3.99	8.1
8	1799.HK	新特能源	5.03	4.72	5.59	5	4.55	4.03
9	3800.HK	保利协鑫能源	5.01	4.88	5.28	4.66	5.44	4.02
10	8301.HK	明华科技	4.95	4.3	4.88	5.31	5.63	3.73

2. 电信业务

表45 电信业务

排名	代码	公司名称	总得分	财务状况	估值与成长性	创值能力	公司治理	创新与研发
1	0941.HK	中国移动	6.05	5.68	5.52	7.47	5	4.28
2	8167.HK	中国新电信	5.24	5.6	5.15	4.87	5.42	5.76
3	0439.HK	光启科学	5.21	6.16	3.75	5.58	5.48	7.43
4	1045.HK	亚太卫星	5.01	5.72	5.44	3.69	5.37	5.98
5	0552.HK	中国通信服务	4.99	4.79	5.16	4.85	5.32	4.51
6	3969.HK	中国通号	4.96	4.37	5.19	5.3	4.95	4.5
7	1883.HK	中信国际电讯	4.84	4.7	5.38	4.35	5.03	4.85
8	0728.HK	中国电信	4.78	4.62	5.33	4.24	5.11	3.74
9	3773.HK	年年卡	4.77	4.62	5.03	4.95	4.22	4.63
10	1135.HK	ASIA SATELLITE	4.68	4.72	5.35	4.26	4.09	4.76

3. 公用事业

表46 公用事业

排名	代码	公司名称	总得分	财务状况	估值与成长性	创值能力	公司治理	创新与研发
1	0270.HK	粤海投资	6.19	7.1	4.92	6.89	5.51	8.07
2	1430.HK	苏创燃气	5.8	6.89	4.8	5.99	5.27	7.73
3	8196.HK	建禹集团	5.53	6.14	4.8	6.06	4.74	6.82
4	1659.HK	海天能源	5.5	6.09	4.45	6.21	4.98	8.05

续表

排名	代码	公司名称	总得分	财务状况	估值与成长性	创值能力	公司治理	创新与研发
5	1193.HK	华润燃气	5.48	5.03	4.93	6.78	4.87	4.38
6	2688.HK	新奥能源	5.48	4.98	4.91	6.51	5.53	4.26
7	1250.HK	北控清洁能源集团	5.44	5.23	5.13	6.07	5.21	6.31
8	0392.HK	北京控股	5.38	5.33	5.47	5.08	5.94	4.96
9	1065.HK	天津创业环保股份	5.37	5.55	5.15	5.54	5.12	5.85
10	1363.HK	中滔环保	5.33	5.35	4.81	6.06	4.87	5.26

4. 技术硬件与设备

表47 技术硬件与设备

排名	代码	公司名称	总得分	财务状况	估值与成长性	创值能力	公司治理	创新与研发
1	2382.HK	舜宇光学科技	6.09	5.15	5.39	7.71	6.09	4.83
2	0763.HK	中兴通讯	6.05	4.99	5.41	7.61	6.34	4.67
3	0285.HK	比亚迪电子	5.72	5.03	5.22	7.09	5.36	4.76
4	6869.HK	长飞光纤光缆	5.53	5.2	5.37	5.95	5.63	4.97
5	0992.HK	联想集团	5.34	4.9	5.21	5.67	5.82	4.57
6	0877.HK	昂纳科技集团	5.27	5.01	5.25	5.26	5.88	4.79
7	2028.HK	映美控股	5.25	5.32	5.07	5.01	5.94	5.14
8	0327.HK	百富环球	5.22	5.4	5.27	4.85	5.5	5.44
9	1617.HK	南方通信	5.21	5.16	5.21	5.45	4.84	4.86
10	0698.HK	通达集团	5.2	5.04	5.34	5.48	4.69	4.76

5. 家庭与个人用品

表48 家庭与个人用品

排名	代码	公司名称	总得分	财务状况	估值与成长性	创值能力	公司治理	创新与研发
1	1044.HK	恒安国际	5.87	4.75	5.31	7.58	5.81	4.23
2	3332.HK	中生联合	5.48	6.27	5.64	4.82	4.9	8.22
3	2023.HK	中国绿岛科技	5.09	4.94	5.53	4.93	4.81	4.94

续表

排名	代码	公司名称	总得分	财务状况	估值与成长性	创值能力	公司治理	创新与研发
4	3828.HK	明辉国际	5.05	5.03	5.12	4.78	5.48	4.43
5	8281.HK	中国金典集团	4.79	4.65	5.03	4.84	4.47	3.93
6	0274.HK	中富资源	4.68	4.13	4.73	4.81	5.45	3.87
7	1259.HK	中国儿童护理	4.53	4.9	5.16	3.19	5.17	5.59
8	0399.HK	领航医药生物科技	4.51	5.29	3.72	4.78	3.99	4.51

6. 零售业

表49 零售业

排名	代码	公司名称	总得分	财务状况	估值与成长性	创值能力	公司治理	创新与研发
1	0881.HK	中升控股	5.91	4.88	5.29	7.66	5.71	3.99
2	3709.HK	珂莱蒂尔	5.56	6.03	4.98	5.77	5.38	6.81
3	3836.HK	和谐汽车	5.39	5.07	5.02	6.21	5.13	4.76
4	6116.HK	拉夏贝尔	5.27	5.3	4.98	5.43	5.48	4.51
5	1528.HK	红星美凯龙	5.24	5.09	5.42	5.37	4.94	4.11
6	1293.HK	广汇宝信	5.22	4.85	5.01	5.87	5.12	4.46
7	1268.HK	美东汽车	5.21	5	5.09	5.7	4.88	4.17
8	0811.HK	新华文轩	5.2	4.75	5.42	5.71	4.68	4.5
9	8265.HK	中国之信集团	5.2	5.4	4.75	5.64	4.83	7.21
10	0885.HK	仁天科技控股	5.17	5.35	5.65	4.8	4.58	6.33

7. 传媒

表50 传媒

排名	代码	公司名称	总得分	财务状况	估值与成长性	创值能力	公司治理	创新与研发
1	1661.HK	智美体育	5.52	5.62	5.28	5.86	5.15	5.79
2	0623.HK	中视金桥	5.39	5.37	5.51	5.21	5.56	4.63
3	0800.HK	A8新媒体	5.25	5.09	5.28	5.49	5.03	4.83
4	1831.HK	十方控股	5.24	4.74	5.26	5.65	5.39	4.68

续表

排名	代码	公司名称	总得分	财务状况	估值与成长性	创值能力	公司治理	创新与研发
5	8243.HK	大贺传媒	5.2	4.53	5.54	5.55	5.16	4.27
6	2008.HK	凤凰卫视	5.2	5.27	5.33	4.99	5.21	4.81
7	3636.HK	保利文化	5.18	5.26	5.28	5.13	4.94	4.46
8	0863.HK	品牌中国	5.13	4.98	4.58	6.18	4.42	4.78
9	8032.HK	非凡中国	5.09	5.12	5.3	5.2	4.4	4.74
10	8280.HK	中国数字视频	5.08	4.28	5.49	5.02	5.99	4.46

8. 耐用消费品与服装

表51　耐用消费品与服装

排名	代码	公司名称	总得分	财务状况	估值与成长性	创值能力	公司治理	创新与研发
1	2313.HK	申洲国际	6.07	5.41	5.28	7.72	5.7	5.6
2	1169.HK	海尔电器	5.97	4.95	5.39	7.59	5.88	4.51
3	2020.HK	安踏体育	5.96	5.44	4.79	7.74	5.79	5.35
4	0921.HK	海信科龙	5.75	4.58	5.49	7.49	5.13	3.99
5	1234.HK	中国利郎	5.63	5.39	5.52	6.05	5.45	5.68
6	0256.HK	冠城钟表珠宝	5.61	4.98	5.17	6.77	5.45	4.36
7	1070.HK	TCL多媒体	5.54	4.53	5.48	6.66	5.47	4.12
8	0837.HK	谭木匠	5.51	6.63	5.09	5.19	4.72	8.29
9	2678.HK	天虹纺织	5.46	4.68	5.58	6.46	4.79	4.1
10	1585.HK	雅迪控股	5.46	5.26	5.15	6.04	5.31	4.19

9. 能源

表52　能源

排名	代码	公司名称	总得分	财务状况	估值与成长性	创值能力	公司治理	创新与研发
1	1088.HK	中国神华	5.92	5.41	5.42	7.24	5.32	5.05
2	1573.HK	中国优质能源	5.41	5.31	4.89	5.68	6.09	4.7
3	0866.HK	中国秦发	5.41	4.55	5.17	6.56	5.29	3.97

续表

排名	代码	公司名称	总得分	财务状况	估值与成长性	创值能力	公司治理	创新与研发
4	0883.HK	中国海洋石油	5.38	5.29	5.18	5.34	6.04	5.54
5	0554.HK	汉思能源	5.31	4.95	5.65	5.73	4.48	4.95
6	3948.HK	伊泰煤炭	5.29	5.23	5.49	5.11	5.38	4.99
7	8246.HK	北方新能源	5.29	5.22	5.01	5.58	5.39	5.72
8	3337.HK	安东油田服务	5.27	5.32	5.36	4.94	5.68	4.81
9	2728.HK	裕华能源	5.25	4.88	5.28	5.63	5.16	4.63
10	0578.HK	融信资源	5.21	4.53	5.07	6.15	5.02	4.39

10. 汽车与汽车零部件

表53　汽车与汽车零部件

排名	代码	公司名称	总得分	财务状况	估值与成长性	创值能力	公司治理	创新与研发
1	2238.HK	广汽集团	5.92	5.4	5.42	7.33	5.16	4.78
2	0175.HK	吉利汽车	5.84	5.04	5.03	7.64	5.5	4.66
3	0489.HK	东风集团股份	5.53	5.08	5.13	6.6	5.05	4.68
4	3606.HK	福耀玻璃	5.43	5.17	5.11	5.83	5.82	4.79
5	0868.HK	信义玻璃	5.39	5.21	5.15	5.76	5.48	4.69
6	0425.HK	敏实集团	5.34	5.26	5.24	5.51	5.32	4.85
7	0819.HK	天能动力	5.22	5.09	5.35	5.21	5.26	4.64
8	1211.HK	比亚迪股份	5.16	4.63	5.09	5.63	5.4	4.56
9	1114.HK	BRILLIANCE CHI	5.15	4.96	4.6	6.01	4.93	4.54
10	0909.HK	中大国际	5.07	4.38	6.16	5.05	4.28	4.58

11. 软件与服务

表54　软件与服务

排名	代码	公司名称	总得分	财务状况	估值与成长性	创值能力	公司治理	创新与研发
1	0700.HK	腾讯控股	5.95	4.94	5.1	7.9	5.75	4.02
2	8361.HK	中国育儿网络	5.49	6.43	5.45	4.9	4.87	8.26
3	8345.HK	火岩控股	5.44	5.96	4.95	5.41	5.41	6.99

续表

排名	代码	公司名称	总得分	财务状况	估值与成长性	创值能力	公司治理	创新与研发
4	1588.HK	畅捷通	5.4	5.75	5.33	5.08	5.51	6.29
5	1980.HK	天鸽互动	5.39	5.79	5.18	5.22	5.32	6.71
6	1297.HK	中国擎天软件	5.3	5.8	5.23	5.12	4.8	6.57
7	0777.HK	网龙	5.29	4.81	5.76	5.19	5.52	4.28
8	3888.HK	金山软件	5.25	4.9	5.17	5.58	5.48	4.91
9	0696.HK	中国民航信息网络	5.24	5.1	5.19	5.48	5.15	4.7
10	0268.HK	金蝶国际	5.22	5.05	5.14	5.26	5.67	4.78

12. 商业与专业服务

表55 商业与专业服务

排名	代码	公司名称	总得分	财务状况	估值与成长性	创值能力	公司治理	创新与研发
1	0257.HK	中国光大国际	5.86	4.56	5.8	7.4	5.5	4.4
2	1272.HK	大唐环境	5.41	4.49	5.41	6.79	4.47	4.35
3	1586.HK	中国力鸿	5.36	5.69	5.21	5.35	4.99	4.96
4	1328.HK	精英国际	5.23	5.96	4.99	4.73	5.28	7.98
5	0436.HK	新宇环保	5.23	5.61	5	5.13	5.13	4.51
6	1253.HK	中国绿地博大绿泽	5.19	4.42	5.14	5.77	5.67	4.41
7	0895.HK	东江环保	5.19	4.65	5.01	5.74	5.5	4.25
8	0982.HK	华金国际资本	5.17	4.94	5.15	5.34	5.31	4.75
9	0935.HK	龙翔集团	4.97	6.35	3.97	4.74	4.7	6.83
10	1330.HK	绿色动力环保	4.86	4.44	5.12	5.02	4.82	4.19

13. 食品

表56 食品

排名	代码	公司名称	总得分	财务状况	估值与成长性	创值能力	公司治理	创新与研发
1	3799.HK	达利食品	5.97	5.91	4.74	7.58	5.32	6.25
2	1458.HK	周黑鸭	5.7	5.98	4.97	6.25	5.48	6.21
3	6183.HK	中国绿宝	5.66	6.6	5.36	5.22	5.27	8.33

续表

排名	代码	公司名称	总得分	财务状况	估值与成长性	创值能力	公司治理	创新与研发
4	0506.HK	中国食品	5.61	4.56	5.21	7.26	5.18	4.18
5	1112.HK	H&H国际控股	5.51	4.58	4.87	6.52	6.62	4.3
6	1579.HK	颐海国际	5.44	5.69	4.75	5.74	5.76	6.45
7	0039.HK	中国北大荒	5.4	5.1	5.86	5.34	5.22	4.86
8	6836.HK	天韵国际控股	5.34	5.46	5.32	5.49	4.85	5.47
9	2226.HK	老恒和酿造	5.31	5.1	5.54	5.33	5.22	4.44
10	1115.HK	西藏水资源	5.31	5.32	5.03	5.6	5.24	5.16

14. 消费者服务

表57　消费者服务

排名	代码	公司名称	总得分	财务状况	估值与成长性	创值能力	公司治理	创新与研发
1	1572.HK	中国艺术金融	5.63	6.07	5.29	5.96	4.77	6.19
2	2669.HK	中海物业	5.57	4.76	5.3	6.55	5.78	4.62
3	1181.HK	唐宫中国	5.49	5.3	5.11	5.94	5.69	4.86
4	0308.HK	香港中旅	5.43	5.42	5.39	5.6	5.2	5.21
5	1076.HK	博华太平洋	5.41	4.39	5.56	6.7	4.59	4.24
6	0542.HK	富元国际集团	5.41	5.87	5.25	5.37	4.87	6.18
7	1565.HK	成实外教育	5.39	4.83	5.47	6.15	4.86	4.45
8	0181.HK	闽港控股	5.35	6.1	5.28	5.1	4.46	7.54
9	8055.HK	中国网络信息科技	5.16	5.41	4.61	5.44	5.2	5.82
10	8308.HK	古兜控股	5.11	4.5	5.17	5.73	5.02	3.98

15. 医疗保健设备与服务

表58　医疗保健设备与服务

排名	代码	公司名称	总得分	财务状况	估值与成长性	创值能力	公司治理	创新与研发
1	1066.HK	威高股份	5.78	5.23	5.24	7.11	5.34	5.13
2	1099.HK	国药控股	5.73	4.56	5.4	7.37	5.48	4.11
3	2607.HK	上海医药	5.54	4.56	5.52	6.72	5.21	4.11

续表

排名	代码	公司名称	总得分	财务状况	估值与成长性	创值能力	公司治理	创新与研发
4	1858.HK	春立医疗	5.38	5.99	5.44	5	4.83	7.25
5	0876.HK	佳兆业健康	5.36	5.53	5.53	4.85	5.71	5.82
6	1302.HK	先健科技	5.23	5.56	4.34	5.32	6.17	5.46
7	1345.HK	中国先锋医药	5.19	5.1	5.07	5.39	5.23	4.47
8	1509.HK	和美医疗	5.18	5.72	5.09	4.79	5.06	6.06
9	1011.HK	泰凌医药	5.12	4.8	5.37	5.1	5.32	4.03
10	0926.HK	碧生源	5.04	4.89	5.39	4.67	5.38	4.53

16. 银行

表59 银行

排名	代码	公司名称	总得分	财务状况	估值与成长性	创值能力	公司治理	创新与研发
1	2016.HK	浙商银行	6.74	9.51	5.64	5.8	5.27	7.34
2	0416.HK	锦州银行	6.73	10.12	4.99	5.89	5.13	8.33
3	3618.HK	重庆农村商业银行	6.49	9	5.3	5.8	5.2	6.12
4	6196.HK	郑州银行	6.36	8.68	5.38	5.54	5.3	6.57
5	3698.HK	徽商银行	6.23	8.54	5.14	5.68	4.93	5.57
6	1577.HK	汇鑫小贷	6.19	7.91	4.7	6.37	5.4	5
7	2066.HK	盛京银行	6.05	7.85	5.65	5.33	4.68	5.17
8	2388.HK	中银香港	6.04	8.39	4.06	6.51	4.35	4.85
9	3968.HK	招商银行	6.01	7.64	4.28	6.11	6.02	4.76
10	1658.HK	邮储银行	5.99	8.72	5.46	4.28	5	5.42

17. 原材料

表60 原材料

排名	代码	公司名称	总得分	财务状况	估值与成长性	创值能力	公司治理	创新与研发
1	0338.HK	上海石油化工股份	5.95	5.21	5.25	7.47	5.76	4.83
2	0914.HK	海螺水泥	5.9	5	5.24	7.53	5.75	4.88
3	0581.HK	中国东方集团	5.77	4.99	4.88	7.42	5.82	4.73

续表

排名	代码	公司名称	总得分	财务状况	估值与成长性	创值能力	公司治理	创新与研发
4	0347.HK	鞍钢股份	5.54	4.83	5.17	6.9	5.01	4.62
5	1313.HK	华润水泥控股	5.44	4.99	5.3	6.1	5.33	4.67
6	0336.HK	华宝国际	5.4	5.74	5.13	5.46	5.13	6.33
7	0323.HK	马鞍山钢铁股份	5.39	4.85	4.92	6.55	5.08	4.64
8	2689.HK	玖龙纸业	5.38	4.95	4.92	6.49	4.92	4.74
9	1378.HK	中国宏桥	5.36	4.94	5.24	6.08	5.02	4.71
10	0189.HK	东岳集团	5.3	4.9	4.7	6.07	5.77	4.74

18. 运输

表61 运输

排名	代码	公司名称	总得分	财务状况	估值与成长性	创值能力	公司治理	创新与研发
1	0177.HK	江苏宁沪高速公路	5.89	5.4	4.87	7.65	5.37	3.83
2	0995.HK	安徽皖通高速公路	5.73	5.75	5.41	5.87	6.06	6.43
3	0144.HK	招商局港口	5.59	5.76	5.29	5.84	5.34	5.71
4	6198.HK	青岛港	5.54	4.67	5.35	6.86	4.99	4.46
5	0152.HK	深圳国际	5.5	5.28	4.81	6.37	5.56	5.67
6	1052.HK	越秀交通基建	5.49	5.58	5.44	5.24	5.88	6.03
7	0517.HK	中远海运国际	5.39	6.09	5.62	4.88	4.55	6.9
8	0548.HK	深圳高速公路股份	5.35	4.97	5.52	5.46	5.56	5.33
9	1308.HK	海丰国际	5.32	5.53	4.92	5.98	4.4	6.04
10	0368.HK	中外运航运	5.32	5.75	5.09	5.68	4.19	7.75

19. 制药、生物科技与生命科学

表62 制药、生物科技与生命科学

排名	代码	公司名称	总得分	财务状况	估值与成长性	创值能力	公司治理	创新与研发
1	1513.HK	丽珠医药	6.04	5.04	5.54	7.55	5.98	4.25
2	1093.HK	石药集团	5.86	4.93	4.82	7.82	5.88	4.41
3	1177.HK	中国生物制药	5.83	5.04	4.74	7.87	5.47	4.36

续表

排名	代码	公司名称	总得分	财务状况	估值与成长性	创值能力	公司治理	创新与研发
4	0867.HK	康哲药业	5.6	5.04	5.2	6.63	5.46	4.71
5	2196.HK	复星医药	5.5	4.55	5.39	6.56	5.47	3.87
6	1558.HK	东阳光药	5.4	5.41	5.43	5.56	5.02	6.03
7	6826.HK	昊海生物科技	5.4	5.89	5.52	4.75	5.46	7.34
8	0460.HK	四环医药	5.35	5.74	4.97	5.7	4.64	5.52
9	2186.HK	绿叶制药	5.28	4.77	5.22	5.69	5.62	4.52
10	0874.HK	白云山	5.28	4.94	5.18	5.77	5.22	4.4

20. 资本品

表63 资本品

排名	代码	公司名称	总得分	财务状况	估值与成长性	创值能力	公司治理	创新与研发
1	1085.HK	亨鑫科技	5.49	6.4	5.1	4.94	5.56	8.21
2	0586.HK	海螺创业	5.43	5.7	5.29	5.31	5.41	6.13
3	1289.HK	盛力达科技	5.4	6.59	5	4.88	4.91	8.33
4	3628.HK	仁恒实业控股	5.39	5.96	4.92	5.33	5.3	6.87
5	1152.HK	正乾金融控股	5.37	6.25	4.99	5.32	4.5	7.25
6	3898.HK	中车时代电气	5.36	5.71	5.1	5.37	5.19	6.14
7	3339.HK	中国龙工	5.36	5.71	4.96	5.28	5.62	6.46
8	2322.HK	仁瑞投资	5.35	5.36	6.21	5.12	4.09	6.59
9	2188.HK	泰坦能源技术	5.28	5.32	4.9	5.18	6.2	5.56
10	0580.HK	赛晶电力电子	5.28	5.16	5.12	5.25	5.89	4.84

（四）港股漂亮50投资组合

我们根据各行业上市公司价值评估综合排名并参考各行业上市公司数量，在每个行业排名前10%的上市公司中选出最能代表本行业未来发展方向和价值驱动的上市公司，构成港股漂亮50投资组合。

表64 港股漂亮50投资组合

GICS 行业	相关受益公司
半导体产品与设备	信义光能
电信业务	中国移动
公用事业	粤海投资、苏创燃气、建禹集团
技术硬件与设备	舜宇光学科技、中兴通讯、比亚迪电子、长飞光纤光缆
家庭与个人用品	恒安国际、中生联合
零售业	中升控股、珂莱蒂尔
传媒	智美体育
耐用消费品与服装	申洲国际、海尔电器、安踏体育、海信科龙、中国利郎、谭木匠
能源	中国神华
汽车与汽车零部件	广汽集团、吉利汽车、东风集团股份
软件与服务	腾讯控股、中国育儿网络
食品	达利食品、周黑鸭、中国绿宝、中国食品、H&H 国际控股
商业与专业服务	中国光大国际
消费者服务	中国艺术金融、中海物业
医疗保健设备与服务	威高股份、国药控股、上海医药
银行	浙商银行
原材料	上海石油化工股份、海螺水泥、中国东方集团
运输	江苏沪宁高速公路、安徽皖通高速公路、招商局港口
制药、生物科技与生命科学	丽珠医药、石药集团、中国生物制药、康哲药业、复星医药
资本品	亨鑫科技

（五）美国中资股上市公司价值评估综合排名

1. 半导体产品与设备

表65 半导体产品与设备

排名	代码	公司名称	总得分	财务状况	估值与成长性	创值能力	公司治理	创新与研发
1	OIIM.O	凹凸科技	5.51	6.17	5.27	5.25	5.17	7.4
2	SMI.N	中芯国际	5.39	5.5	5.62	5.14	5.22	5.51
3	JASO.O	晶澳太阳能	5.12	5.01	5.33	4.98	5.18	4.78

续表

排名	代码	公司名称	总得分	财务状况	估值与成长性	创值能力	公司治理	创新与研发
4	JKS.N	晶科能源	5.11	4.7	5.77	4.87	5.09	4.55
5	HQCL.O	韩华新能源	5.02	5.04	5.08	5.19	4.53	4.65
6	CSIQ.O	阿特斯太阳能	4.99	4.83	4.76	5.26	5.23	4.6
7	DQ.N	大全新能源	4.98	5.46	3.94	5.34	5.35	4.54
8	SOL.N	昱辉阳光	4.91	4.76	4.97	5.28	4.32	4.39
9	SPI.O	绿能宝	4.78	4.17	5.16	5.25	4.27	4.25
10	YGE.N	英利绿色能源	4.45	4.05	4.94	3.89	5.38	4.28

2. 电信业务

表66 电信业务

排名	代码	公司名称	总得分	财务状况	估值与成长性	创值能力	公司治理	创新与研发
1	CHL.N	中国移动	5.77	5.71	5.27	6.7	5.06	5.06
2	CCRC.O	泰盈科技	5.43	6.03	5.06	5.41	5.05	7.25
3	CHA.N	中国电信	4.74	4.24	5.84	4.06	4.87	3.97
4	CHU.N	中国联通	4.06	4.02	3.83	3.83	5.02	3.73

3. 公用事业

表67 公用事业

排名	代码	公司名称	总得分	财务状况	估值与成长性	创值能力	公司治理	创新与研发
1	SKYS.O	天华阳光	5.06	4.6	4.76	6.18	4.31	5.85
2	HNP.N	华能电力	4.94	5.4	5.24	3.82	5.69	4.15

4. 技术硬件与设备

表68　技术硬件与设备

排名	代码	公司名称	总得分	财务状况	估值与成长性	创值能力	公司治理	创新与研发
1	HOLI.O	和利时自动化	6.04	5.74	5.36	7.25	5.57	5.95
2	UTSI.O	UT斯达康	5.02	5.13	4.2	5.58	5.3	5.14
3	DSWL.O	德斯维尔工业	4.99	5.7	4.96	5.09	3.43	7.15
4	BRQS.O	BORQS TECHNOLOGIES	4.87	5.16	4.41	4.81	5.36	4.32
5	CNTF.O	泰克飞石	4.71	4.73	5.99	2.95	5.65	4.17
6	CBAK.O	CBAK能源科技有限公司	4.37	3.54	5.08	4.34	4.68	3.27

5. 零售业

表69　零售业

排名	代码	公司名称	总得分	财务状况	估值与成长性	创值能力	公司治理	创新与研发
1	BABA.N	阿里巴巴	6.15	5.82	5.24	7.61	5.74	5.62
2	CTRP.O	携程网	5.25	5.19	5.38	4.71	6.17	4.61
3	VIPS.N	唯品会	5.09	4.53	5.39	5.05	5.7	4
4	JD.O	京东	5.01	4.18	5.89	4.8	5.29	3.91
5	CALI.O	中国汽车物流	4.8	3.84	5.83	5.02	4.21	3.77
6	KBSF.O	KBS FASHION	4.79	6.49	4.55	3.66	4.16	8.03
7	JMEI.N	聚美优品	4.73	5.74	4.67	3.65	5.02	5.98
8	TOUR.O	途牛	4.71	4.74	4.35	4.53	5.71	4.43
9	LITB.N	兰亭集势	4.65	4.5	4.24	5.15	4.79	4.43
10	ATV.N	橡果国际	4.43	4.66	4.29	4.89	3.3	4.59

6. 传媒

表70　传媒

排名	代码	公司名称	总得分	财务状况	估值与成长性	创值能力	公司治理	创新与研发
1	AMCN.O	航美传媒	5.14	5.64	4.74	5.39	4.41	5.85
2	SSC.O	七星云	4.86	4.36	5.26	4.61	5.59	4.15

7. 耐用消费品与服装

表71 耐用消费品与服装

排名	代码	公司名称	总得分	财务状况	估值与成长性	创值能力	公司治理	创新与研发
1	NVFY.O	诺华家具	5.48	5.77	4.44	6.36	5.23	7.01
2	EVK.O	华瑞服装	5.46	4.99	5.32	6.15	5.25	4.67
3	KGJI.O	金凰珠宝	4.74	4.59	6.01	3.76	4.46	4.23
4	SGOC.O	上为集团	4.32	4.65	4.23	3.74	5.05	4.08

8. 能源

表72 能源

排名	代码	公司名称	总得分	财务状况	估值与成长性	创值能力	公司治理	创新与研发
1	CEO.N	中海油	5.4	5.13	5.66	5.54	5.1	5.57
2	RCON.O	研控科技	5.26	5.15	4.79	5.92	5.06	5.97
3	SNP.N	中石化	5.25	4.94	5.86	4.93	5.31	3.79
4	SES.O	综合能源系统	4.9	4.85	3.97	6.21	4.22	5.93
5	PTR.N	中石油	4.2	4.93	4.72	2.4	5.31	3.74

9. 汽车与汽车零部件

表73 汽车与汽车零部件

排名	代码	公司名称	总得分	财务状况	估值与成长性	创值能力	公司治理	创新与研发
1	SORL.O	瑞立集团	5.76	5.71	5.27	6.79	4.81	6.32
2	KNDI.O	康迪车业	4.77	4.73	4.56	4.67	5.46	4.25
3	CAAS.O	中汽系统	4.73	5.2	4.38	4.47	5.05	5.49
4	CXDC.O	鑫达集团	4.73	4.37	5.79	4.06	4.68	3.94

10. 软件与服务

表74 软件与服务

排名	代码	公司名称	总得分	财务状况	估值与成长性	创值能力	公司治理	创新与研发
1	NTES.O	网易	5.84	5.52	5.19	7.17	5.14	5.75
2	BIDU.O	百度	5.83	5.14	5.35	7.1	5.62	5.18
3	YY.O	欢聚时代	5.48	5.88	5.34	5.26	5.37	5.75
4	MOMO.O	陌陌	5.4	6.18	5.15	4.85	5.47	7.31
5	ATHM.N	汽车之家	5.21	5.56	4.88	5.26	5.06	6.19
6	XNET.O	迅雷	5.18	6.04	4.86	4.74	4.99	7.85
7	WB.O	微博	5.07	5.61	4.73	4.89	5.01	6.3
8	CNET.O	中网在线	5.06	5.32	5.04	4.66	5.4	4.98
9	SOHU.O	搜狐	5.05	5.23	5.1	4.56	5.56	5.32
10	WUBA.N	58同城	5.04	5.07	4.98	4.84	5.5	4.3

11. 商业与专业服务

表75 商业与专业服务

排名	代码	公司名称	总得分	财务状况	估值与成长性	创值能力	公司治理	创新与研发
1	JOBS.O	前程无忧	5.19	5.19	5.55	4.61	5.64	5.79
2	CREG.O	中国循环能源	4.81	4.81	4.45	5.39	4.36	4.21

12. 食品

表76 食品

排名	代码	公司名称	总得分	财务状况	估值与成长性	创值能力	公司治理	创新与研发
1	ABAC.O	RENMIN TIANLI	5.75	6.84	5	5.55	5.45	8.33
2	TYHT.O	尚高	5.3	5.78	4.42	5.79	5.09	5.78
3	BORN.N	博润	5.26	4.73	5.69	5.58	4.83	4.4
4	CJJD.O	九洲大药房	5	4.2	5.11	5.7	4.97	4.15

续表

排名	代码	公司名称	总得分	财务状况	估值与成长性	创值能力	公司治理	创新与研发
5	SEED.O	奥瑞金种业	4.62	4.58	4.28	4.5	5.62	3.88
6	FTFT.O	未来金融科技集团	4.61	4.87	5.53	3.54	4.42	4.27
7	ALN.A	绿润集团	4.49	3.95	5	4.48	4.59	4.05

13. 消费者服务

表77 消费者服务

排名	代码	公司名称	总得分	财务状况	估值与成长性	创值能力	公司治理	创新与研发
1	HTHT.O	华住	5.47	4.76	4.39	7.27	5.46	4.13
2	YUMC.N	百胜中国	5.45	4.98	5.34	6.05	5.44	3.93
3	HLG.O	海亮教育	5.18	5.52	5.2	5.27	4.3	5.57
4	TAL.N	好未来	5.12	4.86	5.08	5.55	4.85	4.11
5	ATAI.O	ATA公司	5.06	6.03	4.91	4.74	4.07	6.49
6	TEDU.O	达内科技	5.04	5.38	4.63	5.18	4.9	6.02
7	DL.N	正保远程教育	5	4.57	5.25	5.08	5.24	3.86
8	AMBO.A	安博教育	4.75	3.93	5.52	4.45	5.41	4.46
9	EDU.N	新东方	4.73	5.18	4.61	4.74	4.05	4.95
10	COE.N	无忧英语(51TALK)	4.6	4.21	4.84	4.28	5.52	4.39

14. 医疗保健设备与服务

表78 医疗保健设备与服务

排名	代码	公司名称	总得分	财务状况	估值与成长性	创值能力	公司治理	创新与研发
1	LLIT.O	联络智能	5.47	5.28	5.59	5.92	4.74	5.9
2	CO.N	中国脐带血库	5.21	5.35	4.65	5.82	4.81	6.48
3	KANG.O	爱康国宾	4.98	4.69	4.17	5.75	5.61	3.82
4	CCM.N	泰和诚医疗	4.34	4.68	5.58	2.51	4.84	3.8

15. 原材料

表 79　原材料

排名	代码	公司名称	总得分	财务状况	估值与成长性	创值能力	公司治理	创新与研发
1	SHI.N	上石化	5.97	5.22	5.49	7.23	5.92	4.52
2	GURE.O	海湾资源	5.68	6.73	5.53	4.91	5.44	8.33
3	SVM.A	希尔威金属矿业	5.39	5.49	5.51	5.36	5.04	4.87
4	FORK.O	富岭环球	5.31	4.64	5.69	5.34	5.82	4.43
5	TANH.O	碳博士控股	5.25	5.26	5.22	5.29	5.2	4.84
6	ONP.A	东方纸业	5.08	5.28	5.46	4.8	4.46	4.42
7	YECO.O	宇隆环保建材	4.94	4.6	5	5.37	4.64	4.37
8	CGA.N	中国绿色农业	4.93	5.42	4.7	4.65	4.93	5.23
9	DELT.O	江苏长三角精细化工	4.8	4.36	5.04	5.28	4.24	4.37
10	OSN.O	奥盛创新	4.74	5.09	4.5	4.86	4.25	4.8

16. 运输

表 80　运输

排名	代码	公司名称	总得分	财务状况	估值与成长性	创值能力	公司治理	创新与研发
1	ZTO.N	中通快递	6.25	6.7	5.12	7.35	5.41	6.99
2	PME.O	平潭海洋实业	5.26	5.15	5.18	6.01	4.12	4.73
3	SINO.O	中环球船务	5.09	5.55	3.77	6.01	4.98	6.48
4	SSW.N	塞斯潘	5.07	4.38	5.22	5.59	5.08	5.38
5	GSH.N	广深铁路	4.87	4.98	5.24	4.28	5.13	4.52
6	EHIC.N	一嗨租车	4.78	4.64	4.83	4.76	4.98	5.15
7	CEA.N	东方航空	4.38	4.1	5.48	3.04	5.44	3.34
8	ZNH.N	南方航空	4.33	4.42	5.42	2.96	4.71	3.35

17. 制药、生物科技与生命科学

表81 制药、生物科技与生命科学

排名	代码	公司名称	总得分	财务状况	估值与成长性	创值能力	公司治理	创新与研发
1	BGNE.O	百济神州	6.03	5.65	5.57	6.93	5.9	6.69
2	CBPO.O	泰邦生物	5.5	6.18	4.62	5.86	5.19	6.62
3	SVA.O	科兴生物	5.2	4.53	5.75	5.68	4.51	4.47
4	BSPM.O	奥星制药	4.92	5.26	5.47	4.38	4.24	4.09
5	HCM.O	和黄中国医药	4.19	4.22	3.13	4.73	5.18	4.38
6	CPHI.A	惠普森医药	4.15	4.16	5.45	2.42	4.99	3.76

18. 资本品

表82 资本品

排名	代码	公司名称	总得分	财务状况	估值与成长性	创值能力	公司治理	创新与研发
1	CYD.N	玉柴国际	6.03	4.9	5.77	7.25	6.37	4.59
2	CLWT.O	欧陆科仪	5.06	5.06	5.39	4.9	4.7	4.19
3	SEII.O	SHARING ECONOMY INTERNATIONAL	4.99	5.37	4.55	4.82	5.44	5.89
4	HPJ.O	豪鹏国际	4.95	3.64	5.94	5	5.52	3.42
5	HEBT.O	希伯伦科技	4.94	5.16	4.8	4.95	4.74	4.79
6	HIHO.O	骇维金属加工	4.85	5.67	4.14	4.93	4.52	6.55
7	NFEC.O	能发伟业	4.68	4.51	4.86	4.85	4.33	3.66
8	CCCL.O	中国陶瓷	4.4	5.57	4.61	3.07	4.31	6.82

（六）启示

1. 供给侧结构性改革有利于上市公司业绩修复和效率改善

近年来供给侧结构性改革深入推进对上市公司业绩修复和效率改善体现在以下两个方面。一方面，供给侧结构性改革有利于产能压缩，部分行业产能过剩问题得到缓解，有效改善了这些行业的盈利和现金流。无论是环保限

产手段还是关闭重组,都是通过市场和行政手段将落后产能和僵尸企业清理出去,保护了优质企业,压制和缩小了落后规模,使部分原来产能过剩问题突出的行业得到了缓解。另一方面,有利十推动行业资源向优势龙头企业靠拢,行业龙头企业依靠兼并重组将一些效率低下或者经营不佳的企业纳入麾下,优势资源的注入改善了行业资源错配现象,让更多的僵尸企业退出市场或者涅槃重生,这也就使得行业集中度显著提高,行业龙头企业得到了投资者和市场的认可,行业龙头企业的增长正是二八市场行情中二的典型代表。

表83 申万分行业营收、利润与现金流增长率

单位:%

指 标	营业收入	归属母公司股东的净利润	经营活动产生的现金流量净额	利润总额
SW 采掘	27.50	722.45	39.22	148.01
SW 化工	24.47	36.76	-2.43	32.32
SW 钢铁	32.96	388.91	47.44	342.52
SW 有色金属	16.02	130.88	3.64	118.58
SW 建筑材料	33.50	76.18	20.84	80.57
SW 建筑装饰	8.83	18.51	-66.89	17.52
SW 电气设备	11.09	23.61	-79.47	16.10
SW 机械设备	21.79	113.19	211.77	67.00
SW 国防军工	-0.93	31.55	304.97	7.13
SW 汽车	16.20	4.47	-11.89	7.22
SW 家用电器	29.42	31.73	-18.39	29.97
SW 纺织服装	14.97	-3.37	-13.13	-2.53
SW 轻工制造	23.32	41.01	-2.39	35.61
SW 商业贸易	20.17	33.13	-67.08	27.54
SW 农林牧渔	11.85	-34.64	-21.27	-29.09
SW 食品饮料	15.09	29.91	-21.72	30.37
SW 休闲服务	16.15	34.99	-6.59	27.80
SW 医药生物	15.75	19.20	-10.68	23.21
SW 公用事业	15.73	-21.78	-12.89	-25.75
SW 交通运输	45.78	40.95	0.00	37.05
SW 房地产	6.60	28.14	-75.61	26.99
SW 电子	35.67	10.54	36.06	8.73
SW 计算机	6.60	-1.04	-23.49	-0.41

续表

指 标	营业收入	归属母公司股东的净利润	经营活动产生的现金流量净额	利润总额
SW 传媒	14.19	-27.49	-23.40	-27.89
SW 通信	9.11	8.93	9.39	14.28
SW 银行	2.67	4.82	-78.95	1.86
SW 非银金融	18.85	21.98	-1961.39	23.15
SW 综合	26.59	-7.33	-398.61	2.84

表84 港股 GICS 分行业营业收入和利润增长率

单位：%

指 标	营业收入	营业利润	净利润	归属母公司股东的净利润
[HK]GICS 能源Ⅱ	32.23	61.59	199.75	199.77
[HK]GICS 原材料Ⅱ	34.63	95.29	160.26	160.26
[HK]GICS 资本品	16.88	33.49	36.73	36.83
[HK]GICS 商业和专业服务	21.82	28.41	8.33	8.33
[HK]GICS 运输	16.98	8.68	82.44	82.44
[HK]GICS 汽车与汽车零部件	21.39	18.28	8.91	8.87
[HK]GICS 耐用消费品与服装	12.19	8.37	-15.68	-15.68
[HK]GICS 消费者服务	13.61	22.03	15.51	15.49
[HK]GICS 媒体	8.25	67.26	54.41	54.49
[HK]GICS 零售业	10.27	33.74	84.70	84.70
[HK]GICS 食品与主要用品零售	6.41	15.85	70.11	70.11
[HK]GICS 食品、饮料与烟草	9.18	10.38	302.93	302.93
[HK]GICS 家庭与个人用品	9.52	-2.52	-0.71	-0.71
[HK]GICS 医疗保健设备与服务	15.02	32.38	67.94	68.26
[HK]GICS 制药、生物科技与生命科学	8.92	9.77	-42.53	-42.53
[HK]GICS 银行		13.87	15.46	15.27
[HK]GICS 综合金融	14.89	33.01	13.16	11.76
[HK]GICS 保险		35.15	36.88	37.01
[HK]GICS 软件与服务	21.14	13.88	47.72	47.72
[HK]GICS 技术硬件与设备	13.77	6.31	-55.88	-55.95
[HK]GICS 半导体产品与设备	11.08	29.66	10.21	10.21
[HK]GICS 电信业务Ⅱ	10.00	12.16	13.69	13.69
[HK]GICS 公用事业Ⅱ	25.26	-1.71	6.94	6.73
[HK]GICS 房地产Ⅱ	22.84	43.79	59.18	59.17

2. 消费升级促使大消费、大健康相关行业上市公司得到投资者认可

中国经济步入后工业化时期，人均GDP已经超过8000美元，越来越多的消费者跨入了中产阶层，温饱需求已经得到满足，高品质消费和个性化消费成为消费升级的主要推动力。这一轮消费升级的几大特点是：第一，传统消费领域更加注重品质化、个性化，从满足基本需求转向改善需求和高质量发展，消费的被动意识逐渐被消费者为满足个人需求的主动意识所代替，食品饮料、家电服装、轻工制造等传统消费领域龙头公司高速成长，消费者越来越愿意为品牌、品质付费买单。第二，裹挟新科技革命基因，消费的形态和领域拓展，基于实物的附带服务消费和单纯服务消费逐步成为消费升级的主要特征。移动互联网、大数据、云计算和物联网的广泛连接，将企业、消费者连为一体，消费的形态已经由实物消费逐步向服务消费转变，比如旅游、教育、改善型家居家电等领域逐步热门，行业内龙头上市公司也实现了高速增长。第三，新一轮消费升级还伴随着中国人口结构快速转变的典型事实，大消费和大健康领域成为热门。按照最新统计数据，60周岁及以上人口为2.4亿人，占总人口的17.3%，其中65周岁及以上人口1.6亿人，占总人口的11.4%。当一个国家或地区60岁以上老年人口占人口总数的10%或65岁以上老年人口占人口总数的7%时，意味着这个国家或地区进入人口老龄化社会，无论按照哪个标准，中国都已进入老龄化社会。随之而来的是保险、医疗等行业上市公司的高速增长，生物医药、医疗器械、医疗服务、保健护理等领域按照发达国家经验还有较大差距，未来还有巨大增长空间。

3. 新科技、新业态和新模式等新经济类成为公司增长的催化剂

随着新科技革命成果的深入发展，互联网传播从PC端逐渐转移至移动端，互联网成为人们生活必不可少的一部分。充分发挥互联网的线上优势、充分挖掘移动互联网新业态的核心价值、以平台为基础挖掘和不断沉淀潜在用户，已经成为很多传统行业摆脱经营困难和很多新兴行业崛起的机会。应用"互联网+"创新了资源配置方式，有效解决了线上资源配置和线下资源整合难点，对供给生产和需求消费形成最佳匹配，有效减少了信息不对

称,降低了产品库存,加速了资金周转,并且根据线上累计的大数据企业可以更加响应市场需求,在满足消费者千差万别需求的同时将客户逐步沉淀,促进了资源的优化配置和生产效率的提高。应用"互联网+"创新了管理模式、商业模式,使得企业发展更具市场前瞻意识和服务意识。"互联网+"催生了平台经济,改变了旧商业模式情况下产品与人的零互动性,生产更加个性化、定制化,随着产品生产过程中的增加值越来越小,而富含人力资本的增值服务成为很多上市公司的重要利润来源。虽然互联网目前还无法在价值链中占据主导地位,但是能不能嫁接互联网最新成果和有效利用互联网降低成本促进资源优化配置与创新,已经成为衡量企业未来发展的标杆,通过互联网先行"导入流量"的上市公司将获得资本市场的肯定。通过 Wind 数据发现,互联网渗透率较高的网络游戏、云计算、智能交通、移动互联网、大数据、智能物流、网络安全、电子商务、移动互联网入口、智能家居、智慧医疗、智能汽车、在线旅游、基因检测、人工智能、虚拟现实、互联网营销、量子通信等上市公司增长迅猛,验证了新经济的确成为中国经济转型和上市公司成长的催化剂。

4. 对外开放进一步促进优质蓝筹、行业龙头上市公司增长

2017 年中国 A 股加入 MSCI 指数是中国资本市场国际化的重要标志之一。沪港通运行三周年、深港通开通一年、债券通成功开通,境内外资本市场互联互通,资本市场对外开放步伐蹄疾步稳。资本市场对外开放有利于中国优质龙头、蓝筹股价值得到体现,价值投资功能进一步发挥,防止题材和中小散炒作,进一步使内外估值水平逐步一致。资本市场对外开放加速了国际资本流动,促使中国监管水平和监管能力提升,这些举措有利于维护资本市场总体稳定。从对外开放对 A 股上市公司影响看,国际化有利于 A 股上市公司进一步完善公司治理、信息披露等机制,投资者结构更加多元。上市公司成长还需要扎扎实实的业绩支撑,这促使企业管理者以更加开放的姿态加强企业经营管理、提升产品质量和用户体验,以公司治理为特征的现代企业制度更加健全,远离概念炒作专注实业运营的 A 股优质龙头公司得到国内外投资者认可,这也是市场二八行情的重要原因之一。

四 "漂亮100"市场表现

由于 Wind 金融资讯终端目前尚不支持海外股票建立自定义指数，我们这里仅对 A 股漂亮 100 指数的市场表现进行呈现。

通过将漂亮 100 投资组合的 100 只股票采用流通市值加权的方法构建"漂亮 100 指数"，如图 2 所示，2017 年 1 月 1 日至 2018 年 7 月 1 日六个季度内，漂亮 100 指数同期涨幅高达 56.5%，同期沪深 300 指数仅仅录得 6.07%的收益率、中证 500 跌幅为 -16.7%，说明漂亮 100 指数相对沪深 300 指数在此期间取得了 50.43%的超额收益。2018 年以来，受外部因素和国内经济冲击，资本市场整体深度调整，但从趋势看，我们发现漂亮 100 指数虽然也经历了大幅调整，但处于横盘状态，收益率仍然为正，以沪深 300 指数为代表的整个 A 股市场和以中小市值股票为代表的中证 500 指数下降趋势都较为明显，这说明漂亮 100 投资组合所选股票从微观角度来看是投资者所青睐的代表未来行业发展的优质股票，从宏观角度来看是映照中国经济转型和创新驱动的指示器。

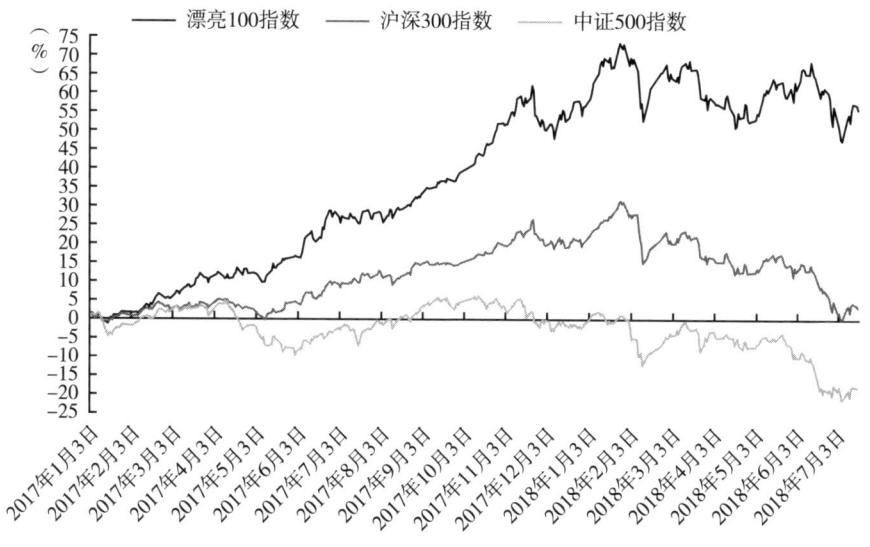

图 2 漂亮 100 指数、沪深 300 指数和中证 500 业绩对比

我们这里还使用Sharpe Ratio、最大回撤率、Omega、UPR等指标对三个指数的市场表现进行定量分析。夏普比率方面，漂亮100指数的夏普比率显著大于沪深300指数和中证500指数；最大回撤率方面，漂亮100指数的最大回撤率为26%，而沪深300指数为31%，中证500为27%。最大回撤率仅仅考虑最大损失而没有考虑最大收益，Omega、UPR既能反映收益的最大损失也考虑了最大收益，从这两个指标看漂亮100指数的表现依然显著优于沪深300指数和中证500指数。

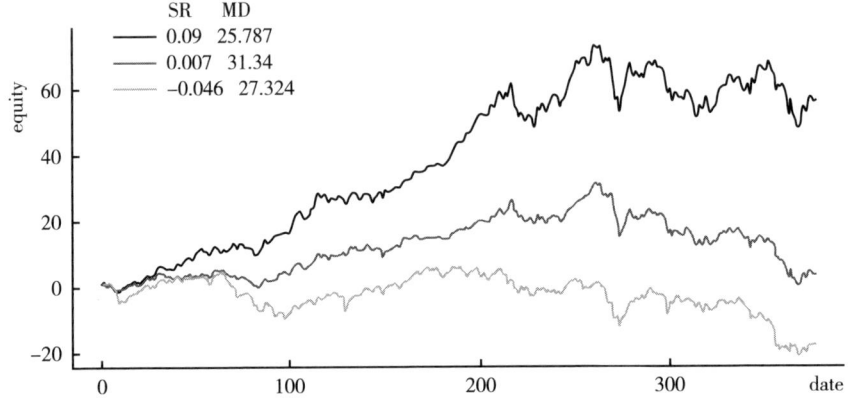

图3　Sharpe Ratio 与最大回撤率

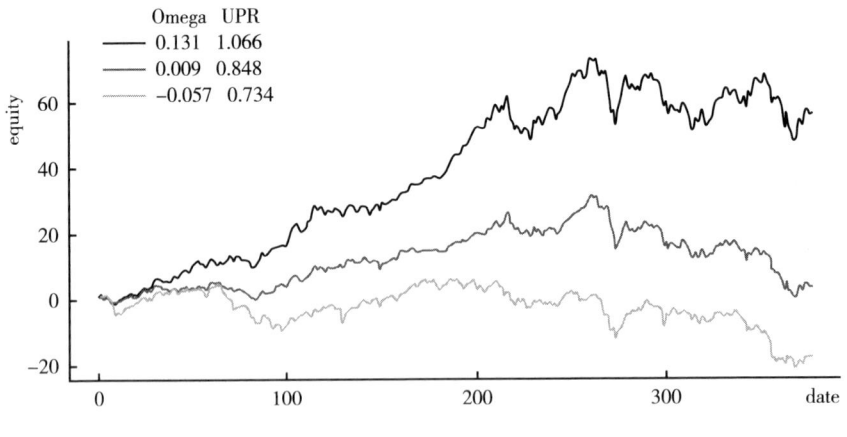

图4　Omega 和 UPR

B.3
互联网经济发展、颠覆性创新和中国增长动力重构

张磊 张鹏*

摘　要： 正如Jones挑战所揭示的那样，如何在人口红利消失后重构增长动力是世界性的难题。在重构增长动力的过程中，互联网经济发挥着极为重要的作用。互联网经济提供的技术手段有助于企业成功应对个性化销售趋势的市场需求结构变化，获取敏捷红利，延长人口红利的周期，并增进消费者福利。更为关键的是，得益于互联网经济的技术保障，创造新市场并具有足够外溢效应的颠覆性创造成为可能，进而成功重构增长动力。本报告选择A股、港股和美中概股市场上与互联网关系密切的中资非金融服务业和制造业上市公司来分析2004~2017年中国互联网经济发展情况，并对美中概股互联网服务业上市公司与美互联网服务业上市公司进行简要的比较。在颠覆性创新特征尚不明显和敏捷红利面临衰竭的双重作用下，中国互联网经济仍不足以重构增长动力。

关键词： 互联网经济发展　颠覆性创新　增长动力重构

---

* 张磊，中国社会科学院经济研究所研究员，中国社会科学院上市公司研究中心副主任；张鹏，中国社会科学院经济研究所博士，中国社会科学院上市公司研究中心副主任。

2011年以后，随着人口红利的逐步消失，中国经济增长减速明显，开始步入新常态，增长动力重构问题由此也引起了广泛关注。本文将在总结国内外人口红利消失后增长动力重构经验的基础上，提出相应的对策。

一 发达经济体对增长动力重构的探索

早在20世纪70年代石油危机爆发时期，随着工业化和城市化的基本完成，发达经济体突破马尔萨斯陷阱，实现人口转型的增长任务得以结束，从而开始探索增长动力重构问题。西方学者对人口红利消失后增长动力重构问题的探讨主要围绕内生增长理论展开。除了较早的AK模型（Franel（1962）外，Uzawa（1965）、Romer（1986）、Lucas（1988））、Romer（1990）以及Grossman and Helpman（1991）和Aghion and Howitt（1992）分别通过将品种增多型和质量改进型创新内生于经济增长模型取得理论突破。上述这种形式的内生创新增长理论很快就受到以Jones（1995，1999）为代表的半内生增长理论的有力挑战。Jones的基本逻辑简洁而有力，即作为内生增长动力源泉，能够产生外溢效应的原创知识同样需要消耗人力资本，而能够投入知识生产部门的人力资本比重在经济稳态条件下势必是一个常数，那么，一旦丧失人口红利，经济增速必然归零，创新驱动的内生增长也将不复存在。对Jones挑战的回应，主要沿着两个方向展开。

第一，以Young（1998）为先驱，Dinopoulos and Thompson（1998）、Aghion and Howitt（1998，ch.12）、Pretto（1998）、Pretto and Smulders（1998）通过引入品种增多和质量升级两研究部门模型，重现了内生创新增长的基本结论。Young（1998）指出品种增多型创新所得知识具有弥散性，其扩散范围极为有限，会在产品品种间迅速摊薄。换言之，品种增多型创新更多带有技术红海特征，外溢效应极为有限，从而只有水平效应，没有增长效应。离开了人口红利，品种增多型创新驱动的经济增速必将归零。与此形成鲜明对照，质量改进型创新所得知识不具有弥散性，更多带有通用技术特征，扩散范围更广并持久，能够产生足够的外溢效应并成为内生增长的源泉。

第二，Aghion and Howitt（1992）和 Howitt（1999）则突出了熊彼特的创造性破坏概念，强调只要保持研发密度不变，就可以实现内生经济增长。即使人口红利消失，创造性破坏意味着仍可以通过释放过时产品所束缚的人力资本用于可替代的高质量新产品的创新。

应该说，上述对 Jones 挑战的回应都比较苍白无力。第一种思路则隐含了品种增多型创新和质量改进型创新弱相关性的假定。正如 Li（1999）指出的那样，如果品种增多型创新和质量改进型创新强相关，两研究部门模型将退化为单研究部门模型，创新作为内生增长源泉也将不复存在。很显然，第一种思路中品种增多型创新和质量改进型创新的具体经济含义仍有待明确。第二种思路则隐含了在经济增长过程中，产品种类保持不变甚至减少的假定。然而，伴随着人口红利的消失，有大量文献证实随着人均收入水平进入中等发达国家行列，在消费需求端还会出现品种增多的个性化销售趋势［张平等（2014）、林左鸣（2010）、中国经济增长前沿课题组（2015）］。产品种类保持不变甚至减少的假定无疑与这一典型化事实不符。更为重要的是第二种思路缺乏对产品种类得以保持不变甚至减少的创新微观机制的揭示。

人口红利消失后增长动力不足难题通过互联网经济的发展得到一定程度的缓解。面对增长动力衰竭的压力，以云（云计算）大（大数据）移（移动互联网）智（人工智能）为代表的互联网经济发展为成功应对个性化销售趋势、获取敏捷红利（agility dividend）提供了有效的技术手段。企业充分运用云大移智等互联网技术手段，可以对日益细分的市场进行模式识别和供求匹配，迅速决策，灵活应对，从而获取所谓敏捷红利。获取敏捷红利的机制大概有以下三类。

第一类，通过包括信息业务在内的服务活动广泛外包，变交易固定成本为可变成本，灵活应对市场需求变化，重构规模经济在企业间分布。在这个生产成本波动的时代，企业对市场需求的关注明显要胜过对生产效率的关注。将交易固定成本转移为可变成本是一个较好的商业策略，因为即使运营成本会随着商业活动的增减而波动，但如果预期的活动没能实现或者新产品并没有成型，成本将保持不变。这种适应（需求变化）型商业模式能让企业更好地管理现金流,并保住企业的经营利润,同时具有低风险性。因此,尽管适应型模式并不像高固定成本运营模式那样能使企业获利最大化,但这种模式给了企业灵活应对突如其来的市场变化和挑战的能力。其中通常只占企业运营费6%的信息服务广泛外包起到极为关键的作用。信息技术已成为企业提高其灵敏反应能力的关键因素,这6%的业务运营预算会对整个企业的商业利润起决定性的杠杆作用(于戈斯、哈里斯基,2012)。信息服务的广泛外包在保证了少数高固定成本企业利润稳定的同时,也为众多低固定成本的轻资产企业迅速决策、灵活应对市场需求变化提供了有效的技术手段。

第二类,通过新的信息技术手段促进市场供求匹配并优化企业流程,降低交易成本,提高运营效率。

第三类,结合新的信息技术手段,促进知识外溢,推动效率改进型创新。正如鲍莫尔(2016)所指出的那样,在市场寡头创新军备竞赛推动下,企业将不断增加创新投入以维持相应的市场地位,并成为经济增长的动力。新的信息技术手段的运用及其对交易成本的节约,无疑发挥有助于知识外溢的效应,降低创新成本,提高创新投入的产出效率。

然而,依赖互联网经济发展获取敏捷红利只是部分实现了在市场细分基础上的供给侧规模经济,实质上属于人口红利的延伸,尚不足以保证可持续的内生增长。马歇尔、杰弗里和桑杰特(2016)指出,工业化的动力主要来自供给侧规模经济。高固定成本和低边际成本意味着,销售量高于竞争对手的企业,其运营平均成本会低于对手。运营成本低,企业就可以降低价格,推动销量上涨,使得价格进一步降低,如此形成的正反馈回路将促进企业获得市场竞争力。很显然,供给侧规模经济必须建立在有足够的人口红利和市场潜力基础之上,否则,如果市场规模不足,企业将仍难以分摊高固定成本。尽管在工业化进程中引入互联网经济,促使企业获取敏捷红利,可以在一定程度上解决消费市场不断细分带来的企业经营难题,但这尚不能完全弥补由人口红利消失引起的增长动力不足。消费市场不断细分,消费品种增多,特别是个性化销售趋势的出现意味着在要求企业扩大资产规模的同时又压抑了最小经济有效规模（MEC）空间。在这两种相互冲突力量的共同作用下，企业敏捷红利空间会受到严重制约，进而损害增长动力重构。巴罗和萨拉伊马丁（2000）证实消费品种类增多的创新只能改善消费者福利但并不会带来增长效应。

幸运的是互联网经济发展同样为市场创造型的颠覆性创新兴起提供了技术保障，从而有助于培育能够摆脱人口规模束缚的新的内生增长源泉。互联网经济发展深刻地改变了创新模式，具体体现在以下三个方面。

第一，互联网经济发展对交易成本的节约推动了创新者—消费使用者复合体内部的互动，便利了更多生产要素，特别是消费使用者对创新活动的广泛参与。

第二，互联网经济发展对交易成本的节约从根本上改变了创新活动的组织方式，开始采用技术创新的网络化模式，提高了研发产出效率。在企业专业化研发部门产生以后，以美国为例，在技术创新中最早采用的是线性组织模式，即所谓的 Bush 模式。Bush（1945）总结二战期间美国科学研究经验，提出有关技术创新线性模式。在该模式中，从科学到经济的路径就像企业内部一条装配线，其源头始自基础科学家对好奇心追求而不考虑实际应用。然后，新知识就被放到传送带的起始端。随着传送带的转动，应用科学家（主要是工程师）接过这些基础知识并想方设法将其应用于实际当中。接下来，为私人企业工作的技术工人将应用科学转化为新产品和更好的生产流程。在最后阶段，通常还要通过企业内部分配渠道将产品销售出去。尽管 Bush 也曾经强调不同创新环节和活动间的横向互动，但苦于当时交易成本的高昂，最终仍然是以企业专业化研发部门代表的层级制研发组织方式具有压倒性优势。直到互联网经济发展实现了对交易成本的节约，以不同创新环节和活动间横向互动为核心的研发网络化组织模式才在技术上成为可能。研发网络化组织模式不仅促进了创新活动的企业内部横向交流，而且极大地突破了创新活动的企业组织边界，实现了研发的对外开放。比如开源软件和硬件项目就采用了与学术共同体类似的最先发现权及其相应的知识引用制度，有效扩展了创新社群的范围，促进社群内部的技术极客有益互动和知识外溢并降低创新成本。

第三,互联网经济发展对交易成本的节约推动了作为不同社群交流中介的平台组织发展,加快了技术采用和传播速度。Kata and Shapiro(1986)重点研究了技术采用的动态过程,并特别强调网络外部性在技术采用中的重要性。他们提出了"渗透定价"(Penetration Pricing)策略,即通过开始的低定价来改变消费者对未来的网络规模预期,从而从无到有地创造出技术革新市场。因此,只有具有高竞争力和降价空间的产品和服务,才有可能在社群网络中得到更快的推广。马歇尔、杰弗里和桑杰特(2016)进一步增添了互联网经济发展的时代内容。与工业化主要解决满足潜在需求的供给能力不足不同,互联网经济发展主要依赖需求侧规模经济,以解决新的市场创造问题。需求侧规模经济又称网络效应,通俗地讲,使用者越多,产品和服务的价格和使用成本越低,进而会吸引更多的使用者,如此循环往复,最终形成良性循环,发展出具有竞争力的平台。互联网技术提高了社交网络的效率,促进了合并,应用程序发展以及其他有助于网络扩展现象的出现,使得网络效应得到增强。很显然,在互联网经济中,流量(volume)高于对手的企业(即吸引到更多平台使用者的企业)在每次交易中都提供平均高于竞争对手的价值。这是因为网络越大,供给和需求越匹配,用于需求匹配的数据就越充足。与此同时,为使用者提供更高价值的平台企业又会吸引更多的新使用者流量。

互联网经济发展对创新的上述有益影响被克里斯坦森综合地概括为颠覆性创新概念。对颠覆性创新,克里斯坦森的解读是:"颠覆性技术不等于更加先进或更具突破性的技术"。在他看来,"颠覆性创新"的实质是"技术的民主化",也就是将原先复杂昂贵的技术转化为简单廉价的技术,让技术的受益者和使用者从一小撮掌握复杂知识和技术的专家扩展为主流大众(克里斯坦森等,2015)。颠覆性创新又被称为市场创造型创新,是通过对复杂或昂贵产品进行化繁为简的重新设计,吸引新的消费群体,创造出全新的市场。颠覆性创新有两个关键前提:一是要有能提高产量同时降低成本的技术进步。二是要有新商业模式,即能够通过大幅降价,将非客户转化为客户。计算机的发展是此类代表。最初大型机造价高达几十万美元,且仅供一小批专业人士使用;个人电脑则将价格降至2000美元,使消费者群体扩充至几百万人;现在智能手机只要200美元,从而将消费者群体扩充至全球数十亿人。由此可见,颠覆性创新并不仅仅是熊彼特创造性破坏的质量升级,而是与效率改进型创新相对应的一个概念。与效率改进型创新不同,颠覆性创新也要依赖较为高端的技术,仍主要是通过对复杂或昂贵产品进行化繁为简的重新设计,进而形成与市场现有的产品或服务没有太多联系的全新产品。颠覆性创新需要根据由独创性衡量的进入门槛很高的创新者—消费使用者社群进行产品开发。如此形成的全新技术也就具有了低成本潜力并能够通过渗透定价创造新市场,进行广泛推广。很显然,将颠覆性创新称为市场创造型创新实至名归。颠覆性创新提供了回应Jones挑战极为关键的微观机制。首先,正是由于开发的是与市场现有的产品或服务没有太多联系的全新产品,颠覆性创新才是更接近于内生创新理论两研究部门中与品种增多型创新弱联系的质量升级型创新活动。其次,除了涉及研发产出外,颠覆性创新概念还包含了研发产出商业化的具体路径,即通过低成本的潜力和渗透定价创造新市场,进行广泛推广。因此,只有集中于这样的具有足够外溢效应的市场创造型创新,而不是无限发散产品种类,才能培育出能够摆脱人口规模束缚的内生增长源泉。同样重要的是互联网经济发展深刻地改变了创新模式,为颠覆性创新提供了重要的技术保障。

综上所述,对经济增长的理论探讨主要经历了两个阶段。第一阶段主要涉及如何通过工业化和城市化,充分挖掘和利用人口红利,以解决满足潜在需求的供给能力不足问题,从而突破马尔萨斯陷阱,实现人口转型。第二阶段则侧重于如何通过能够创造新市场的创新,在人口红利消失后重构增长动力。在重构增长动力过程中,互联网经济发挥着极为重要的作用。互联网经济提供的技术手段有助于企业成功应对个性化销售趋势的市场需求结构变化,获取敏捷红利,延长人口红利的周期,并增进消费者福利。更为关键的是,得益于互联网经济的技术保障,创造新市场并具有足够外溢效应的颠覆性创造成为可能,进而成功重构增长动力。

二 中国互联网经济发展的典型化事实

随着工业化和城市化的推进,中国经过 30 多年的高速发展,开始步入人口转型的第三阶段,即老龄化时代。人口红利的逐步消失对中国经济增长减速的影响在 2011 年以后变得尤为明显,从而提出了重构增长动力的时代挑战。Cai 和 Wang（2005）指出,随着我国大约在 2013 年人口抚养比由下降转为提高,传统意义上的人口红利趋于消失。中国经济增长前沿课题组（2013）认为改革开放以来,中国由劳动力供给增长所带来的人口红利正在消失。目前,中国劳动力供给已经进入绝对减少的"拐点"区域,2015 年之后,劳动年龄人口持续下降及相应劳动供给持续减少将成为常态。学术界对人口红利消失的预测也为有关统计资料所证实。至 2012 年末,我国劳动年龄人口绝对数量首次出现下降。因此,借鉴发达经济体重构增长动力的相关经验,探讨中国互联网经济发展及其对经济增长的影响十分必要。同我们以前的中国互联网经济发展报告相类似,本文选择 A 股、港股和美中概股市场上与互联网关系密切的中资非金融服务业和制造业上市公司分别进行分析,其中港股中资公司由 H 股、红筹股和中资民营股（非 H 股）市场上的企业共同组成［张磊、张鹏（2015）,张磊、张鹏（2016）］。互联网经济中的非金融服务业[①]和制造业[②]上市公司主要依据 Wind 三级行业,并辅之以四级行业标准进行分类。

[①] 概括起来,互联网经济中的非金融服务业主要包括：专业服务中的调查和咨询服务、人力资源与就业服务,从属于工业大类；消费者服务中的酒店、餐馆与休闲、综合消费者服务（含教育服务、特殊消费者服务）,媒体,零售业中的互联网零售、售货目录零售,从属于可选消费大类；医疗保健设备与服务中的医疗保健提供商与服务、医疗保健技术,制药、生物科技与生命科学中的生物科技、生命科学工具和服务,从属于医疗保健大类；软件与服务中的互联网软件与服务、信息技术服务（含信息科技咨询与其他服务、数据处理与外包服务）、软件,从属于信息技术大类。

[②] 互联网经济中的制造业主要包括：医疗保健设备与服务中的医疗保健设备与用品,制药、生物科技与生命科学中的制药,从属于医疗保健大类；技术硬件与设备中的通信设备Ⅲ、电脑与外围设备、办公电子设备Ⅲ,以及电子设备、仪器和元件,半导体与半导体生产设备中的半导体产品与半导体设备,从属于信息技术大类。

（一）中国互联网经济中的服务业上市公司

根据我们的计算，作为中国互联网经济发展最高水平的代表，美中概股市场的互联网服务业上市公司在 2011 年前后呈现出向 A 股、港股市场同类公司收敛的趋势，具体表现如下。

第一，2004~2017 年，中国互联网经济中的服务业上市公司营业收入和资产总体来说在波动中保持高速增长。不过，如图 1 和图 2 所示，美中概股市场的互联网服务业上市公司在 2011 年营业收入和资产增速分别达到 201.13% 和 148.73% 的高点以后，出现较为明显的下滑，并逐渐与 A 股、港股市场互联网服务业上市公司趋同。

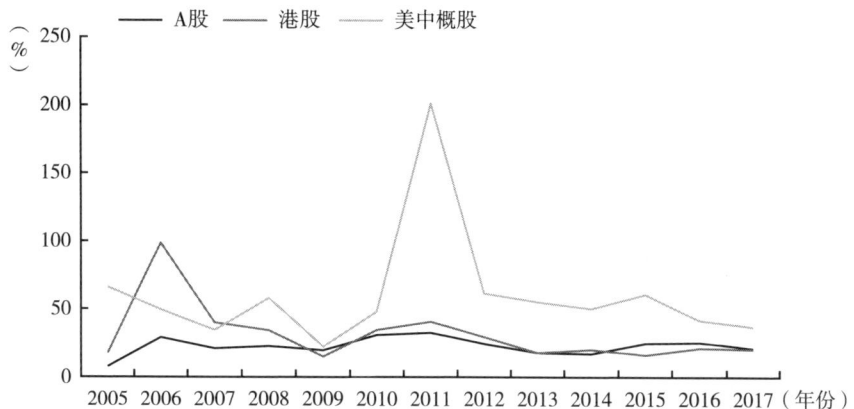

图 1　2005~2017 年中国互联网经济中的服务业上市公司营收增长率

资料来源：Wind 资讯。

第二，A 股和港股市场互联网服务业上市公司居高不下的营业成本占营业收入的比重表明生产成本难于完全消化，造成企业毛利率水平低下。即使是美中概股市场互联网服务业上市公司营业成本占营业收入的比重也在迅速攀升，以致压低了相应的毛利率。如图 4 和图 3 所示，正是受到迅速攀升的营业成本占营业收入的比重拖累，在美中概股市场上，中国互联网经济中的服务业上市公司毛利率连续出现滑坡。在危机爆发前，从 2004 年的

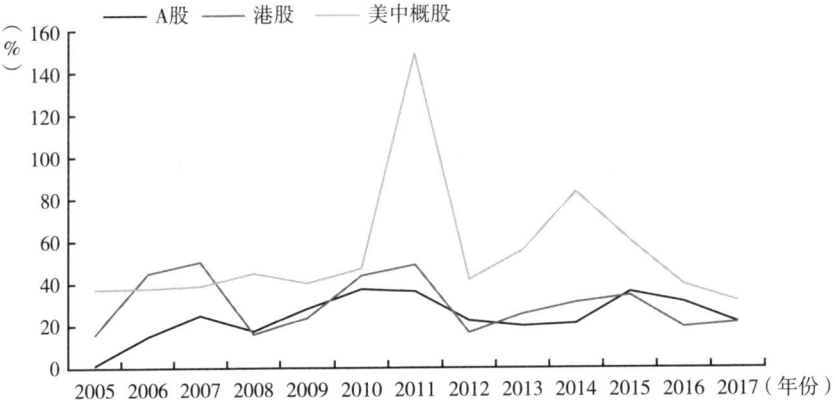

图2　2005～2017年中国互联网经济中的服务业上市公司资产增长率

资料来源：Wind资讯。

68.64%下降到2008年的60.44%，危机爆发后除了2010年的一个高点（64.16%）外，毛利率进一步下滑到2017年的36.18%，已经同A股和港股市场互联网服务业上市公司毛利率比较接近（分别为28.91%和28.1%）。

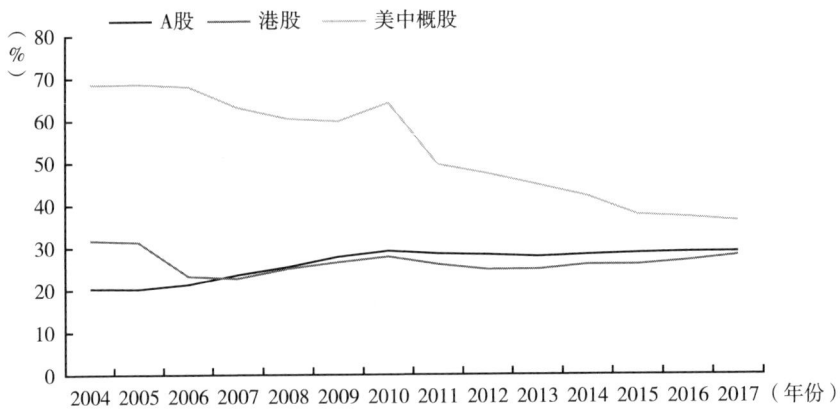

图3　2004～2017年中国互联网经济中的服务业上市公司毛利率

资料来源：Wind资讯。

第三，美中概股市场互联网服务业上市公司尽管一度产生对由期间费用所代表的广义交易成本的节约效应，但还不足以完全抵消毛利率下降给由销

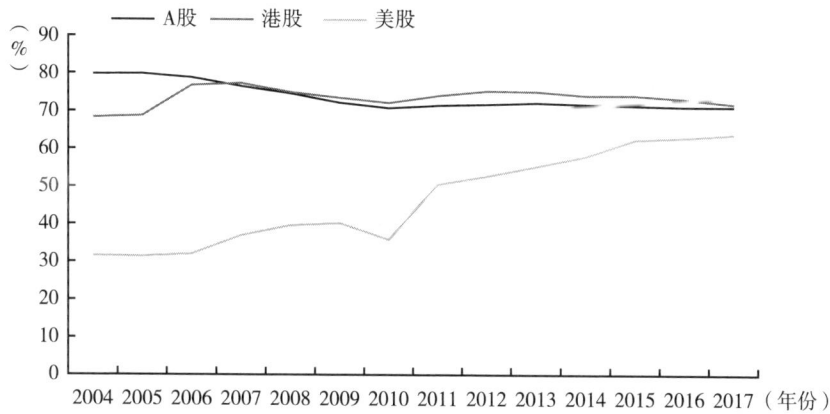

图4 2004~2017年中国互联网经济中的服务业上市公司
营业成本占营业收入的比重

资料来源：Wind资讯。

售营利率所代表的企业盈利和创值能力带来的负面影响。如图5所示，在美中概股市场上，中国互联网经济中的服务业上市公司期间费用占营业收入的比重从2004年的高点33.97%下降到2013年的低点17.02%，2017年也只有19.26%。然而，由于在美中概股市场上，中国互联网经济中的服务业上市公司营业成本占营业收入的比重上升以及相应的毛利率下降较快，广义交易成本节约效应对企业盈利和创值能力的改善受到了制约。更为严重的是，2013年以后，美中概股市场互联网服务业上市公司广义交易成本节约效应甚至开始弱于A股和港股市场同类公司。结果造成美中概股市场互联网服务业上市公司销售营利率优势不再。

第四，美中概股市场互联网服务业上市公司资产周转有所加快和杠杆平稳放大分别对由资产回报率（ROA）和净资产收益率（ROE）所代表的企业盈利和创值能力起到了一定程度的改善作用，但并未改变其盈利和创值能力向A股和港股市场同类公司的趋同。如图7所示，在美中概股市场上，中国互联网经济中的服务业上市公司资产周转率从2010年的0.4上升到2017年的0.58。如图9所示，在美中概股市场上，中国互联网经济中的服务业上市公司杠杆率从2011年的1.39平稳上升到2017年的1.74。

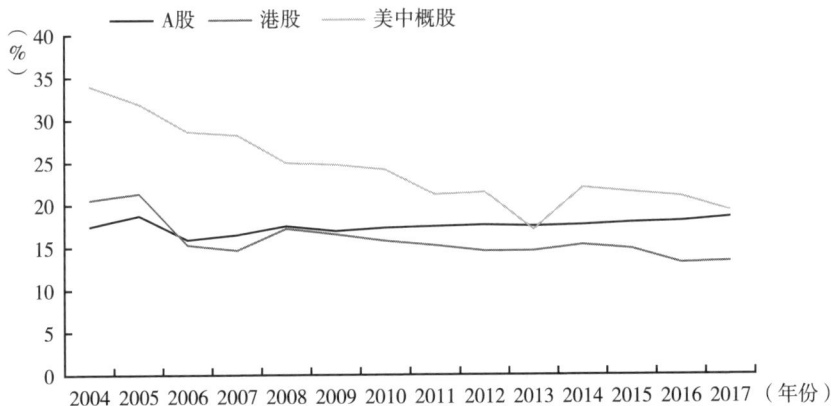

**图5　2004~2017年中国互联网经济中的服务业上市公司
期间费用占营业收入的比重**

资料来源：Wind资讯。

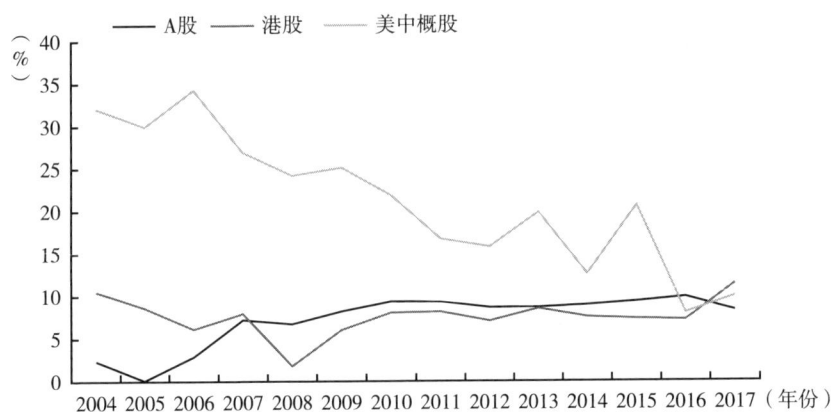

图6　2004~2017年中国互联网经济中的服务业上市公司销售营利率

资料来源：Wind资讯。

由此可见，即使是作为中国互联网经济发展最高水平的代表，美中概股市场的互联网服务业上市公司在2011年前后也呈现出向A股和港股市场同类公司收敛的趋势。居高不下的生产成本加上对广义交易成本节约效应出现衰减使得美中概股市场互联网服务业上市公司所有类型的盈利和创造能力指标，包括毛利率、销售营利率、资产回报率（ROA）和净资产收益率

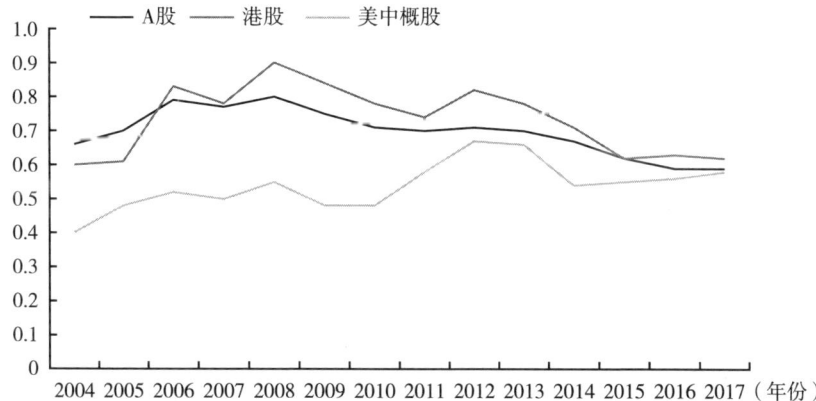

图 7　2004～2017 年中国互联网经济中的服务业上市公司资产周转率

资料来源：Wind 资讯。

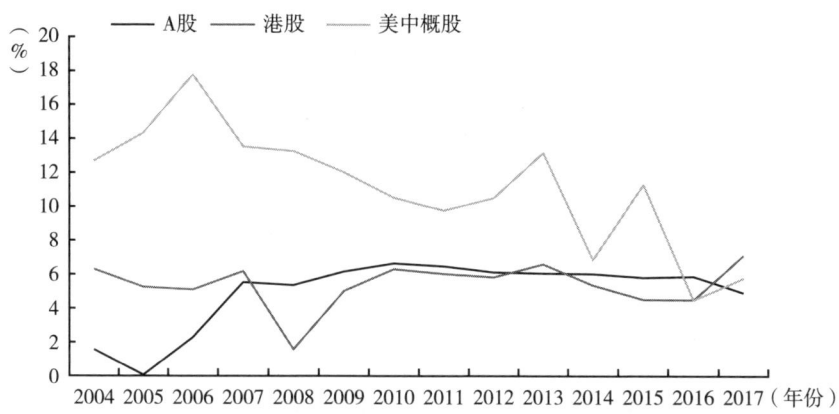

图 8　2004～2017 年中国互联网经济中的服务业上市公司资产回报率

资料来源：Wind 资讯。

(ROE) 等，在 2011 年前后出现明显滑坡。与此同时，美中概股市场互联网服务业上市公司营收和资产增长速度也出现了下滑。

（二）中国互联网经济中的制造业上市公司

与美中概股市场互联网服务业上市公司形成鲜明的对照，美中概股市场互联网制造业上市公司的经营表现远远逊色于 A 股和港股市场同类公司。

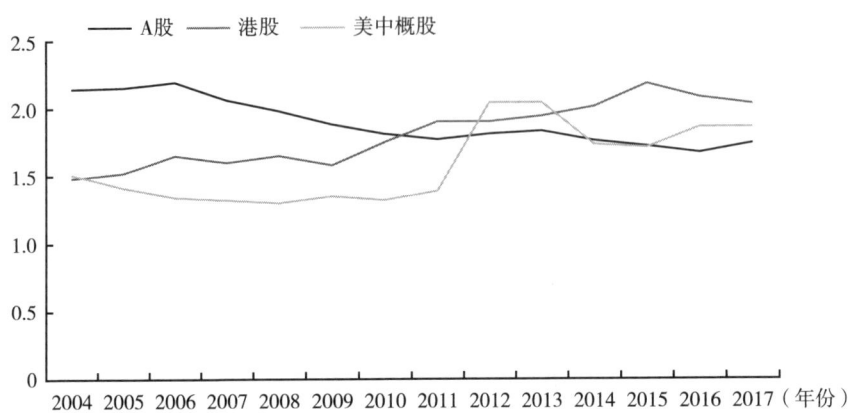

图 9　2004~2017 年中国互联网经济中的服务业上市公司杠杆率

资料来源：Wind 资讯。

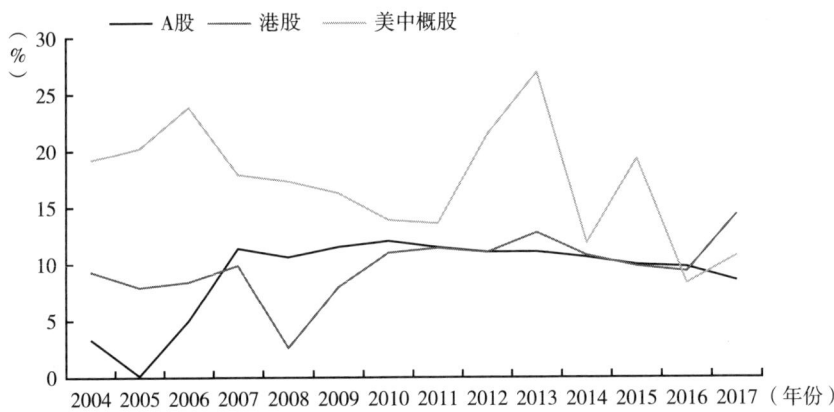

图 10　2004~2017 年中国互联网经济中的服务业上市公司净资产收益率

资料来源：Wind 资讯。

第一，2011 年以后一度波动更为剧烈的美中概股市场互联网制造业上市公司营收和资产增速开始落后于 A 股和港股市场同类公司，这在资产增长上表现得尤为明显（见图 11 和图 12）。

第二，美中概股市场互联网制造业上市公司各项盈利和创值能力指标也在 2010 年开始恶化，在大多数年份明显低于 A 股和港股市场同类公司。如

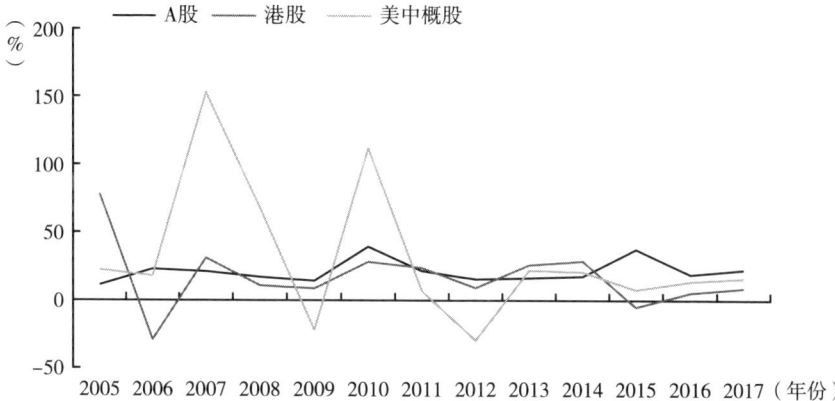

图 11　2005~2017 年中国互联网经济中的制造业上市公司营收增长率

资料来源：Wind 资讯。

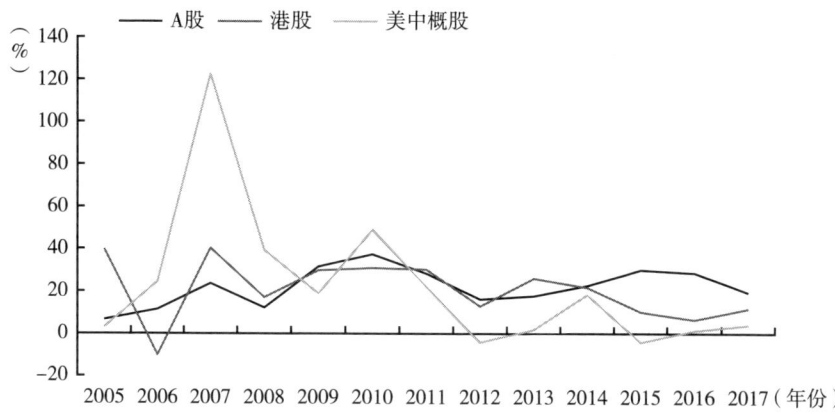

图 12　2005~2017 年中国互联网经济中的制造业上市公司资产增长率

资料来源：Wind 资讯。

图 13 所示，美中概股市场互联网制造业上市公司毛利率竟然从 2010 年的高点 26.08% 下跌到 2012 年的接近于 0。与此同时，销售营利率也从 2010 年的高点 12.03% 下跌，并开始在相当多的年份为负（见图 16）。在销售营利率为负的条件下，资本周转加速，特别是杠杆率飙升，则进一步恶化了资产回报率和净资产收益率（见图 17、图 18、图 19 和图 20）。如图 19 所示，美中概股市场互联网制造业上市公司杠杆率从 2010 年的 1.99 飙升至 2017

年的 5.95，远高于 A 股和港股市场同类公司。这不仅严重弱化企业盈利和创值能力，还加大了相应的财务风险。

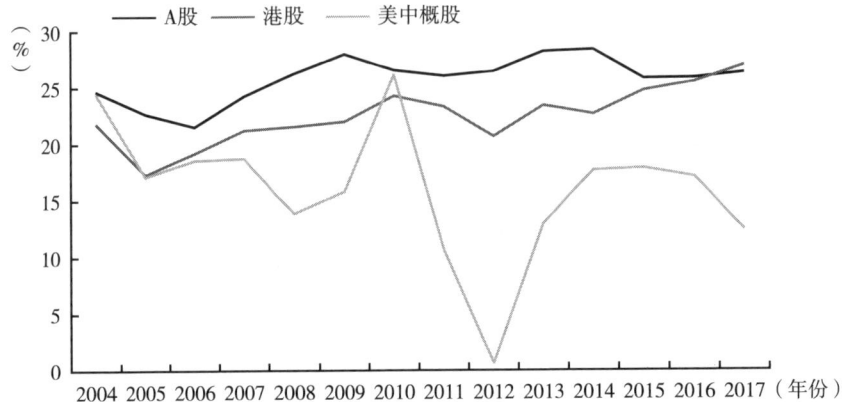

图 13　2004～2017 年中国互联网经济中的制造业上市公司毛利率

资料来源：Wind 资讯。

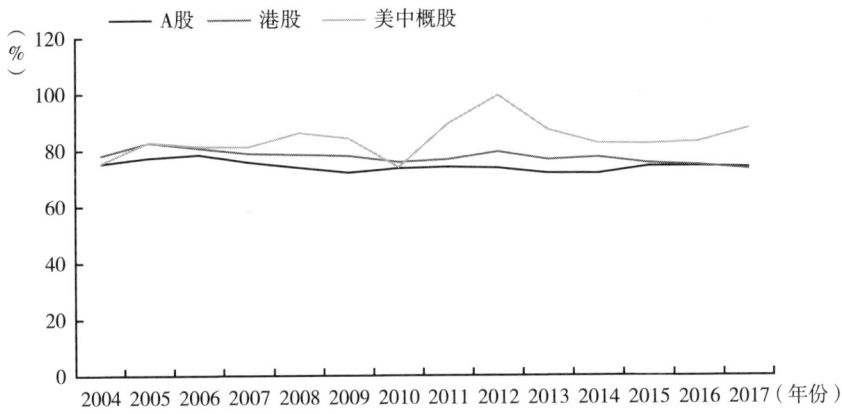

图 14　2004～2017 年中国互联网经济中的制造业上市公司营业成本占营业收入的比重

资料来源：Wind 资讯。

整体说来，中国互联网经济中的制造业上市公司表现不及相应的服务业上市公司。第一，相对于互联网服务业上市公司，中国互联网经济中的制造业上市公司营业收入和资产增长波动较大，速度偏低。以 2011 年为界限，

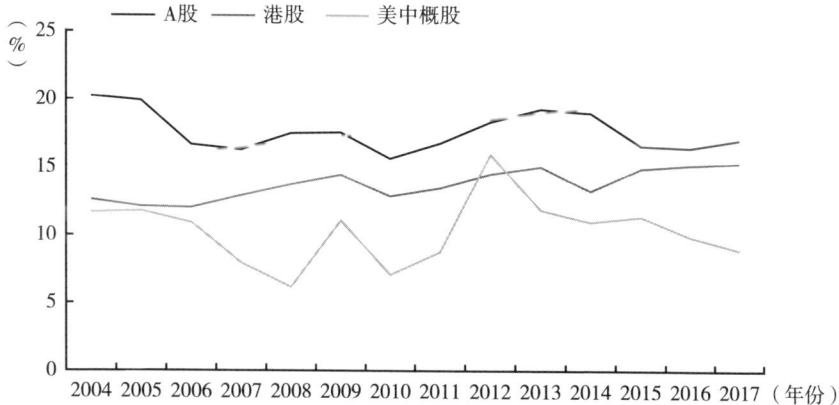

图 15　2004～2017 年中国互联网经济中的制造业上市公司期间费用占营业收入的比重

资料来源：Wind 资讯。

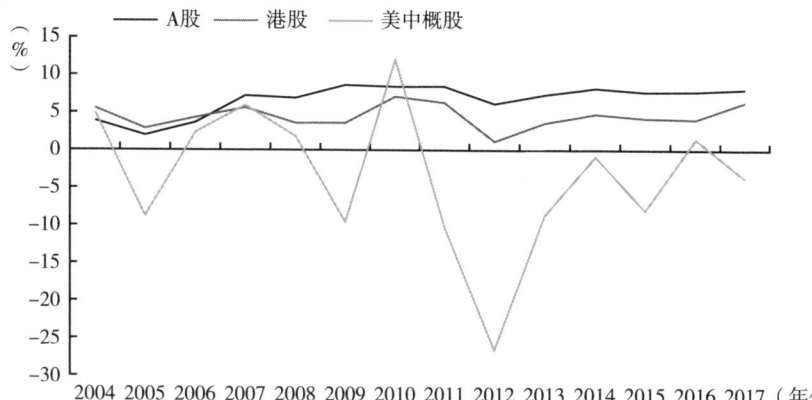

图 16　2004～2017 年中国互联网经济中的制造业上市公司销售营利率

资料来源：Wind 资讯。

在此之前，中国互联网经济中的制造业上市公司营业收入和资产增长均出现剧烈波动，在此之后，营业收入和资产增长波动有所收敛，开始趋于平稳。

第二，即使是表现更佳的 A 股和港股市场互联网制造业上市公司，由营业成本占营业收入的比重代表的生产成本更是居高不下，其毛利率常年低于互联网经济中的服务业上市公司。

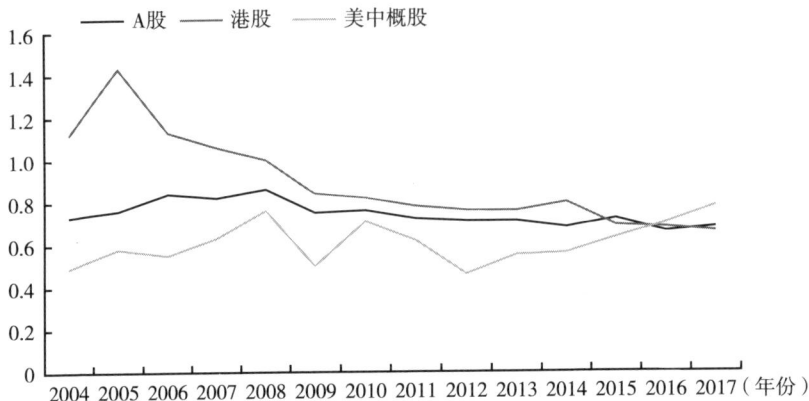

图 17　2004～2017 年中国互联网经济中的制造业上市公司资产周转率

资料来源：Wind 资讯。

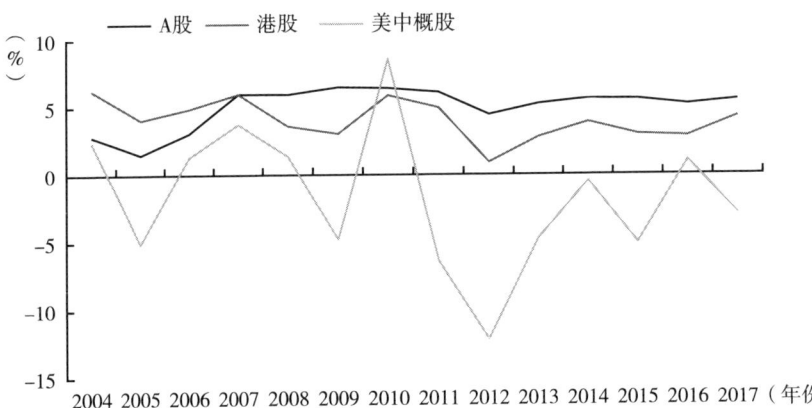

图 18　2004～2017 年中国互联网经济中的制造业上市公司资产回报率

资料来源：Wind 资讯。

第三，2004～2017 年，相对于互联网服务业上市公司，在 A 股和港股市场上，中国互联网经济中的制造业上市公司期间费用占营业收入比重同样偏低且保持稳定，制约了节约广义交易成本对由销售营利率所代表的盈利和创值能力的有益影响。

第四，2004～2017 年，在 A 股和港股市场上，中国互联网经济中的制造业上市公司资产周转率趋于下降，杠杆率则长期保持稳定，进一步弱化了

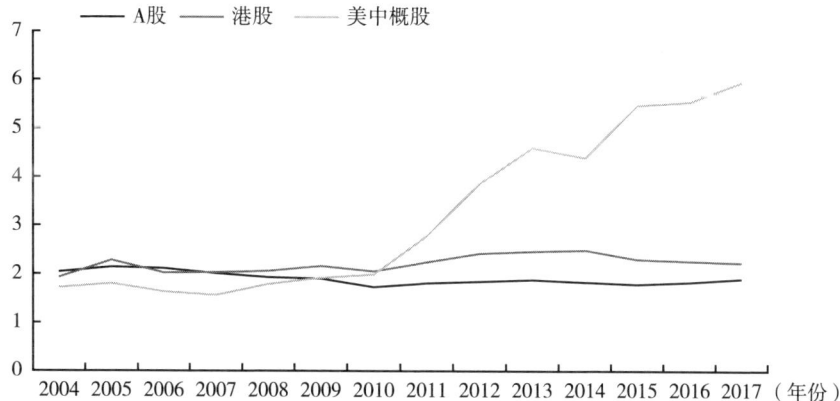

图19　2004~2017年中国互联网经济中的制造业上市公司杠杆率

资料来源：Wind资讯。

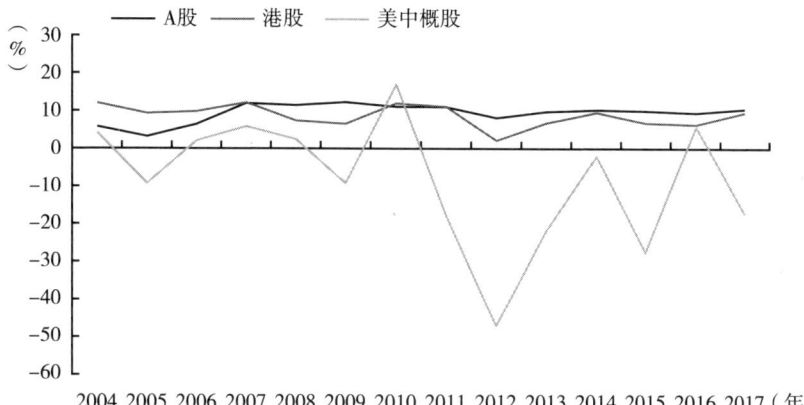

图20　2004~2017年中国互联网经济中的制造业上市公司净资产收益率

资料来源：Wind资讯。

盈利和创值能力，以致其净资产收益率同样表现欠佳，常年在10%左右徘徊，而同期的互联网服务业上市公司大部分年份都能够达到10%以上的水准。

综上所述，我们可以得到如下中国互联网经济发展的典型化事实：①美中概股市场的互联网服务业上市公司以及A股和港股市场的互联网制造业上市公司可以更好地反映中国互联网经济发展情况。②迄今为止，中国互联网经济中的服务业上市公司的发展优于相应的制造业上市公司。③即使作为中国互联网经济发展最高水平的代表，美中概股市场的互联网服务业上市公司也出现了发展动力不足的现象。美中概股市场互联网服务业上市公司无论是盈利和创值能力还是营收和资产增长在 2011 年前后均出现明显滑坡，呈现出向 A 股和港股市场同类公司收敛的趋势。④美中概股市场的互联网服务业上市公司一度出现的广义交易成本节约效应表明中国现有的互联网经济发展可能更多侧重于敏捷红利的获取。⑤美中概股市场的互联网服务业上市公司同样尚不具有颠覆性创新特征。根据颠覆性创新的通常定义，必须同时具备节约生产成本和广义交易成本特点，而美中概股市场的互联网服务业上市公司却难于消化居高不下的生产成本，连一度出现的广义交易成本节约效应也趋于消失。很显然，美中概股市场的互联网服务业上市公司尚未满足颠覆性创新的条件。

三 中国互联网经济发展的增长效应

根据前面的分析，由于尚不具有颠覆性创新特征，中国互联网经济发展仍不足以重构增长动力。一度出现的广义交易成本节约效应趋于消失，使得即使是通过互联网经济发展而获取的敏捷红利也开始走向终结，进一步加剧了这一难题。本报告选择代表中国互联网经济发展最高水平的美中概股服务业上市公司与国内所有上市公司，即 A 股市场上市公司进行比较分析，可以更清楚地揭示这一点①。

第一，除了 2006 年、2012 年和 2013 年等少数年份，美中概股互联网服务业上市公司净资产收益率一直表现欠佳，不仅 2004～2017 年盈利能力比国内所有上市公司下滑得更明显，而且 2015 年以后同国内所有上市公司平均盈利水平迅速接近（见图 21）。

---

① 考虑到 500 彩票网 2016 年研发强度数据异常，高达 600% 多，为此，在美中概股中予以剔除。

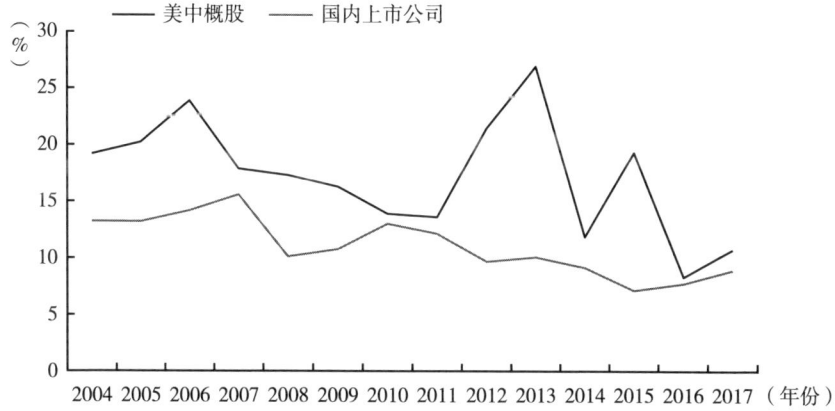

图21 2004～2017年美中概股和国内上市公司净资产收益率

资料来源：Wind资讯。

第二，美中概股互联网服务业上市公司资本支出和创新投入状况不足以解释其盈利能力出现明显滑坡的合理性。从理论上讲，考虑到可能具有平台性质，互联网企业在发展初期通常需要增加类似基础设施的投入，必然会增加固定资产、无形资产和其他资产等的资本支出。此外，无论是效率改进型创新还是市场创造型创新都需要必要的研发开支。因此，如果具有颠覆性创新特征，企业盈利能力因资本支出和创新投入增加而暂时受到拖累完全是可以接受的。然而，美中概股互联网服务业上市公司显然不属于这种情况。如图22所示，2005～2017年，尽管美中概股互联网服务业上市公司相对于国内上市公司资本支出长期保持了较快增长，特别是在2013～2015年国内上市公司资本支出增长近乎停滞期间表现得尤为突出，但从2015年开始美中概股互联网服务业上市公司资本支出增长率也在迅速下降，2017年甚至近乎停滞，只有1.82%，仅高于2008年全球金融危机期间的-10.09%。与此同时，无论是美中概股互联网服务业上市公司还是国内上市公司由R&D占营业收入比重所代表的研发强度均稳中有升。如图23所示，国内上市公司研发强度由2006年可以忽略不计的0.34%上升到2017年的2.03%，美中概股互联网服务业上市公司研发强度则由2004年的3.88%上升到2014年的高点

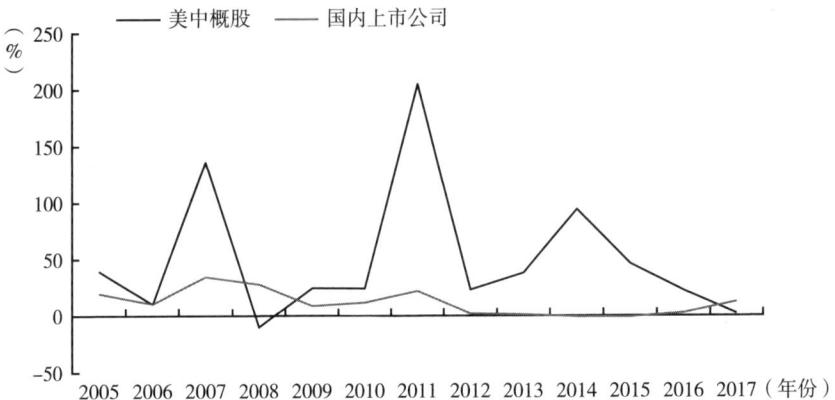

图 22　2004~2017 年美中概股和国内上市公司资本支出增长率

资料来源：Wind 资讯。

7.84%，2017 年再度有所回落至 6.05%。由此可见，从 2015 年开始美中概股互联网服务业上市公司资本支出增长率迅速下降以及研发强度有所回落均表明同期盈利能力出现明显滑坡并非由其资本支出和创新投入增加引发。

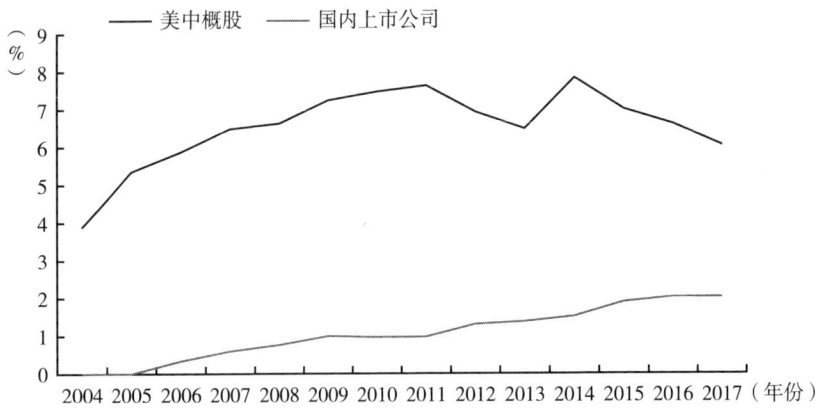

图 23　2004~2017 年美中概股和国内上市公司研发强度

资料来源：Wind 资讯。

第三，美中概股互联网服务业上市公司营业收入和资产增长数据同样无法从渗透订价角度解释其盈利能力出现的明显滑坡。根据颠覆性创新的定义，需要通过渗透（低）定价来开拓市场，那么，这就允许营收和资产高增长与盈利下降并存的现象，直至企业最终走向成熟，并收敛于平稳增长状态。然而，正如图24和图25所示，自2011年达到一个高点以后，美中概股互联网服务业上市公司营收增长率也出现明显下滑，并于2015年以后迅速向国内上市公司平均增长水平收敛。这种趋势在作为预期营收重要决定因素的资产增长身上同样得以体现。

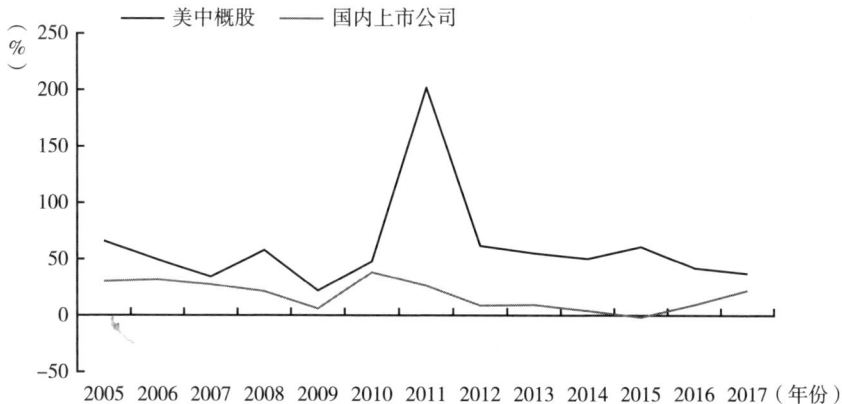

图24　2005~2017年美中概股和国内上市公司营收增长率

资料来源：Wind资讯。

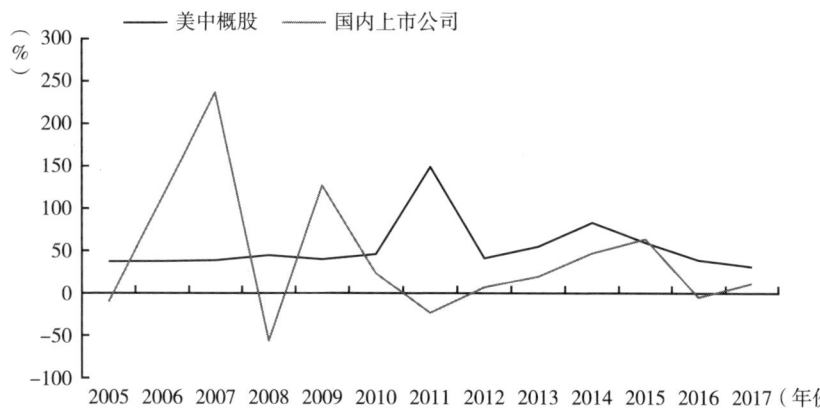

图25　2005~2017年美中概股和国内上市公司资产增长率

资料来源：Wind资讯。

第四，美中概股互联网服务业上市公司规模增长和盈利水平双双下滑也被资本市场灵敏地捕捉到。如图26所示，2005～2017年，尽管美中概股互联网服务业上市公司流通市值实现了更快的增长，但在2011～2012年、2014～2017年流通市值增长率达到高点以后两度出现下降。

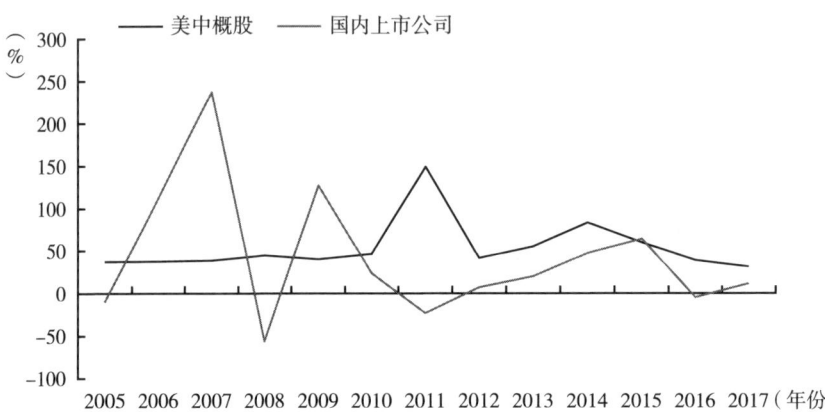

图26　2005～2017年美中概股和国内上市公司流通市值增长率
资料来源：Wind资讯。

从理论上讲，能够进行颠覆性创新的企业可以被视为成长股，从而接受企业规模增长和盈利下降并存的格局。2004～2017年，美中概股互联网服务业上市公司规模增长和盈利水平双双下滑则充分说明无论是平台建设和创新投入还是渗透定价策略均不足以解释其盈利能力出现的明显滑坡。美中概股互联网服务业上市公司欠佳的规模增长和下滑的盈利水平也在资本市场上得到有效反映，拖累了相应的流通市值增长。结合前面的分析，居高不下的生产成本加上广义交易成本节约效应趋于消失只是表明美中概股市场的互联网服务业上市公司尚未满足颠覆性创新的条件，公司规模增长不足以弥补其盈利水平下滑的损失则进一步加大了实现颠覆性创新难度。美中概股互联网服务业上市公司现有创新更多带有效率改进型特征，正如鲍莫尔（2016）所指出的那样，具体体现为在市场寡头创新军备竞赛推动下，2004～2017年，美中概股互联网服务业上市公司同国内所有上市公司一样研发强度稳中有升,并且表现更为突出(见图23)。从2015年开始美中概股互联网服务业上市公司研发强度又有所回落则表明即使是效率改进型创新也出现了后劲不足的可能。

结合前面的分析,作为中国互联网经济发展最高水平的代表,美中概股市场的互联网服务业上市公司更多带有获取敏捷红利的性质,即在一定程度上重构规模经济、产生广义交易成本节约效应和推动效率改进型创新。①(张磊、张鹏,2018)。然而,一度产生的广义交易成本节约效应趋于消失以及研发强度有所回落可能引发的效率改进型创新后劲不足则意味着即使是作为中国互联网经济发展的重点,敏捷红利也面临着衰竭的风险。由此可见,在颠覆性创新特征尚不明显和敏捷红利面临衰竭的双重作用下,中国互联网经济发展仍不足以重构增长动力。

四 中美互联网经济发展的简要国际比较

考虑到美国互联网经济发展早于中国,通过中美互联网经济发展的简要国际比较,可以更加深入揭示互联网经济发展、颠覆性创新和增长动力重构的内在联系。本报告选择代表中国互联网经济发展最高水平的美中概股服务业上市公司与美互联网服务业上市公司进行比较。总的说来,美互联网服务业上市公司体现了更明显的颠覆性创新特征,具体表现如下②。

第一,当美互联网服务业上市公司处于成长性阶段时,需进行平台建设和创新投入,接受暂时的较低盈利水平。如图27所示,美互联网服务业上市公司净资产收益率由2004年的16.47%迅速下降到2008年的8.96%。几

---

① 互联网经济发展在一定程度上重构规模经济也为有关数据所证实。美中概股互联网经济中的服务业上市公司的由赫芬达尔-赫希曼指数所代表的市场集中度指数自2011年起出现了较为明显的上升,具有了一定程度的寡头化特征。与此同时,与市场集中度较低的A股和港股互联网服务业上市公司相比,寡头化特征明显的美中概股互联网服务业上市公司也发挥了较好的节约生产成本作用,并提升了毛利率。
② 考虑中美互联网经济发展阶段不同,比较应该从美国互联网经济的起始年份1996年开始才会更加完整,我们将在未来的研究中进一步深入。

乎与此同时，可能受平台建设推动，美互联网服务业上市公司2005年和2006年资本支出分别实现了221.4%和160.18%的高增长（见图28）。代表创新投入水平的研发强度则从2004年的4.07%上升到2006年的6.1%（见图29）。

图27　2004~2017年中美互联网服务业上市公司净资产收益率

资料来源：Wind资讯。

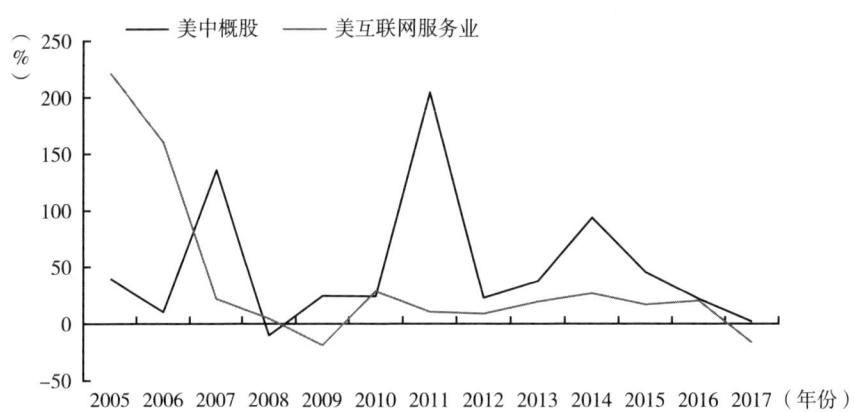

图28　2005~2017年中美互联网服务业上市公司资本支出增长率

资料来源：Wind资讯。

第二，当成长性阶段结束，美互联网服务业上市公司资本支出迅速走低，并开始转向平稳增长，从而促使盈利水平回升，而寻找颠覆性创新的新

互联网经济发展、颠覆性创新和中国增长动力重构

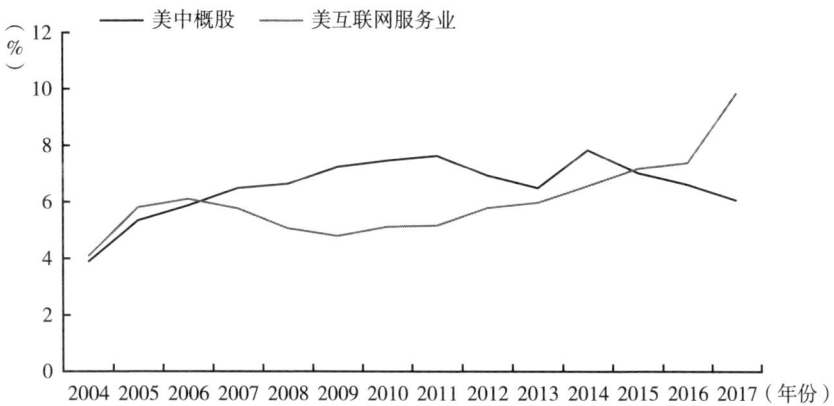

图29　2004~2017年中美互联网服务业上市公司研发强度

资料来源：Wind资讯。

增长源泉引发的研发强度平稳上升，则又压低了盈利水平。如图28所示，美互联网服务业上市公司资本支出2009年出现负增长，2010年开始反弹至一个相对平稳状态，2017年重新增长转负。美互联网服务业上市公司研发强度则从2009年4.79%的低点平稳上升至2017年的9.85%（见图29），净资产收益率则从2008年8.96%的低点上升至2009年17.61%的高点，然后进入缓慢下降状态（见图27）。

第三，美互联网服务业上市公司营收和资产在经历2006~2007年的高增长之后，迅速转入平稳增长状态，可能标志着渗透定价和市场开拓的阶段性结束（见图30和图31）。

第四，美互联网服务业上市公司规模扩张和盈利水平的变动被资本市场有效反映（见图32）。

结合前面的分析，2004~2017年，与美互联网服务业上市公司相比，美中概股服务业上市公司有以下差距：①尽管由于发展阶段的差异，美中概股服务业上市公司大部分规模扩张指标在多数年份优于美互联网服务业上市公司，但尚未达到过美互联网服务业上市公司曾经的高度；②公司规模增长不足以弥补其盈利水平下滑的损失则进一步凸显了成长性不足的欠缺；③美

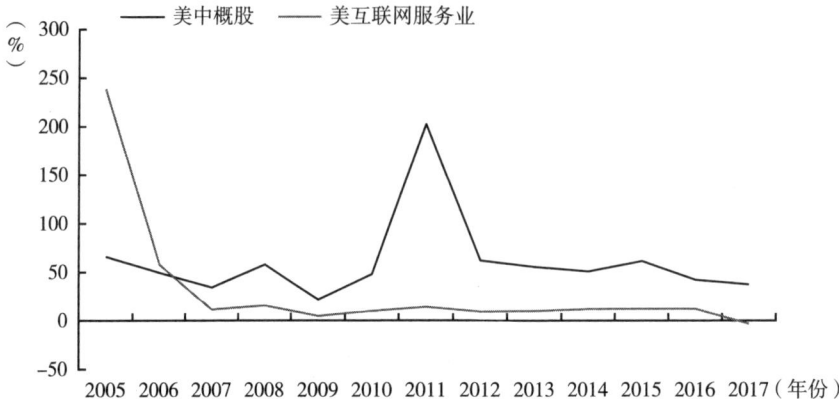

图30　2005~2017年中美互联网服务业上市公司营收增长率

资料来源：Wind资讯。

中概股服务业上市公司创新投入放慢了追赶的步伐，从2015年开始被美互联网服务业上市公司重新夺回研发强度优势，在颠覆性创新和相应的成长性潜力方面可能恶化。很显然，在现状和潜力方面，与美互联网服务业上市公司相比，美中概股服务业上市公司需继续缩小颠覆性创新和相应的成长性差距。

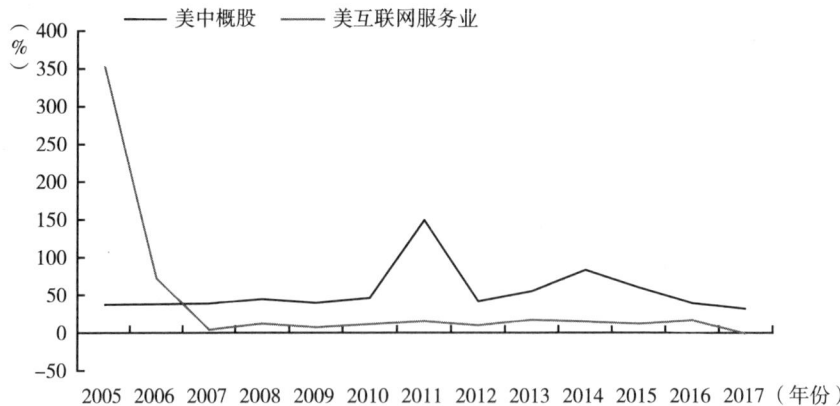

图31　2005~2017年中美互联网服务业上市公司资产增长率

资料来源：Wind资讯。

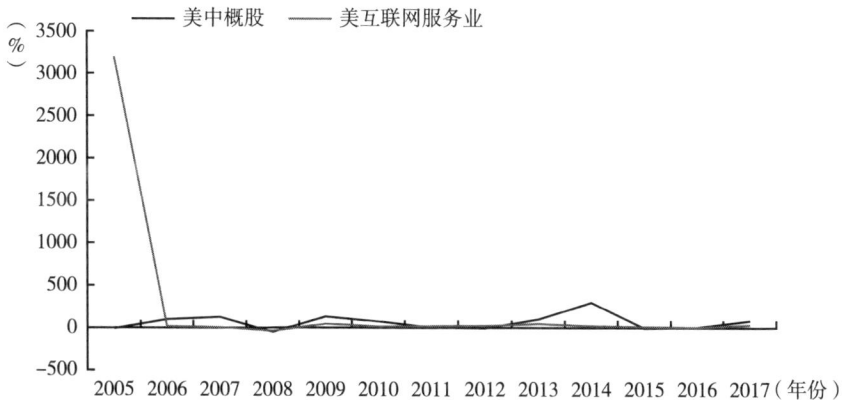

图32　2005～2017年中美互联网服务业上市公司流通市值增长率
资料来源：Wind资讯。

五　结论和对策

根据前面的分析，在颠覆性创新特征尚不明显和敏捷红利面临衰竭的双重作用下，中国互联网经济发展仍不足以重构增长动力。具体地讲，居高不下的生产成本加上广义交易成本节约效应趋于消失表明美中概股市场的互联网服务业上市公司尚未满足颠覆性创新的条件，公司规模增长不足以弥补其盈利水平下滑的损失则进一步加大了实现颠覆性创新难度。一度产生的广义交易成本节约效应趋于消失以及研发强度有所回落可能引发的效率改进型创新后劲不足则意味着即使是作为中国互联网经济发展的重点，敏捷红利也面临着衰竭的风险。此外，即使作为互联网经济发展的先行者美国也需要不断寻找颠覆性创新的新增长源泉。因此，为了发挥互联网经济和颠覆性创新重构增长动力的作用，需排除一系列体制和政策障碍。

第一，积极推动包括税制、金融等在内的各项市场化改革措施，继续发挥广义交易成本节约效应，促进企业开展效率改进型创新和市场创造型的颠覆性创新。广义交易成本由销售、管理和财务费用共同组成。考虑到广义交易成本节约对效率改进型创新和市场创造型的颠覆性创新都发挥着重要作用，深化增值税制改革，减轻税制对企业交易成本的直接冲击以及在不引发债务紧缩危机的前提下，引导金融机构和企业稳健去杠杆，切实降低企业融资成本迫在眉睫。

第二，围绕成长性企业发展和推动颠覆性创新，积极进行金融制度创新。正如我们前面分析所指出的那样，颠覆性创新是在市场和技术都具有高度不确定性条件下的创新，并可能带来企业高成长，从而可以接受暂时的低盈利。因此，必须对能够进行颠覆性创新的成长性企业进行特殊的资本市场制度安排，降低对其上市的盈利要求。更为重要的是，只有具有高竞争力和降价空间的产品和服务，才能通过渗透定价有效进行市场推广。这就要求允许进行同股不同权的特殊股权制度安排，确保成长性企业创业者对企业控制权及其对颠覆性创新的稳定投入。此外，还需推动各种类型的私募（PE）和风险投资基金（VC）的发展，促进创新模式的转变。包括美国在内的OECD很多成员国经验表明，各种类型的私募和风险投资基金不仅通过注入风险投资资金和并购资助了中小企业的研发活动（比重高达20%），而且大型企业也借助市场化运作基金以及相应的创新网络交易平台实现了研发活动的调整：①企业重组内部研究开发业务以增大其对企业战略需求的贡献。②企业加强网罗企业之外开发的技术，部分实现研发活动的服务外包。③企业建立旨在对那些自身开发但又不能在企业内部充分利用的技术进行增值的计划。

第三，大力发展作为不同社群交流中介的平台组织，便利颠覆性创新的形成，并加快技术采用和传播。颠覆性创新需要根据由独创性衡量的进入门槛很高的创新者—消费使用者社群进行产品开发。如此形成的全新技术才可能具有低成本潜力并能够通过渗透定价创造出新市场，进行广泛推广。其中建设平台式政企、政社（即政府和非营利组织）伙伴关系尤为重要。只有这样，才能在不同利益主体良性互动中形成政府与企业和社会的合理边界。这就要求政府尽可能地开放信息，努力做到公开、透明，并鼓励第三方深度开发，提高公共服务效率和质量。

专题报告

B.4
新一轮债券违约潮特点与金融风险防范
——2017年以来的中国债券市场分析

黄胤英*

摘　要： 2017年以来的新一轮债券违约规模增速明显超过前两年，且呈现与以往不同的特点：第一，金融去杠杆政策下，对外部融资依赖性较强的民企融资受限，违约占比显著上升；第二，随着去杠杆政策效应从货币收紧到社融增速下降，表外融资收缩加剧债券违约；第三，随着资管新规等政策落地，从银根收紧演化为表外资金收紧，一些流动性较好的优质债券被动抛售；第四，随着市场化进程加快，违约处理机制亦得到进一步完善。2017年债市整体延续熊市，主要受以下因素影响：首先，经济

---

* 黄胤英，中国社会科学院经济研究所博士后、中国农业银行总行董事会办公室高级政策研究员、中国社会科学院上市公司研究中心研究员。

方面受内外双重承压,国内经济增速回升、联储带动全球货币收紧;其次,货币政策稳健"中性"、边际收紧利空债市;再次,监管收紧加剧短期流动性风险,特别是资管新规改变市场机构行为;最后,汇率波动、中美利差走阔进一步推动中债利率上行。2018年上半年,债市收益率整体震荡下行,受到央行降准以及未随美加息等影响,资金面较上年同期边际宽松。2018年又将是企业非金融信用债到期的高峰,如何有序推进市场化进程,将债券违约风险控制在可控范围内,避免爆发系统性金融风险或者是区域性的债务风险,而有利于市场化的长远发展目标将是下一步工作的重中之重。

关键词: 债券违约 金融去杠杆 流动性风险 表外收紧

一 2017~2018年新一轮债券违约潮及其特点分析

(一)2017~2018年上半年债券违约快速扩张

近年来,我国债券市场违约事件呈逐年增加的态势,违约率亦逐渐上升。自2014年3月5日协鑫集成科技股份有限公司发行的"11超日债",作为第一只债券违约事件爆发,截至2018年7月6日,我国债券市场发生债券实质违约的违约债券183只,违约本金1190.61亿元。与目前近19万亿元的非金融类信用债的存量相比,累计债券违约占比不及1%。[1]

---

[1] 据Wind统计,自2014年至2018年上半年债券违约信息中,仅2016年违约的侨兴电讯债、侨兴电信债和2017年违约的16通海004债共计15只债券违约金额不详,经查实,2016年违约的14只侨兴电讯债、侨兴电信债于2017年1月到期共11.46亿元,分期预赔;另外一只16通海004号私募债发行金额为500万元,于2017年9月发布此债券延期的提示公告。故按上述金额统计累计违约金额。

按 Wind 统计，2014 年债券违约金额仅 13.4 亿元，2015 年随着违约主体增加至 20 家，违约金额破百亿元，接近 126 亿元。2016 年我国债券市场违约事件显著增加，违约金额快速扩张至逾 400 亿元，并且出现单一发行主体集中连续违约、违约债券从私募债向公募债蔓延的现象。

2017 年以来的新一轮债券违约规模增长速度明显超过前两年，并且多家上市公司亦现身其中。但整体来看，上市公司债券违约率仍处于较低水平，而且违约金额相对较小。上海证交所数据显示，上交所债券市场中的公司债违约率不足 0.2%。目前上市公司债券的发行人以国有企业和 AA + 评级以上的资质相对较好的主体为主，违约风险相对可控。

Wind 数据显示，2017 年全年包括交易所、银行间、柜台市场在内共计有 49 起债券违约事件。其中，公募债券违约 29 起，金额达 162.8 亿元，私募债违约达 20 起，且民企违约占比较上年有所提升。从发生债券违约的行业来看，过剩产能行业占比较高，如机构设备、建筑、化工等。从发生债券违约的地理区域来看，违约金额最高的地区是北京市，违约发行主体数目最多的地区是江苏省。

经济下行压力加大下多种市场风险集中爆发，叠加金融去杠杆背景下货币政策、监管政策双双边际收紧，资管新规冲击带动表外融资收缩，对外部融资依赖性较高的企业融资受限，以及企业自身的经营状况恶化等一系列因素，使得 2017 年以来的新一轮债券违约规模迅速扩张。具体来看，2017 年全年，债券违约金额维持在 376 亿元的高位，2018 年上半年违约金额达到 271 亿元，已超过 2017 年的 70%。

（二）违约表现不同：外部融资受限，民企违约占比显著上升

与以往债券违约不同的是，2017 年以来新一波债券违约潮中的民企违约占比显著上升，特别是 2018 年上半年表现尤为突出。回顾 2015 年、2016 年，尽管民营企业违约占主导，但是国企违约亦不少见，尤其是 2016 年过剩产能行业相关的大型国企违约事件频发。但步入 2017 年以来，民企几乎占据违约潮主体的绝大部分，特别是 2018 年上半年新增的违约主体几乎全

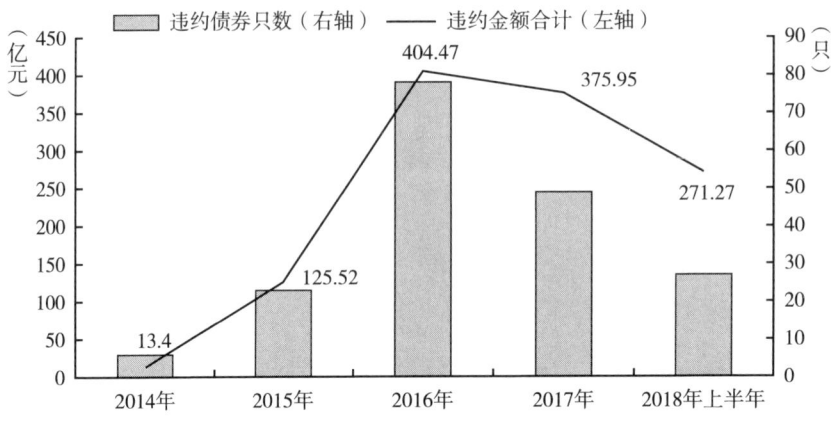

图 1　2014 年至 2018 年上半年债券违约情况

部是民企，国企违约事件逐步减少。

从民企违约金额来看，2017 年以来的新一波债券违约潮中，民营违约金额快速增长。据 Wind 数据统计，2014 年、2015 年民营企业违约额分别为 2.6 亿元、34.92 亿元；2016 年突破百亿元，违约额达 160.47 亿元；2017 年民营企业债券违约达 276.86 亿元，同比增长 72.53%；2018 年上半年，民营债券违约金额即达到 175.21 亿元，已超过 2017 年全年的 63%。

从民企违约占比来看，2017 年以来民营企业违约占全部债券违约金额的比例大幅攀升。2014 年民营企业债券违约占比仅为 19.4%；2015 年、2016 年分别为 27.82%、39.67%；而 2017 年，民营企业债券违约占比大幅提高至 73.64%。2018 年上半年，民营企业债券违约金额占 2018 年上半年全部债券违约金额的 64.59%。此外，在国有企业违约债券中，地方国企违约占比明显提高。而在涉外企业中，中外合资企业 2018 年违约金额显著增加。

分析 2017 年及 2018 年上半年新一轮债券违约潮中，新增的违约主体（包括亿阳集团、神雾集团、富贵鸟、上海华信国际集团、中安科、凯迪生态、中融双创科技集团、永泰能源）中民营企业违约占比明显提高的主要原因归纳如下。

一是违约民企或有风险相对较大。相对于国有企业，民营企业融资方面

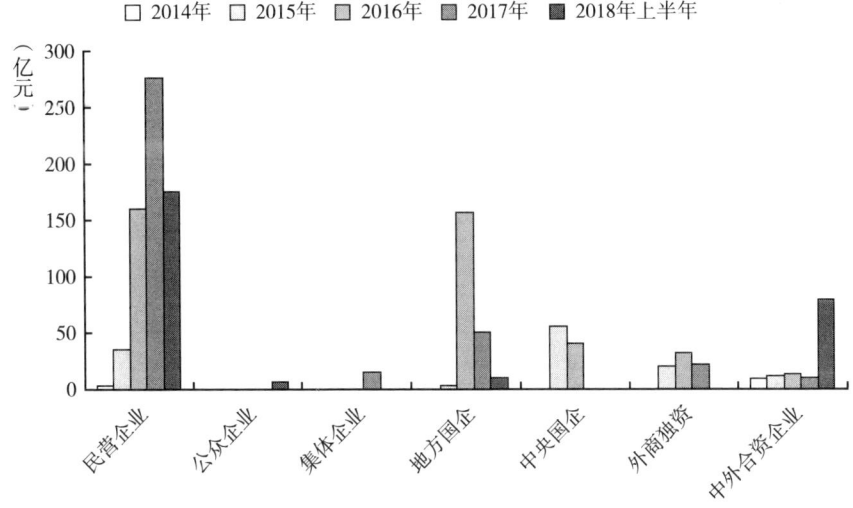

图 2 不同企业类型的债券违约统计

处于弱势,尤其是在当前的宏观环境下。自 2017 年以来,一方面,面对经济波动,民营企业承受力较差,相对于大型国企或央企,中小民营企业的市场份额及享有资源较为有限。在当前供给侧改革、清理僵尸企业过程中,产能过剩行业的民营企业受到的冲击较大。与此同时,去产能政策亦推高工业品价格,这对以国企为主的传统产业形成利好,在一定程度上有利于其增厚利润。民营企业资质不强,融资渠道容易受限,尤其在去杠杆宏观环境信贷收紧下受影响较大。

二是违约民企在融资贷款过程中,涉及较多风险较大的互保联保,对外拆借资金较为集中,且受限的货币资金比例较小,对债务覆盖能力较弱。受限资金主要作为银行各类业务的保证金,影响企业流动性,加剧企业债务违约风险。

三是民企激进投资较多,但在新规冲击下,民企依赖性较高的非标等融资渠道受限,加剧其债券违约风险。相对于国企,民企激进投资动力更强,这与企业激励机制息息相关,民企高层管理者的收益与公司发展成正比,而国企此方面激励相对不足,故国企的激进投资意愿也不强。一方面,在当前宏观背景下加剧民企的外部融资限制,受资管新规冲击,投资端非标严格受限，而在各类企业中，民营企业对于非标的需求较高，故新规对民企融资影响较大。另一方面，民企又具有相对较强的激进投资意愿。综合以上两个方面，在外部融资受限且激进投资较多的双重作用下，民企违约风险大幅提升。

表1 不同企业类型的债券违约情况

公司属性	2018年上半年				2017年			
	违约额（亿元）	占比（%）	违约只数	占比（%）	违约额（亿元）	占比（%）	违约只数	占比（%）
民营企业	175.21	64.59	18	66.67	276.86	73.64	37	75.51
公众企业	6.57	2.42	1	3.70	—	—	—	—
集体企业	—	—	—	—	16	4.26	2	4.08
地方国企	10	3.69	2	7.41	50.7	13.49	6	12.24
中央国企	0	0	0	0	0	0	0	0
外商独资企业	0	0	0	0	22.39	5.96	3	6.12
中外合资企业	79.49	29.30	6	22.22	10	2.66	1	2.04
合计	271.27	100.00	27	100.00	375.95	100.00	49	100.00

公司属性	2016年				2015年			
	违约额（亿元）	占比（%）	违约只数	占比（%）	违约额（亿元）	占比（%）	违约只数	占比（%）
民营企业	160.47	39.67	47	60.26	34.92	27.82	14	60.87
公众企业	—	—	—	—	—	—	—	—
集体企业	—	—	—	—	—	—	—	—
地方国企	157.2	38.87	22	28.21	3	2.39	1	4.35
中央国企	41	10.14	4	5.13	55	43.82	4	17.39
外商独资企业	31.8	7.86	4	5.13	20	15.93	1	4.35
中外合资企业	14	3.46	1	1.28	12.6	10.24	3	13.04
合计	404.47	100.00	78	100.00	125.52	100.00	23	100.00

注：2018年截至7月6日。

（三）金融去杠杆演进：从货币收紧到社融下降，表外融资收缩加剧违约

2014~2016年的第一轮债券违约潮兴起时，金融去杠杆政策主要表现为货币政策收紧，M2增速下降，利率大幅上行；而2017年下半年以来的新一轮债券违约潮涌现时，金融去杠杆进一步加深，特别是资管新规等一系列

监管细则出台，社融代表的信贷增速逐渐下滑。从广义货币 M2 增速和社融存量增速来看，本轮的社融存量增速下滑滞后于广义货币 M2 增速回落：广义货币 M2 增速从 2016 年 8 月的 11.4% 逐步回落至 2018 年 6 月的 8%；社融存量同比从 2017 年 7 月的 13.2% 持续降至 2018 年 6 月的 9.8%。

货币政策在 2017 年之后明显的边际收紧。此前 2011～2016 年货币政策维持"稳健"，而步入 2017 年，货币政策在"稳健"基础上边际有所收紧——"稳健中性"。

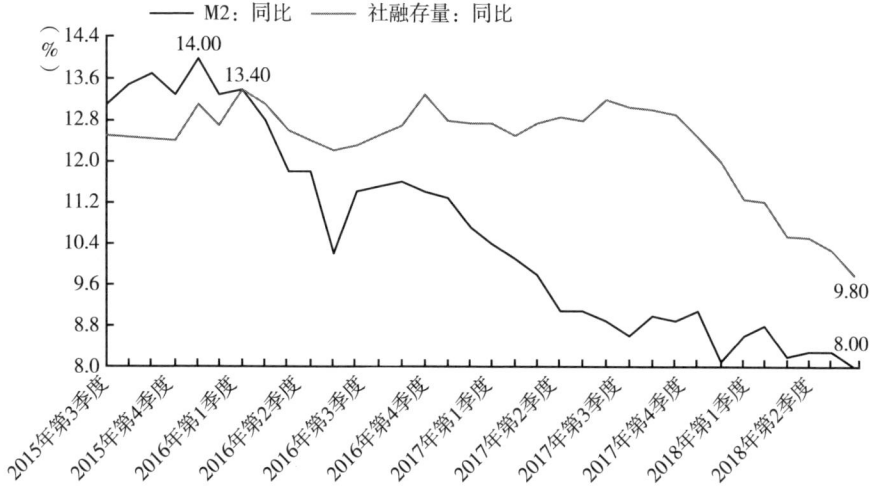

图 3　M2 与社融存量同比增速走势

资料来源：Wind。

金融去杠杆政策效应从货币传导到信贷，是社融存量增速下降滞后于 M2 增速回落的主要原因。金融去杠杆政策效果首先体现在对其他金融同业部门的债权下降，即金融同业杠杆回落[①]。从 M2 变动的各项贡献率可以看出，2016 年 8 月以来的 M2 增速下降主要归功于金融去杠杆政策，其中，对其他金融部门债权对 M2 贡献率下降较为明显，这一项带动 M2 增速同比回落 1.9

---

① 常欣：《谨防信用收缩期二元融资结构固化与去杠杆主体错位》，中国经济增长与周期高峰论坛，2017 年 7 月 1 日。

个百分点,即对M2增速回落的拉动较大。但据中国人民银行参事盛松成表示,伴随着金融去杠杆边际效应逐步下滑,全年M2增速或高于上年。① 在2018年上半年央行三次定项降准下,M2增速维持平稳,下半年或有望抬升。

随着强监管、金融去杠杆的推进,从货币增速下降逐步演化为社融存量增速回落,特别是表外融资大幅收缩,对民企等外部融资依赖较强的企业影响较大,加剧其违约风险,其中,以信托贷款和委托贷款为主的表外融资大幅萎缩,是带动社融增速回落的主要因素,而这两项表外融资收缩主要是受金融去杠杆及严监管政策影响。而对于表外融资依赖性较强的企业,融资受限,进一步加剧其债券违约风险。这也是近两年违约债券主体中民企比例大幅攀升的主要原因之一。

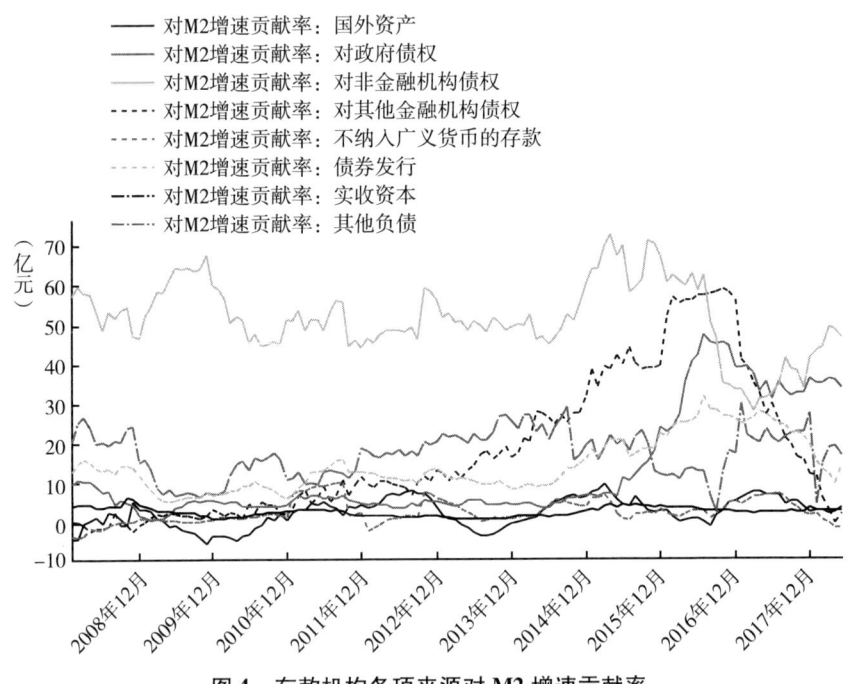

图4 存款机构各项来源对M2增速贡献率

资料来源:Wind。

---

① 盛松成:《从M2增速下降到社融增量下跌看金融去杠杆》,《21世纪经济报道》2018年6月19日。

（四）资金流向改变：从银根收紧到表外收紧，优质债券被动抛售

伴随资管新规落地，金融监管趋严，表外理财逐步收缩，理财资金部分将回流表内存款，叠加股市融资政策收紧，短期内均对债市波动形成一定冲击。

第一，资管新规短期内或导致债券承受一定的抛售压力，尤其流动性相对较好的债券或更容易遭到优先抛售。在资管新规发布后，表外理财被动抛售资产时，债券作为流动性较好的资产将较易最先遭到抛售。而资质较差的债券因流动性较差而不易遭到抛售，导致一些本来资质较优的债券被动减仓，流动性受到冲击。这也是在2017年以来新一轮债券违约中，一部分资质较高的企业也出现违约的部分原因。

第二，股市融资政策趋严以及股市波动，加剧上市公司债券违约风险。2018年上半年新增违约主体中，有4家是上市公司。一般而言，上市公司资质相对较好，而且股权融资渠道具有相对优势，故上市公司债券违约风险相对较低。但受股市融资政策收紧及股市行情波动等因素影响，2018年上半年上市公司债券违约主体增加。

第三，表外理财资金回流到表内，而表内资金在使用时，需要考虑到缴纳准备金以及资本充足率等因素，故从可用资金规模来看，表内资金对债券需求或有所下降，对债市形成一定利空。2017年第四季度以来，银行对债券的配置需求减弱是导致债券收益率快速回升的主要原因之一。而理财资金回流表内存款，尽管表内对债券需求或有所增加，但从总量来看，表内可配置资金远低于表外可使用资金，进一步压低银行对债券配置的总体需求规模。

第四，资管新规中长期有利于降低银行负债端成本，但短期内或导致理财以及表内的负债端成本上升，而债市利率目前仍处于较低水平，与其他可配置资产相比，不再是银行最青睐的投资标的，在一定程度上，利空债市并加剧债券违约风险。根据资管新规，封闭式资管产品的期限不能少于90天，短期内，封闭式理财产品的期限将延长，即短期内或抬高银行负债端成本，故银行资产端收益率提升的动力增强，而处于较低收益率水平的债券将不作为银行最佳投资标的，或导致债券需求收缩。

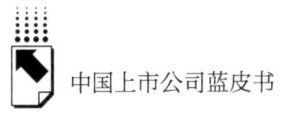

（五）市场化进程加快：打破债券刚兑，完善违约处理机制

在推进市场化进程中，从2014年第一只债券违约至2018年上半年超过270亿元的债券违约规模，市场化债券违约率及违约规模上升对于打破债市刚兑意味深长。从2014年超日债违约到2017年对东北特钢破产重整案的重新裁定，公募债券刚兑的神话被彻底打破。且债券违约处理方式向市场化目标更迈进一步，打破公募债券100%偿付保护，从而提高普通债权人偿付比率。

例如，2014年第一只违约债券超日债违约后的处理方式，虽然将这只公募债视作普通债权来制订重整计划，但是仍给予其特殊照顾；2017年以来，当以东北特钢为代表的公募债违约发生时，其重组方案是将债券投资人与其他普通债权人公平对待，打破对公募债券的100%偿付，进而有效提高了普通债权人的偿付比率，并且从整体上降低重组成本。

随着债券违约事件增多，如何建立及进一步完善债券市场约束机制是下一步的主要工作，包括后期违约处置工作。一方面，坚持市场化原则，打破债券刚兑，允许债券违约，加速市场出清；另一方面，要防范系统性风险，保障市场的公平竞争和"看不见的手"的自我调节功能。进一步推动违约债券交易市场建立，加快市场出清，以改变目前信用债定价与风险匹配度较低的局面。

二 2017年债市走势及风险影响因素分析

（一）2017年我国债券市场走势

我国债券市场在经历了2015年、2016年两年牛市以及震荡的2016年后，2017年债市整体延续熊市。全年来看，十年期国债收益率从3.01%上行87BP至3.88%，其中，利率上行幅度较大的时期主要集中在三个时段：1~2月、4~5月和10~11月。上行幅度最大的是10~11月。首先，年初的债市利率快速上行主要受货币政策边际收紧的影响；其次，4~5月利率上行主要源于金融监管趋严、委外赎回等消息；最后，10~11月利率上行为全年上行幅度最大。

从2017年全年来看，影响债市的主要因素为：经济方面，2017年国内经济增速平稳回升0.2个百分点，通胀温和上涨，美联储加息缩表带动全球货币收紧，债市受内外部经济双重压力；货币政策方面，政策从"中性"到"稳健中性"，边际收紧，全年三次上调OMO政策利率，辅以结构性的定向降准，整体来看，对债市收益率上行形成一定带动；监管方面，金融监管收紧尽管中长期利好金融市场发展，但短期内加剧流动性风险，特别是资管新规对非标投资限制，加剧非银流动性紧张；汇率方面，2017年全年人民币汇率双向变动，美债全年变动较小（美国10年期国债收益率从年初的2.45%降至年底的2.4%），人民币兑美元汇率从年初的6.95到年末的6.53，中美利差走阔，从年初的65BP扩张至148BP，加快我国国债收益率上行，进一步带动国内债市走弱，并加剧债券违约风险。

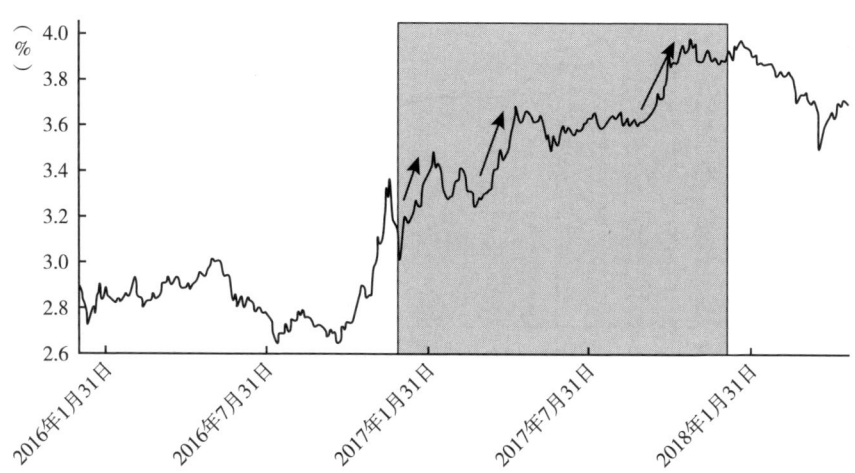

图5　10年期国债到期收益率走势

资料来源：中国债券信息网，Wind。

（二）债市受内外双重承压——国内经济增速回升、联储带动全球货币收紧

2017年全年GDP同比增速6.9%，较上年回升0.2个百分点，实现了自2010年以来的首次加速增长。基本面好于预期，令债市进一步承压。从2017年的经济波动来看，增速波动较为平稳，前两季度维持在6.9%，后两个季度微降至6.8%，增速稳中趋缓。

通胀方面，2017年CPI温和上涨，PPI大幅转正。具体来看，CPI温和上涨1.6%，较上年回落0.4个百分点，涨幅收窄。PPI增速转正，并大幅反弹至6.3%，结束了自2012年以来的连续五年增长下降态势。其中，CPI增速温和回落主要受食品价格下降影响，受猪肉、鲜菜价格回落影响，食品价格自2003年以来首次回落。而PPI从2016年的下降1.4%大幅回升至上涨6.3%，主要受生产资料快速上涨影响，特别是石油、煤炭开采以及黑金冶炼等相关行业涨幅较大。

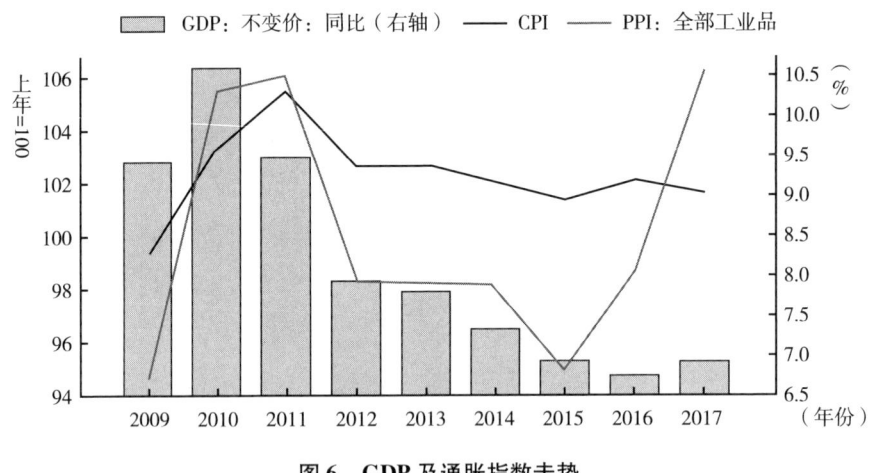

图6　GDP及通胀指数走势

资料来源：Wind。

海外方面，全球经济复苏好于预期，通胀持续走高。就业和经济指标回暖，美联储持续加息并开启"缩表"，带动全球货币进一步收紧。联

邦基金目标利率从年初的0.5%~0.75%上调三次到1.25%~1.5%。截至2017年底，美联储当前加息周期共进行了5次加息。此外，2017年9月21日，美联储在历经长达9年的扩表之后，终于宣布于同年10月启动渐进式缩表，停止滚动续作部分到期国债。截至2017年底，美联储资产负债表规模从缩表之前10月初的44600亿美元降至44440亿美元，其中12月6日降至44370亿美元。平均每月缩表规模约100亿美元，循序渐进式地开展。此前，加拿大央行、英国央行均已启动加息，欧洲央行亦开始减少资产购买规模。随着联储持续加息及缩表，带动全球货币政策从宽松逐步收紧、回归正常化（Normalization），其对金融市场的影响也开始显现。

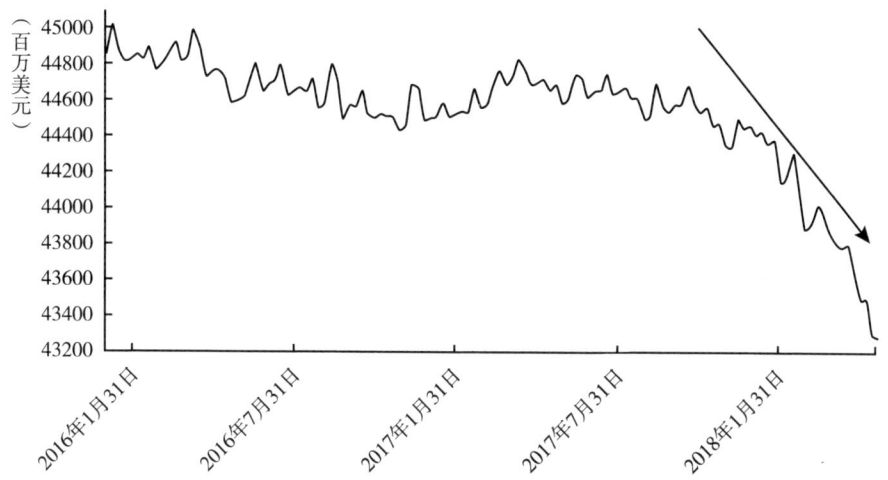

图7 美联储资产负债表规模变化

资料来源：Wind。

（三）货币边际收紧利空债市——稳健"中性"，"操作利率上调+定向降准"

2011~2016年货币政策延续了6年维持"稳健"后，2017年调整为"稳健中性"，即在"稳健"基础上边际有所收紧。从央行货币政策报告来看，自2005年，随着经济增速变化：较快—下行压力加大—回升向好—增速放缓—稳中向好，货币政策随之转变：稳健—从紧—适度宽松—稳健—稳健中性。按照经济整体走势及货币政策转向可以分为以下五个阶段：

第一阶段，2005~2006年经济增速从"较快"到"平稳较快"，货币政策延续"稳健"；

第二阶段，2007~2008年经济增速从"平稳快速"到"下行压力明显加大"，货币政策从"稳健"转为"从紧"；

第三阶段，2009~2010年经济运行回升向好，货币政策转向为"适度宽松"，并"从反危机状态向常态水平回归"；

第四阶段，2011~2016年经济"增速放缓"，"稳中有进、稳中向好"，"总体平稳，结构调整积极推进"，货币政策维持"稳健"；

第五阶段，2017年，经济"稳中向好"、"平稳较快"，货币政策"稳健中性"，即在"稳健"基础上边际有所收紧。

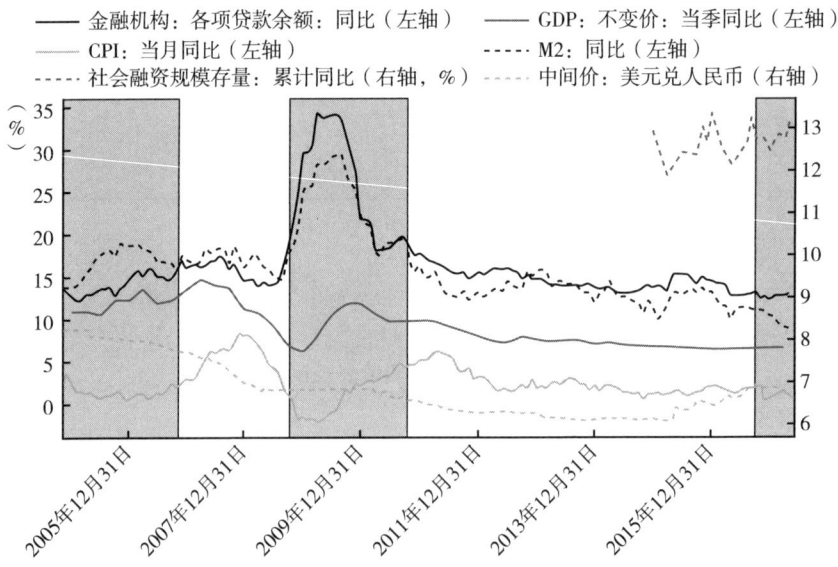

图8 货币政策及主要经济指标变化

资料来源：Wind资讯。

2017年,央行于2月、3月、12月三次上调OMO政策利率,2月3日、3月16日两次将7天、14天逆回购利率均上调10BP,此后,先后于12月14日、12月18日将7天、14天逆回购利率均上调5BP,全年共上调25BP。

OMO利率曾三次上调,分别是2月3日、3月16日和12月14日,7天逆回购利率分别上行10BP、10BP和5BP。另外,9月29日,央行宣布定向降准。定向降准区别于传统意义上的"全面降准"或货币宽松,而是作为货币政策的结构性调整。根据国务院部署,为支持金融机构发展普惠金融业务,主要集中在单户授信500万元以内的小微企业贷款、个体工商户和小微企业主经营性贷款,以及农户生产经营、创业担保、助学等贷款,央行决定统一对上述贷款指标达到一定比例的商业银行实施定向降准政策。

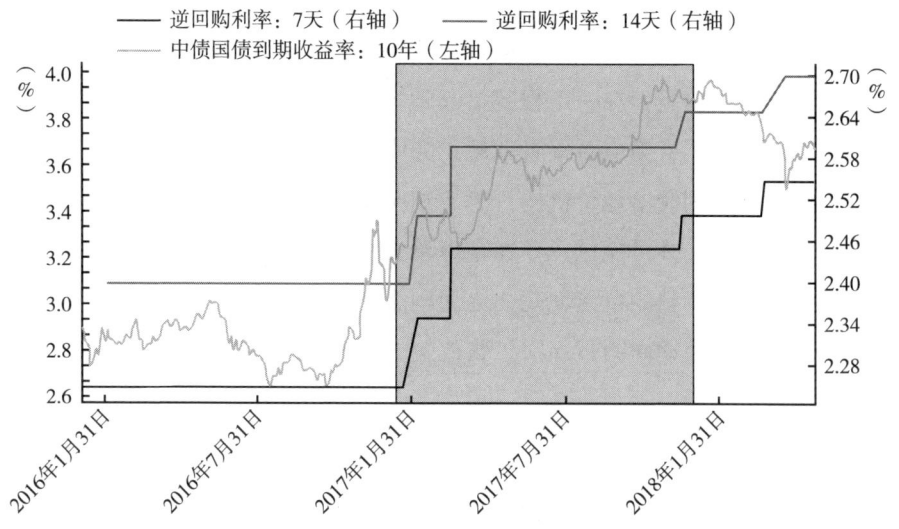

图9 逆回购利率及国债收益率走势

资料来源:中国债券信息网Wind。

(四)监管收紧加剧短期流动性风险——资管新规加剧短期流动性紧张

自2016年中央经济工作会议定调以来,一系列监管新政逐步落地,金融监管逐步加强。步入2017年以来，监管风向从方向导向发展到逐项细化。从2017年11月资管新规意见稿发布到2017年底《关于规范整顿"现金贷"业务的通知》《商业银行流动性风险管理办法（修订征求意见稿）》《保险资产负债管理监管办法（征求意见稿）》《关于规范银信类业务的通知》的颁布，再到2018年《规范债券市场参与者债券交易业务的通知》《商业银行委托贷款管理办法》《商业银行股权管理暂行办法》等的出台，从债券到保险、从银行流动性到股权管理办法，金融监管法规可谓包罗万象。

从中长期来看，资管新规等一系列监管新政将有利于缓解流动性紧张，并降低市场流动性风险。在新规发布之前，理财投资存在期限错配，即将理财募集的短期资金投放到相对较长期的债权或股权资产，在一定程度上加剧理财投资的流动性风险。一旦短期资金链断裂，容易引发流动性紧张。而新规要求打破期限错配，在一定程度上起到缓解市场流动性风险的作用。

但从短期来看，为应对资管新规，同业监管、穿透监管以及统一监管等一系列细化规则相继落地，机构行为的相应调整和变化或在一定程度上加剧资金面的复杂性，并可能进一步加剧市场流动性紧张。在新规对非标等投资限制下，资产端调整的过渡期间，会加剧流动性紧张和资产价格波动，负债端调整亦会带动短期内银行理财扩张放缓，金融套利行业受限，信用利差短期扩张等。

（五）汇率变动加剧债市压力——人民币双向波动，中美利差变化加剧中债利率震荡

2017年人民币汇率（美元兑人民币中间价）双向波动，全年来看，从年初的6.95到年底的6.53，2018年人民币汇率从升值过程因中美贸易战，再次快速转向贬值，贬值到2018年7月底突破6.8，持续贬值超过了5%。中美利差从2017年初的65BP扩张至148BP。2017年美国10年期国债收益率从年初的2.45%在3月中旬曾一度上行至2.62%，年底则又回到2.4%，与年初相比变化不大。从上述两方面来看，2017年我国十年期国债收益率

从3.01%大幅上行87BP至3.88%，2018年又快速回落，2018年7月中美十年期国债利差缩小到了70BP，随着美国加息，中美短期利差和十年期国债利差缩小都会对汇率产生影响，从而影响中国的国债变动。

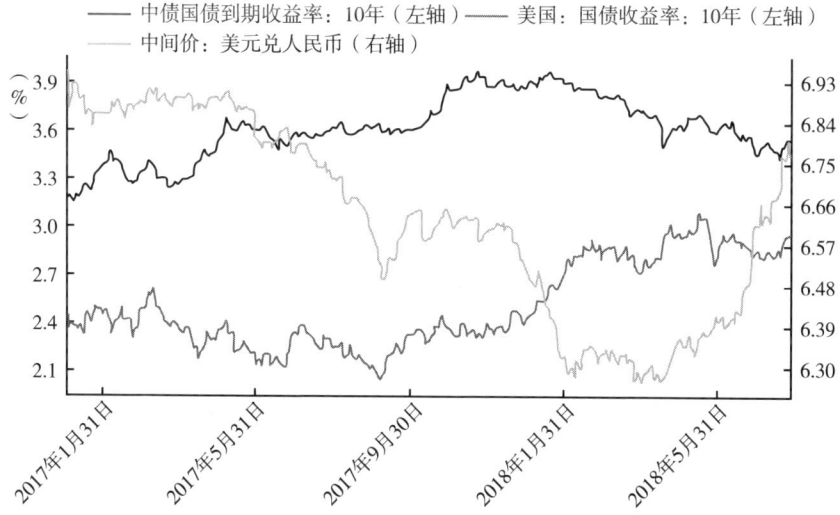

图10　2017年至2018年上半年中、美10年期国债收益率及美元汇率变化

资料来源：中国债券信息网，Wind。

2017年，美国国债长端利率承压主要是受通胀压力影响，相比之下，美债短期利率上升较快则主要受联储持续加息预期的影响，从曲线形态来看，到2017年底，美债收益率曲线接近近十年来的最平坦状态。其中，10年期、1年期国债收益率差从年初的160BP收窄至64BP，10年期、7年期美债利差从年初的20BP收窄至7BP，30年期与5年期利差从年初的113BP收窄至54BP。2018年以来，美国国债主要期限利差进一步收窄，截至2018年7月27日，10-1年国债期限利差继续小幅收窄至53BP，10-7年期限利差仍维持在4BP的较低水平。

（六）债券供给——一级市场发行情况

上海清算所及中国结算网统计数据显示，2017年全年债券市场发行规

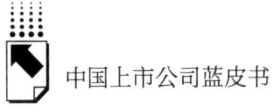

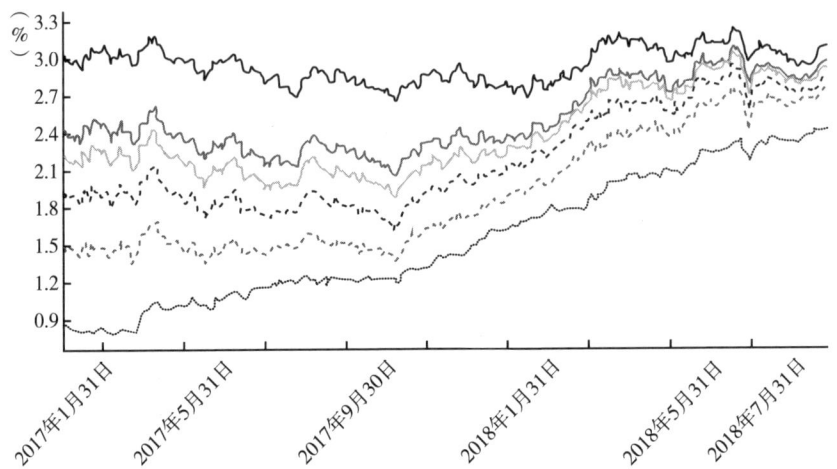

图 11　2017 年至 2018 年上半年主要期限美国国债收益率走势

资料来源：Wind。

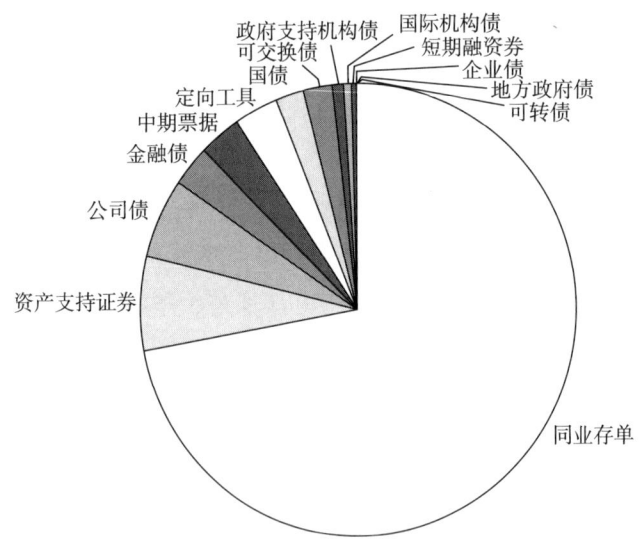

图 12　2017 年债券一级市场发行数量

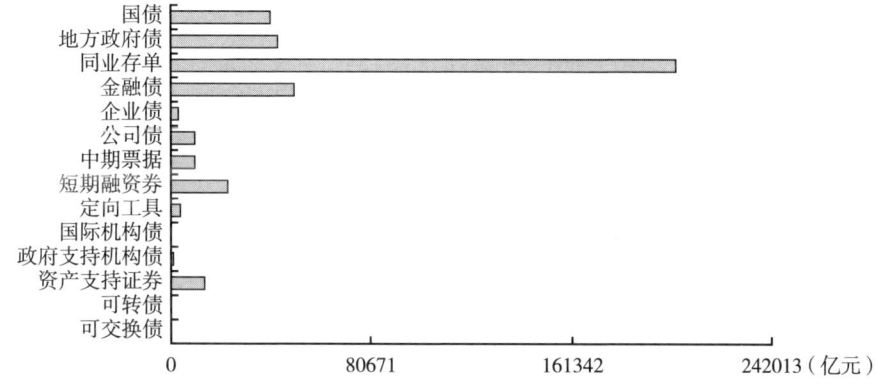

图13 2017年债券一级市场发行额

模接近19万亿元，同比回落15.13%。发行规模最大的是在中央结算公司发行的债券，约13.6万亿元，占全年债券发行量的71.6%；其次是在上清所发行的债券，接近4.1万亿元，占全年债券发行量的21.5%；其余为交易所发行的债券，为1.3万亿元，发行量最小，占比不足7%。

从一级市场发行结构来看，Wind数据显示，2017年发行规模最大的依然是同业存单，其次是金融债，再次是国债和地方政府债。具体来看，2017年同业存单发行约20.17万亿元，较2016年同比增长54.88%，发行量占2017年全部债券发行额的49.43%，接近全部债券发行规模的一半，占比最高；其次是金融债发行4.95万亿元，占比12.1%①，较2016年同比增长7.01%；再次是地方政府债，全年发行约4.36万亿元，占全年债券发行规模的10.68%，但与2016年发行6万亿元相比，2017年地方政府债发行缩量，同比下降27.92%；国债发行4.00万亿元，占比9.81%，略低于地方政府债，同比增长30.61%；企业债、公司债、中期票据、短期融资券、定向工具发行量分别为3731亿元、1.10万亿元、1.03万亿元、2.38万亿元、4954亿元，以上五项在2017年均较2016年缩量发行，同比增长为负。国

---

① 包括政策银行债（3.28万亿元）、商业银行债（3907亿元）、商业银行次级债券（4804亿元）以及保险公司债（70亿元）、证券公司债（6339亿元）、证券公司短期融资券（392亿元）和其他金融机构债（1164亿元）。

际机构债、政府支持机构债、资产支持证券发行规模分别为60亿元、2460亿元、1.47万亿元。2017年可转债和可交换债发行放量分别为947亿元、1173亿元，较2016年分别增长345.67%和73.94%。

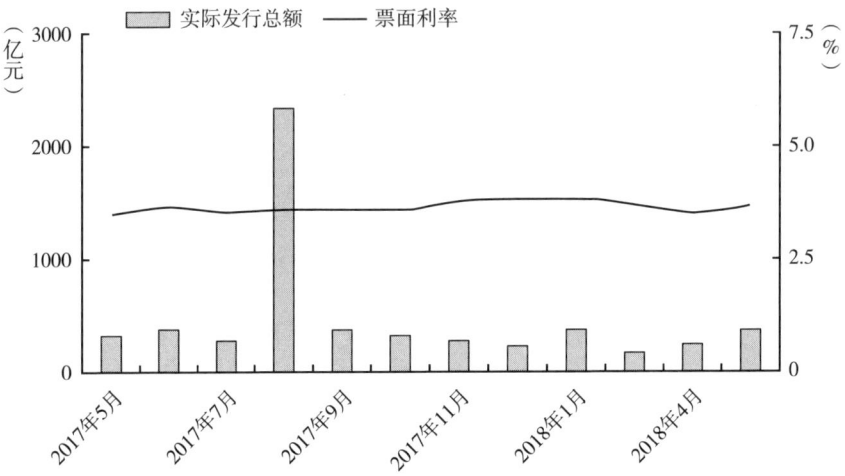

图14　10年期国债发行量及招投标利率走势

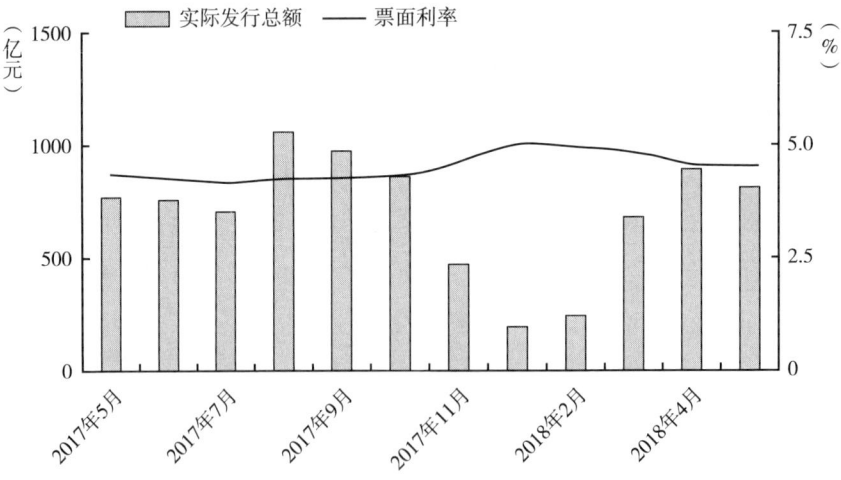

图15　10年期政策性银行债发行量及利率

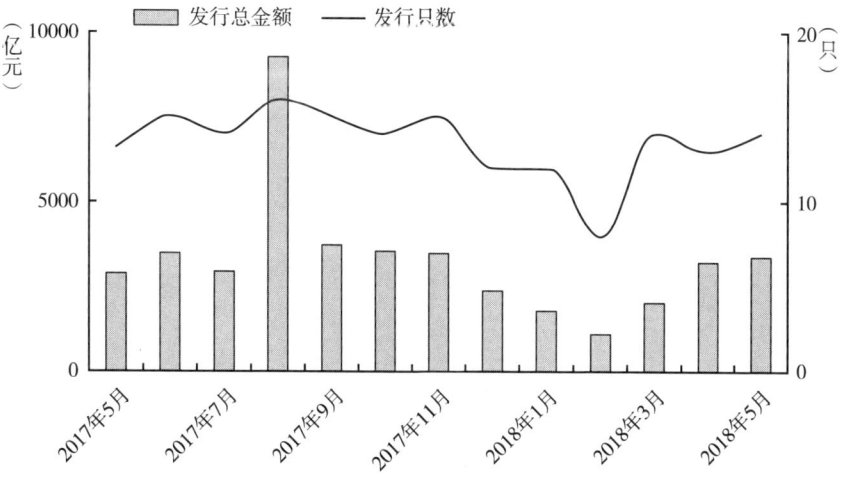

图 16　国债发行

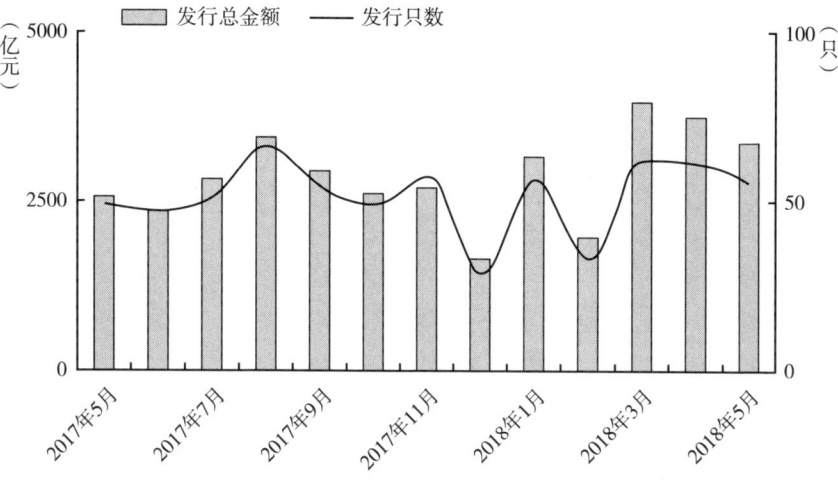

图 17　政策银行债发行

三 2017年可转债、可交换债及其市场风险分析

(一)2017年可转债市场分析

2017年,可转债市场走势可以大体划分为以下三个阶段。

第一阶段:2017年初至5月末,股债齐跌,打压转债指数一路下行。前五个月,随着股市震荡下跌,在叠加货币政策收紧、金融监管预期趋严等因素共同作用下债市下跌,转债指数下跌超过3.2%。

第二阶段:2017年6月至9月初,股债齐涨,推动转债指数快速回升。三季度,随着股市回暖,叠加金融监管预期趋缓对债市形成一定利好,转债指数上涨接近15%。

第三阶段:2017年9月初至年底,转债供给放量,需求相对较弱,拉低转债指数。随着转债发行快速增量,在供给冲击下,转债指数下跌接近10%。

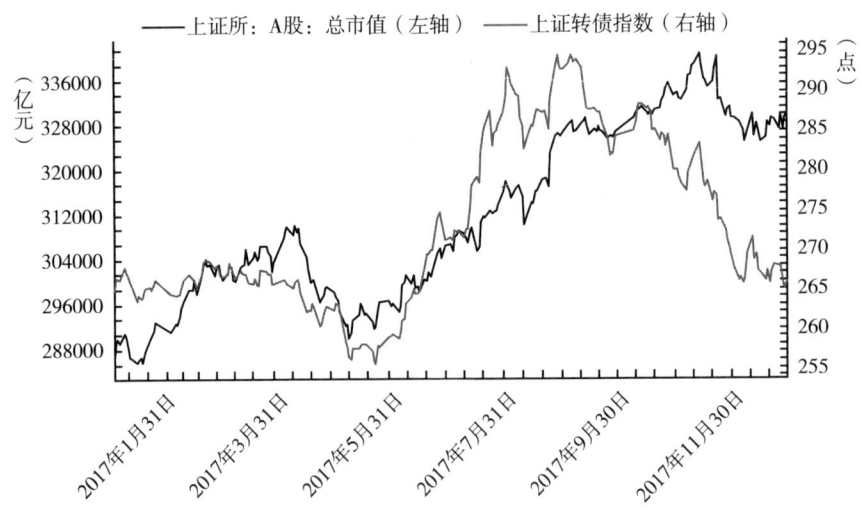

图18 2017年上证A股总市值与转债指数走势

资料来源:Wind。

可转债市场走势与权益市场走势息息相关。从权益市场走势来看，2017年，上证50蓝筹股指数上涨接近25%，中证100指数上涨30%，创业板指数则下跌了11%。全年来看，绩优股、大盘蓝筹股表现较好。从投资者结构来看，2017年，中小投资者（证券账户资产量不足50万元）占比有所回落，较2016年下降约2个百分点至75%。而且不同板块投资者结构存在明显差异，例如，创业板投资者中的散户占比相对较小，不足28%；而非创业板的散户占比则较高，创业板中近半数的投资者为散户。从平均账户资产规模来看，创业板投资者显著高于非创业板。从持股期限和交易策略来看，2017年的长期价值投资者占比提高，从2016年的21%上升至26%，短期交易类投资者占比下降，从2016年的23%回落至18%。

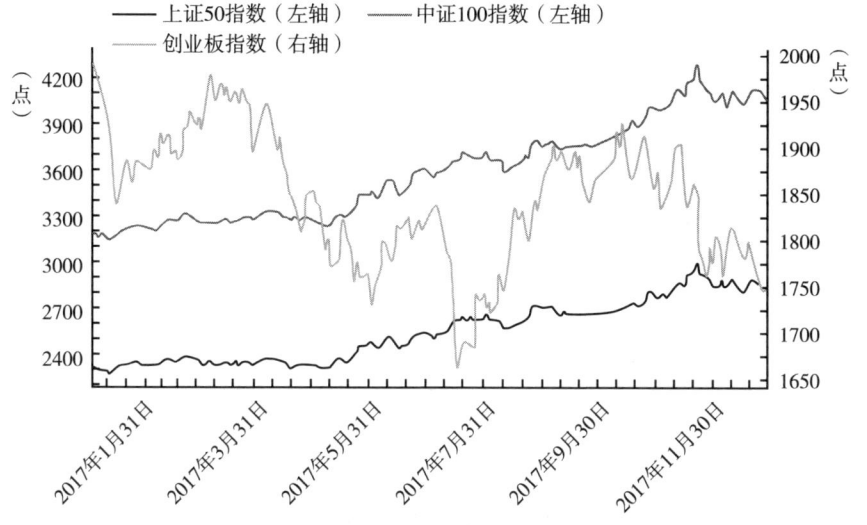

图19　2017年上证指数与创业板指数走势

资料来源：Wind。

从转债的投资者结构来看，截至2017年底，可转债的主要投资者依次为一般法人、公募基金、保险、券商资管和自然人。与2016年相比，可转债的主要投资者中，一般法人所占比例有明显上升，超越公募基金，成为投资可转债的配置大户，而在2016年可转债的第一大投资者还是公募基金。

从转债的监管新规来看，2017年转债市场先后主要经历了三大监管新规——包括2月的再融资新规、5月的减持新规，以及9月的信用申购新规，均对转债市场发展产生深远影响。具体来看，2017年2月，证监会发布的《关于修改〈上市公司非公开发行股票实施细则〉的决定》《发行监管问答——关于引导规范上市公司融资行为的监管要求》，对所有上市公司非公开发行提出了更严格要求，以抑制市场过度融资以及资金脱实向虚为目标，反映了监管层进一步收紧再融资的政策倾向。新规对可转债发行条件放松，进而增加可转债供给。新规指出，上市公司发行可转债、优先股不再受以前的"18个月时间间隔"的限制，这在一定程度上会增加可转债供给，而此前较依赖定增的公司可能会转向投资可转债。新规发布后，2017年3月可转债募集金额达到307亿元，创2017年月度最高值。

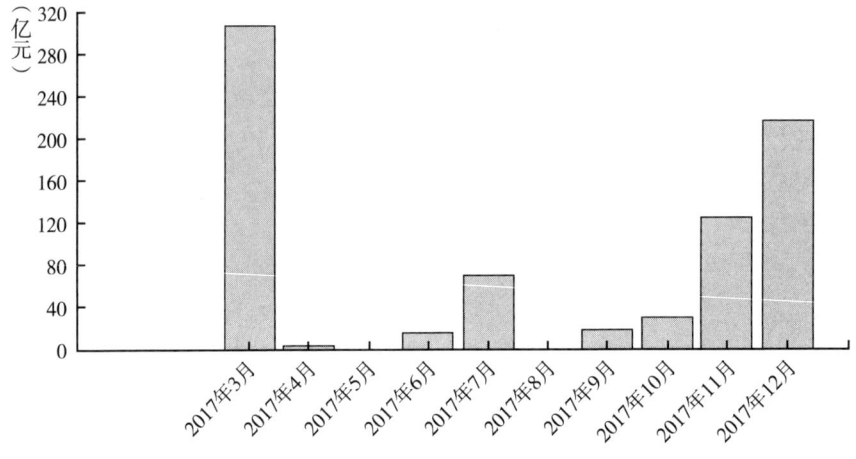

图20　2017年可转债筹资金额月度变化

资料来源：Wind。

（二）2017年可交换债市场分析

可交换债2013年正式推出，2015年开始快速增长，之后持续升温，2016~2017年扩张速度呈现逐年加快的态势。尤其是私募可交换债发展迅速。其中，公募EB发行门槛相对较高，私募EB发行人限制较少，且灵活性较强，故推动可交换债呈井喷式持续快速增长的主要是私募EB。2015年、2016年、2017年私募EB发行规模分别为201.1亿元、721.5亿元、1189.5亿元，同比分别增长261.7%、258.8%、64.9%。在继2016年快速增长后，可交换债于2017年继续呈现火爆行情：发行规模快速扩张，换股期延长，票面利率回落。

2017年，私募EB累计发行规模从年初的不到百亿元快速扩张至年底的1189.5亿元，较2016年发行规模增长64.9%；换股期方面，相对于2016年，2017年私募EB中超过一年换股期的增多，换股期延长，票面利率较2016年明显下降。

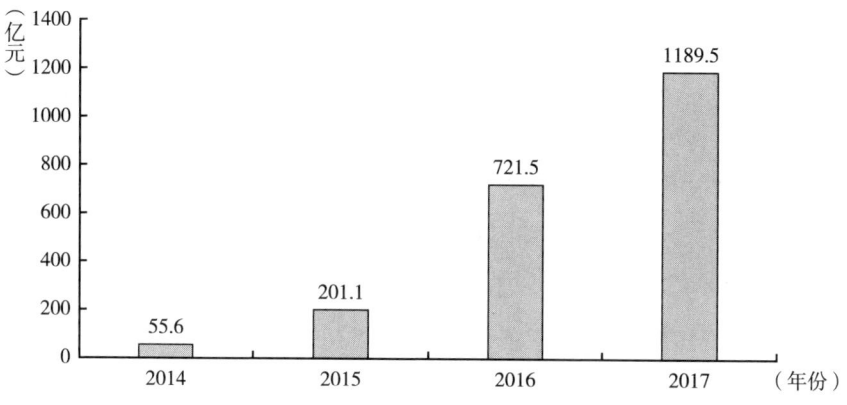

图21　2014~2017年私募EB发行走势

私募EB发行火爆，供不应求，逐渐呈现较强的卖方市场特征：票面利率整体回落，溢价发行数目增多。2016年下半年以来，私募EB整体票面利率明显回落，折价发行的可交换债数目减少；进入2017年，溢价发行EB数量大幅增加。

展望后期，对于上市公司来说，其股东只要获得交易所核准，并在交易所备案即可以发行EB。但私募EB近年来行情日益火爆，被监管机构列为重点关注对象。一方面，许多EB发行人资质不高，作为增信的上市公司股份质押的约束力不足，违约风险较大；另一方面，EB市场缺乏统一的定价标准,各私募EB条款差异性较大,不具备可比性,投资者不容易分辨风险,亦较难规避风险,这给了部分发行人进行利益输送的机会。综上,后期如果监管机构对EB监管收紧,对其资金来源进行穿透式的监管,EB发行将会受到一定限制,或逐步打破卖方市场行情。

四 2018年上半年债市走势及后期风险防范

(一)2018年上半年债市走势

2018年上半年,利率债发行量同比持平,收益率整体呈震荡下行趋势。其中,10年期国债收益率从年初的3.90%震荡下行43BP至年中(6月30日)的3.47%。截至7月16日,仍维持在3.48%的较低水平。10年期国开债从年初的4.87%大幅下行62BP至4.25%,截至7月16日,继续下行至4.09%,较年初大幅下行78BP。

从不同期限利差来看,期限利差有小幅走阔,例如,10-1年国债利差从年初的9BP扩张至年中的32BP,10-3年国债利差从年初的10BP小幅走阔至年中的16BP,10-5年国债利差从年初的4BP扩张至年中的12BP,10-7年国债利差变动较小。

2018年上半年国内债市收益率下行受到以下因素影响:政策方面,4月央行宣布将存款准备金利率下调1个百分点,作为自2016年以来的首次大范围降准,市场反应较为强烈,次日市场便出现国债与国开债收益率接近20BP的大幅下行;经济数据方面,受6月以来新公布的经济数据低于市场预期,对债市形成一定支撑;资金面方面,受央行降准以及未随美加息,且于6月起再次提出定向降准并下调存款准备金率等因素影响,市场资金面较上年同期整体边际宽松。

从近期经济数据来看,2018年二季度GDP实际增速达6.7%,名义增速为9.78%,GDP平减指数为3%,经济延续稳中趋缓态势,符合此前市场预期,通胀保持温和。从生产端来看,需求趋缓叠加供给侧改革背景下的主

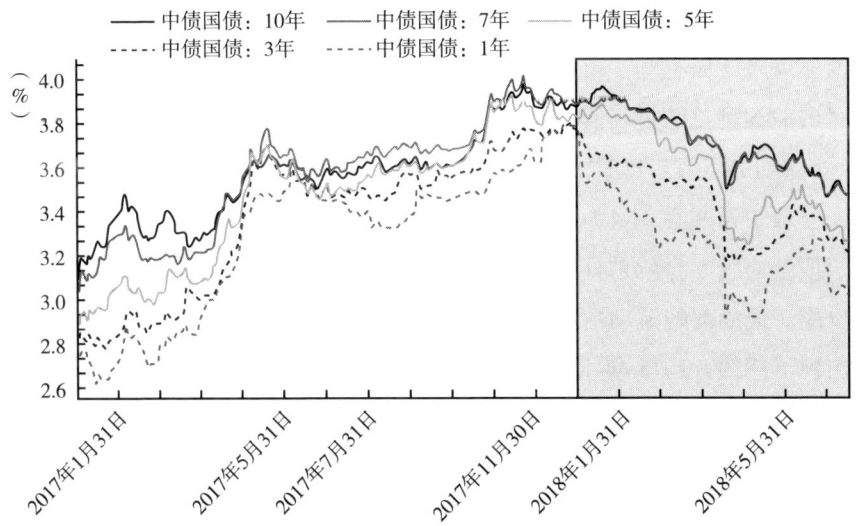

图 22　2017~2018 年上半年国债各主要期限收益率走势

资料来源：中国债券信息网，Wind。

动供给收缩，6 月工业增加值结束此前两个月增速上升趋势，2018 年 6 月工业增加值同比增长 6%。房地产投资 2018 年上半年累计同比增长达 9.7%，较前 5 个月同比回落 0.5 个百分点，增速趋缓。与地产销售增速走势继续形成背离，地产销售累计同比自 2018 年 5 月连续两个月反弹，或受央行定向降准以及结构性去杠杆下房贷在资产荒中对金融机构具备一定吸引力，销售走势仍滞后于投资表现。此外，受到上半年地方债发行趋缓、监管趋严背景下信用债收缩的影响，基建投资同比增速亦进一步出现下滑。制造业投资上半年累计同比增长达 6.8%，创下上年 2 月以来的增速新高，远超预期，除了信息技术带动外，贸易战或是加快制造业投资增速的推动因素之一。社零 6 月增速回升 0.5 个百分点，汽车销售仍是主要拖累项，受地产销售回升影响，地产相关行业销售增速回升。

（二）展望后期：金融去杠杆及债市违约风险防范

2018 年将是企业非金融信用债到期的高峰，如何有序推进市场化进程，

将债券违约风险控制在可控范围内,避免爆发系统性金融风险或者是区域性的债务风险,而有利于市场化的长远发展目标将是下一步工作的重中之重。即打破债券刚兑的过程需要适度有序,金融去杠杆过程需要掌握好节奏与力度。展望下半年,金融去杠杆政策延续,从短期看,对债市或带来短期阵痛;但从中长期看,将为债市稳健发展、缓解债市违约风险打下扎实基础。

债券违约本身就是打破刚兑的市场化行为,也是实体和金融降杠杆的正常反应,但局部的流动性紧张等问题,导致一些资质不错的企业及上市公司也出现了违约,2018年上半年企业的筹资活动现金流大幅下降。首先,从中长期看,只有继续坚定不移地去杠杆才能有利于建立公平有序的金融市场机制,同时要把握好去杠杆和结构性转型的节奏与力度。央行工作论文表示,要合理把握去杠杆和我国经济结构转型的进程,防止信贷和投资压缩得过快,而导致债务—通缩的风险。同时还要防止因杠杆率上升过快而导致债务流动性风险以及资产泡沫。其次,杠杆本身并不是问题,关键是要注重杠杆效率。在金融去杠杆过程中,由市场"看不见的手"来选择由谁来加杠杆、谁来去杠杆,让市场发挥决定性作用。在此过程中,要保持宏观政策的稳健中性,让政府直接资源配置最小化,并打破刚性兑付,改革金融监管体制。

附 录

B.5
A股：按申万行业划分标准

（一）银行

排名	代码	公司名称	总得分	财务状况	估值与成长性	创值能力	公司治理	创新与研发
1	002142.SZ	宁波银行	5.92	6.58	5.07	6.73	5.63	4.51
2	601009.SH	南京银行	5.81	6.13	5.66	6.08	5.77	4.48
3	601997.SH	贵阳银行	5.67	5.47	5.49	6.38	5.55	4.83
4	601229.SH	上海银行	5.67	6.13	5.64	5.7	5.43	4.58
5	600036.SH	招商银行	5.32	5.17	4.52	5.93	6.03	5.26
6	601169.SH	北京银行	5.3	5.02	5.63	5.17	5.79	4.76
7	601128.SH	常熟银行	5.25	5	4.4	6.53	5.46	4.28
8	600926.SH	杭州银行	5.18	4.8	5.17	5.62	5.51	4.5
9	601818.SH	光大银行	5.17	5.04	5.6	4.66	5.54	5.29
10	601998.SH	中信银行	5.12	5.13	5.35	4.71	5.42	5.12
11	600919.SH	江苏银行	5.11	4.68	5.67	5.02	5.4	4.52
12	600016.SH	民生银行	5.07	4.98	5.58	4.49	5.37	5.12

163

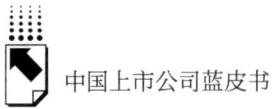

续表

排名	代码	公司名称	总得分	财务状况	估值与成长性	创值能力	公司治理	创新与研发
13	000001.SZ	平安银行	5.06	4.92	5.07	5.01	5.58	4.73
14	600000.SH	浦发银行	5.02	4.83	5.45	4.44	5.8	4.84
15	600015.SH	华夏银行	4.97	4.67	5.58	4.51	5.51	4.56
16	601166.SH	兴业银行	4.92	4.95	5.05	4.63	5.23	4.74
17	603323.SH	吴江银行	4.9	4.38	3.86	6.33	5.31	4.61
18	601328.SH	交通银行	4.83	4.66	5.58	4.04	5.02	5.21
19	601398.SH	工商银行	4.82	5.11	5.71	2.99	5.69	5.41
20	601939.SH	建设银行	4.74	5.66	4.99	3.17	5.03	5.52
21	600908.SH	无锡银行	4.71	4.08	3.03	6.51	5.42	5.15
22	002807.SZ	江阴银行	4.68	3.81	3.18	6.39	5.63	5.13
23	601988.SH	中国银行	4.33	5.24	4.43	2.59	5.07	5.41
24	601288.SH	农业银行	4.28	3.43	5.32	2.96	5.67	5.6

（二）非银金融

证券

排名	代码	公司名称	总得分	财务状况	估值与成长性	创值能力	公司治理	创新与研发
1	002736.SZ	国信证券	5.57	5.7	5.47	5.42	5.81	5.49
2	000776.SZ	广发证券	5.38	6.43	5.76	4.07	5.17	5.34
3	600030.SH	中信证券	5.35	6.98	5.79	3.06	5.67	5.44
4	000166.SZ	申万宏源	5.25	6.22	5.27	4.47	5.09	4.8
5	600999.SH	招商证券	5.2	5.83	5.73	4.14	5.2	4.92
6	600837.SH	海通证券	5.2	5.68	3.72	6.43	5.2	4.43
7	000783.SZ	长江证券	5.19	4.87	5.41	5.22	5.48	4.82
8	601377.SH	兴业证券	5.12	5.22	5.39	4.74	5.34	4.8
9	600109.SH	国金证券	5.12	3.87	5.38	6.02	5.4	4.83
10	601198.SH	东兴证券	5.11	4.39	4.93	6.39	4.4	5.19
11	601211.SH	国泰君安	5.09	6.36	5.68	3.07	5.44	4.89
12	601688.SH	华泰证券	5.07	6.03	5.37	3.96	4.87	4.94
13	000750.SZ	国海证券	5.06	4.4	5.18	5.33	5.37	5.4
14	002500.SZ	山西证券	5.06	4.4	4.7	6.13	4.92	5.14

A股：按申万行业划分标准

续表

排名	代码	公司名称	总得分	财务状况	估值与成长性	创值能力	公司治理	创新与研发
15	600909.SH	华安证券	5.05	3.81	4.86	6.51	4.99	4.99
16	600958.SH	东方证券	5.03	5.33	5.28	4.33	5.34	4.91
17	601099.SH	太平洋	5.02	3.78	5.06	6.01	5.41	5.03
18	002673.SZ	西部证券	5	3.8	4.55	6.31	5.53	5.06
19	601788.SH	光大证券	4.98	5.09	5.31	4.25	5.35	5.18
20	601901.SH	方正证券	4.97	4.45	5.03	5.24	5.27	5.01
21	000686.SZ	东北证券	4.96	4.34	5.41	5.08	5.23	4.63
22	601555.SH	东吴证券	4.94	4.53	5.39	4.89	4.79	5.28
23	002797.SZ	第一创业	4.92	3.89	4.03	7.02	4.95	4.24
24	000728.SZ	国元证券	4.85	3.8	5.4	5.13	5.31	4.72
25	600369.SH	西南证券	4.74	3.73	5.16	5.51	4.52	4.49

保险

排名	代码	公司名称	总得分	财务状况	估值与成长性	创值能力	公司治理	创新与研发
1	601318.SH	中国平安	5.93	5.51	7.12	5.54	5.52	5.17
2	601601.SH	中国太保	5.22	5.27	4.98	3.98	6.37	4.87
3	601336.SH	新华保险	5.14	5.67	4.16	4.09	5.73	4.89
4	601628.SH	中国人寿	4.01	3.56	3.74	6.39	5.43	5.07

多元金融

排名	代码	公司名称	总得分	财务状况	估值与成长性	创值能力	公司治理	创新与研发
1	600816.SH	安信信托	5.77	5.59	5.34	6.76	5.56	4.8
2	600643.SH	爱建集团	5.44	5.14	5.45	5.89	5.31	5.08
3	000563.SZ	陕国投A	5.35	5.74	5.13	5.29	5.52	4.55
4	600093.SH	易见股份	5.25	4.29	5.65	5.75	5.29	5.37
5	000666.SZ	经纬纺机	5.22	4.96	5.62	4.93	5.27	5.6
6	600783.SH	鲁信创投	5.2	5.56	4.5	5.75	4.98	4.88
7	600830.SH	香溢融通	5.14	5.07	5.38	5.14	5.08	4.63
8	000416.SZ	民生控股	5.05	5.94	2.97	6.01	5.49	4.95

165

续表

排名	代码	公司名称	总得分	财务状况	估值与成长性	创值能力	公司治理	创新与研发
9	603300.SH	华铁科技	4.89	4.93	5.13	4.45	5.05	5.14
10	600318.SH	新力金融	4.8	4.66	3.87	5.76	5.03	4.75
11	300023.SZ	宝德股份	4.63	3.74	5	5.53	3.64	5.22
12	000415.SZ	渤海金控	4.61	4.6	6.49	2.69	4.43	5.07
13	600705.SH	中航资本	4.45	4.64	5.62	2.93	4.74	4.4
14	600390.SH	五矿资本	4.4	4.59	4.82	3.6	4.58	4.74

（三）房地产

排名	代码	公司名称	总得分	财务状况	估值与成长性	创值能力	公司治理	创新与研发
1	000002.SZ	万科A	5.78	6.14	5.4	6.92	5.26	5.19
2	601155.SH	新城控股	5.66	5.26	5.55	7.16	4.72	5.6
3	000961.SZ	中南建设	5.55	6.75	5.17	4.86	5.02	5.95
4	000668.SZ	荣丰控股	5.5	6.43	5.18	5.7	5.2	5.01
5	000537.SZ	广宇发展	5.5	5.97	5.09	6.06	4.94	5.45
6	001979.SZ	招商蛇口	5.41	5.2	4.9	7.24	4.89	4.83
7	600173.SH	卧龙地产	5.36	5.06	4.8	5.4	5.47	6.09
8	000036.SZ	华联控股	5.36	5.55	5.4	5.41	5.77	4.68
9	002146.SZ	荣盛发展	5.36	6.34	5.37	5.39	5.03	4.67
10	600641.SH	万业企业	5.35	5.04	4.96	5.88	6.02	4.87
11	002285.SZ	世联行	5.35	5.54	4.93	5.99	5.47	4.81
12	600383.SH	金地集团	5.33	5.65	5.44	5.39	5.4	4.77
13	600683.SH	京投发展	5.32	6.6	5.4	4.16	5.43	5
14	600658.SH	电子城	5.31	5.65	5.32	4.44	6.08	5.06
15	600340.SH	华夏幸福	5.3	6.06	5.31	4.77	5.42	4.94
16	002208.SZ	合肥城建	5.27	5.32	5.07	5.55	5.06	5.34
17	000069.SZ	华侨城A	5.25	4.58	5.41	5.42	5.83	5.02
18	600503.SH	华丽家族	5.25	4.56	5.05	5.41	5.79	5.43
19	600240.SH	华业资本	5.25	4.84	5.26	5.49	5.57	5.07
20	600077.SH	宋都股份	5.24	6.15	5.22	4.78	5.27	4.8
21	600048.SH	保利地产	5.24	5.81	4.93	5.06	5.26	5.14

A股：按申万行业划分标准

续表

排名	代码	公司名称	总得分	财务状况	估值与成长性	创值能力	公司治理	创新与研发
22	002244.SZ	滨江集团	5.23	5.54	5.3	4.88	5.58	4.87
23	002016.SZ	世荣兆业	5.23	4.38	5.37	6.35	5.43	4.6
24	600568.SH	中珠医疗	5.21	5.94	5.08	4.66	5.06	5.29
25	600621.SH	华鑫股份	5.2	5.51	5.13	5.23	5.57	4.59
26	000006.SZ	深振业A	5.2	5.02	5.22	5.25	5.48	5.03
27	000502.SZ	绿景控股	5.19	4.44	4.86	6.31	5.75	4.6
28	000838.SZ	财信发展	5.19	5.65	4.96	5.72	4.8	4.82
29	000736.SZ	中交地产	5.18	5.17	5.31	5.14	5.31	4.99
30	600663.SH	陆家嘴	5.18	4.37	5.04	6.27	5.34	4.87
31	600393.SH	粤泰股份	5.17	5	5.25	5.24	5.2	5.18
32	000965.SZ	天保基建	5.17	5.5	5.19	4.51	5.47	5.19
33	000029.SZ	深深房A	5.17	4.73	4.64	6.11	5.17	5.18
34	000090.SZ	天健集团	5.16	5.19	5.24	5.08	5.42	4.86
35	600239.SH	云南城投	5.16	6.43	5.3	3.65	5.43	4.96
36	000631.SZ	顺发恒业	5.16	5.13	5.23	5.27	5.52	4.64
37	000732.SZ	泰禾集团	5.15	7.09	5.45	2.43	5.08	5.71
38	000691.SZ	亚太实业	5.15	4.92	4.96	6.43	4.63	4.8
39	000797.SZ	中国武夷	5.14	5.01	5.41	4.97	5.39	4.93
40	000043.SZ	中航善达	5.14	5.71	5.07	4.59	5.6	4.75
41	000011.SZ	深物业A	5.14	4.75	5.05	5.8	5.3	4.8
42	600604.SH	市北高新	5.14	5.35	4.89	5.12	5.28	5.04
43	000981.SZ	银亿股份	5.12	3.99	5.68	5.61	5.38	4.93
44	600622.SH	光大嘉宝	5.11	5.11	5.11	5.27	5.47	4.61
45	000718.SZ	苏宁环球	5.11	5.09	4.99	5.14	5.69	4.61
46	600246.SH	万通地产	5.09	5.24	5.04	4.97	5.25	4.95
47	600565.SH	迪马股份	5.09	5.1	5.38	4.35	5.52	5.1
48	000014.SZ	沙河股份	5.09	4.14	5.05	5.96	5.16	5.12
49	000534.SZ	万泽股份	5.07	4.21	4.51	6.06	5.14	5.45
50	000540.SZ	中天金融	5.07	4.59	5.32	5.14	5.15	5.14
51	600208.SH	新湖中宝	5.07	5.2	5.17	4.24	5.51	5.22
52	600638.SH	新黄浦	5.06	4.28	5.3	5.34	5.49	4.91
53	600463.SH	空港股份	5.06	4.93	5.14	5.19	5.37	4.69
54	000909.SZ	数源科技	5.06	4.44	4.66	5.57	5.33	5.29

续表

排名	代码	公司名称	总得分	财务状况	估值与成长性	创值能力	公司治理	创新与研发
55	600095.SH	哈高科	5.05	4.58	4.97	5.56	5.6	4.56
56	000042.SZ	中洲控股	5.04	4.68	5.36	5.23	5.15	4.79
57	600675.SH	中华企业	5.04	4.36	5.1	6.12	4.9	4.73
58	600890.SH	中房股份	5.02	4.17	4.3	6.43	5.76	4.44
59	600743.SH	华远地产	5.02	6	5.38	3.96	5.22	4.54
60	000620.SZ	新华联	5.02	5.02	5.33	4.91	5	4.84
61	600007.SH	中国国贸	5.01	4.49	5.13	5.78	5.08	4.59
62	000558.SZ	莱茵体育	5.01	4.59	4.17	5.95	5.46	4.89
63	600185.SH	格力地产	5.01	5.26	5.22	4.76	5.14	4.66
64	600094.SH	大名城	5.01	4.44	5.27	4.73	5.39	5.22
65	600895.SH	张江高科	5.01	4.34	4.97	5.51	5.18	5.04
66	600684.SH	珠江实业	5	4.72	5.27	4.67	5.75	4.61
67	000667.SZ	美好置业	4.99	5.45	5.25	4.07	5.33	4.85
68	000517.SZ	荣安地产	4.97	4.26	5.04	5.79	5.22	4.56
69	000056.SZ	皇庭国际	4.97	4.5	4.85	5.54	5.23	4.75
70	000609.SZ	中迪投资	4.97	4.7	4.96	4.91	5.44	4.85
71	000671.SZ	阳光城	4.97	5.38	5.33	3.95	5.38	4.81
72	000918.SZ	嘉凯城	4.97	5.31	3.33	5.95	5.44	4.82
73	600773.SH	西藏城投	4.95	4.42	5.16	5.36	5.05	4.78
74	600724.SH	宁波富达	4.95	4.86	4.92	5.17	5.23	4.59
75	600052.SH	浙江广厦	4.95	4.48	4.93	5.21	5.28	4.86
76	600162.SH	香江控股	4.95	4.75	5.18	4.75	5.53	4.52
77	600647.SH	同达创业	4.94	4.07	4.35	6.21	5.44	4.64
78	002133.SZ	广宇集团	4.94	5.2	5.25	4.64	4.99	4.64
79	000514.SZ	渝开发	4.93	4.89	4.94	4.68	5.09	5.07
80	600639.SH	浦东金桥	4.93	4.58	5.02	5.33	5.11	4.6
81	600648.SH	外高桥	4.92	4.17	4.93	5.51	5.26	4.73
82	600657.SH	信达地产	4.91	5.98	5.55	3.18	4.98	4.88
83	000573.SZ	粤宏远A	4.91	4.19	5.09	4.99	5.49	4.8
84	601588.SH	北辰实业	4.9	4.91	5.29	4.3	5.38	4.65
85	000046.SZ	泛海控股	4.9	5.85	5.24	3.35	4.96	5.12
86	600791.SH	京能置业	4.9	5.04	5.03	3.58	5.23	5.63
87	600716.SH	凤凰股份	4.9	5.05	4.82	4.53	5.1	4.99

A股：按申万行业划分标准

续表

排名	代码	公司名称	总得分	财务状况	估值与成长性	创值能力	公司治理	创新与研发
88	600665.SH	天地源	4.9	5.41	5.17	4.4	4.97	4.55
89	600067.SH	冠城大通	4.9	5.38	4.9	3.96	5.54	4.72
90	600223.SH	鲁商置业	4.9	4.76	4.99	4.53	5.06	5.14
91	600823.SH	世茂股份	4.89	4.69	5.04	3.53	5.75	5.43
92	000897.SZ	津滨发展	4.89	4.3	4.65	5.75	5.21	4.53
93	000567.SZ	海德股份	4.88	4.9	3.61	6.48	4.67	4.73
94	600322.SH	天房发展	4.87	5.02	4.81	4.49	5.06	4.99
95	000656.SZ	金科股份	4.87	3.96	5.29	4.11	5.71	5.28
96	000506.SZ	中润资源	4.86	4.82	4.49	5.62	4.76	4.62
97	000031.SZ	中粮地产	4.86	4.71	5.08	4.51	5.31	4.68
98	600159.SH	大龙地产	4.86	4.26	5.18	4.56	5.23	5.07
99	000608.SZ	阳光股份	4.86	4.67	4.68	4.76	5.6	4.6
100	000402.SZ	金融街	4.85	4.8	5.33	3.83	5.62	4.69
101	600533.SH	栖霞建设	4.85	4.95	5.28	4.06	5.35	4.62
102	002305.SZ	南国置业	4.82	5.07	4.93	4.31	5.39	4.4
103	600064.SH	南京高科	4.8	4.43	5.3	4.34	5.18	4.72
104	000926.SZ	福星股份	4.79	5.51	5.11	3.29	5.38	4.64
105	600748.SH	上实发展	4.78	5.03	5.21	3.98	5.16	4.52
106	600736.SH	苏州高新	4.77	4.55	5.24	4.21	4.88	4.99
107	002077.SZ	大港股份	4.76	5.16	4.64	4.05	4.72	5.25
108	600215.SH	长春经开	4.73	3.78	4.82	5.19	5.04	4.86
109	000505.SZ	京粮控股	4.69	3.37	4.57	5.35	5.38	4.8
110	600225.SH	天津松江	4.69	3.75	4.43	5.15	5.09	5.01
111	600325.SH	华发股份	4.68	5.8	5.37	2.03	5.26	4.93
112	600649.SH	城投控股	4.67	4.41	5.08	4.18	4.86	4.84
113	600376.SH	首开股份	4.64	4.86	5.24	2.65	5.38	5.06
114	600266.SH	北京城建	4.6	4.75	5.34	2.77	5.22	4.92
115	000616.SZ	海航投资	4.6	4.4	4.19	4.72	5.16	4.52
116	000979.SZ	中弘股份	4.59	4.53	5.05	3.56	4.8	5.02
117	600555.SH	海航创新	4.58	3.03	4.13	5.93	5.19	4.65
118	000809.SZ	铁岭新城	4.48	3.7	5.06	3.88	4.94	4.8

（四）采掘

排名	代码	公司名称	总得分	财务状况	估值与成长性	创值能力	公司治理	创新与研发
1	601088.SH	中国神华	5.98	5.9	5.67	7	5.1	5.62
2	601225.SH	陕西煤业	5.67	5.19	5.23	6.8	5.6	5.09
3	300191.SZ	潜能恒信	5.49	6.69	4.36	6	4.49	5.41
4	000780.SZ	平庄能源	5.38	6.47	5.16	4.42	5.56	5.35
5	000762.SZ	西藏矿业	5.37	6.59	4.55	5.59	4.65	4.69
6	002128.SZ	露天煤业	5.36	5.86	5.31	5.26	5	4.88
7	603979.SH	金诚信	5.32	5.49	5.44	5.18	5.15	5.16
8	600583.SH	海油工程	5.32	5.8	5.47	4.8	5.09	5.35
9	002738.SZ	中矿资源	5.28	4.77	5.08	6.03	5.24	5.22
10	002828.SZ	贝肯能源	5.26	5.36	4.94	5.91	4.92	4.45
11	300164.SZ	通源石油	5.22	5.58	5.29	5.38	4.33	4.91
12	600777.SH	新潮能源	5.19	5.65	5.03	4.83	5.24	5.29
13	000552.SZ	靖远煤电	5.17	5.25	5.55	4.99	4.91	4.67
14	002554.SZ	惠博普	5.14	4.67	5.37	5.33	5.34	5.01
15	603727.SH	博迈科	5.13	5.59	4.83	5.29	4.66	4.99
16	000723.SZ	美锦能源	5.12	4.97	4.94	5.86	4.63	4.67
17	601699.SH	潞安环能	5.08	4.33	5.59	5.36	5.14	4.9
18	600348.SH	阳泉煤业	5.08	4.63	5.57	5	5.34	4.76
19	600395.SH	盘江股份	5.06	5.02	4.83	5.39	5.14	4.65
20	601969.SH	海南矿业	5.04	4.77	4.8	5.61	5.15	4.65
21	600403.SH	大有能源	5.04	4.44	5.17	5.32	5.34	5.09
22	600971.SH	恒源煤电	5.01	5.11	4.97	4.81	5.19	5.05
23	600188.SH	兖州煤业	5	4.83	5.45	4.59	5.28	4.92
24	000983.SZ	西山煤电	4.98	4.5	5.41	4.94	5.22	4.78
25	601011.SH	宝泰隆	4.97	4.73	4.81	5.25	5.28	4.76
26	601808.SH	中海油服	4.96	4.76	5.28	4.92	4.76	5.03
27	600508.SH	上海能源	4.93	5.24	5.31	4.55	4.51	4.75
28	600759.SH	洲际油气	4.93	4.48	4.76	5.33	5.4	4.78
29	002629.SZ	仁智股份	4.88	5.64	3.68	5.81	3.87	5.15
30	601015.SH	陕西黑猫	4.87	4.55	5.07	5.02	5.04	4.41
31	000571.SZ	新大洲A	4.86	4.55	5.07	4.97	4.97	4.66
32	600740.SH	山西焦化	4.85	4.07	4.61	6	4.7	4.73

A股：按申万行业划分标准

续表

排名	代码	公司名称	总得分	财务状况	估值与成长性	创值能力	公司治理	创新与研发
33	600997.SH	开滦股份	4.85	4.79	5.4	4.33	4.95	4.74
34	300157.SZ	恒泰艾普	4.83	4.66	4.72	5.05	4.78	5.05
35	601918.SH	新集能源	4.8	3.8	4.96	5.46	5.23	4.62
36	600792.SH	云煤能源	4.8	4.62	4.73	5.12	4.56	5.03
37	600546.SH	山煤国际	4.79	4.25	5.33	4.72	4.86	4.99
38	601857.SH	中国石油	4.78	5.58	5.43	2.67	5.58	5.46
39	601101.SH	昊华能源	4.77	4.9	5.36	3.98	4.86	4.88
40	600758.SH	红阳能源	4.77	4.4	4.98	4.88	4.89	4.74
41	601666.SH	平煤股份	4.77	4.37	5.33	4.33	5.19	4.84
42	600121.SH	郑州煤电	4.75	4.48	4.85	4.58	5.07	5.27
43	600123.SH	兰花科创	4.74	4.62	5.03	4.35	5.1	4.76
44	601898.SH	中煤能源	4.73	4.65	5.46	3.77	5.08	5.09
45	601001.SH	大同煤业	4.71	4.62	4.94	4.34	5.28	4.43
46	600295.SH	鄂尔多斯	4.71	4.58	5.38	4.14	4.76	4.73
47	600339.SH	中油工程	4.71	3.94	5.25	4.83	4.68	5.19
48	600532.SH	宏达矿业	4.69	5.2	3.9	5.27	4.21	4.66
49	000937.SZ	冀中能源	4.69	4.61	4.96	4.18	5.22	4.67
50	600157.SH	永泰能源	4.66	4.38	5.18	4.05	5.21	4.83

（五）传媒

排名	代码	公司名称	总得分	财务状况	估值与成长性	创值能力	公司治理	创新与研发
1	300518.SZ	盛讯达	5.75	6.89	5.22	5.64	5.27	5.05
2	002555.SZ	三七互娱	5.67	5.75	5.09	6.66	5.22	4.96
3	300113.SZ	顺网科技	5.65	5.9	5.21	5.95	5.36	5.78
4	300494.SZ	盛天网络	5.56	6.83	5.12	5.49	4.56	4.95
5	603258.SH	电魂网络	5.5	6.03	5.09	5.51	5.42	5.27
6	300418.SZ	昆仑万维	5.47	4.85	5.52	6.03	5.31	5.84
7	002148.SZ	北纬科技	5.47	6.04	5.15	5.44	5.33	4.99
8	300031.SZ	宝通科技	5.45	5.64	5.91	5.35	5.06	4.37
9	603888.SH	新华网	5.39	5.96	5.28	5.58	4.51	4.85

续表

排名	代码	公司名称	总得分	财务状况	估值与成长性	创值能力	公司治理	创新与研发
10	300533.SZ	冰川网络	5.39	6.01	5.16	5.34	4.84	5.28
11	300467.SZ	迅游科技	5.39	5.69	5.07	5.26	5.45	5.72
12	002739.SZ	万达电影	5.38	4.66	5.58	6.16	5.39	4.46
13	601098.SH	中南传媒	5.37	5.38	5.61	5.41	5.25	4.53
14	603729.SH	龙韵股份	5.35	5.81	5.16	5.41	5.2	4.47
15	002602.SZ	世纪华通	5.33	5.28	4.61	6.27	5.27	4.9
16	002502.SZ	骅威文化	5.32	6.26	5.09	4.86	5	5.12
17	600576.SH	祥源文化	5.28	5.85	4.98	5.06	5.39	4.84
18	600373.SH	中文传媒	5.27	4.84	5.47	5.53	5.34	5.03
19	603999.SH	读者传媒	5.26	6.24	4.93	5.05	4.68	4.96
20	300251.SZ	光线传媒	5.26	5.47	4.84	5.72	4.89	5.11
21	600088.SH	中视传媒	5.26	5.25	5.22	5.53	5.17	4.65
22	300364.SZ	中文在线	5.23	5.41	5.05	5.11	5.36	5.41
23	603000.SH	人民网	5.23	5.79	4.65	5.42	5.25	4.59
24	000038.SZ	深大通	5.22	5.37	5.18	5.01	5.25	5.58
25	600977.SH	中国电影	5.22	5	5.33	5.71	4.83	4.65
26	300295.SZ	三六五网	5.2	5.05	5.13	5.16	5.84	4.88
27	600637.SH	东方明珠	5.2	5.22	5.34	5.17	5.09	4.99
28	002247.SZ	帝龙文化	5.2	5.46	5.41	4.76	5.23	4.99
29	600037.SH	歌华有线	5.19	6.11	5.4	4.37	4.86	4.79
30	300528.SZ	幸福蓝海	5.19	5.47	5.25	5.15	5.02	4.5
31	002137.SZ	麦达数字	5.17	5.1	4.83	5.48	5.48	4.88
32	300315.SZ	掌趣科技	5.16	5.65	5.4	4.73	4.69	5.09
33	600136.SH	当代明诚	5.15	4.59	5.36	5.21	5.62	5.23
34	002238.SZ	天威视讯	5.15	5.47	5.14	4.88	5.08	5.1
35	000526.SZ	紫光学大	5.14	3.97	5.39	6.02	5.6	4.4
36	601801.SH	皖新传媒	5.14	5.15	5.4	5.28	4.84	4.32
37	300426.SZ	唐德影视	5.13	4.29	5.56	5.7	5.03	4.73
38	002619.SZ	艾格拉斯	5.1	5.77	5.26	4.7	4.44	4.91
39	601595.SH	上海电影	5.1	5.03	5.19	5.47	4.79	4.35
40	300133.SZ	华策影视	5.1	4.6	5.19	5.45	5.33	4.79
41	000793.SZ	华闻传媒	5.09	5.2	5.18	4.76	5.52	4.77
42	601928.SH	凤凰传媒	5.09	4.9	5.55	4.83	5.32	4.68

A股：按申万行业划分标准

续表

排名	代码	公司名称	总得分	财务状况	估值与成长性	创值能力	公司治理	创新与研发
43	000676.SZ	智度股份	5.09	4.82	5.11	5.34	5.21	4.87
44	002425.SZ	凯撒文化	5.08	5.29	5.37	4.3	5.17	5.87
45	002095.SZ	生意宝	5.07	5.45	4.13	5.82	4.86	4.86
46	000156.SZ	华数传媒	5.07	5.44	5.13	4.7	5.11	4.77
47	300043.SZ	星辉娱乐	5.06	4.44	5.6	5.11	5.2	4.91
48	300148.SZ	天舟文化	5.05	6.1	5.25	3.96	4.81	5.03
49	603598.SH	引力传媒	5.05	4.51	4.99	5.65	5.21	4.75
50	300336.SZ	新文化	5.04	5.29	5.34	4.78	4.48	5.11
51	600633.SH	浙数文化	5.03	5.29	3.86	5.62	5.48	5.28
52	002464.SZ	众应互联	5.03	4.15	4.88	5.75	5.63	4.92
53	600661.SH	新南洋	5.03	4.59	4.44	5.67	5.96	4.55
54	601811.SH	新华文轩	5.03	4.76	5.28	5.08	5.18	4.61
55	600640.SH	号百控股	5.02	5.08	4.9	4.98	5.33	4.81
56	300052.SZ	中青宝	5.02	5.31	3.98	5.59	5.27	5.14
57	002123.SZ	梦网集团	5.01	4.79	5.25	4.85	4.98	5.51
58	000673.SZ	当代东方	5.01	4.44	4.86	5.78	5.06	4.69
59	002712.SZ	思美传媒	5	4.71	5.44	5.08	4.8	4.61
60	300299.SZ	富春股份	5	5.07	5.03	5.26	4.17	5.38
61	300359.SZ	全通教育	5	5.06	5.14	5.12	4.52	4.79
62	600652.SH	游久游戏	4.99	5.52	4.7	4.89	4.68	5.21
63	300051.SZ	三五互联	4.99	4.8	4.93	5.39	4.86	4.76
64	600996.SH	贵广网络	4.99	4.69	5.25	5.19	4.66	5.1
65	600158.SH	中体产业	4.99	4.65	4.87	5.67	4.73	4.77
66	002292.SZ	奥飞娱乐	4.99	4.43	5.37	5.22	4.77	5.22
67	002315.SZ	焦点科技	4.99	5.19	5.04	4.98	4.72	4.66
68	002445.SZ	中南文化	4.98	4.73	5.44	4.93	4.88	4.66
69	300027.SZ	华谊兄弟	4.97	4.53	5.23	5.06	5.32	4.6
70	600715.SH	文投控股	4.96	4.75	4.85	5.15	5.2	4.89
71	002261.SZ	拓维信息	4.95	5.53	4.75	4.53	4.87	5.2
72	601900.SH	南方传媒	4.95	4.36	5.55	5.18	4.72	4.5
73	600386.SH	北巴传媒	4.93	4.66	5.24	4.85	5.27	4.43
74	300343.SZ	联创互联	4.93	4.8	5.35	4.74	4.97	4.51
75	002103.SZ	广博股份	4.92	4.65	5.28	4.84	5.14	4.45

续表

排名	代码	公司名称	总得分	财务状况	估值与成长性	创值能力	公司治理	创新与研发
76	600986.SH	科达股份	4.91	4.48	5.29	4.73	5.38	4.83
77	002654.SZ	万润科技	4.91	4.67	5.21	5.06	4.5	4.99
78	000802.SZ	北京文化	4.91	5.19	4.41	5.14	5.06	4.54
79	600757.SH	长江传媒	4.91	4.57	5.54	4.57	5.15	4.6
80	000719.SZ	中原传媒	4.9	4.93	5.57	4.25	4.96	4.56
81	000665.SZ	湖北广电	4.9	4.99	5.34	3.98	5.59	4.79
82	600825.SH	新华传媒	4.89	4.67	5.3	4.8	5.07	4.22
83	601929.SH	吉视传媒	4.89	4.88	5.41	4.35	4.95	4.87
84	300242.SZ	佳云科技	4.88	4.66	4.92	5.03	4.9	4.93
85	600936.SH	广西广电	4.88	4.36	5.08	5.22	4.87	4.8
86	002131.SZ	利欧股份	4.86	4.52	5.34	4.82	4.38	5.48
87	300291.SZ	华录百纳	4.85	5.29	5.3	3.76	5.23	4.79
88	300071.SZ	华谊嘉信	4.84	4.29	5.05	5.2	4.7	5.07
89	000835.SZ	长城动漫	4.83	3.86	4.75	5.52	5.18	5.39
90	601999.SH	出版传媒	4.82	4.53	5.06	4.78	5.01	4.72
91	600892.SH	大晟文化	4.8	4.88	4	5.39	4.81	5.21
92	300392.SZ	腾信股份	4.76	4.04	5.36	5.71	3.34	4.79
93	600880.SH	博瑞传播	4.76	5.03	4.88	4.19	5.03	4.82
94	002400.SZ	省广集团	4.76	4.55	5.53	4.07	4.73	5.19
95	300058.SZ	蓝色光标	4.74	3.66	5.39	5.01	4.96	4.86
96	600242.SH	中昌数据	4.73	3.78	4.86	5.47	4.71	5.14
97	600831.SH	广电网络	4.69	4.29	5.1	4.39	5.14	4.82
98	600959.SH	江苏有线	4.69	4.9	5.06	3.93	4.93	4.8
99	002175.SZ	东方网络	4.68	4.43	4.62	5.11	4.45	4.7
100	300226.SZ	上海钢联	4.68	3.71	4.35	5.61	5.07	5.16
101	300431.SZ	暴风集团	4.66	3.93	4.19	5.54	4.82	5.5
102	600551.SH	时代出版	4.64	4.64	5.03	3.96	5.14	4.58
103	002181.SZ	粤传媒	4.63	5.16	4.38	4.4	4.78	4.19
104	300269.SZ	联建光电	4.62	4.53	5.64	3.8	4.09	5.25
105	000504.SZ	南华生物	4.59	3.3	3.89	6.01	5.6	4.56
106	002113.SZ	天润数娱	4.55	5.02	3.23	5.42	4.14	5.31
107	300063.SZ	天龙集团	4.51	4.44	5.1	4.26	4.05	4.51
108	000917.SZ	电广传媒	4.47	4.3	5.15	3.25	5.48	4.84

A股：按申万行业划分标准

续表

排名	代码	公司名称	总得分	财务状况	估值与成长性	创值能力	公司治理	创新与研发
109	300059.SZ	东方财富	4.46	3.94	4.48	4.73	4.64	4.88
110	300104.SZ	乐视网	4.19	3.67	4.48	3.89	4.62	5.12

（六）电气设备

排名	代码	公司名称	总得分	财务状况	估值与成长性	创值能力	公司治理	创新与研发
1	603025.SH	大豪科技	5.95	7.29	4.69	6.14	5.71	5.48
2	600885.SH	宏发股份	5.91	5.54	5.59	7.03	5.52	5.25
3	601012.SH	隆基股份	5.88	4.76	5.59	7.64	5.73	5.03
4	300124.SZ	汇川技术	5.85	5.55	4.84	7.97	4.65	5.42
5	601877.SH	正泰电器	5.82	5.04	5.64	7.47	5.02	5.08
6	603806.SH	福斯特	5.79	6.69	5.59	5.74	5.29	4.48
7	002202.SZ	金风科技	5.68	4.34	5.82	7.27	5.16	5.27
8	603416.SH	信捷电气	5.64	7.13	4.8	5.43	5.25	4.91
9	002706.SZ	良信电器	5.59	6.31	5.19	5.46	5.39	5.32
10	300443.SZ	金雷风电	5.57	7.12	5.79	4.47	5.01	4.39
11	600406.SH	国电南瑞	5.57	4.9	4.51	7.74	4.68	5.84
12	002801.SZ	微光股份	5.56	6.91	5.26	5.32	4.86	4.18
13	603016.SH	新宏泰	5.52	7.01	4.81	5.24	5.18	4.44
14	300018.SZ	中元股份	5.52	7.15	5.01	4.52	5.13	5.78
15	300286.SZ	安科瑞	5.49	6.41	5.07	5.23	5.39	4.82
16	603015.SH	弘讯科技	5.41	6.25	5.29	4.99	4.97	5.21
17	600089.SH	特变电工	5.38	4.25	5.78	6.11	5.42	5.29
18	002028.SZ	思源电气	5.37	5.29	5.39	5.59	5.17	5.23
19	600525.SH	长园集团	5.35	4.54	5.29	6.23	5.39	5.3
20	300447.SZ	全信股份	5.35	5.96	5.28	5.15	4.78	5.32
21	300414.SZ	中光防雷	5.35	6.52	4.97	5.19	4.41	4.95
22	300274.SZ	阳光电源	5.33	4.49	5.53	6.25	4.77	5.48
23	002518.SZ	科士达	5.33	5.41	5.47	5.58	4.85	4.63
24	300427.SZ	红相股份	5.32	6.23	5.05	5.02	4.92	5
25	002058.SZ	威尔泰	5.32	6.15	4.34	5.48	5.68	4.56

175

续表

排名	代码	公司名称	总得分	财务状况	估值与成长性	创值能力	公司治理	创新与研发
26	002823.SZ	凯中精密	5.31	4.99	5.71	5.42	5.37	4.5
27	603859.SH	能科股份	5.29	6.14	4.62	5.15	5.19	5.42
28	002334.SZ	英威腾	5.28	4.96	5.32	5.43	5.28	5.67
29	002767.SZ	先锋电子	5.26	6.38	4.73	5.17	4.9	4.27
30	300484.SZ	蓝海华腾	5.26	5.09	5.13	5.53	5.37	5.08
31	300510.SZ	金冠电气	5.25	5.64	5.28	5.09	4.85	5.14
32	601727.SH	上海电气	5.25	4.16	5.07	6.8	4.7	5.4
33	300423.SZ	鲁亿通	5.25	5.6	4.99	5.6	4.75	4.68
34	603819.SH	神力股份	5.25	5.79	5.07	5.09	5.19	4.65
35	601567.SH	三星医疗	5.24	4.81	5.59	5.26	5.45	5.02
36	300316.SZ	晶盛机电	5.21	5.26	4.81	5.94	4.72	4.89
37	300222.SZ	科大智能	5.21	5.1	5.17	5.62	4.67	5.37
38	300491.SZ	通合科技	5.21	5.6	4.65	5.45	5.18	5
39	300376.SZ	易事特	5.2	4.29	5.37	6.35	4.53	5.11
40	002364.SZ	中恒电气	5.2	6.18	4.71	4.85	5.01	5.07
41	002322.SZ	理工环科	5.19	6.22	5.17	4.79	4.08	5.19
42	600379.SH	宝光股份	5.18	5.06	5.12	5.17	5.68	4.9
43	603218.SH	日月股份	5.18	5.55	5.14	5.2	4.97	4.4
44	300360.SZ	炬华科技	5.18	6.12	5.27	4.53	4.72	4.73
45	601126.SH	四方股份	5.17	5.21	5.5	4.44	5.5	5.71
46	002358.SZ	森源电气	5.16	4.71	5.39	5.44	5.19	4.95
47	300444.SZ	双杰电气	5.14	4.84	5.32	5.45	4.78	5.16
48	300068.SZ	南都电源	5.12	4.51	5.65	4.98	5.71	4.74
49	000400.SZ	许继电气	5.11	4.82	5.61	4.85	4.87	5.81
50	603861.SH	白云电器	5.1	5.07	5.21	4.99	5.41	4.65
51	300466.SZ	赛摩电气	5.08	5.25	5.12	4.99	4.99	4.92
52	300477.SZ	合纵科技	5.08	4.36	5.27	5.46	5.3	5.22
53	002576.SZ	通达动力	5.08	5.5	5.11	4.6	5.42	4.53
54	002227.SZ	奥特迅	5.08	5.29	4.88	5.17	4.75	5.4
55	002531.SZ	天顺风能	5.08	4.75	5.76	4.89	5.04	4.56
56	300208.SZ	恒顺众昇	5.07	4.95	4.88	5.68	4.48	5.24
57	603988.SH	中电电机	5.07	5.73	4.41	5.18	5.06	4.72
58	002606.SZ	大连电瓷	5.07	5.06	5.05	4.97	5.5	4.61

A股：按申万行业划分标准

续表

排名	代码	公司名称	总得分	财务状况	估值与成长性	创值能力	公司治理	创新与研发
59	600580.SH	卧龙电气	5.05	4.17	5.39	5.34	5.52	5.05
60	000682.SZ	东方电子	5.05	4.82	5.58	4.74	5.18	4.84
61	002534.SZ	杭锅股份	5.04	4.54	5.5	5.02	5.19	4.96
62	300393.SZ	中来股份	5.03	4.31	5.74	4.87	5.2	5.29
63	300118.SZ	东方日升	5.02	4.27	6	5.06	4.63	4.84
64	002617.SZ	露笑科技	5.02	4.27	5.19	5.44	5.51	4.55
65	600353.SH	旭光股份	5.01	5.31	5.11	4.79	5.08	4.23
66	300490.SZ	华自科技	5	4.66	5.35	5.19	4.62	5.07
67	300308.SZ	中际旭创	4.98	5.56	3.65	5.36	5.57	5.08
68	300120.SZ	经纬辉开	4.97	5.4	5.64	4.28	4.52	4.48
69	002533.SZ	金杯电工	4.97	5.64	5.42	4.06	4.71	4.76
70	002184.SZ	海得控制	4.97	4.33	5.14	4.89	5.66	5.49
71	002630.SZ	华西能源	4.96	3.98	5.9	5	4.94	5.02
72	002747.SZ	埃斯顿	4.96	4.69	4.56	5.57	4.88	5.28
73	600312.SH	平高电气	4.95	4.62	5.8	4.19	5.26	5.23
74	002350.SZ	北京科锐	4.93	4.46	5.06	5.15	5.07	5.07
75	600482.SH	中国动力	4.93	5.27	5.11	4.09	5.36	5.16
76	002339.SZ	积成电子	4.93	4.65	5.17	4.45	5.45	5.67
77	300370.SZ	安控科技	4.93	4.2	5.42	4.9	5.24	5.2
78	002090.SZ	金智科技	4.92	4.24	5.02	5.3	5.23	5.03
79	600590.SH	泰豪科技	4.92	4.24	5.48	4.69	5.29	5.42
80	300129.SZ	泰胜风能	4.92	5.04	5.46	4.05	5.33	4.8
81	300011.SZ	鼎汉技术	4.91	4.9	5.1	4.46	5.35	4.98
82	600847.SH	万里股份	4.91	4.96	4.67	5.06	5.43	4.01
83	300215.SZ	电科院	4.91	4.95	4.81	4.89	4.94	5.11
84	002335.SZ	科华恒盛	4.91	4.88	4.51	5.02	5.13	5.57
85	002212.SZ	南洋股份	4.91	5.05	4.52	4.98	5.07	5.2
86	002546.SZ	新联电子	4.91	6.65	4.19	3.75	5	5.16
87	300141.SZ	和顺电气	4.9	4.98	4.63	5.05	4.85	5.18
88	601179.SH	中国西电	4.89	4.99	5.59	3.98	4.92	5.23
89	002527.SZ	新时达	4.89	4.76	5.53	4.29	4.98	5.03
90	603618.SH	杭电股份	4.89	4.29	5.31	4.93	5.24	4.71
91	002196.SZ	方正电机	4.88	5.1	5.38	4.25	4.85	4.59

续表

排名	代码	公司名称	总得分	财务状况	估值与成长性	创值能力	公司治理	创新与研发
92	002452.SZ	长高集团	4.87	4.82	5.39	4.46	4.67	5.06
93	002300.SZ	太阳电缆	4.87	4.5	5.12	5.08	4.9	4.5
94	002249.SZ	大洋电机	4.87	4.61	5.65	4.07	4.94	5.67
95	300265.SZ	通光线缆	4.86	4.63	5.08	4.71	5.3	4.6
96	300069.SZ	金利华电	4.85	4.99	4.72	4.94	4.88	4.52
97	300153.SZ	科泰电源	4.85	4.81	4.65	4.95	5.39	4.3
98	002580.SZ	圣阳股份	4.85	4.77	5.11	4.58	5.1	4.62
99	603100.SH	川仪股份	4.84	4.31	5.21	4.82	5.16	4.89
100	300407.SZ	凯发电气	4.84	4.53	4.81	4.8	5.15	5.53
101	002298.SZ	中电兴发	4.83	5.51	5.24	3.89	4.56	4.91
102	002218.SZ	拓日新能	4.83	4.53	5.65	4.29	4.87	4.86
103	002733.SZ	雄韬股份	4.83	4.64	5.5	4.32	5.1	4.47
104	601908.SH	京运通	4.83	4.8	5.79	4.14	4.51	4.62
105	002498.SZ	汉缆股份	4.82	4.93	4.9	4.76	4.83	4.36
106	300105.SZ	龙源技术	4.82	5.8	4.76	3.71	4.91	5.28
107	600468.SH	百利电气	4.82	4.79	4.71	4.83	5.06	4.74
108	002169.SZ	智光电气	4.81	4.82	5.28	4.04	5.41	4.69
109	600475.SH	华光股份	4.81	4.44	5.49	4.56	4.21	5.79
110	002441.SZ	众业达	4.81	5.17	5.37	3.88	4.95	4.54
111	002176.SZ	江特电机	4.8	4.07	5.25	5.36	4.35	4.79
112	603577.SH	汇金通	4.8	4.32	5.25	4.81	5.01	4.47
113	002129.SZ	中环股份	4.8	4.46	5.45	4.45	4.99	4.59
114	601616.SH	广电电气	4.8	5.61	4.78	3.75	5.24	4.76
115	601218.SH	吉鑫科技	4.79	5.23	5.57	3.41	5.03	4.85
116	601222.SH	林洋能源	4.77	5.06	5.51	3.74	4.85	4.6
117	300283.SZ	温州宏丰	4.76	4.18	5.22	5.12	4.48	4.54
118	603606.SH	东方电缆	4.76	4.1	5.08	4.91	5.14	4.65
119	002309.SZ	中利集团	4.76	3.75	5.87	4.4	5.11	4.94
120	300569.SZ	天能重工	4.75	5.29	5.05	4.18	4.49	4.32
121	002471.SZ	中超控股	4.71	4.09	5.19	4.43	5.34	4.86
122	300111.SZ	向日葵	4.7	4.6	4.64	4.79	4.83	4.66
123	300001.SZ	特锐德	4.69	4.08	4.31	5.49	4.79	5.15
124	601700.SH	风范股份	4.68	4.89	5.04	4.03	4.91	4.54

A股：按申万行业划分标准

续表

排名	代码	公司名称	总得分	财务状况	估值与成长性	创值能力	公司治理	创新与研发
125	600405.SH	动力源	4.68	4.09	5.05	4.84	4.81	4.64
126	002276.SZ	万马股份	4.68	4.67	4.64	4.49	5	4.83
127	002692.SZ	睿康股份	4.68	4.37	4.81	4.76	5.01	4.32
128	002266.SZ	浙富控股	4.67	4.93	4.51	4.48	4.71	4.94
129	603333.SH	明星电缆	4.66	5.14	4.2	4.69	4.67	4.53
130	002622.SZ	融钰集团	4.65	5.23	3.71	5.03	4.68	4.56
131	300062.SZ	中能电气	4.64	4.44	5.03	4.54	4.54	4.53
132	300317.SZ	珈伟股份	4.64	4.47	5.21	4.22	4.67	4.64
133	300140.SZ	中环装备	4.64	4.43	4.53	4.73	4.78	5.11
134	002121.SZ	科陆电子	4.61	3.83	4.58	5.26	4.64	5.17
135	002506.SZ	协鑫集成	4.61	3.29	5.04	5.25	4.57	5.56
136	002665.SZ	首航节能	4.61	5.36	4.37	4.08	4.6	4.63
137	002560.SZ	通达股份	4.6	4.61	5.15	3.93	5.04	4.09
138	600875.SH	东方电气	4.59	4.19	5.28	3.94	4.78	5.53
139	002255.SZ	海陆重工	4.58	4.89	5.08	3.96	4.23	4.67
140	300048.SZ	合康新能	4.57	4.82	4.89	4.04	4.32	4.94
141	300356.SZ	光一科技	4.57	4.8	4.67	4	4.66	5.18
142	600550.SH	保变电气	4.56	3.82	3.47	5.71	5.53	5.02
143	300040.SZ	九洲电气	4.56	4.5	5.31	3.82	4.55	4.71
144	002168.SZ	深圳惠程	4.55	4.9	3.66	4.95	4.41	5.32
145	600537.SH	亿晶光电	4.55	4.7	5.27	3.63	4.75	4.34
146	300029.SZ	天龙光电	4.55	4.5	3.44	5.36	4.91	4.98
147	002451.SZ	摩恩电气	4.54	4.03	3.9	5.49	4.81	4.73
148	600268.SH	国电南自	4.54	3.85	5.06	4.1	5.11	5.51
149	600973.SH	宝胜股份	4.52	3.99	5.31	3.89	5.13	4.63
150	600869.SH	智慧能源	4.51	4.08	5.1	4.02	4.79	5.08
151	600192.SH	长城电工	4.5	4.19	5.4	3.52	4.96	5
152	002359.SZ	北讯集团	4.48	4.48	3.8	4.74	4.81	5.26
153	002610.SZ	爱康科技	4.48	3.95	5.08	4.01	5.2	4.34
154	000806.SZ	银河生物	4.46	4.95	3.89	4.56	4.42	4.45
155	600290.SH	华仪电气	4.45	4.68	4.91	3.45	4.88	4.7
156	600416.SH	湘电股份	4.42	3.8	5.1	3.92	5.09	4.57
157	600112.SH	天成控股	4.33	4.4	3.78	4.18	5.27	4.67

179

续表

排名	代码	公司名称	总得分	财务状况	估值与成长性	创值能力	公司治理	创新与研发
158	002112.SZ	三变科技	4.27	3.85	3.27	5.05	5.31	4.41
159	600151.SH	航天机电	4.18	4.25	4.71	2.73	5.11	5.22

（七）电子

排名	代码	公司名称	总得分	财务状况	估值与成长性	创值能力	公司治理	创新与研发
1	600703.SH	三安光电	6.04	6.11	5.23	7.46	5.43	4.97
2	002415.SZ	海康威视	5.95	5.39	5.03	7.79	5.61	5.37
3	002236.SZ	大华股份	5.83	4.63	5.4	7.62	5.54	5.9
4	002241.SZ	歌尔股份	5.82	4.88	5.79	7.09	5.32	5.85
5	603160.SH	汇顶科技	5.77	6.26	4.82	6.39	5.38	5.97
6	300408.SZ	三环集团	5.73	6.62	5.12	6.04	5.3	4.6
7	002008.SZ	大族激光	5.65	4.85	5.17	7.13	5.53	5.16
8	600563.SH	法拉电子	5.6	6.45	5.37	5.45	5.27	4.65
9	300394.SZ	天孚通信	5.57	7.1	5.4	5.08	4.49	4.69
10	300183.SZ	东软载波	5.57	6.77	5.25	4.93	5.2	5.43
11	002222.SZ	福晶科技	5.56	6.5	4.93	5.31	5.73	5.05
12	002475.SZ	立讯精密	5.55	4.59	5.6	7.09	4.95	4.64
13	300458.SZ	全志科技	5.54	6.36	5.3	5.09	5.28	5.65
14	603328.SH	依顿电子	5.54	6.32	5.7	5.04	5.02	4.98
15	300433.SZ	蓝思科技	5.54	4.97	5.64	6.79	4.58	4.72
16	000725.SZ	京东方A	5.52	4.78	5.67	6.41	5.06	5.3
17	603986.SH	兆易创新	5.51	5.66	5.06	5.76	5.78	5.11
18	600183.SH	生益科技	5.47	4.83	5.58	5.87	5.79	5.22
19	300327.SZ	中颖电子	5.43	6.08	4.9	5.34	5.51	5.18
20	300136.SZ	信维通信	5.41	5.24	4.82	6.1	5.48	5.47
21	601231.SH	环旭电子	5.4	4.9	5.54	6.24	4.99	4.56
22	002273.SZ	水晶光电	5.39	5.89	5.45	5.08	5.39	4.53
23	603989.SH	艾华集团	5.38	5.8	5.25	5.28	5.47	4.51
24	603515.SH	欧普照明	5.36	5.48	4.99	5.8	5.42	4.64
25	002815.SZ	崇达技术	5.36	5.23	5.76	5.49	5.02	4.62

A股：按申万行业划分标准

续表

排名	代码	公司名称	总得分	财务状况	估值与成长性	创值能力	公司治理	创新与研发
26	002056.SZ	横店东磁	5.34	5.58	5.33	5.3	5.42	4.52
27	000050.SZ	深天马A	5.32	5.03	5.46	5.55	5.29	5.08
28	603005.SH	晶方科技	5.31	6.13	5.26	4.89	4.95	4.87
29	002179.SZ	中航光电	5.29	4.7	5.08	6.09	5.35	5.2
30	300296.SZ	利亚德	5.29	4.46	5.47	6.14	4.93	5.31
31	300115.SZ	长盈精密	5.29	4.83	5.55	5.46	5.37	5.19
32	002138.SZ	顺络电子	5.25	5.46	5.21	5.16	5.34	4.81
33	002025.SZ	航天电器	5.25	5.35	5.16	5.3	5.2	5.14
34	300088.SZ	长信科技	5.25	5.05	5.77	5.19	5.19	4.46
35	002079.SZ	苏州固锝	5.24	5.87	5.24	4.89	5.06	4.64
36	002185.SZ	华天科技	5.24	5.34	5.53	5.03	5.16	4.73
37	002402.SZ	和而泰	5.23	5.18	5.23	5.28	5.33	5.07
38	002456.SZ	欧菲科技	5.22	4.04	5.2	6.5	4.98	5.42
39	002635.SZ	安洁科技	5.21	5.6	5.66	4.67	4.96	4.65
40	603678.SH	火炬电子	5.2	5.19	5.07	5.17	5.4	5.44
41	002729.SZ	好利来	5.2	6.11	4.77	5.03	5.05	4.35
42	603738.SH	泰晶科技	5.19	5.57	5.4	4.98	4.93	4.33
43	300373.SZ	扬杰科技	5.18	5.37	5.12	5.34	4.84	4.88
44	002724.SZ	海洋王	5.18	5.99	5.04	4.76	5.02	4.65
45	002808.SZ	苏州恒久	5.17	5.99	5.16	4.97	4.6	4.27
46	002139.SZ	拓邦股份	5.16	5.03	5.52	5.06	5.02	4.95
47	300207.SZ	欣旺达	5.14	4.23	5.55	5.86	4.77	5.06
48	002587.SZ	奥拓电子	5.13	5.07	5.19	5.02	5.14	5.49
49	300232.SZ	洲明科技	5.13	4.51	5.58	5.22	5.17	5.31
50	002484.SZ	江海股份	5.12	5.82	5.33	4.47	5	4.49
51	300476.SZ	胜宏科技	5.12	4.88	5.34	5.26	5.22	4.53
52	002782.SZ	可立克	5.12	5.39	5.07	5.27	4.73	4.62
53	600261.SH	阳光照明	5.11	4.99	5.76	4.57	5.3	4.8
54	300346.SZ	南大光电	5.11	6.56	4.3	4.84	4.46	5.12
55	300390.SZ	天华超净	5.11	5.38	5.22	5.12	4.63	4.68
56	300219.SZ	鸿利智汇	5.1	4.83	5.36	5.02	5.3	5.04
57	002436.SZ	兴森科技	5.1	4.86	5.41	4.9	5.3	5.14
58	300389.SZ	艾比森	5.09	4.7	5.68	5.25	4.62	4.77

续表

排名	代码	公司名称	总得分	财务状况	估值与成长性	创值能力	公司治理	创新与研发
59	300516.SZ	久之洋	5.09	5.66	4.8	4.96	4.85	5.02
60	300502.SZ	新易盛	5.08	5.14	5.03	4.97	5.47	4.71
61	002189.SZ	利达光电	5.07	5.25	4.96	5.05	5.01	5.05
62	002049.SZ	紫光国微	5.06	5.4	4.29	5.63	4.75	5.25
63	000049.SZ	德赛电池	5.06	4.25	5.58	5.39	5.2	4.69
64	002449.SZ	国星光电	5.06	4.81	5.49	4.89	5.24	4.67
65	000636.SZ	风华高科	5.05	4.87	5.18	5.12	5.23	4.59
66	300328.SZ	宜安科技	5.05	5.09	5.06	5	5.04	5.02
67	300014.SZ	亿纬锂能	5.03	4.48	5.13	5.49	4.97	5.17
68	600171.SH	上海贝岭	5.03	6.04	3.89	4.99	5.02	5.62
69	300053.SZ	欧比特	5.03	5.41	4.75	4.99	4.97	4.98
70	002636.SZ	金安国纪	5.03	5.19	5	5.26	4.65	4.49
71	300046.SZ	台基股份	5.03	6.04	4.37	4.9	4.8	4.7
72	300543.SZ	朗科智能	5.02	4.99	5.19	5.07	4.96	4.52
73	300545.SZ	联得装备	5.02	4.95	4.9	5.21	4.94	5.19
74	000541.SZ	佛山照明	5.02	5.53	4.5	4.96	5.38	4.56
75	002351.SZ	漫步者	5	5.77	5.07	4.64	4.44	4.48
76	002141.SZ	贤丰控股	4.98	5.38	4.84	4.83	4.86	4.92
77	300303.SZ	聚飞光电	4.98	5.05	5.44	4.43	5.17	4.63
78	300162.SZ	雷曼股份	4.98	5.45	5.34	4.49	4.6	4.48
79	300184.SZ	力源信息	4.97	4.67	5.63	4.46	5.09	5.33
80	300582.SZ	英飞特	4.97	4.68	5.18	4.81	5.42	4.94
81	300323.SZ	华灿光电	4.97	4.23	5.19	5.21	5.54	4.81
82	300076.SZ	GQY视讯	4.97	6.23	4.49	4.52	4.4	4.95
83	000670.SZ	盈方微	4.96	5.52	4.6	4.95	4.52	5.22
84	002161.SZ	远望谷	4.96	4.98	4.66	4.9	5.42	5.25
85	300460.SZ	惠伦晶体	4.95	5.09	5.27	4.7	4.6	4.97
86	300078.SZ	思创医惠	4.95	5.03	5	4.95	4.64	5.11
87	603633.SH	徕木股份	4.95	5.01	5.1	4.81	4.97	4.68
88	002369.SZ	卓翼科技	4.95	4.55	5.48	4.64	5.09	5.28
89	600745.SH	闻泰科技	4.94	4.26	4.88	5.87	4.42	5.34
90	002463.SZ	沪电股份	4.94	4.59	5.43	4.66	5.36	4.55
91	002745.SZ	木林森	4.93	4.27	5.41	5.49	4.32	4.84

A股：按申万行业划分标准

续表

排名	代码	公司名称	总得分	财务状况	估值与成长性	创值能力	公司治理	创新与研发
92	002156.SZ	通富微电	4.93	4.7	5.47	4.57	5.06	4.87
93	002214.SZ	大立科技	4.93	4.9	5.04	4.76	5.07	4.93
94	000823.SZ	超声电子	4.92	5.14	5.63	3.98	4.95	4.96
95	002389.SZ	南洋科技	4.92	5.39	5.14	4.49	4.5	4.87
96	600584.SH	长电科技	4.92	4.29	5.44	4.8	5.34	4.89
97	000988.SZ	华工科技	4.91	4.66	5.11	4.95	4.93	4.96
98	300241.SZ	瑞丰光电	4.91	4.55	5.09	4.87	5.07	5.37
99	002384.SZ	东山精密	4.91	3.83	5.45	5.22	5.37	4.79
100	002618.SZ	丹邦科技	4.91	5.1	4.96	4.92	4.31	5.18
101	300331.SZ	苏大维格	4.91	4.88	5.03	4.67	5.36	4.5
102	600360.SH	华微电子	4.9	4.67	5.14	4.75	5.14	4.81
103	300131.SZ	英唐智控	4.89	4.2	5.58	4.89	4.71	5.29
104	000062.SZ	深圳华强	4.89	4.54	5.22	5.04	4.82	4.62
105	000532.SZ	华金资本	4.89	4.43	5.06	4.98	5.32	4.74
106	300319.SZ	麦捷科技	4.88	4.83	5.41	4.33	5.08	4.78
107	300102.SZ	乾照光电	4.88	4.75	5.3	4.38	5.27	4.88
108	300410.SZ	正业科技	4.87	4.76	5.17	4.75	4.68	5.03
109	002045.SZ	国光电器	4.87	4.36	5.24	4.72	5.41	4.77
110	300340.SZ	科恒股份	4.86	4.36	5.13	5.01	5	4.91
111	002655.SZ	共达电声	4.86	4.33	5.12	4.98	5.22	4.68
112	300282.SZ	三盛教育	4.85	4.97	4.95	4.31	5.2	5.26
113	002414.SZ	高德红外	4.84	5.09	4.74	4.89	4.43	5.02
114	002660.SZ	茂硕电源	4.83	4.36	5.36	4.68	4.99	4.88
115	600288.SH	大恒科技	4.83	4.57	5.02	4.5	5.27	5.37
116	002076.SZ	雪莱特	4.82	4.46	5.02	4.92	4.82	5.06
117	002106.SZ	莱宝高科	4.82	5.54	4.94	3.74	5.03	5.17
118	002134.SZ	天津普林	4.81	4.6	4.91	4.97	4.81	4.66
119	300438.SZ	鹏辉能源	4.81	4.51	5.32	4.97	4.36	4.42
120	300077.SZ	国民技术	4.8	5.25	4.95	4.06	4.69	5.54
121	600363.SH	联创光电	4.8	4.5	5.24	4.47	5.11	4.78
122	000733.SZ	振华科技	4.79	4.28	5.35	4.34	5.45	4.9
123	300493.SZ	润欣科技	4.79	4.27	4.79	5.24	4.67	5.23
124	300223.SZ	北京君正	4.79	6.05	3.29	5.01	4.67	5.08

续表

排名	代码	公司名称	总得分	财务状况	估值与成长性	创值能力	公司治理	创新与研发
125	300139.SZ	晓程科技	4.78	5.56	4.35	4.55	4.44	5.01
126	300227.SZ	光韵达	4.77	4.84	4.56	4.93	4.68	4.83
127	002371.SZ	北方华创	4.77	4.23	4.15	5.63	5.05	5.22
128	603936.SH	博敏电子	4.76	4.33	5.08	4.91	4.7	4.78
129	300566.SZ	激智科技	4.76	4.08	4.88	5.08	5.05	5.05
130	600884.SH	杉杉股份	4.76	4.25	5.13	4.76	4.88	4.97
131	002579.SZ	中京电子	4.75	4.52	4.61	4.91	5.1	4.84
132	600460.SH	士兰微	4.75	4.55	4.37	5.2	4.91	4.88
133	002119.SZ	康强电子	4.74	4.47	4.44	5.05	5.27	4.66
134	300128.SZ	锦富技术	4.72	4.56	4.76	4.63	5.14	4.62
135	002055.SZ	得润电子	4.71	3.81	5.06	4.86	5.31	4.85
136	300301.SZ	长方集团	4.7	4.57	4.98	4.16	5.49	4.57
137	600071.SH	凤凰光学	4.67	4.22	4.26	5.13	5.37	4.7
138	000020.SZ	深华发A	4.65	4.62	3.97	5.26	4.97	4.39
139	300322.SZ	硕贝德	4.64	3.99	4.43	5.15	5.06	5.02
140	300083.SZ	劲胜智能	4.63	4.12	5.29	4.27	4.77	5.1
141	600110.SH	诺德股份	4.62	4.27	4.05	4.87	5.53	5.17
142	000536.SZ	华映科技	4.61	4.89	5.19	3.13	5.51	5
143	002388.SZ	新亚制程	4.61	4.31	4.75	4.69	4.68	4.77
144	002288.SZ	超华科技	4.6	4.6	4.94	4.63	3.93	4.62
145	000045.SZ	深纺织A	4.59	5.15	5	3.52	4.82	4.5
146	300279.SZ	和晶科技	4.59	4.27	5.09	4.4	4.46	4.94
147	600478.SH	科力远	4.58	4.14	4.5	4.54	5.22	5.25
148	300256.SZ	星星科技	4.53	4.07	5.26	3.83	5.09	4.86
149	000701.SZ	厦门信达	4.52	4.31	5.22	3.51	5.27	4.78
150	002199.SZ	东晶电子	4.51	4.37	3.77	5.05	5.19	4.37
151	300220.SZ	金运激光	4.48	4.77	3.94	5.09	3.65	4.81
152	002684.SZ	猛狮科技	4.45	3.72	5.41	4.17	4.36	4.81
153	002638.SZ	勤上股份	4.45	4.94	4.95	3.45	4.45	4.49
154	002289.SZ	宇顺电子	4.45	4.06	3.77	4.95	5.22	4.83
155	600237.SH	铜峰电子	4.44	4.15	4.32	4.33	4.93	5.23
156	600651.SH	飞乐音响	4.39	3.71	5.54	3.4	4.91	5.15
157	300032.SZ	金龙机电	4.35	4.59	5.17	3.01	4.74	4.62

A股：按申万行业划分标准

续表

排名	代码	公司名称	总得分	财务状况	估值与成长性	创值能力	公司治理	创新与研发
158	002547.SZ	春兴精工	4.34	4.18	4.77	3.97	4.35	4.68
159	000727.SZ	华东科技	4.13	4.26	5.03	2.59	4.67	4.83
160	002005.SZ	德豪润达	4.02	3.99	4.9	2.42	4.96	4.78
161	600707.SH	彩虹股份	3.9	3.43	4.12	3.16	5.14	4.83
162	300116.SZ	坚瑞沃能	3.9	3.83	5.17	2.14	4.26	5.03

（八）纺织服装

排名	代码	公司名称	总得分	财务状况	估值与成长性	创值能力	公司治理	创新与研发
1	002563.SZ	森马服饰	6.04	5.71	5.41	7.83	4.88	5.48
2	002003.SZ	伟星股份	5.91	6.04	5.47	6.49	5.75	5.37
3	600987.SH	航民股份	5.86	6.37	5.33	6.48	5.35	4.84
4	000726.SZ	鲁泰A	5.81	5.69	5.75	6.69	4.9	5.14
5	002832.SZ	比音勒芬	5.77	6.73	4.96	6.03	5.58	4.73
6	002293.SZ	罗莱生活	5.65	5.35	5.13	6.67	5.57	5.07
7	002762.SZ	金发拉比	5.63	6.85	5.18	5.32	5.28	4.67
8	002327.SZ	富安娜	5.61	5.57	5.33	6.61	4.86	4.82
9	603518.SH	维格娜丝	5.61	6.38	5.38	5.46	4.95	5.56
10	002763.SZ	汇洁股份	5.56	6.42	5.16	5.78	4.88	4.65
11	603808.SH	歌力思	5.55	5.46	5.18	6.25	5.27	5.28
12	603889.SH	新澳股份	5.45	5.66	5.39	5.4	5.61	4.83
13	600370.SH	三房巷	5.45	6.7	5.21	4.64	4.93	5.75
14	002776.SZ	柏堡龙	5.43	6.43	5.32	4.96	4.74	5.4
15	002503.SZ	搜于特	5.4	4.57	5.33	6.44	5.39	4.95
16	300577.SZ	开润股份	5.36	4.9	4.91	6.37	5.24	5.3
17	002699.SZ	美盛文化	5.36	6.18	4.87	5.44	4.65	5.35
18	601566.SH	九牧王	5.33	5.77	5.16	5.43	5.06	4.57
19	603608.SH	天创时尚	5.3	5.52	5.2	5.24	5.56	4.63
20	002634.SZ	棒杰股份	5.22	5.75	5.26	5.08	4.73	4.72
21	002780.SZ	三夫户外	5.2	5.69	5.04	5.15	4.62	5.4
22	002083.SZ	孚日股份	5.2	4.41	5.67	5.56	5.16	5.08

185

续表

排名	代码	公司名称	总得分	财务状况	估值与成长性	创值能力	公司治理	创新与研发
23	002098.SZ	浔兴股份	5.19	4.85	5.14	5.73	4.86	5.39
24	600400.SH	红豆股份	5.17	4.31	4.83	6.5	5.1	4.89
25	002394.SZ	联发股份	5.17	4.92	5.68	5.09	5.1	4.72
26	603116.SH	红蜻蜓	5.16	5.12	5.13	5.52	4.85	4.77
27	002761.SZ	多喜爱	5.12	5.11	4.81	5.61	5.01	4.73
28	002404.SZ	嘉欣丝绸	5.08	4.4	5.39	5.33	5.48	4.72
29	603001.SH	奥康国际	5.07	5.56	5.32	4.28	5.28	4.76
30	002687.SZ	乔治白	5.06	5.16	5.12	5.06	5.05	4.54
31	600493.SH	凤竹纺织	5.03	4.77	5.23	5.13	5.21	4.59
32	002516.SZ	旷达科技	5.03	4.84	5.31	5.3	4.61	4.68
33	300526.SZ	中潜股份	5.03	4.65	5.2	5.67	4.3	5.04
34	002485.SZ	希努尔	5.02	5.09	5.02	5.25	4.7	4.65
35	603558.SH	健盛集团	5	4.99	5.63	4.49	4.89	4.85
36	002674.SZ	兴业科技	4.99	5.78	5.22	3.69	5.39	5.16
37	600689.SH	上海三毛	4.97	4.58	4.87	5.47	5.42	4.03
38	002034.SZ	旺能环境	4.97	5.13	4.31	5.61	4.57	5.25
39	600630.SH	龙头股份	4.96	4.68	5.18	4.97	5.09	4.92
40	002029.SZ	七匹狼	4.96	5.1	5.26	4.3	5.32	5.01
41	601339.SH	百隆东方	4.95	4.68	5.63	4.7	4.84	4.59
42	600232.SH	金鹰股份	4.94	4.91	5.16	4.77	4.85	5.13
43	002042.SZ	华孚时尚	4.94	3.82	5.41	5.5	5.16	4.83
44	002397.SZ	梦洁股份	4.93	4.69	5.03	4.83	5.14	5.41
45	002569.SZ	步森股份	4.93	5.18	4.42	5.31	4.75	4.84
46	600137.SH	浪莎股份	4.91	5.48	4.33	5.29	4.49	4.43
47	603958.SH	哈森股份	4.89	5.04	4.95	4.8	4.69	4.94
48	002144.SZ	宏达高科	4.89	5.32	5.07	4.34	4.6	5.21
49	002612.SZ	朗姿股份	4.87	4.92	5.34	4.04	5.15	5.37
50	002486.SZ	嘉麟杰	4.85	4.33	4.98	5.31	4.92	4.42
51	600070.SH	浙江富润	4.84	4.42	4.91	4.91	5	5.49
52	002656.SZ	摩登大道	4.83	4.77	4.34	5.23	5.09	4.87
53	600220.SH	江苏阳光	4.83	4.35	5.27	4.76	4.97	4.92
54	002154.SZ	报喜鸟	4.82	4.69	4.89	4.5	5.4	5.02
55	603555.SH	贵人鸟	4.81	4.35	5	5.32	4.13	5.34

A股：按申万行业划分标准

续表

排名	代码	公司名称	总得分	财务状况	估值与成长性	创值能力	公司治理	创新与研发
56	002494.SZ	华斯股份	4.78	5.28	4.9	4	4.77	5.45
57	600626.SH	申达股份	4.75	4.42	5.51	4.18	5.08	4.64
58	600146.SH	商赢环球	4.74	4.37	4.52	5.51	4.53	4.5
59	600448.SH	华纺股份	4.73	3.81	5.3	4.9	4.9	5.04
60	600107.SH	美尔雅	4.71	4.28	4.39	5.3	5.12	4.49
61	000955.SZ	欣龙控股	4.71	4.18	4.4	5.26	5.14	4.89
62	601599.SH	鹿港文化	4.7	3.88	5.23	4.85	5.14	4.35
63	002193.SZ	如意集团	4.69	4.54	5.23	4.13	4.74	5.24
64	002087.SZ	新野纺织	4.64	3.85	5.46	4.39	4.88	4.94
65	600152.SH	维科技术	4.61	4.01	4.77	4.74	5.24	4.46
66	300005.SZ	探路者	4.61	5.18	5.1	3.57	4.44	4.9
67	600156.SH	华升股份	4.57	4.04	4.89	4.62	4.9	4.46
68	000779.SZ	三毛派神	4.51	3.5	3.71	5.97	5.12	4.53
69	601718.SH	际华集团	4.42	4.39	5.33	3.13	4.91	4.87
70	000850.SZ	华茂股份	4.41	4.26	5.46	3.08	4.77	5.22
71	002269.SZ	美邦服饰	4.31	4.12	4.42	3.88	4.97	4.82
72	000611.SZ	天首发展	4.24	3.55	3.62	5.02	4.87	4.81
73	002291.SZ	星期六	4.23	4.52	4.63	3.06	4.79	4.74
74	600510.SH	黑牡丹	4.21	4.12	5.45	2.49	4.63	5.32
75	600177.SH	雅戈尔	4.11	4.31	5.21	2.06	5.16	4.57

（九）钢铁

排名	代码	公司名称	总得分	财务状况	估值与成长性	创值能力	公司治理	创新与研发
1	002110.SZ	三钢闽光	5.82	5.85	5.38	6.6	5.48	5.21
2	600019.SH	宝钢股份	5.79	5.05	5.69	6.87	5.17	6.18
3	600507.SH	方大特钢	5.58	5.57	5.18	5.97	5.76	5.32
4	000932.SZ	华菱钢铁	5.44	4.27	5.29	7.06	5.21	4.88
5	002756.SZ	永兴特钢	5.4	6.95	5.09	4.69	4.58	5.2
6	603878.SH	武进不锈	5.34	6.74	5.19	4.34	5.09	4.95
7	000825.SZ	太钢不锈	5.27	4.79	5.73	5.75	4.51	5.16

187

续表

排名	代码	公司名称	总得分	财务状况	估值与成长性	创值能力	公司治理	创新与研发
8	000898.SZ	鞍钢股份	5.23	4.89	5.74	5.15	5.19	5.02
9	600782.SH	新钢股份	5.23	5.07	5.41	5.52	5.04	4.55
10	600282.SH	南钢股份	5.19	4.42	5.36	5.8	5.21	5.16
11	000708.SZ	大冶特钢	5.18	5.59	5.77	4.05	5.34	5.37
12	600808.SH	马钢股份	5.14	4.68	5.37	5.48	5	5.05
13	601003.SH	柳钢股份	5.14	4.69	5.19	5.78	4.86	4.87
14	002478.SZ	常宝股份	5.11	6.34	5.06	4.05	5.18	4.61
15	002075.SZ	沙钢股份	5.09	5.47	4.14	5.67	5.26	4.75
16	600126.SH	杭钢股份	5.07	6.25	4.59	4.23	4.96	5.72
17	000717.SZ	韶钢松山	5.02	4.2	4.61	6.28	5.17	4.56
18	002318.SZ	久立特材	5.01	5.71	5.19	4.52	4.54	4.55
19	002443.SZ	金洲管道	4.94	5.52	4.6	4.5	5.18	5.2
20	600569.SH	安阳钢铁	4.92	4.33	5.15	5.3	4.93	4.79
21	600231.SH	凌钢股份	4.91	4.66	4.95	4.88	5.17	5.24
22	000761.SZ	本钢板材	4.88	4.43	5.89	4.5	4.72	4.63
23	600581.SH	八一钢铁	4.78	4.34	5.01	5.1	4.74	4.47
24	600022.SH	山东钢铁	4.59	4.6	4.58	4.21	5.17	4.68
25	000778.SZ	新兴铸管	4.59	4.73	5.02	3.69	4.97	4.9
26	600307.SH	酒钢宏兴	4.51	4.31	4.48	4.28	5.07	5.02
27	000709.SZ	河钢股份	4.5	4.41	5.55	3.08	5.1	4.86
28	600010.SH	包钢股份	4.46	4.36	4.49	4.2	4.71	5.08
29	000959.SZ	首钢股份	4.45	4.35	5.58	3.25	4.44	4.98
30	600117.SH	西宁特钢	4.1	3.73	3.97	4.2	4.7	4.31
31	601005.SH	重庆钢铁	4	3.59	3.79	3.94	4.96	4.36

(十)公用事业

排名	代码	公司名称	总得分	财务状况	估值与成长性	创值能力	公司治理	创新与研发
1	600900.SH	长江电力	5.9	5.23	5.49	7.78	4.8	5.28
2	601158.SH	重庆水务	5.74	6.18	5.31	6.2	5.55	4.46
3	603393.SH	新天然气	5.72	6.98	5.18	5.75	5.09	4.43

A股：按申万行业划分标准

续表

排名	代码	公司名称	总得分	财务状况	估值与成长性	创值能力	公司治理	创新与研发
4	300072.SZ	三聚环保	5.69	4.74	5.12	7.35	5.59	5.47
5	300137.SZ	先河环保	5.63	6.68	4.65	5.86	5.12	5.55
6	603568.SH	伟明环保	5.61	6.18	4.78	6.23	5.24	5.09
7	600674.SH	川投能源	5.6	5.31	5.49	6.62	4.98	4.67
8	300070.SZ	碧水源	5.58	5.26	5.46	6.22	5.23	5.55
9	600995.SH	文山电力	5.47	5.61	5.26	5.51	5.79	4.89
10	000301.SZ	东方市场	5.46	6.62	4.85	5.49	4.94	4.54
11	002700.SZ	新疆浩源	5.46	6.8	4.76	5.69	4.47	4.39
12	300335.SZ	迪森股份	5.44	5.49	5.01	5.74	5.58	5.39
13	300203.SZ	聚光科技	5.4	5.21	4.8	6.07	5.4	5.79
14	000722.SZ	湖南发展	5.4	6.9	5.19	4.49	5.06	4.78
15	300425.SZ	环能科技	5.38	5.6	5.15	5.56	5.27	5.05
16	601199.SH	江南水务	5.36	5.66	5.45	5.2	5.47	4.34
17	601985.SH	中国核电	5.35	4.57	5.25	6.5	4.67	5.74
18	600236.SH	桂冠电力	5.34	5.18	4.7	6.51	4.84	5.13
19	600803.SH	新奥股份	5.31	4.47	5.43	5.86	5.71	5.14
20	000068.SZ	华控赛格	5.31	5.42	4.84	5.66	5.3	5.32
21	000920.SZ	南方汇通	5.28	5.25	4.84	5.7	5.57	4.91
22	300172.SZ	中电环保	5.28	5.53	5.03	5.66	4.55	5.46
23	000826.SZ	启迪桑德	5.27	4.35	5.51	5.91	5.47	5.07
24	002672.SZ	东江环保	5.27	4.81	4.95	5.94	5.37	5.43
25	600323.SH	瀚蓝环境	5.27	4.8	5.45	5.63	5.35	4.81
26	300055.SZ	万邦达	5.26	5.65	5.06	5.29	5.13	4.77
27	000967.SZ	盈峰环境	5.26	4.9	5.31	5.71	5.16	5.02
28	603126.SH	中材节能	5.25	5.09	5.12	5.52	5.36	5.09
29	600886.SH	国投电力	5.22	4.56	5.46	5.78	5.07	5.07
30	000544.SZ	中原环保	5.22	6.14	5.14	4.93	4.44	4.87
31	601139.SH	深圳燃气	5.22	4.81	5.4	5.71	5.03	4.69
32	603588.SH	高能环境	5.21	4.62	5.27	5.66	5.22	5.52
33	600874.SH	创业环保	5.21	5.39	4.8	5.61	5.06	4.94
34	300422.SZ	博世科	5.2	4.25	5.15	5.88	5.68	5.34
35	002341.SZ	新纶科技	5.19	4.77	4.69	5.85	5.45	5.64
36	002573.SZ	清新环境	5.19	4.55	5.06	5.88	5.18	5.45

189

续表

排名	代码	公司名称	总得分	财务状况	估值与成长性	创值能力	公司治理	创新与研发
37	600101.SH	明星电力	5.18	5.55	5.31	4.8	5.14	4.91
38	600023.SH	浙能电力	5.18	5.58	5.49	4.72	4.84	5
39	000598.SZ	兴蓉环境	5.17	5.19	5.33	5.17	5.11	4.75
40	002479.SZ	富春环保	5.17	5.12	5.32	5.38	4.83	4.7
41	002267.SZ	陕天然气	5.16	5	5.48	5.18	5.01	4.85
42	000690.SZ	宝新能源	5.15	5.92	4.51	5.1	5.18	4.86
43	600461.SH	洪城水业	5.15	4.71	5.61	5.25	5.1	4.79
44	300190.SZ	维尔利	5.13	5.35	5.41	4.91	4.6	5.27
45	600116.SH	三峡水利	5.13	5.16	4.56	5.64	5.58	4.35
46	600917.SH	重庆燃气	5.13	5.03	4.75	5.68	5.17	4.82
47	600452.SH	涪陵电力	5.13	5.16	4.69	5.89	4.89	4.39
48	600131.SH	岷江水电	5.13	4.96	4.89	5.65	5.21	4.54
49	000685.SZ	中山公用	5.11	5.58	5.22	4.88	4.76	4.59
50	600982.SH	宁波热电	5.1	5.99	5.18	4.38	4.97	4.51
51	000593.SZ	大通燃气	5.08	5.35	4.38	5.59	5.31	4.39
52	000883.SZ	湖北能源	5.08	5.06	5.46	4.92	5	4.56
53	300263.SZ	隆华节能	5.08	5.72	4.49	5.26	4.68	5.05
54	600644.SH	乐山电力	5.07	4.99	4.74	5.27	5.71	4.61
55	300388.SZ	国祯环保	5.07	3.79	5.43	5.62	5.34	5.82
56	601368.SH	绿城水务	5.06	4.77	5.22	5.4	4.89	4.71
57	000040.SZ	东旭蓝天	5.04	5.06	5.7	4.5	4.56	5.54
58	300187.SZ	永清环保	5.04	4.94	4.76	5.82	4.19	5.27
59	600780.SH	通宝能源	5.03	5.16	5.6	4.35	5.3	4.47
60	002039.SZ	黔源电力	5.02	4.94	5.67	4.75	4.57	4.9
61	000601.SZ	韶能股份	5.02	5.01	5.15	4.81	5.44	4.46
62	600505.SH	西昌电力	5.01	4.83	5.02	5.02	5.4	4.83
63	600868.SH	梅雁吉祥	5.01	6.28	3.47	5.58	4.81	4.37
64	002524.SZ	光正集团	5	4.76	4.59	5.62	5.25	4.65
65	601016.SH	节能风电	5	4.84	4.96	5.19	4.96	5.08
66	600283.SH	钱江水利	4.98	4.71	4.83	5.47	5.15	4.48
67	300262.SZ	巴安水务	4.98	4.37	5.31	5.25	4.78	5.4
68	300156.SZ	神雾环保	4.97	4.88	4.6	5.63	4.19	5.84
69	600168.SH	武汉控股	4.97	4.92	5.63	4.52	4.83	4.67

A股：按申万行业划分标准

续表

排名	代码	公司名称	总得分	财务状况	估值与成长性	创值能力	公司治理	创新与研发
70	300334.SZ	津膜科技	4.96	4.77	4.84	5.14	5.07	5.21
71	300056.SZ	三维丝	4.94	4.68	4.95	5.37	4.48	5.18
72	000695.SZ	滨海能源	4.93	3.94	4.79	5.79	5.29	5.11
73	600008.SH	首创股份	4.93	4.53	5.37	4.72	5.3	4.74
74	600719.SH	大连热电	4.91	4.4	4.82	5.54	5.02	4.58
75	300125.SZ	易世达	4.9	5.27	4.2	5.59	4.22	5.05
76	000669.SZ	金鸿控股	4.89	4.43	5.31	4.8	5.26	4.63
77	600979.SH	广安爱众	4.88	4.77	5.01	4.8	5.16	4.54
78	600642.SH	申能股份	4.87	5.02	5.59	4.11	4.7	4.89
79	600292.SH	远达环保	4.87	4.9	5.14	4.37	5.13	5.05
80	600098.SH	广州发展	4.86	4.9	5.25	4.16	5.31	4.89
81	000407.SZ	胜利股份	4.85	4.75	4.86	5.04	4.81	4.61
82	300332.SZ	天壕环境	4.83	4.45	5.29	4.7	4.86	4.99
83	000421.SZ	南京公用	4.83	4.72	5.65	4.26	4.85	4.32
84	600635.SH	大众公用	4.82	4.52	5.03	4.93	4.87	4.65
85	000899.SZ	赣能股份	4.82	5.28	4.8	4.32	4.79	5.09
86	000531.SZ	穗恒运A	4.81	4.75	5.2	4.24	5.23	4.83
87	000037.SZ	深南电A	4.78	5.02	3.79	5.26	5.27	4.77
88	600969.SH	郴电国际	4.78	4.93	5.66	3.67	5.02	4.59
89	600187.SH	国中水务	4.78	5.36	3.85	4.91	5.28	4.49
90	000966.SZ	长源电力	4.74	4.73	5.07	4.26	5.03	4.65
91	600863.SH	内蒙华电	4.74	4.29	5.43	4.34	4.92	4.87
92	300152.SZ	科融环境	4.73	4.84	4.35	5.08	4.37	5.12
93	000027.SZ	深圳能源	4.72	4.53	5.72	3.53	5.18	5.08
94	000005.SZ	世纪星源	4.7	4.4	4.13	5.49	4.63	5.1
95	000791.SZ	甘肃电投	4.69	4.67	4.89	4.21	5.27	4.53
96	000539.SZ	粤电力A	4.64	4.8	5.21	3.66	4.89	5.02
97	600617.SH	国新能源	4.62	4.1	4.79	4.74	4.82	4.98
98	000543.SZ	皖能电力	4.58	4.87	5.48	3.35	4.78	4.3
99	000600.SZ	建投能源	4.58	4.81	5.25	3.67	4.54	4.64
100	600310.SH	桂东电力	4.57	4.13	4.92	4.87	4.23	4.56
101	600509.SH	天富能源	4.57	4.24	5.3	3.9	5.04	4.53
102	600333.SH	长春燃气	4.56	4.14	4.41	5.07	4.67	4.49

191

续表

排名	代码	公司名称	总得分	财务状况	估值与成长性	创值能力	公司治理	创新与研发
103	600021.SH	上海电力	4.53	4.3	5.13	3.88	5.03	4.53
104	600578.SH	京能电力	4.5	4.66	5.22	3.23	4.9	5
105	001896.SZ	豫能控股	4.46	4.12	5.39	3.57	4.79	4.77
106	000862.SZ	银星能源	4.45	4.31	4.62	4.08	4.96	4.59
107	000692.SZ	惠天热电	4.45	3.83	4.64	4.78	4.74	4.19
108	600011.SH	华能国际	4.41	4.39	5.55	2.6	5.2	5.15
109	600744.SH	华银电力	4.37	4.11	4.64	4.17	4.16	5.45
110	600726.SH	华电能源	4.27	3.79	4.7	4.15	4.39	4.65
111	600396.SH	金山股份	4.26	4.06	4.75	3.59	4.75	4.59
112	601991.SH	大唐发电	4.25	4.21	5.06	2.68	5.37	4.78
113	000875.SZ	吉电股份	4.19	3.93	4.74	3.33	4.97	4.65
114	300090.SZ	盛运环保	4.14	4.34	3.87	3.89	4.26	5.01
115	600027.SH	华电国际	4.14	4.36	5.48	1.86	4.89	5.09
116	600795.SH	国电电力	4.09	4.25	5.47	1.75	5.05	4.98
117	000767.SZ	漳泽电力	4	3.95	4.73	2.63	4.91	4.54

（十一）国防军工

排名	代码	公司名称	总得分	财务状况	估值与成长性	创值能力	公司治理	创新与研发
1	300474.SZ	景嘉微	5.68	6.89	4.74	6.19	4.62	5.13
2	300456.SZ	耐威科技	5.62	6.18	5.71	5.48	4.87	5.39
3	002829.SZ	星网宇达	5.49	5.52	5.17	5.8	5.73	5.05
4	600562.SH	国睿科技	5.48	5.32	5.21	5.99	5.23	5.73
5	000547.SZ	航天发展	5.45	5.92	5.37	5.31	5.12	5.28
6	000738.SZ	航发控制	5.4	5.98	5.2	5.33	5.16	4.75
7	300527.SZ	中国应急	5.38	5.34	5.38	5.87	4.87	4.8
8	002013.SZ	中航机电	5.34	4.75	5.42	5.83	5.58	4.95
9	600967.SH	内蒙一机	5.29	5.12	5.34	6.03	4.55	4.63
10	300424.SZ	航新科技	5.28	4.98	5.19	5.82	5.03	5.23
11	300034.SZ	钢研高纳	5.28	5.65	5.25	5.28	4.8	5
12	600118.SH	中国卫星	5.27	5.03	5.05	5.85	4.97	5.48

A股：按申万行业划分标准

续表

排名	代码	公司名称	总得分	财务状况	估值与成长性	创值能力	公司治理	创新与研发
13	300581.SZ	晨曦航空	5.24	5.54	5.03	5.65	4.7	4.61
14	002413.SZ	雷科防务	5.24	5.75	5.08	4.71	5.47	5.32
15	002608.SZ	江苏国信	5.23	4.51	4.99	6.21	5.37	4.95
16	600372.SH	中航电子	5.23	4.46	5.45	5.81	5.53	4.58
17	600038.SH	中直股份	5.21	4.29	5.43	6.04	5.14	4.87
18	002023.SZ	海特高新	5.2	6	4.55	5.1	5.2	5
19	600760.SH	中航沈飞	5.18	4.45	4.49	6.69	5.28	4.67
20	600990.SH	四创电子	5.17	4.5	5.18	5.81	5.19	5.24
21	300101.SZ	振芯科技	5.16	5.01	4.87	5.9	4.72	5
22	300159.SZ	新研股份	5.12	5.55	5.33	4.77	4.63	5.01
23	002151.SZ	北斗星通	5.08	5.15	4.76	5.26	5.14	5.24
24	000768.SZ	中航飞机	5.08	4.63	5.38	5.26	5.11	4.91
25	601890.SH	亚星锚链	5.08	6.31	5.07	4.13	5.02	4.18
26	600435.SH	北方导航	5.05	4.68	4.56	5.67	5.53	4.96
27	600879.SH	航天电子	5.05	4.47	5.58	5.03	5.12	5.14
28	600862.SH	中航高科	4.99	4.87	5.09	5.05	5.11	4.53
29	600184.SH	光电股份	4.98	4.54	4.94	5.31	5.24	4.96
30	000519.SZ	中兵红箭	4.96	5.37	5.19	4.31	5.18	4.6
31	300397.SZ	天和防务	4.86	5.37	4.28	5.17	4.35	5.11
32	600893.SH	航发动力	4.85	4.48	5.29	4.44	5.36	5.05
33	600343.SH	航天动力	4.82	4.68	4.86	4.83	4.96	4.86
34	600391.SH	航发科技	4.8	4.35	4.97	5	5.09	4.55
35	300008.SZ	天海防务	4.77	4.51	5.57	4.48	4.34	4.74
36	600677.SH	航天通信	4.76	4.02	5.46	4.31	5.41	5.12
37	300123.SZ	亚光科技	4.71	4.75	5.14	4.22	4.75	4.71
38	600316.SH	洪都航空	4.51	4.26	4.95	4.09	4.91	4.46
39	002297.SZ	博云新材	4.51	4.65	3.98	4.58	5.03	4.52
40	002190.SZ	成飞集成	4.46	4.82	5.11	3.76	3.84	4.56
41	600072.SH	中船科技	4.39	4.19	4.36	4.41	4.5	4.86
42	601989.SH	中国重工	3.99	4.26	5.1	1.67	5.11	5.05
43	600685.SH	中船防务	3.96	3.75	4.69	2.75	4.65	4.93

193

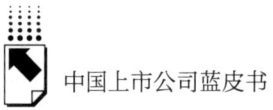

（十二）化工

排名	代码	公司名称	总得分	财务状况	估值与成长性	创值能力	公司治理	创新与研发
1	600309.SH	万华化学	5.81	4.54	5.58	7.8	5.1	5.49
2	600688.SH	上海石化	5.77	5.31	5.18	7.29	5.29	5.05
3	300446.SZ	乐凯新材	5.68	7.06	4.95	5.38	5.34	5.09
4	002749.SZ	国光股份	5.66	7.02	5.2	5.58	4.7	4.81
5	300107.SZ	建新股份	5.66	6.81	5.11	5.63	5.08	4.92
6	002450.SZ	康得新	5.61	4.95	5.6	6.34	5.28	6.03
7	002802.SZ	洪汇新材	5.55	6.61	5.03	5.46	4.81	5.38
8	002382.SZ	蓝帆医疗	5.53	5.66	5.39	5.79	5.36	4.94
9	002224.SZ	三力士	5.52	6.84	5.09	4.98	5.31	4.78
10	603585.SH	苏利股份	5.52	6.57	5.49	5.02	4.88	5.01
11	300429.SZ	强力新材	5.52	6.13	5.28	5.59	4.98	5.05
12	300054.SZ	鼎龙股份	5.51	6.16	5.38	5.07	5.39	5.39
13	002643.SZ	万润股份	5.5	6.15	5.65	4.87	5.31	5.26
14	300109.SZ	新开源	5.5	6.17	5.18	5.36	5.23	5.22
15	300522.SZ	世名科技	5.49	6.75	4.93	5.52	4.5	4.98
16	300481.SZ	濮阳惠成	5.49	6.44	5.17	5.57	4.32	5.34
17	002601.SZ	龙蟒佰利	5.48	4.54	5.73	6.19	5.35	5.66
18	603798.SH	康普顿	5.45	5.83	5.16	5.24	5.68	5.35
19	600176.SH	中国巨石	5.43	4.87	5.37	6.23	5.41	4.78
20	600299.SH	安迪苏	5.4	6.18	4.88	5.3	5.21	5.22
21	600486.SH	扬农化工	5.4	4.97	5.76	5.77	5.08	4.96
22	300530.SZ	达志科技	5.4	7.01	4.57	5.39	4.09	5.3
23	300487.SZ	蓝晓科技	5.39	5.67	5.06	5.66	5.12	5.15
24	002440.SZ	闰土股份	5.37	5.92	5.16	5.23	5.27	4.83
25	300132.SZ	青松股份	5.36	5.37	5.19	5.6	5.46	4.89
26	600230.SH	沧州大化	5.36	4.93	5.16	6.11	5.46	4.74
27	600028.SH	中国石化	5.36	4.71	5.29	6.11	5.26	5.42
28	002809.SZ	红墙股份	5.36	6.01	5.14	5.06	5.05	5.47
29	002597.SZ	金禾实业	5.32	5.22	5.32	5.88	4.76	4.91
30	002827.SZ	高争民爆	5.32	6.4	5.05	5.23	4.41	4.64
31	603010.SH	万盛股份	5.31	5.32	5.37	5.32	5.46	4.78
32	300535.SZ	达威股份	5.31	6.5	4.79	5.08	4.67	5.06

A股：按申万行业划分标准

续表

排名	代码	公司名称	总得分	财务状况	估值与成长性	创值能力	公司治理	创新与研发
33	603188.SH	亚邦股份	5.3	5.86	5.27	4.76	5.59	4.8
34	002709.SZ	天赐材料	5.3	5.02	5.03	5.58	5.72	5.4
35	300037.SZ	新宙邦	5.29	5.37	5.3	5.48	4.82	5.29
36	002258.SZ	利尔化学	5.29	4.9	5.54	5.55	5.3	4.89
37	300285.SZ	国瓷材料	5.29	5.27	5.18	5.63	4.99	5.13
38	002753.SZ	永东股份	5.29	5.27	5.33	5.46	5.21	4.77
39	300568.SZ	星源材质	5.28	5.2	5.33	5.51	5.08	4.96
40	300459.SZ	金科文化	5.27	5.91	5.38	4.74	4.79	5.5
41	002108.SZ	沧州明珠	5.26	5.51	5.08	5.32	5.38	4.64
42	300200.SZ	高盟新材	5.26	6.42	5.25	4.46	4.7	5.19
43	002805.SZ	丰元股份	5.26	5.95	4.99	5.35	4.6	4.75
44	603601.SH	再升科技	5.26	5.28	5.4	5.38	4.93	4.93
45	603928.SH	兴业股份	5.25	5.85	5.01	5.23	4.86	4.9
46	601216.SH	君正集团	5.25	5.19	5.18	5.61	4.94	5.1
47	002409.SZ	雅克科技	5.25	5.22	5.13	5.49	5.23	5.02
48	600426.SH	华鲁恒升	5.25	4.96	5.3	5.84	4.86	4.84
49	600160.SH	巨化股份	5.25	5.48	5.23	5.18	5.26	4.76
50	002254.SZ	泰和新材	5.25	5.68	5	5.22	4.99	5.24
51	603968.SH	醋化股份	5.25	5.29	5.24	5.19	5.44	4.93
52	601233.SH	桐昆股份	5.25	4.54	5.36	5.84	5.54	4.65
53	300305.SZ	裕兴股份	5.24	6.71	4.97	4.19	5.03	5.17
54	603067.SH	振华股份	5.24	5.58	5.1	5.35	4.99	4.62
55	002741.SZ	光华科技	5.23	5.01	5.07	5.5	5.37	5.31
56	600527.SH	江南高纤	5.22	6.7	4.99	4.34	4.81	4.8
57	000819.SZ	岳阳兴长	5.22	5.95	4.48	5.29	5.39	4.62
58	300236.SZ	上海新阳	5.21	5.71	4.69	5.39	4.94	5.24
59	300576.SZ	容大感光	5.21	5.55	4.89	5.41	4.99	4.87
60	002632.SZ	道明光学	5.2	5.96	5.12	5.11	4.34	4.91
61	002825.SZ	纳尔股份	5.2	5.4	5.1	5.29	5.1	4.75
62	002669.SZ	康达新材	5.19	6.02	4.74	5.15	4.7	5.03
63	002562.SZ	兄弟科技	5.19	5.39	5.47	5.14	4.54	5.06
64	000985.SZ	大庆华科	5.19	5.38	4.93	5.18	5.59	4.7
65	300505.SZ	川金诺	5.19	5.36	5.06	5.41	4.96	4.74

195

续表

排名	代码	公司名称	总得分	财务状况	估值与成长性	创值能力	公司治理	创新与研发
66	000637.SZ	茂化实华	5.19	5.69	4.99	4.96	5.24	4.76
67	601678.SH	滨化股份	5.18	5.21	5.32	4.94	5.39	5.02
68	300387.SZ	富邦股份	5.18	5.35	5.25	5	4.84	5.7
69	600182.SH	S佳通	5.17	5.37	5.04	5.48	4.81	4.63
70	300398.SZ	飞凯材料	5.17	5.17	4.97	5.44	5	5.3
71	300019.SZ	硅宝科技	5.16	5.4	4.9	5.17	5.32	4.9
72	002206.SZ	海利得	5.16	4.95	5.6	5	5.11	5.02
73	600378.SH	天科股份	5.16	5.23	4.86	5.27	5.34	5.17
74	603737.SH	三棵树	5.15	4.83	5.02	5.6	5.1	5.32
75	002497.SZ	雅化集团	5.15	5.08	4.97	5.36	5.34	4.94
76	000096.SZ	广聚能源	5.15	6.28	4.46	4.99	4.79	4.9
77	300537.SZ	广信材料	5.15	5.56	5.15	4.95	4.6	5.48
78	000830.SZ	鲁西化工	5.15	4.14	5.27	6.1	5.19	4.83
79	000818.SZ	航锦科技	5.14	5.24	4.94	5.31	5.21	4.81
80	600352.SH	浙江龙盛	5.14	4.45	5.33	5.72	5.1	4.9
81	603033.SH	三维股份	5.13	5.68	5.09	4.77	5.22	4.45
82	300073.SZ	当升科技	5.13	4.65	4.93	5.76	5.27	5.01
83	002360.SZ	同德化工	5.13	5.62	4.96	4.89	5.2	4.71
84	603026.SH	石大胜华	5.13	4.87	5.21	5.32	5.21	4.92
85	002391.SZ	长青股份	5.12	5.33	5.53	4.57	5.1	4.97
86	002549.SZ	凯美特气	5.12	5.28	4.84	5.28	5.05	5.13
87	300121.SZ	阳谷华泰	5.12	4.59	5.27	5.65	4.94	4.99
88	002408.SZ	齐翔腾达	5.11	4.7	5.24	5.66	4.73	4.91
89	300321.SZ	同大股份	5.11	5.67	4.98	4.89	4.84	4.93
90	600746.SH	江苏索普	5.11	5.15	4.9	5.25	5.39	4.67
91	603822.SH	嘉澳环保	5.11	4.79	5.32	5.15	5.29	4.99
92	300041.SZ	回天新材	5.11	5.49	5.02	4.9	4.82	5.37
93	002250.SZ	联化科技	5.1	5.18	5.58	4.45	5.13	5.4
94	600409.SH	三友化工	5.1	4.17	5.3	5.82	5.24	4.86
95	300196.SZ	长海股份	5.1	5.51	5.41	4.77	4.63	4.65
96	300575.SZ	中旗股份	5.09	4.85	5.59	5.17	4.62	4.87
97	603599.SH	广信股份	5.09	5.39	5.5	4.69	4.67	4.84
98	002783.SZ	凯龙股份	5.09	5.45	5.2	4.62	5.25	4.75

A股：按申万行业划分标准

续表

排名	代码	公司名称	总得分	财务状况	估值与成长性	创值能力	公司治理	创新与研发
99	300437.SZ	清水源	5.08	5.12	5.23	5.09	4.83	4.91
100	002493.SZ	荣盛石化	5.08	4.03	5.26	5.89	5.15	5.17
101	002734.SZ	利民股份	5.08	5.09	5.32	4.73	5.28	4.99
102	600985.SH	雷鸣科化	5.07	5.25	5.1	4.69	5.44	4.97
103	002211.SZ	宏达新材	5.07	5.16	5.1	5.15	4.96	4.58
104	300478.SZ	杭州高新	5.06	5.09	5.12	5.33	4.53	4.92
105	002778.SZ	高科石化	5.06	5.43	4.91	5.1	4.75	4.8
106	002748.SZ	世龙实业	5.05	5.55	5.23	4.78	4.63	4.51
107	300067.SZ	安诺其	5.05	5.21	5.01	5.12	4.66	5.2
108	300409.SZ	道氏技术	5.05	4.56	5.07	5.53	4.75	5.55
109	000703.SZ	恒逸石化	5.05	4.27	5.21	5.53	5.3	4.99
110	002810.SZ	山东赫达	5.04	4.73	5.31	5.13	5.04	4.88
111	300320.SZ	海达股份	5.04	4.99	4.91	5.26	5.08	4.82
112	600389.SH	江山股份	5.04	4.4	5.27	5.44	5.05	5.06
113	300192.SZ	科斯伍德	5.04	5.32	5.13	5.1	4.4	4.82
114	600727.SH	鲁北化工	5.04	5.3	4.92	4.9	5.12	4.81
115	300174.SZ	元力股份	5.03	4.67	4.67	5.62	5.21	5.17
116	300180.SZ	华峰超纤	5.03	4.57	5.25	5.16	5.31	4.82
117	600618.SH	氯碱化工	5.02	4.55	4.75	5.81	5.04	4.8
118	600596.SH	新安股份	5.01	4.38	5.02	5.37	5.42	5.17
119	300225.SZ	金力泰	5.01	5.42	4.63	5.18	4.84	4.69
120	002407.SZ	多氟多	5.01	4.48	4.94	5.29	5.4	5.38
121	300214.SZ	日科化学	5.01	5.88	5.27	4.34	4.35	4.74
122	300539.SZ	横河模具	5.01	4.66	5.3	5.44	4.5	4.75
123	002246.SZ	北化股份	5	5.15	4.85	4.74	5.43	5.01
124	002395.SZ	双象股份	5	5.17	4.89	5.16	4.65	4.9
125	000525.SZ	红太阳	5	4.37	5.54	5	5.02	5.23
126	002226.SZ	江南化工	4.99	5.29	4.99	4.56	5.27	4.92
127	002768.SZ	国恩股份	4.99	4.4	5.12	5.67	4.77	4.63
128	600367.SH	红星发展	4.98	4.98	5.04	4.89	5.18	4.76
129	002053.SZ	云南能投	4.98	5.08	4.96	4.87	5.21	4.65
130	603002.SH	宏昌电子	4.97	4.85	5.1	5.03	4.79	5.07
131	002136.SZ	安纳达	4.97	4.73	4.86	5.25	5.03	5.02

续表

排名	代码	公司名称	总得分	财务状况	估值与成长性	创值能力	公司治理	创新与研发
132	002455.SZ	百川股份	4.96	4.56	5.14	5	5.31	4.9
133	002215.SZ	诺普信	4.96	4.49	4.76	5.3	5.41	5.19
134	601966.SH	玲珑轮胎	4.96	4.37	5.37	5.45	4.48	4.84
135	002221.SZ	东华能源	4.96	4.08	5.59	5.09	5.14	4.98
136	300261.SZ	雅本化学	4.96	4.7	5.46	5.01	4.4	5
137	600143.SH	金发科技	4.95	4.51	5.25	4.78	5.42	5.13
138	002256.SZ	兆新股份	4.95	4.67	4.83	5.12	5.1	5.45
139	300221.SZ	银禧科技	4.95	4.66	4.99	5	5.19	5.17
140	600315.SH	上海家化	4.95	5.08	4.04	5.58	5.09	5.24
141	002015.SZ	霞客环保	4.95	5.4	4.02	5.53	4.83	4.84
142	002470.SZ	金正大	4.95	4.86	5.17	4.99	4.54	5.16
143	000584.SZ	哈工智能	4.95	4.83	4.25	5.46	5.49	4.94
144	002064.SZ	华峰氨纶	4.94	4.72	5.19	4.96	5.08	4.5
145	002683.SZ	宏大爆破	4.94	4.6	5.19	4.77	5.38	4.94
146	300243.SZ	瑞丰高材	4.94	4.77	4.74	5.39	4.83	4.85
147	002381.SZ	双箭股份	4.94	5.44	4.66	4.61	5.08	5
148	002584.SZ	西陇科学	4.94	4.86	4.73	5.13	5.19	4.76
149	600731.SH	湖南海利	4.93	4.47	5.22	4.82	5.38	5.05
150	000553.SZ	沙隆达A	4.93	4.96	4.98	5.28	4.11	5.09
151	002476.SZ	宝莫股份	4.93	5.11	4.43	5.06	5.22	5
152	002010.SZ	传化智联	4.93	4.8	5.23	5.03	4.52	4.81
153	002145.SZ	中核钛白	4.93	4.3	5.26	5.03	5.26	4.92
154	603823.SH	百合花	4.93	4.97	5	5.14	4.42	4.79
155	002361.SZ	神剑股份	4.91	5.02	4.99	4.75	4.92	4.82
156	601500.SH	通用股份	4.9	4.65	5.09	5.08	4.69	4.86
157	300163.SZ	先锋新材	4.89	4.9	4.83	4.96	5.05	4.58
158	600714.SH	金瑞矿业	4.89	5.38	3.81	5.21	5.35	4.94
159	002324.SZ	普利特	4.88	4.73	5.29	4.93	4.32	4.95
160	002002.SZ	鸿达兴业	4.88	4.23	5.12	5.26	4.96	4.86
161	300230.SZ	永利股份	4.88	4.89	5.23	4.64	4.75	4.73
162	000554.SZ	泰山石油	4.87	5.48	4.06	5.13	4.89	4.72
163	002588.SZ	史丹利	4.87	4.65	5.2	4.46	5.27	5.06
164	002165.SZ	红宝丽	4.86	4.58	5.2	4.56	5.17	5.03

A股：按申万行业划分标准

续表

排名	代码	公司名称	总得分	财务状况	估值与成长性	创值能力	公司治理	创新与研发
165	600722.SH	金牛化工	4.86	5.59	3.68	5.14	5.34	4.4
166	002061.SZ	浙江交科	4.85	4.15	4.92	5.6	4.42	5.34
167	603077.SH	和邦生物	4.85	5.04	5.19	4.33	4.85	4.82
168	002538.SZ	司尔特	4.85	5.34	5.18	3.87	5.08	4.95
169	002453.SZ	华软科技	4.85	4.35	4.8	5.23	5.31	4.53
170	000822.SZ	山东海化	4.84	4.53	4.75	5.21	5.09	4.47
171	002442.SZ	龙星化工	4.83	4.38	4.86	5.43	4.58	4.73
172	000973.SZ	佛塑科技	4.83	4.66	4.95	4.62	5.35	4.68
173	002666.SZ	德联集团	4.83	5.25	5.13	3.96	4.97	5
174	300218.SZ	安利股份	4.82	4.55	5.64	4.37	4.52	5.13
175	601208.SH	东材科技	4.82	5.02	5.03	3.94	5.37	5.35
176	002648.SZ	卫星石化	4.82	4.75	4.75	5.08	4.64	4.71
177	000545.SZ	金浦钛业	4.81	4.79	4.7	4.8	5.13	4.71
178	002092.SZ	中泰化学	4.81	4.04	5.46	4.57	5.44	4.77
179	002319.SZ	乐通股份	4.81	4.59	4.25	5.49	4.94	4.87
180	002201.SZ	九鼎新材	4.8	4.13	5.43	4.96	4.41	5.2
181	000565.SZ	渝三峡A	4.8	4.97	4.37	4.77	5.28	4.84
182	601163.SH	三角轮胎	4.79	4.52	5.28	4.55	4.82	4.85
183	002068.SZ	黑猫股份	4.79	4.03	5.21	5.04	4.96	4.83
184	002172.SZ	澳洋科技	4.79	4.08	5.09	4.93	5.02	5.22
185	002125.SZ	湘潭电化	4.78	4.37	5.14	5	4.51	4.71
186	000782.SZ	美达股份	4.78	4.16	5.1	5.06	4.85	4.73
187	601113.SH	华鼎股份	4.78	4.75	4.38	5.11	5.11	4.45
188	603299.SH	井神股份	4.77	4.59	4.97	4.87	4.52	4.85
189	000859.SZ	国风塑业	4.77	4.5	5.05	4.46	5.15	5.02
190	000510.SZ	金路集团	4.76	4.49	4.36	5.29	5.13	4.53
191	000059.SZ	华锦股份	4.76	4.3	5.22	4.38	5.26	5.08
192	601058.SH	赛轮金宇	4.75	4.25	5.53	4.09	5.23	5.18
193	000990.SZ	诚志股份	4.74	4.83	5.15	3.98	4.96	5.18
194	002326.SZ	永太科技	4.74	4.39	4.68	5.03	4.72	5.15
195	000677.SZ	恒天海龙	4.73	4.68	3.71	5.41	5.55	4.4
196	000731.SZ	四川美丰	4.72	4.59	5.16	4.01	5.51	4.61
197	600589.SH	广东榕泰	4.72	4.9	5.18	3.8	4.78	5.49

续表

排名	代码	公司名称	总得分	财务状况	估值与成长性	创值能力	公司治理	创新与研发
198	600075.SH	新疆天业	4.72	4.61	4.93	4.48	5.01	4.6
199	000523.SZ	广州浪奇	4.71	3.84	5.23	4.73	5.11	5.12
200	300135.SZ	宝利国际	4.71	4.39	5.02	4.79	4.55	4.83
201	600387.SH	海越股份	4.71	3.94	5.1	4.53	5.42	5.24
202	002377.SZ	国创高新	4.71	4.95	4.83	4.11	5.01	4.93
203	600328.SH	兰太实业	4.71	4.07	5.33	4.44	5.22	4.71
204	000635.SZ	英力特	4.71	5.41	4.95	3.65	4.99	4.55
205	600636.SH	三爱富	4.71	4.54	4.66	4.84	4.84	4.77
206	600141.SH	兴发集团	4.71	3.97	5.28	4.42	5.37	4.96
207	000683.SZ	远兴能源	4.7	4.33	5.16	4.31	5.17	4.84
208	600810.SH	神马股份	4.7	4.02	5.15	5.07	4.47	4.65
209	002637.SZ	赞宇科技	4.69	4.17	5.37	4.4	4.61	5.22
210	300169.SZ	天晟新材	4.68	4.77	4.7	4.09	5.39	4.92
211	000936.SZ	华西股份	4.67	4.65	5.2	3.89	5.14	4.72
212	600458.SH	时代新材	4.67	4.13	5.23	4.26	5.06	5.24
213	002591.SZ	恒大高新	4.67	5.3	3.75	4.56	5.1	5.19
214	000420.SZ	吉林化纤	4.67	3.96	5.34	4.57	5.02	4.48
215	002080.SZ	中材科技	4.66	4.27	5.1	4.54	4.67	4.89
216	000949.SZ	新乡化纤	4.64	4.54	5.26	3.83	5.13	4.72
217	300325.SZ	德威新材	4.63	4.11	4.94	4.76	4.5	5.16
218	600844.SH	丹化科技	4.62	4.67	3.81	4.96	5.24	4.83
219	002170.SZ	芭田股份	4.62	4.34	5.12	4.34	4.54	4.95
220	000599.SZ	青岛双星	4.6	4.03	5.1	4.36	4.9	5.06
221	600256.SH	广汇能源	4.6	3.97	4.8	4.83	5	4.46
222	300405.SZ	科隆股份	4.58	4.37	4.92	4.41	4.45	5.01
223	600078.SH	澄星股份	4.56	4.15	5.35	3.86	5.16	4.57
224	002054.SZ	德美化工	4.56	5.01	4.23	3.84	5.5	4.83
225	300082.SZ	奥克股份	4.56	4.32	5.16	4.03	4.62	5.08
226	002556.SZ	辉隆股份	4.55	4.01	4.98	4.51	4.66	4.81
227	002539.SZ	云图控股	4.54	4.12	4.9	4.28	5.06	4.62
228	600096.SH	云天化	4.53	3.74	5.08	4.23	5.29	4.91
229	002274.SZ	华昌化工	4.53	4.07	5.16	4.33	4.6	4.56
230	002004.SZ	华邦健康	4.52	4.48	5.47	3.57	4.39	4.96

续表

排名	代码	公司名称	总得分	财务状况	估值与成长性	创值能力	公司治理	创新与研发
231	600277.SH	亿利洁能	4.52	4.39	5.06	3.64	5.21	4.79
232	002096.SZ	南岭民爆	4.52	4.36	4.77	4.06	4.95	4.87
233	600319.SH	亚星化学	4.51	3.41	4.29	5.81	4.53	4.58
234	600469.SH	风神股份	4.5	4.12	5.29	3.53	5.26	4.97
235	000159.SZ	国际实业	4.5	4.8	4.87	3.57	4.78	4.87
236	600063.SH	皖维高新	4.49	4.24	5.1	3.79	4.97	4.69
237	002037.SZ	久联发展	4.48	4.42	4.87	3.94	4.75	4.72
238	603003.SH	龙宇燃油	4.48	4.56	4.7	3.56	5.28	5
239	002513.SZ	蓝丰生化	4.47	4.68	5.12	3.66	4.35	4.62
240	002496.SZ	辉丰股份	4.47	4.34	5.32	4.04	3.84	4.79
241	603227.SH	雪峰科技	4.46	4.4	4.33	4.67	4.4	4.56
242	002386.SZ	天原集团	4.46	3.92	4.83	3.99	5.37	4.93
243	600500.SH	中化国际	4.46	4.19	4.81	3.71	5.44	4.78
244	600889.SH	南京化纤	4.43	4.6	3.88	4.36	5.15	4.6
245	600470.SH	六国化工	4.43	3.99	5.1	3.82	4.94	4.69
246	600623.SH	华谊集团	4.43	4.57	5.1	3.23	5.05	4.51
247	000698.SZ	沈阳化工	4.41	4.15	5.03	3.7	4.79	4.93
248	600281.SH	太化股份	4.36	3.39	4.32	5.17	4.49	4.87
249	600249.SH	两面针	4.3	3.92	4.63	4.07	4.69	4.54
250	000589.SZ	黔轮胎A	4.27	3.77	5.04	3.46	5	4.66
251	600691.SH	阳煤化工	4.18	3.71	4.8	3.41	5.08	4.55
252	000792.SZ	盐湖股份	4.16	3.97	5.39	2.29	5.06	5.31

（十三）机械设备

排名	代码	公司名称	总得分	财务状况	估值与成长性	创值能力	公司治理	创新与研发
1	300445.SZ	康斯特	5.76	6.76	4.92	5.64	5.79	5.52
2	300417.SZ	南华仪器	5.69	6.77	5.15	5.55	5.35	4.96
3	002690.SZ	美亚光电	5.66	6.65	4.98	5.9	5.1	4.94
4	300553.SZ	集智股份	5.65	6.76	5.03	5.67	5.09	5.06
5	002595.SZ	豪迈科技	5.65	6.13	5.45	5.75	5.42	4.81

续表

排名	代码	公司名称	总得分	财务状况	估值与成长性	创值能力	公司治理	创新与研发
6	300488.SZ	恒锋工具	5.63	6.86	5.16	5.54	4.79	4.92
7	603203.SH	快克股份	5.62	6.64	4.72	5.68	5.53	5.19
8	300470.SZ	日机密封	5.59	6.31	5.12	5.71	5.33	4.82
9	300521.SZ	爱司凯	5.54	6.52	5.1	5.49	4.99	5
10	300371.SZ	汇中股份	5.53	6.75	5.09	5.43	4.8	4.67
11	603969.SH	银龙股份	5.53	6.5	5.3	5.15	5.26	4.77
12	002658.SZ	雪迪龙	5.5	6.42	5.19	5.29	5	5.07
13	603339.SH	四方冷链	5.49	6.36	5.35	5.34	4.67	5.08
14	300341.SZ	麦迪电气	5.48	6.36	5.05	5.28	5.4	4.84
15	300480.SZ	光力科技	5.47	6.5	4.76	5.48	4.86	5.51
16	603036.SH	如通股份	5.46	6.76	4.99	5.33	4.51	4.84
17	002621.SZ	三垒股份	5.44	6.58	4.49	5.63	5.13	4.79
18	300515.SZ	三德科技	5.43	5.8	4.9	5.61	5.45	5.32
19	002757.SZ	南兴装备	5.42	5.75	5.17	5.65	5.33	4.62
20	600031.SH	三一重工	5.42	4.6	5.21	6.19	5.75	5.6
21	300434.SZ	金石东方	5.42	6.04	5.41	5.17	5.1	4.74
22	002833.SZ	弘亚数控	5.41	6.27	4.62	5.86	4.86	4.73
23	300066.SZ	三川智慧	5.4	6.42	5.03	5.19	5.01	4.6
24	603556.SH	海兴电力	5.39	5.65	5.47	5.2	5.13	5.42
25	300099.SZ	精准信息	5.39	6.5	5.03	4.95	5.02	5.12
26	601766.SH	中国中车	5.38	4.25	5.04	6.94	5.29	5.29
27	300349.SZ	金卡智能	5.38	5.58	5.22	5.47	5.22	5.23
28	603131.SH	上海沪工	5.38	5.78	4.95	5.63	5.22	4.93
29	300400.SZ	劲拓股份	5.37	5.64	4.94	5.8	5.16	4.87
30	300154.SZ	瑞凌股份	5.36	6.69	5.17	4.68	4.83	4.88
31	300179.SZ	四方达	5.35	6.23	5.18	5.37	4.37	4.82
32	603338.SH	浙江鼎力	5.35	5.94	4.79	5.75	5.07	4.42
33	002793.SZ	东音股份	5.34	5.72	5.35	5.5	4.88	4.42
34	300354.SZ	东华测试	5.34	6.59	4.44	5.51	4.68	4.9
35	300567.SZ	精测电子	5.34	5.26	4.54	6.01	5.49	5.76
36	002796.SZ	世嘉科技	5.34	5.37	5.1	5.72	5.38	4.7
37	603090.SH	宏盛股份	5.33	5.69	5.22	5.43	5.06	4.58
38	002353.SZ	杰瑞股份	5.33	5.4	5.83	4.87	5.24	5.06

A股：按申万行业划分标准

续表

排名	代码	公司名称	总得分	财务状况	估值与成长性	创值能力	公司治理	创新与研发
39	002691.SZ	冀凯股份	5.32	5.81	4.73	5.59	5.37	4.66
40	300503.SZ	昊志机电	5.32	5.4	5.08	5.53	5.37	5.02
41	300193.SZ	佳士科技	5.32	6.26	5.45	4.51	5.01	5.02
42	300259.SZ	新天科技	5.31	5.93	5.11	5.18	5.05	4.81
43	300112.SZ	万讯自控	5.29	5.39	5.07	5.25	5.66	5.11
44	300382.SZ	斯莱克	5.28	5.5	5.22	5.51	4.64	5.21
45	002819.SZ	东方中科	5.28	5.63	4.64	5.77	5.02	5.1
46	600761.SH	安徽合力	5.28	5.35	5.57	4.79	5.53	5.17
47	300035.SZ	中科电气	5.26	5.73	5.04	5.25	4.88	5.15
48	603298.SH	杭叉集团	5.26	5.66	5.24	5.28	4.84	4.7
49	300114.SZ	中航电测	5.26	5.41	4.92	5.56	5.25	4.86
50	603311.SH	金海环境	5.26	5.52	5.13	5.44	5.14	4.36
51	002667.SZ	鞍重股份	5.25	6.46	4.62	4.99	5.02	4.62
52	002158.SZ	汉钟精机	5.25	5.6	5.16	5.37	4.92	4.6
53	300103.SZ	达刚路机	5.24	5.85	4.98	5.32	4.81	4.62
54	002338.SZ	奥普光电	5.24	6.12	4.43	5.38	5	4.93
55	002444.SZ	巨星科技	5.23	5.56	5.53	5.12	4.44	4.98
56	603686.SH	龙马环卫	5.23	4.89	5.26	5.5	5.5	4.79
57	002532.SZ	新界泵业	5.23	5.2	5.47	4.98	5.29	5.24
58	002150.SZ	通润装备	5.22	5.77	5.24	4.81	5.29	4.56
59	300306.SZ	远方信息	5.22	6.59	5.08	4.39	4.41	5.49
60	601100.SH	恒立液压	5.22	4.89	5.12	5.73	5.26	4.86
61	300461.SZ	田中精机	5.22	4.91	4.94	5.81	5.26	5.12
62	002698.SZ	博实股份	5.21	5.63	4.9	5.41	4.89	4.81
63	600577.SH	精达股份	5.21	4.88	5.23	5.24	5.97	4.69
64	300151.SZ	昌红科技	5.21	5.66	4.82	5.48	4.86	4.76
65	300450.SZ	先导智能	5.21	4.63	5	6.08	5.17	4.99
66	300338.SZ	开元股份	5.2	5.24	5.11	5.13	5.43	5.24
67	000008.SZ	神州高铁	5.2	4.89	4.91	5.32	5.86	5.57
68	300351.SZ	永贵电器	5.2	5.43	5.33	4.86	5.27	4.99
69	002645.SZ	华宏科技	5.2	5.38	5.48	5.26	4.47	4.83
70	600835.SH	上海机电	5.2	4.43	5.54	5.88	4.79	5.09
71	603611.SH	诺力股份	5.19	4.81	5.36	5.25	5.51	5.13

203

续表

排名	代码	公司名称	总得分	财务状况	估值与成长性	创值能力	公司治理	创新与研发
72	300557.SZ	理工光科	5.19	5.21	4.78	5.44	5.33	5.43
73	300483.SZ	沃施股份	5.19	5.19	4.99	5.56	5.03	4.96
74	300549.SZ	优德精密	5.19	5.07	5.08	5.64	5.1	4.55
75	603159.SH	上海亚虹	5.18	5.18	4.9	5.67	5.13	4.57
76	002192.SZ	融捷股份	5.18	5.18	4.76	5.75	5.02	4.96
77	300415.SZ	伊之密	5.18	4.64	4.94	5.59	5.87	5.03
78	300145.SZ	中金环境	5.17	4.73	5.49	5.23	5.01	5.7
79	603088.SH	宁波精达	5.17	5.32	4.81	5.37	5.46	4.57
80	002459.SZ	天业通联	5.16	5.41	5.05	5.49	4.75	4.39
81	300509.SZ	新美星	5.16	4.63	5.23	5.43	5.4	5.33
82	300421.SZ	力星股份	5.16	5.49	5.44	4.79	4.87	4.84
83	300572.SZ	安车检测	5.15	5.18	4.48	5.89	4.9	5.32
84	000901.SZ	航天科技	5.15	4.9	5.23	4.89	5.86	5.21
85	600481.SH	双良节能	5.14	4.93	5.14	5.28	5.4	4.84
86	002598.SZ	山东章鼓	5.14	5.01	5.13	5.35	5.28	4.62
87	300512.SZ	中亚股份	5.14	5.23	5.18	5.46	4.54	4.76
88	300345.SZ	红宇新材	5.14	4.98	5.07	5.44	5.18	4.76
89	600388.SH	龙净环保	5.13	4.24	5.16	5.78	5.25	5.67
90	002779.SZ	中坚科技	5.13	5.3	5.21	5.59	4.27	4.45
91	002816.SZ	和科达	5.13	4.87	4.96	5.38	5.75	4.6
92	002633.SZ	申科股份	5.13	5.47	4.9	5.35	4.82	4.63
93	300024.SZ	机器人	5.13	5.24	4.78	5.68	4.49	5.26
94	002651.SZ	利君股份	5.12	5.42	4.93	5.29	4.75	4.89
95	002837.SZ	英维克	5.12	4.75	4.93	5.69	4.95	5.35
96	002613.SZ	北玻股份	5.11	5.21	5.3	4.94	4.99	4.92
97	000976.SZ	华铁股份	5.11	4.93	5.01	5.21	5.34	5.24
98	601882.SH	海天精工	5.11	4.88	4.89	5.66	5	4.93
99	300165.SZ	天瑞仪器	5.11	5.47	5.25	4.71	4.87	5.17
100	300420.SZ	五洋停车	5.1	4.86	5.34	5.11	5.01	5.27
101	300416.SZ	苏试试验	5.1	4.98	5	5.63	4.63	4.94
102	300457.SZ	赢合科技	5.1	4.26	5.19	5.86	5.11	5.07
103	002435.SZ	长江润发	5.1	5.59	5.28	4.51	5.11	4.81
104	603901.SH	永创智能	5.1	4.56	5.16	5.57	5.19	4.93

A股：按申万行业划分标准

续表

排名	代码	公司名称	总得分	财务状况	估值与成长性	创值能力	公司治理	创新与研发
105	300307.SZ	慈星股份	5.09	6.01	5.32	4.35	4.28	5.26
106	300551.SZ	古鳌科技	5.09	5.14	5	5.32	4.72	5.17
107	002430.SZ	杭氧股份	5.09	4.3	5.44	5.43	5.33	4.94
108	002530.SZ	金财互联	5.09	5.64	5	4.78	4.81	5.14
109	603667.SH	五洲新春	5.08	5.01	5.11	5.28	5.17	4.41
110	002559.SZ	亚威股份	5.08	5.28	5.24	4.89	4.77	5.16
111	600843.SH	上工申贝	5.08	4.96	5.33	4.98	5.29	4.58
112	002438.SZ	江苏神通	5.07	4.79	5.28	4.92	5.38	5.23
113	603789.SH	星光农机	5.07	5.24	4.86	5.34	4.82	4.74
114	000821.SZ	京山轻机	5.07	4.79	5.23	5.32	4.94	4.82
115	300430.SZ	诚益通	5.07	4.86	5.25	4.99	5.13	5.26
116	300257.SZ	开山股份	5.06	4.88	5.1	5.51	4.81	4.52
117	603111.SH	康尼机电	5.06	4.5	5.36	4.96	5.77	4.9
118	601028.SH	玉龙股份	5.06	5.42	4.83	5.1	5.06	4.52
119	300362.SZ	天翔环境	5.06	4.45	5.55	5.14	4.89	5.51
120	603699.SH	纽威股份	5.06	4.98	4.9	5.41	5.19	4.36
121	002282.SZ	博深工具	5.05	5.25	4.91	5.22	4.89	4.61
122	600558.SH	大西洋	5.05	5.13	5.12	4.88	5.26	4.7
123	002520.SZ	日发精机	5.04	5.08	4.86	5.17	5.04	5.1
124	300441.SZ	鲍斯股份	5.04	5.09	4.95	5.55	4.28	4.84
125	603029.SH	天鹅股份	5.04	5	5.34	5.07	4.8	4.46
126	002647.SZ	民盛金科	5.03	4.49	4.94	5.73	5.03	4.87
127	002026.SZ	山东威达	5.03	5.3	5.51	4.17	5.26	5
128	002686.SZ	亿利达	5.03	4.92	5.22	5.06	4.92	4.87
129	300486.SZ	东杰智能	5.03	4.76	4.98	5.54	4.75	4.9
130	300260.SZ	新莱应材	5.03	4.69	5.07	5.66	4.58	4.74
131	002689.SZ	远大智能	5.03	4.52	4.97	5.19	5.54	5.41
132	603800.SH	道森股份	5.03	4.85	5.08	5.48	4.72	4.53
133	300173.SZ	智慧松德	5.02	4.81	5.08	5.17	4.88	5.3
134	300201.SZ	海伦哲	5.02	4.54	4.78	5.39	5.46	5.33
135	002278.SZ	神开股份	5.02	4.87	4.81	5.33	5.24	4.71
136	603028.SH	赛福天	5.01	5.07	5.11	5.22	4.77	4.27
137	600579.SH	天华院	5.01	4.69	4.97	5.44	4.79	5.25

205

续表

排名	代码	公司名称	总得分	财务状况	估值与成长性	创值能力	公司治理	创新与研发
138	300097.SZ	智云股份	5.01	4.69	4.95	5.33	5.1	5.09
139	600262.SH	北方股份	5.01	4.5	4.92	5.44	5.35	4.93
140	600499.SH	科达洁能	5.01	4.42	5.29	5	5.34	5.35
141	300472.SZ	新元科技	5.01	4.52	5.22	5.4	4.68	5.23
142	002006.SZ	精功科技	5	4.66	5.19	5.25	5.02	4.59
143	002031.SZ	巨轮智能	5	5.06	5.67	4.56	4.49	5
144	603315.SH	福鞍股份	4.99	4.81	4.99	5.3	4.75	5.09
145	300280.SZ	南通锻压	4.99	5.03	4.4	5.74	4.82	4.7
146	300007.SZ	汉威科技	4.99	4.54	5.21	5.06	5.23	5.11
147	600841.SH	上柴股份	4.99	4.91	5.2	5.08	4.65	4.92
148	600501.SH	航天晨光	4.99	4.5	5.61	4.48	5.41	5.4
149	601717.SH	郑煤机	4.98	5.23	5.73	3.82	5.24	5.08
150	600894.SH	广日股份	4.98	5.39	5.28	4	5.24	5.4
151	002111.SZ	威海广泰	4.98	4.74	5.54	4.74	4.94	4.75
152	300435.SZ	中泰股份	4.98	4.76	4.79	5.45	4.87	4.93
153	002009.SZ	天奇股份	4.98	4.38	5.25	5.04	5.36	5.11
154	300281.SZ	金明精机	4.97	4.95	4.88	5.12	5.05	4.74
155	300499.SZ	高澜股份	4.97	4.5	5	5.37	5.04	4.98
156	002523.SZ	天桥起重	4.97	4.8	5.17	5.09	4.8	4.74
157	300095.SZ	华伍股份	4.97	4.83	5.13	4.85	5.16	4.88
158	002367.SZ	康力电梯	4.96	4.87	5.35	4.48	5.08	5.36
159	002272.SZ	川润股份	4.96	4.81	5.4	4.72	4.73	5.25
160	000425.SZ	徐工机械	4.96	4.46	5.4	4.67	5.4	5.28
161	300092.SZ	科新机电	4.95	4.75	4.8	5.29	4.96	5.02
162	300276.SZ	三丰智能	4.95	4.75	4.96	5.32	4.69	4.82
163	603012.SH	创力集团	4.95	5.02	5.35	4.73	4.69	4.57
164	300391.SZ	康跃科技	4.95	4.23	5.37	5.27	4.76	5.19
165	300293.SZ	蓝英装备	4.95	4.63	5.19	5.36	4.25	5.14
166	300126.SZ	锐奇股份	4.94	5.3	5.32	4.58	4.46	4.62
167	601002.SH	晋亿实业	4.94	4.87	4.99	4.93	5.13	4.64
168	600520.SH	文一科技	4.93	4.41	4.6	5.68	5.27	4.57
169	300275.SZ	梅安森	4.93	4.72	5.19	5.07	4.51	5.08
170	002514.SZ	宝馨科技	4.93	4.53	4.82	5.49	4.78	5

A股：按申万行业划分标准

续表

排名	代码	公司名称	总得分	财务状况	估值与成长性	创值能力	公司治理	创新与研发
171	600592.SH	龙溪股份	4.92	5.05	5.05	4.52	5.2	4.8
172	300464.SZ	星徽精密	4.92	4.74	5.12	5.45	4.05	4.66
173	002564.SZ	天沃科技	4.91	4.1	5.55	5.06	4.85	5.1
174	002132.SZ	恒星科技	4.91	4.66	5.41	4.42	5.2	5.08
175	002730.SZ	电光科技	4.9	4.86	4.67	5.28	4.88	4.63
176	002337.SZ	赛象科技	4.9	5.1	5.03	4.66	4.73	4.92
177	300471.SZ	厚普股份	4.9	4.6	5.46	4.66	4.63	5.35
178	600560.SH	金自天正	4.9	4.45	4.98	5.19	4.87	5.2
179	002499.SZ	科林环保	4.89	4.35	4.7	5.39	4.96	5.57
180	300161.SZ	华中数控	4.89	4.33	5.06	4.82	5.49	5.32
181	600992.SH	贵绳股份	4.89	4.85	5.11	4.64	5.05	4.76
182	300540.SZ	深冷股份	4.89	4.62	4.7	5.39	4.58	5.34
183	002685.SZ	华东重机	4.88	4.74	5.06	4.93	4.88	4.63
184	300210.SZ	森远股份	4.88	4.71	5.15	4.81	4.7	5.15
185	002537.SZ	海联金汇	4.88	4.57	5.41	4.63	4.97	4.81
186	603011.SH	合锻智能	4.88	4.9	4.95	4.71	5.09	4.69
187	603318.SH	派思股份	4.88	4.24	4.77	5.63	5	4.58
188	002209.SZ	达意隆	4.87	4.24	5.09	5.16	5.01	5.05
189	002722.SZ	金轮股份	4.87	4.66	5.3	4.81	4.71	4.57
190	000777.SZ	中核科技	4.86	4.54	4.54	5.36	5.19	4.71
191	002529.SZ	海源机械	4.86	4.8	4.88	4.92	4.75	4.97
192	600302.SH	标准股份	4.85	4.85	5.15	4.3	5.29	4.89
193	300309.SZ	吉艾科技	4.85	4	4.97	5.65	4.55	5.17
194	000551.SZ	创元科技	4.84	4.52	5.35	4.27	5.5	4.88
195	600582.SH	天地科技	4.84	4.62	5.52	4.13	4.95	5.42
196	603308.SH	应流股份	4.83	4.25	5.24	4.94	4.78	5.16
197	300195.SZ	长荣股份	4.83	4.94	5.17	4.3	4.81	5.11
198	002611.SZ	东方精工	4.83	4.71	5.19	4.34	5.13	5.08
199	002480.SZ	新筑股份	4.83	4.26	5.04	4.93	5.35	4.69
200	600495.SH	晋西车轴	4.82	5.12	4.54	4.68	5.16	4.59
201	300091.SZ	金通灵	4.82	4.08	4.69	5.68	4.89	4.68
202	002509.SZ	天广中茂	4.81	4.7	5.21	4.59	4.77	4.7
203	601369.SH	陕鼓动力	4.81	4.2	5.35	4.78	4.97	4.88

续表

排名	代码	公司名称	总得分	财务状况	估值与成长性	创值能力	公司治理	创新与研发
204	000880.SZ	潍柴重机	4.81	4.32	5.29	4.78	4.99	4.59
205	300278.SZ	华昌达	4.81	4.03	4.86	5.55	4.56	5.29
206	600382.SH	广东明珠	4.81	5.26	5.34	3.94	4.84	4.38
207	002526.SZ	山东矿机	4.81	4.9	4.92	4.62	5.01	4.37
208	000811.SZ	冰轮环境	4.81	4.44	5.37	4.3	5.36	4.8
209	000595.SZ	宝塔实业	4.81	4.2	4.85	5.51	4.63	4.71
210	002073.SZ	软控股份	4.81	4.68	5.29	4.22	4.99	5.18
211	300411.SZ	金盾股份	4.8	5.07	4.95	4.64	4.38	4.75
212	600765.SH	中航重机	4.8	4.11	5.18	4.7	5.54	4.72
213	000856.SZ	冀东装备	4.79	3.78	4.56	5.79	5.3	4.67
214	000528.SZ	柳工	4.79	4.35	5.4	4.35	5.16	5.06
215	002786.SZ	银宝山新	4.79	4.06	5.15	5.06	4.94	4.83
216	300402.SZ	宝色股份	4.79	4.24	4.73	5.37	4.97	4.45
217	300385.SZ	雪浪环境	4.79	4.43	5.1	5.05	4.46	4.67
218	600984.SH	建设机械	4.78	4.41	5.51	4.62	4.66	4.34
219	601177.SH	杭齿前进	4.77	4.23	5.24	4.61	5.28	4.56
220	002487.SZ	大金重工	4.77	4.82	5.13	4.3	4.86	4.84
221	300442.SZ	普丽盛	4.77	4.66	5.07	4.81	4.45	4.63
222	002046.SZ	轴研科技	4.76	4.6	4.87	4.78	4.73	5
223	600172.SH	黄河旋风	4.76	4.48	5.31	4.38	4.74	5.18
224	000530.SZ	大冷股份	4.76	4.43	5.55	3.94	5.14	5.26
225	002342.SZ	巨力索具	4.76	4.61	4.86	4.63	5.05	4.82
226	002760.SZ	凤形股份	4.75	4.33	4.16	5.32	5.63	4.59
227	300228.SZ	富瑞特装	4.75	4.32	5	4.57	5.3	4.96
228	002204.SZ	大连重工	4.75	4.11	5.39	4.19	5.43	5.37
229	002483.SZ	润邦股份	4.75	4.75	5.34	3.96	5.07	4.8
230	002097.SZ	山河智能	4.74	4.31	5.19	4.61	4.9	4.87
231	000925.SZ	众合科技	4.74	3.8	5.27	4.68	5.27	5.36
232	600860.SH	京城股份	4.73	4.14	4.88	4.99	5.2	4.43
233	300185.SZ	通裕重工	4.73	4.48	5.43	4.15	5.06	4.49
234	600218.SH	全柴动力	4.72	4.7	5.29	3.95	5.02	4.86
235	000852.SZ	石化机械	4.71	3.89	4.74	5.19	5.07	5.14
236	000039.SZ	中集集团	4.71	3.99	5.44	4.25	5.17	5.43

A股：按申万行业划分标准

续表

排名	代码	公司名称	总得分	财务状况	估值与成长性	创值能力	公司治理	创新与研发
237	000410.SZ	沈阳机床	4.71	3.73	4.28	5.83	5.13	4.86
238	600815.SH	厦工股份	4.71	4	4.17	5.76	5.13	4.53
239	002426.SZ	胜利精密	4.71	4.19	5.31	4.72	4.32	5.11
240	601038.SH	一拖股份	4.7	4.45	5.37	4.01	5.07	4.93
241	600243.SH	青海华鼎	4.7	4.4	5.11	4.35	5.11	4.75
242	300084.SZ	海默科技	4.7	4.88	4.91	4.01	5.04	5.02
243	300266.SZ	兴源环境	4.69	4.24	4.67	5.24	4.42	4.94
244	300064.SZ	豫金刚石	4.67	5.06	4.98	3.84	4.61	5.23
245	002639.SZ	雪人股份	4.67	4.58	4.79	4.84	4.11	5.1
246	000570.SZ	苏常柴A	4.66	4.58	5.25	4.08	4.75	4.67
247	000890.SZ	法尔胜	4.65	3.48	5.29	4.98	4.95	4.8
248	002347.SZ	泰尔股份	4.63	4.81	4.52	4.74	4.26	4.8
249	002490.SZ	山东墨龙	4.63	3.97	5.1	4.82	4.53	4.87
250	002021.SZ	中捷资源	4.63	4.42	4.47	4.87	4.92	4.53
251	000923.SZ	河北宣工	4.63	4.63	4.76	4.1	5.28	4.74
252	601106.SH	中国一重	4.62	4.19	4.67	4.76	4.87	5.01
253	002423.SZ	中原特钢	4.61	3.8	4.46	5.3	5.11	4.55
254	300004.SZ	南风股份	4.58	5.27	4.63	3.84	4.72	4.23
255	600375.SH	华菱星马	4.57	3.9	5.38	4.08	5.12	4.71
256	000680.SZ	山推股份	4.57	4.02	5	4.24	5.08	5.12
257	600165.SH	新日恒力	4.55	3.78	4.39	5.67	4.36	4.24
258	600169.SH	太原重工	4.55	3.93	4.97	4.59	4.61	4.97
259	601608.SH	中信重工	4.55	4.2	4.4	4.63	4.96	5.13
260	000157.SZ	中联重科	4.54	4.36	5.06	3.54	5.09	5.68
261	002164.SZ	宁波东力	4.53	4.4	5.27	3.87	4.72	4.35
262	002248.SZ	华东数控	4.53	4.18	3.45	5.57	4.93	5.06
263	600526.SH	菲达环保	4.53	4.01	5.11	4.4	4.61	4.63
264	000837.SZ	秦川机床	4.53	4.15	5.25	3.82	5.16	4.51
265	603169.SH	兰石重装	4.49	3.94	4.6	4.54	4.95	5.01
266	002535.SZ	林州重机	4.43	3.99	5.06	4.01	4.76	4.52
267	600320.SH	振华重工	4.39	3.87	5.13	3.5	5.08	5.29
268	300080.SZ	易成新能	4.3	3.98	5.08	3.32	5.06	4.64
269	000617.SZ	中油资本	3.75	4.23	4.48	1.67	4.55	5.12

209

（十四）计算机

排名	代码	公司名称	总得分	财务状况	估值与成长性	创值能力	公司治理	创新与研发
1	002410.SZ	广联达	6.08	6.02	5.12	7.57	5.75	5.04
2	600271.SH	航天信息	5.92	5.46	5.32	7.45	5.5	5.17
3	300033.SZ	同花顺	5.88	5.99	5	7.41	5.08	4.85
4	600588.SH	用友网络	5.68	4.4	4.9	7.83	5.87	4.97
5	002065.SZ	东华软件	5.64	4.73	5.32	7.27	5.34	4.91
6	603660.SH	苏州科达	5.61	5.25	5.13	6.61	5.8	4.71
7	002195.SZ	二三四五	5.61	6.31	5.12	5.97	5.04	4.82
8	600570.SH	恒生电子	5.61	5.06	4.43	7.96	4.85	4.98
9	002230.SZ	科大讯飞	5.58	4.87	4.44	7.7	5.2	5.41
10	300559.SZ	佳发教育	5.56	6.55	5.47	5.25	4.88	4.87
11	300468.SZ	四方精创	5.56	6.25	5.73	5.01	5.21	5.18
12	300377.SZ	赢时胜	5.56	6.59	5.4	5.35	4.64	5.05
13	300561.SZ	汇金科技	5.52	6.47	5.26	5.17	5.18	5.01
14	300508.SZ	维宏股份	5.5	7.04	4.54	5.22	5.35	4.82
15	002439.SZ	启明星辰	5.49	5.08	4.86	6.8	5.3	4.97
16	002405.SZ	四维图新	5.49	5.25	4.82	6.18	5.59	6.04
17	000997.SZ	新大陆	5.45	4.51	5.33	6.49	5.72	5.03
18	300333.SZ	兆日科技	5.45	7.04	4.95	4.79	4.93	5.02
19	600536.SH	中国软件	5.44	4.12	5.4	6.95	5.31	5.17
20	002153.SZ	石基信息	5.44	5.96	4.92	5.94	4.8	4.98
21	600845.SH	宝信软件	5.43	4.82	5.49	6.37	4.9	5.1
22	300188.SZ	美亚柏科	5.42	5.4	5.13	5.79	5.49	5.07
23	002376.SZ	新北洋	5.42	4.99	5.63	5.66	5.59	4.98
24	300042.SZ	朗科科技	5.4	6.58	5.44	4.73	4.97	4.34
25	300271.SZ	华宇软件	5.4	5	5.21	5.82	5.64	5.48
26	300170.SZ	汉得信息	5.39	5.13	5.24	6.06	5.22	4.89
27	603189.SH	网达软件	5.39	6.85	5.11	4.81	4.62	4.93
28	600718.SH	东软集团	5.39	4.52	4.97	6.5	5.71	5.37
29	300525.SZ	博思软件	5.36	5.83	5.23	5.13	5.25	5.17
30	000938.SZ	紫光股份	5.34	4.38	4.98	6.83	4.83	5.84
31	300166.SZ	东方国信	5.33	5.23	5.19	5.88	4.85	5.23
32	603508.SH	思维列控	5.33	6.88	4.99	4.48	5.04	4.65

续表

排名	代码	公司名称	总得分	财务状况	估值与成长性	创值能力	公司治理	创新与研发
33	300365.SZ	恒华科技	5.31	5.26	5.13	5.42	5.67	4.99
34	300523.SZ	辰安科技	5.31	4.99	5.25	5.58	5.57	5.12
35	300036.SZ	超图软件	5.31	5.23	5.15	5.6	5.39	4.95
36	000977.SZ	浪潮信息	5.28	3.86	5.05	6.99	5.17	5.3
37	002063.SZ	远光软件	5.28	5.61	5.14	5.02	5.35	5.3
38	300324.SZ	旋极信息	5.27	5.2	5.41	5.31	5.09	5.23
39	300386.SZ	飞天诚信	5.26	6.27	5.14	4.72	4.92	4.77
40	300455.SZ	康拓红外	5.24	5.58	5.04	5.16	5.2	5.11
41	002152.SZ	广电运通	5.24	5.25	5.24	5.45	5.18	4.58
42	300448.SZ	浩云科技	5.23	5.78	5.13	5	5.08	4.83
43	300451.SZ	创业软件	5.23	4.95	5.53	5.08	5.7	4.76
44	300369.SZ	绿盟科技	5.23	5.22	5.27	5.06	5.33	5.48
45	002279.SZ	久其软件	5.22	5	5.38	5.23	5.4	5
46	300229.SZ	拓尔思	5.21	5.54	5.1	5.26	4.87	4.94
47	002609.SZ	捷顺科技	5.19	5.93	5.18	4.57	5.18	4.83
48	300399.SZ	京天利	5.18	6.58	4.68	4.75	4.56	4.79
49	002649.SZ	博彦科技	5.18	5.22	5.49	4.71	5.32	5.24
50	300182.SZ	捷成股份	5.17	4.82	5.46	5.51	4.81	4.96
51	300378.SZ	鼎捷软件	5.17	4.84	5.6	4.68	5.98	4.89
52	300496.SZ	中科创达	5.16	4.89	5.28	5.4	4.94	5.32
53	300348.SZ	长亮科技	5.16	4.94	5.16	5.38	5.24	4.97
54	300546.SZ	雄帝科技	5.15	5.4	5.42	5.09	4.61	4.64
55	300202.SZ	聚龙股份	5.13	6.13	5.15	4.46	4.84	4.5
56	300579.SZ	数字认证	5.12	4.86	5.04	5.28	5.5	4.97
57	600850.SH	华东电脑	5.12	4.26	5.36	5.79	5.13	4.91
58	300367.SZ	东方网力	5.11	4.72	5.22	5.23	5.25	5.43
59	603019.SH	中科曙光	5.11	3.81	5.1	6.17	5.6	4.99
60	300235.SZ	方直科技	5.1	6.48	4.75	4.47	4.63	4.63
61	300302.SZ	同有科技	5.09	5.44	5.01	5.06	4.77	4.88
62	002362.SZ	汉王科技	5.08	5.39	4.73	5.08	5.3	4.72
63	000066.SZ	中国长城	5.07	3.71	5.26	6.32	5.1	4.71
64	300297.SZ	蓝盾股份	5.05	4.51	5.3	5.21	5.37	4.82
65	300065.SZ	海兰信	5.04	5.39	5.22	4.72	4.8	4.77

续表

排名	代码	公司名称	总得分	财务状况	估值与成长性	创值能力	公司治理	创新与研发
66	603990.SH	麦迪科技	5.04	4.6	5.05	5.2	5.72	4.62
67	300380.SZ	安硕信息	5.04	5.04	5.21	5.1	4.69	4.91
68	300288.SZ	朗玛信息	5.03	5.53	4.99	4.88	4.81	4.4
69	002368.SZ	太极股份	5.03	3.91	5.37	5.72	5.14	5.13
70	300542.SZ	新晨科技	5.03	4.79	5.07	5.13	4.95	5.48
71	300231.SZ	银信科技	5.01	4.68	5.26	5.12	4.99	4.96
72	300253.SZ	卫宁健康	5.01	4.81	4.4	5.89	4.95	4.88
73	300550.SZ	和仁科技	5	5.08	5.27	5.07	4.45	4.71
74	603636.SH	南威软件	4.99	4.62	5.11	5.16	5.08	5.13
75	300352.SZ	北信源	4.99	6.01	4.93	4.42	4.36	4.89
76	300379.SZ	东方通	4.98	6.52	5.16	3.43	4.62	5.11
77	300168.SZ	万达信息	4.97	3.94	5.13	5.9	4.8	5.1
78	002835.SZ	同为股份	4.97	5.36	5.51	4.49	4.5	4.38
79	600756.SH	浪潮软件	4.96	4.6	5.07	5	5.29	5.02
80	603918.SH	金桥信息	4.96	4.58	5.15	5.02	5.28	4.77
81	300311.SZ	任子行	4.96	4.85	4.87	5.24	4.75	5.08
82	300045.SZ	华力创通	4.95	4.91	4.82	4.87	5.25	5.24
83	300177.SZ	中海达	4.95	5.08	4.82	4.84	5.12	4.96
84	002383.SZ	合众思壮	4.95	4.28	5.52	5.03	4.9	5.07
85	300532.SZ	今天国际	4.95	4.46	5.32	5.19	4.79	4.81
86	600602.SH	云赛智联	4.95	4.8	5.27	4.73	5.19	4.61
87	300330.SZ	华虹计通	4.94	4.74	5.14	4.71	5.2	5.2
88	002771.SZ	真视通	4.93	4.52	5.33	4.87	5.37	4.36
89	002253.SZ	川大智胜	4.93	5.82	4.71	4.26	4.84	5.17
90	300479.SZ	神思电子	4.93	4.85	4.87	5.09	5.01	4.7
91	300513.SZ	恒泰实达	4.93	4.73	5.09	5.15	4.66	4.81
92	002777.SZ	久远银海	4.92	4.63	5.05	5.48	4.52	4.41
93	300339.SZ	润和软件	4.92	4.7	5.18	4.76	4.97	5.3
94	300462.SZ	华铭智能	4.92	5.09	5.14	5.03	4.47	4.17
95	000662.SZ	天夏智慧	4.92	5.42	5.26	4.14	4.81	4.98
96	300290.SZ	荣科科技	4.92	5.22	5.1	4.71	4.48	4.81
97	002232.SZ	启明信息	4.91	4.84	4.88	4.61	5.23	5.66
98	000555.SZ	神州信息	4.91	4.13	4.98	5.41	5.22	4.95

A股：按申万行业划分标准

续表

排名	代码	公司名称	总得分	财务状况	估值与成长性	创值能力	公司治理	创新与研发
99	600446.SH	金证股份	4.9	4.28	5.09	4.93	5.63	4.83
100	300384.SZ	三联虹普	4.9	4.94	5.04	4.83	4.84	4.65
101	300245.SZ	天玑科技	4.89	5.69	4.87	4.1	4.91	4.93
102	300440.SZ	运达科技	4.89	5.27	5.31	4.38	4.37	4.85
103	300075.SZ	数字政通	4.88	4.67	5.01	4.78	5.11	5.02
104	300277.SZ	海联讯	4.87	4.84	4.68	4.92	5.23	4.77
105	300212.SZ	易华录	4.87	4.02	5.42	5.06	5.14	4.73
106	300079.SZ	数码科技	4.87	5.67	5.35	3.46	4.8	5.39
107	300209.SZ	天泽信息	4.86	5.11	5.38	3.98	5.02	4.93
108	600728.SH	佳都科技	4.85	4.09	5.06	5.13	5.39	4.79
109	300520.SZ	科大国创	4.85	4.49	4.81	5.36	4.61	5.02
110	300264.SZ	佳创视讯	4.85	5.14	4.78	4.55	5.07	4.72
111	002401.SZ	中远海科	4.84	4.82	5.14	4.85	4.32	4.9
112	300556.SZ	丝路视觉	4.83	4.9	4.9	5	4.52	4.3
113	300541.SZ	先进数通	4.81	4.16	5.25	4.68	5.23	5.18
114	300469.SZ	信息发展	4.8	4	5.3	5.17	4.79	4.61
115	300085.SZ	银之杰	4.8	4.63	5.02	4.94	4.59	4.59
116	002380.SZ	科远股份	4.8	5.68	5.02	3.54	5.15	4.64
117	002421.SZ	达实智能	4.8	4.46	5.12	4.75	4.98	4.64
118	300130.SZ	新国都	4.79	4.7	4.92	4.51	5.09	5.02
119	601519.SH	大智慧	4.78	4.23	3.59	6.12	5.5	4.76
120	002308.SZ	威创股份	4.78	5.3	5.11	4.17	4.42	4.67
121	002528.SZ	英飞拓	4.78	4.66	5.52	3.68	5.52	4.93
122	300248.SZ	新开普	4.77	4.86	5.06	4.34	4.66	5.17
123	002177.SZ	御银股份	4.75	5.54	5.04	3.48	4.96	4.99
124	300047.SZ	天源迪科	4.75	4.34	5.32	4.62	4.43	5.25
125	300287.SZ	飞利信	4.75	4.84	5.26	4.16	4.45	5.29
126	600476.SH	湘邮科技	4.75	3.85	4.73	5.28	5.21	5.16
127	600797.SH	浙大网新	4.74	4.3	4.9	4.54	5.6	4.73
128	600571.SH	信雅达	4.74	4.9	4.94	3.97	5.4	4.86
129	300270.SZ	中威电子	4.74	4.54	5.1	4.84	4.25	4.8
130	300465.SZ	高伟达	4.73	4.72	4.93	4.56	4.5	5.19
131	300096.SZ	易联众	4.73	4.32	4.47	4.94	5.51	4.79

213

续表

排名	代码	公司名称	总得分	财务状况	估值与成长性	创值能力	公司治理	创新与研发
132	002766.SZ	索菱股份	4.73	4.49	5.74	4.13	4.48	4.67
133	600855.SH	航天长峰	4.73	4.32	4.77	4.77	5.26	4.78
134	002474.SZ	榕基软件	4.73	4.74	4.8	4.66	4.6	4.88
135	002331.SZ	皖通科技	4.72	4.91	5.08	4.09	4.75	4.93
136	300552.SZ	万集科技	4.7	4.59	5.13	4.54	4.35	4.85
137	002268.SZ	卫士通	4.69	4.39	4.44	5.23	4.73	4.62
138	002512.SZ	达华智能	4.69	3.97	5.12	4.76	5.1	4.58
139	300044.SZ	赛为智能	4.67	4.2	5.25	4.45	4.86	4.65
140	300449.SZ	汉邦高科	4.67	4.42	5.15	4.1	5.06	5.02
141	002296.SZ	辉煌科技	4.66	5.12	5.28	3.17	5.43	4.57
142	300419.SZ	浩丰科技	4.66	5.28	5.32	3.46	4.21	5.26
143	300150.SZ	世纪瑞尔	4.63	5.53	5.05	3.28	4.76	4.53
144	300074.SZ	华平股份	4.63	5.18	4.8	3.69	4.87	4.86
145	300155.SZ	安居宝	4.61	4.93	4.64	4.14	4.7	4.76
146	300366.SZ	创意信息	4.59	4.82	5.4	3.64	4.27	4.9
147	300010.SZ	立思辰	4.57	4.67	5.28	3.4	5.06	4.88
148	000021.SZ	深科技	4.57	3.91	5.6	3.81	5.34	4.33
149	300002.SZ	神州泰岳	4.55	5	5.11	3.25	4.86	4.92
150	300300.SZ	汉鼎宇佑	4.53	4.4	4.25	4.67	5.03	4.5
151	600410.SH	华胜天成	4.52	4.03	5.33	3.75	5.04	5
152	300167.SZ	迪威迅	4.52	4.3	5.03	3.93	4.91	4.73
153	000606.SZ	顺利办	4.51	4.96	4.5	3.53	5.12	5.1
154	000158.SZ	常山北明	4.5	3.91	5.24	4.08	4.97	4.56
155	300368.SZ	汇金股份	4.47	4.89	4.52	3.81	4.74	4.6
156	000948.SZ	南天信息	4.47	4.22	4.67	3.96	5.16	4.98
157	002642.SZ	荣之联	4.42	5.01	5.32	2.61	4.64	5.13
158	002657.SZ	中科金财	4.34	5.02	4.86	2.92	4.56	4.7
159	300020.SZ	银江股份	4.3	4.23	4.49	3.98	4.37	4.9
160	002072.SZ	凯瑞德	4.29	3.69	3.58	5.3	4.64	4.64
161	002577.SZ	雷柏科技	4.26	5.11	3.29	4.46	4.09	4.33
162	002197.SZ	证通电子	4.24	4.05	5	3.3	4.41	5.22
163	600800.SH	天津磁卡	4.17	3.12	3.61	5.35	4.86	4.29
164	002312.SZ	三泰控股	4.15	4.79	3.27	3.8	4.75	5.03

排名	代码	公司名称	总得分	财务状况	估值与成长性	创值能力	公司治理	创新与研发
165	600100.SH	同方股份	4.1	3.9	5.77	1.92	4.83	5.03
166	600601.SH	方正科技	3.96	3.76	5.14	2.24	5	4.48

（十五）家用电器

排名	代码	公司名称	总得分	财务状况	估值与成长性	创值能力	公司治理	创新与研发
1	000333.SZ	美的集团	5.81	4.87	5.43	7.69	4.97	5.48
2	600690.SH	青岛海尔	5.74	4.46	5.65	7.45	5.37	5.35
3	000651.SZ	格力电器	5.7	4.81	5.37	7.73	4.55	5.14
4	002677.SZ	浙江美大	5.56	7.15	4.59	5.42	5.09	4.91
5	300342.SZ	天银机电	5.43	6.33	4.98	5.14	5.2	5.31
6	002508.SZ	老板电器	5.42	5.97	4.9	5.61	5.3	4.88
7	300403.SZ	地尔汉宇	5.41	6.94	5.09	4.95	4.46	4.76
8	603868.SH	飞科电器	5.41	6.14	4.85	5.57	5.11	4.87
9	002032.SZ	苏泊尔	5.36	5.37	5.24	5.73	5.06	5
10	002242.SZ	九阳股份	5.35	5.67	5.21	5.3	5.14	5.28
11	603519.SH	立霸股份	5.28	6.24	5.18	4.86	4.73	4.79
12	002050.SZ	三花智控	5.25	5.3	5.2	5.47	5.12	4.71
13	300475.SZ	聚隆科技	5.24	6.67	4.97	4.5	4.85	4.6
14	000418.SZ	小天鹅A	5.22	5.08	5.05	5.74	4.93	5.02
15	002543.SZ	万和电气	5.22	5.12	5.53	5.05	5.28	4.87
16	002035.SZ	华帝股份	5.14	5.19	4.74	5.39	5.58	4.69
17	603355.SH	莱克电气	5.13	5.39	5.27	5.2	4.62	4.48
18	002681.SZ	奋达科技	5.13	5.39	5.66	4.76	4.53	4.85
19	002614.SZ	奥佳华	5.11	4.89	5.45	5.22	4.81	4.93
20	600060.SH	海信电器	5.1	5.46	5.5	4.39	5.2	4.74
21	002705.SZ	新宝股份	5.1	5.01	5.71	4.85	4.76	4.84
22	300217.SZ	东方电热	5	5.4	5.3	4.44	4.8	4.97
23	002668.SZ	奥马电器	4.99	4.45	5.26	5.16	5.39	4.51
24	603726.SH	朗迪集团	4.98	4.77	5.18	5.03	5.03	4.8
25	002723.SZ	金莱特	4.98	4.75	5.22	5.17	4.76	4.67

续表

排名	代码	公司名称	总得分	财务状况	估值与成长性	创值能力	公司治理	创新与研发
26	002403.SZ	爱仕达	4.93	4.8	5.54	4.35	4.97	5.17
27	002616.SZ	长青集团	4.92	4.49	5.51	4.69	5.14	4.79
28	000100.SZ	TCL集团	4.92	4.23	5.65	4.38	5.56	5.38
29	000921.SZ	海信科龙	4.91	4.21	5.14	5.26	5.22	4.7
30	002519.SZ	银河电子	4.87	4.98	4.9	4.34	4.98	5.96
31	600619.SH	海立股份	4.86	4.3	5.26	4.86	5.08	4.94
32	300160.SZ	秀强股份	4.86	5.42	4.67	4.67	4.84	4.22
33	002759.SZ	天际股份	4.84	5.57	5.33	4.03	4.15	4.83
34	603996.SH	中新科技	4.83	4.05	5.73	4.82	4.52	5.03
35	300247.SZ	乐金健康	4.82	5.07	5.03	4.48	4.46	5.08
36	000801.SZ	四川九洲	4.81	4.44	5.13	4.67	4.97	5.08
37	603366.SH	日出东方	4.8	5.49	5.07	3.77	4.93	4.85
38	002429.SZ	兆驰股份	4.8	4.61	5.39	4.35	4.83	4.87
39	600336.SH	澳柯玛	4.78	4.35	5.31	4.43	5.3	4.61
40	300249.SZ	依米康	4.77	4.24	4.8	5.03	4.96	5.25
41	300272.SZ	开能环保	4.77	4.65	5.02	4.87	4.27	4.9
42	002676.SZ	顺威股份	4.7	4.52	4.36	4.73	5.7	4.41
43	000016.SZ	深康佳A	4.64	3.35	4.1	5.85	5.78	4.57
44	000533.SZ	万家乐	4.63	5.02	4.18	4.05	5.35	5.4
45	600983.SH	惠而浦	4.6	4.72	4.83	4.3	4.7	4.29
46	000521.SZ	长虹美菱	4.59	4.32	5.5	3.59	5.05	4.86
47	002290.SZ	中科新材	4.59	4.16	4.88	4.75	4.48	4.65
48	000404.SZ	长虹华意	4.58	4.41	5.5	3.56	5.09	4.52
49	600854.SH	春兰股份	4.57	4.75	4.47	4.09	5.1	4.93
50	002418.SZ	康盛股份	4.57	3.7	5.18	4.62	5.07	4.29
51	002011.SZ	盾安环境	4.54	3.9	5.18	4.27	4.77	4.99
52	002052.SZ	同洲电子	4.5	4.25	3.73	5.04	5.06	5.07
53	002420.SZ	毅昌股份	4.38	3.82	4.98	4.18	4.53	4.62
54	600839.SH	四川长虹	4.26	4.1	4.56	3.47	5.15	4.79

（十六）建筑材料

排名	代码	公司名称	总得分	财务状况	估值与成长性	创值能力	公司治理	创新与研发
1	600585.SH	海螺水泥	5.97	5.83	5.6	7.27	4.99	5.21
2	002372.SZ	伟星新材	5.68	6.2	5.43	5.99	4.9	5.2
3	000786.SZ	北新建材	5.68	5.71	5.35	6.47	5.13	5.06
4	002718.SZ	友邦吊顶	5.56	6.92	5.32	5.03	4.58	5.42
5	002271.SZ	东方雨虹	5.56	5.06	5.45	6.09	5.59	5.73
6	002043.SZ	兔宝宝	5.43	6.04	5.24	5.39	5.01	4.97
7	002795.SZ	永和智控	5.38	5.89	5.33	5.46	4.89	4.44
8	002088.SZ	鲁阳节能	5.31	6.05	5.35	5.18	4.51	4.65
9	600801.SH	华新水泥	5.31	4.77	5.49	5.9	5.06	5.02
10	601636.SH	旗滨集团	5.28	5.08	5.26	5.32	5.65	5.25
11	002398.SZ	建研集团	5.17	6.11	5.19	4.64	4.31	5.38
12	002082.SZ	万邦德	5.16	6.14	4.97	4.87	4.56	4.58
13	000012.SZ	南玻A	5.15	4.82	5.37	4.98	5.42	5.61
14	000789.SZ	万年青	5.15	5	5.47	4.99	5.31	4.74
15	002233.SZ	塔牌集团	5.13	5.74	5.03	4.83	5.06	4.57
16	600753.SH	东方银星	5.11	6.09	3.73	5.6	5.22	4.61
17	000885.SZ	同力水泥	5.08	4.68	5.19	5.36	5.31	4.7
18	000935.SZ	四川双马	5.08	4.88	4.89	5.2	5.59	4.99
19	002652.SZ	扬子新材	5.06	4.38	5.54	5.27	5.16	4.89
20	002791.SZ	坚朗五金	5.04	5.63	5.14	4.54	4.7	5.06
21	002333.SZ	罗普斯金	5.04	5.2	4.97	5.27	4.76	4.44
22	000672.SZ	上峰水泥	5.04	4.34	5.16	5.6	5.19	4.74
23	002596.SZ	海南瑞泽	5.03	4.85	5	5.33	4.79	5.21
24	002346.SZ	柘中股份	5.03	5.13	5.1	5.18	4.62	4.69
25	300234.SZ	开尔新材	5.02	5.78	5.03	4.65	4.49	4.67
26	600668.SH	尖峰集团	5.01	5.09	5.2	4.67	5.21	4.83
27	000023.SZ	深天地A	5	4.42	5.23	5.2	5.27	4.97
28	300374.SZ	恒通科技	5	4.88	5.41	4.73	5.02	4.83
29	002742.SZ	三圣股份	4.99	4.85	5.18	5.09	4.81	4.83
30	002641.SZ	永高股份	4.97	5.03	5.23	4.58	5.18	4.86
31	002225.SZ	濮耐股份	4.97	4.95	5.36	4.77	4.68	4.95
32	300198.SZ	纳川股份	4.93	4.88	5.14	5.14	4.38	4.74

续表

排名	代码	公司名称	总得分	财务状况	估值与成长性	创值能力	公司治理	创新与研发
33	002392.SZ	北京利尔	4.91	5.1	5.26	4.39	4.81	5.09
34	600552.SH	凯盛科技	4.91	4.54	5.51	4.44	5.27	5.02
35	002162.SZ	悦心健康	4.91	4.42	5.17	5.06	5.07	4.81
36	002785.SZ	万里石	4.91	4.76	5.29	4.95	4.5	4.73
37	600883.SH	博闻科技	4.9	5.86	3.92	4.94	5.06	4.47
38	002314.SZ	南山控股	4.89	5.01	5.13	4.44	4.94	5.08
39	002457.SZ	青龙管业	4.87	5.25	4.86	4.45	4.98	4.86
40	002694.SZ	顾地科技	4.86	4.6	4.47	5.08	5.6	4.87
41	300344.SZ	太空智造	4.83	4.7	4.75	5.25	4.4	4.98
42	603616.SH	韩建河山	4.83	4.59	4.99	5.24	4.33	4.71
43	002205.SZ	国统股份	4.82	4.84	5.37	4.24	4.8	4.86
44	002623.SZ	亚玛顿	4.79	4.79	5.29	4.24	4.87	4.83
45	000619.SZ	海螺型材	4.79	5.59	5.07	3.62	5.01	4.61
46	600720.SH	祁连山	4.78	4.77	5.35	3.85	5.4	4.85
47	300093.SZ	金刚玻璃	4.78	4.94	5.04	4.65	4.41	4.52
48	600586.SH	金晶科技	4.76	4.4	5.29	4.16	5.36	5.04
49	600876.SH	洛阳玻璃	4.74	3.87	4.57	5.54	5.29	4.48
50	002163.SZ	中航三鑫	4.74	3.83	4.86	5.21	4.99	5.34
51	300117.SZ	嘉寓股份	4.73	4.3	5.03	4.77	4.31	5.92
52	600449.SH	宁夏建材	4.73	4.97	5.21	3.71	4.99	5.25
53	002302.SZ	西部建设	4.72	4.74	4.6	4.87	4.61	4.78
54	002671.SZ	龙泉股份	4.72	5.02	4.99	4.05	4.89	4.67
55	600802.SH	福建水泥	4.71	4.19	4.81	4.78	5.4	4.55
56	002066.SZ	瑞泰科技	4.64	4.12	4.72	4.8	5.13	4.6
57	600819.SH	耀皮玻璃	4.62	4.52	5.05	3.84	5.24	4.95
58	000509.SZ	华塑控股	4.58	3.73	3.74	5.65	5.42	5.09
59	600881.SH	亚泰集团	4.57	4.38	5.25	4.15	4.32	4.84
60	600678.SH	四川金顶	4.53	3.69	3.71	5.67	5.52	4.42
61	000877.SZ	天山股份	4.47	4.21	5.02	3.75	5.05	4.87
62	600425.SH	青松建化	4.37	4.34	4.63	3.74	4.88	4.79
63	000401.SZ	冀东水泥	4.33	4.04	4.87	3.5	5.01	4.93

（十七）建筑装饰

排名	代码	公司名称	总得分	财务状况	估值与成长性	创值能力	公司治理	创新与研发
1	603909.SH	合诚股份	5.6	7.11	4.52	5.41	5.63	4.78
2	601800.SH	中国交建	5.51	4.47	5.89	6.48	5.04	5.4
3	601668.SH	中国建筑	5.42	4.54	5.82	6.11	5.29	5.01
4	601390.SH	中国中铁	5.42	4.44	5.44	6.71	5.29	4.55
5	300500.SZ	启迪设计	5.38	7.18	3.96	5.34	4.79	5.37
6	601186.SH	中国铁建	5.38	4.46	5.73	6.11	5.18	5.19
7	002469.SZ	三维工程	5.37	6.93	4.55	4.77	5.2	5.26
8	002310.SZ	东方园林	5.35	5.26	5.35	5.82	4.84	5.03
9	600477.SH	杭萧钢构	5.32	5.29	5.07	5.38	5.92	4.91
10	300284.SZ	苏交科	5.29	5.18	5.75	4.85	5.74	4.77
11	603018.SH	中设集团	5.29	5.47	5.37	5.1	5.51	4.64
12	300492.SZ	山鼎设计	5.28	6.89	3.76	5.44	4.98	4.99
13	603929.SH	亚翔集成	5.26	5.77	4.79	5.38	4.9	5.41
14	002830.SZ	名雕股份	5.26	6.37	4.38	5.36	4.96	4.69
15	002775.SZ	文科园林	5.25	5.08	5.4	5.2	5.59	4.8
16	002713.SZ	东易日盛	5.25	5.51	5.01	5.37	5.16	4.9
17	002081.SZ	金螳螂	5.22	5.35	5.11	5.57	4.81	4.7
18	600326.SH	西藏天路	5.21	5.51	5.52	4.69	5.24	4.88
19	300355.SZ	蒙草生态	5.18	5.18	5.18	5.27	5.15	4.92
20	603778.SH	乾景园林	5.18	5.65	4.8	5.14	5.01	5.34
21	002051.SZ	中工国际	5.17	4.81	5.64	5.3	4.63	5.38
22	300197.SZ	铁汉生态	5.17	4.68	5.72	5.02	5.05	5.68
23	603098.SH	森特股份	5.15	5.66	4.74	5.29	4.87	4.83
24	300237.SZ	美晨生态	5.13	4.85	5.17	5.4	5.3	4.73
25	300506.SZ	名家汇	5.12	4.84	4.95	5.58	5.13	5.08
26	000065.SZ	北方国际	5.11	4.97	5.87	4.73	4.8	4.88
27	603007.SH	花王股份	5.1	5.08	5.13	5.32	4.87	4.81
28	002116.SZ	中国海诚	5.1	5.1	4.82	5.1	5.39	5.48
29	601117.SH	中国化学	5.09	4.87	5.78	4.68	5.15	4.83
30	002717.SZ	岭南股份	5.09	4.47	5.69	5.2	4.97	4.95
31	603887.SH	城地股份	5.09	5.19	4.72	5.22	5.11	5.46
32	002755.SZ	东方新星	5.08	5.99	4.01	5.17	5.21	5.09

续表

排名	代码	公司名称	总得分	财务状况	估值与成长性	创值能力	公司治理	创新与研发
33	002822.SZ	中装建设	5.08	5.27	4.96	4.81	5.26	5.4
34	600667.SH	太极实业	5.07	5.01	5.03	5.09	5.12	5.28
35	603698.SH	航天工程	5.05	5.7	4.28	5.13	4.99	5.36
36	300517.SZ	海波重科	5.05	5.42	4.72	5.33	4.62	4.81
37	603017.SH	中衡设计	5.04	5.26	5.28	4.72	4.88	4.91
38	600170.SH	上海建工	5.02	4.14	5.64	5.08	5.23	5.34
39	601618.SH	中国中冶	5.02	4.44	5.26	5.29	5.14	5.04
40	002542.SZ	中化岩土	5.01	5.11	4.88	5.14	4.98	4.77
41	300495.SZ	美尚生态	5.01	4.87	5.36	5.13	4.54	4.78
42	002047.SZ	宝鹰股份	5.01	4.83	5.2	5.05	4.97	4.87
43	600970.SH	中材国际	4.99	4.41	5.59	4.88	5.21	4.89
44	300536.SZ	农尚环境	4.97	5.22	4.3	5.27	5.21	4.94
45	002781.SZ	奇信股份	4.96	4.64	5.13	4.92	5.33	4.97
46	002062.SZ	宏润建设	4.96	4.86	5.35	4.61	5.13	4.88
47	600820.SH	隧道股份	4.96	4.57	5.57	4.66	5.06	5.02
48	601886.SH	江河集团	4.95	4.57	5.55	4.55	5.31	4.87
49	603828.SH	柯利达	4.95	4.88	4.84	5.14	4.89	5.04
50	603030.SH	全筑股份	4.94	4.28	5.32	5.03	5.37	4.75
51	002482.SZ	广田集团	4.94	5.01	5.32	4.62	4.94	4.53
52	002178.SZ	延华智能	4.92	5	4.39	5.2	5.26	4.86
53	600068.SH	葛洲坝	4.92	4.23	5.85	4.38	5.33	5.11
54	002811.SZ	亚泰国际	4.91	5.02	4.84	4.96	4.84	4.8
55	002140.SZ	东华科技	4.91	4.77	5.29	4.75	4.64	5.21
56	603959.SH	百利科技	4.91	5.03	4.18	5.45	4.69	5.53
57	002620.SZ	瑞和股份	4.89	5.07	5.24	4.34	4.86	5.06
58	600496.SH	精工钢构	4.89	4.62	5.52	4.55	5.07	4.43
59	000498.SZ	山东路桥	4.89	4.77	5.67	4.34	4.87	4.5
60	600491.SH	龙元建设	4.88	4.34	5.54	4.76	5.01	4.62
61	002789.SZ	建艺集团	4.87	4.46	5.19	5.08	4.5	5.18
62	600284.SH	浦东建设	4.87	5.16	5.46	3.82	5.17	4.86
63	002663.SZ	普邦股份	4.83	5.45	4.9	4.11	5.04	4.57
64	000055.SZ	方大集团	4.83	5.01	3.96	5.18	5.41	4.85
65	601226.SH	华电重工	4.83	4.97	5.05	4.46	4.87	4.75

续表

排名	代码	公司名称	总得分	财务状况	估值与成长性	创值能力	公司治理	创新与研发
66	002628.SZ	成都路桥	4.81	5.35	4.94	4.32	4.48	4.89
67	600248.SH	延长化建	4.81	4.65	5.17	4.62	4.86	4.69
68	002325.SZ	洪涛股份	4.8	4.98	4.84	4.37	5.08	4.93
69	002375.SZ	亚厦股份	4.78	4.98	5.31	4.01	4.95	4.56
70	600512.SH	腾达建设	4.76	5.16	5.31	3.51	5.43	4.39
71	002586.SZ	围海股份	4.74	4.81	4.84	4.7	4.54	4.66
72	002374.SZ	丽鹏股份	4.71	4.34	5.35	4.45	4.79	4.46
73	002545.SZ	东方铁塔	4.7	5.59	4.35	4.19	4.77	4.54
74	600039.SH	四川路桥	4.69	4.36	5.92	3.67	4.94	4.59
75	601789.SH	宁波建工	4.68	4.28	5.15	4.49	4.8	4.87
76	601611.SH	中国核建	4.68	3.99	5.08	5.02	4.61	4.65
77	002541.SZ	鸿路钢构	4.67	4.62	5.08	4.07	5.31	4.26
78	002060.SZ	粤水电	4.67	4.32	5.4	4.41	4.49	4.56
79	002743.SZ	富煌钢构	4.66	4.24	5.06	4.4	5.16	4.65
80	600853.SH	龙建股份	4.63	3.35	5.21	5	4.95	5.13
81	603843.SH	正平股份	4.63	4.19	4.39	5.09	5.16	4.34
82	002135.SZ	东南网架	4.59	4.32	4.83	4.59	4.59	4.75
83	600502.SH	安徽水利	4.58	4.14	5.91	3.65	4.6	4.66
84	002431.SZ	棕榈股份	4.52	4.48	3.92	4.82	4.44	5.85
85	002307.SZ	北新路桥	4.5	3.93	5.04	4.56	4.34	4.72
86	002659.SZ	凯文教育	4.49	4.72	3.29	5.19	4.8	4.79
87	601669.SH	中国电建	4.49	4.34	5.42	3.3	4.82	5.2
88	002200.SZ	云投生态	4.45	4.16	4.29	4.85	4.37	4.78
89	600133.SH	东湖高新	4.39	4.29	4	4.42	4.92	4.89
90	000010.SZ	美丽生态	4.33	4.72	3.64	4.86	3.92	4.35

（十八）交通运输

排名	代码	公司名称	总得分	财务状况	估值与成长性	创值能力	公司治理	创新与研发
1	600009.SH	上海机场	6.34	6.98	5.3	8.02	5.01	4.6
2	601006.SH	大秦铁路	5.9	5.6	5.73	7.22	5.13	4.54

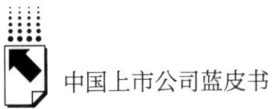

续表

排名	代码	公司名称	总得分	财务状况	估值与成长性	创值能力	公司治理	创新与研发
3	600377.SH	宁沪高速	5.76	5.21	5.59	7.07	5.17	4.84
4	600018.SH	上港集团	5.69	4.88	4.79	7.55	5.56	5.43
5	600270.SH	外运发展	5.66	6.07	5.54	6.06	5.06	4.53
6	002320.SZ	海峡股份	5.61	7.02	5	5.46	4.96	4.65
7	600004.SH	白云机场	5.57	5.35	5.89	6.04	4.93	4.82
8	600897.SH	厦门空港	5.56	6.09	5.71	5.21	5.23	5.06
9	600012.SH	皖通高速	5.49	6.26	5.52	4.89	5.38	5.04
10	000022.SZ	深赤湾A	5.47	5.99	5.31	5.44	5.04	5.21
11	000429.SZ	粤高速A	5.46	5.57	5.48	5.93	4.84	4.59
12	600350.SH	山东高速	5.43	5.66	5.75	5.11	5.19	5.13
13	601111.SH	中国国航	5.39	4.49	5.66	6.14	5.36	5.02
14	603167.SH	渤海轮渡	5.37	5.8	5.43	4.98	5.49	4.76
15	002245.SZ	澳洋顺昌	5.34	5.45	4.99	5.41	5.52	5.62
16	000089.SZ	深圳机场	5.33	6.11	5.32	4.99	4.91	4.71
17	603223.SH	恒通股份	5.33	5.44	5.11	5.46	5.63	4.57
18	603885.SH	吉祥航空	5.32	4.58	5.51	6.18	5.13	4.67
19	603066.SH	音飞储存	5.3	5.95	4.86	5.48	4.53	5.52
20	603128.SH	华贸物流	5.27	5.3	5.42	5.05	5.39	5.16
21	603569.SH	长久物流	5.26	5.31	5.29	5.72	4.69	4.49
22	601188.SH	龙江交通	5.25	5.88	5.34	4.7	5.17	4.79
23	601021.SH	春秋航空	5.2	4.6	4.94	6.08	5.16	5.22
24	601000.SH	唐山港	5.19	5.33	5.56	4.89	4.9	4.99
25	600650.SH	锦江投资	5.08	5.43	5	5.05	4.88	4.59
26	002492.SZ	恒基达鑫	5.06	5.39	4.94	5.15	4.56	5.04
27	601018.SH	宁波港	5.05	4.92	5.24	5.17	4.92	4.69
28	600317.SH	营口港	5.05	5.63	5.07	4.67	4.81	4.68
29	600125.SH	铁龙物流	5.03	4.99	5.04	5.21	4.95	4.68
30	600029.SH	南方航空	5.02	4.15	5.45	5.34	5.44	4.66
31	000582.SZ	北部湾港	5.02	4.93	5.44	4.94	4.77	4.66
32	600035.SH	楚天高速	5.01	4.9	5.4	4.45	5.19	5.66
33	600368.SH	五洲交通	5.01	4.84	5.48	4.62	5.17	5.03
34	000828.SZ	东莞控股	5	4.37	5.35	5.24	5.26	4.61
35	600106.SH	重庆路桥	5	6.01	4.59	4.34	5.03	5.09

续表

排名	代码	公司名称	总得分	财务状况	估值与成长性	创值能力	公司治理	创新与研发
36	300240.SZ	飞力达	4.99	5.04	4.89	5.11	5.1	4.5
37	600115.SH	东方航空	4.97	3.92	5.72	5.09	5.34	4.92
38	300538.SZ	同益股份	4.97	5.03	4.1	5.61	5.04	5.44
39	600787.SH	中储股份	4.97	4.57	4.85	5.45	5.25	4.49
40	000507.SZ	珠海港	4.96	4.62	5.09	5.17	5.26	4.38
41	000088.SZ	盐田港	4.95	5.85	4.05	5.09	4.64	5.09
42	002800.SZ	天顺股份	4.95	4.75	4.7	5.47	4.94	4.72
43	603069.SH	海汽集团	4.93	4.95	4.56	5.32	5.09	4.5
44	000548.SZ	湖南投资	4.93	5.62	4.11	4.79	5.38	4.92
45	600180.SH	瑞茂通	4.92	3.87	5.37	5.47	5.03	4.91
46	600717.SH	天津港	4.92	5	5.8	3.73	4.97	5.64
47	002711.SZ	欧浦智网	4.92	4.5	4.7	5.53	4.79	5.33
48	600033.SH	福建高速	4.92	5.18	5.38	4.18	5.1	4.61
49	600153.SH	建发股份	4.91	3.91	6.01	4.56	5.3	4.96
50	601333.SH	广深铁路	4.89	5.49	5.27	4.08	4.65	4.73
51	601518.SH	吉林高速	4.89	5.24	4.7	4.74	5.13	4.37
52	000520.SZ	长航凤凰	4.88	4.88	3.57	5.75	5.23	5.69
53	600662.SH	强生控股	4.87	4.97	4.91	4.5	5.4	4.63
54	603117.SH	万林股份	4.86	4.28	5.3	4.76	5.25	4.99
55	600548.SH	深高速	4.85	4.91	4.65	4.74	5.24	4.89
56	600798.SH	宁波海运	4.84	4.69	5.31	4.52	4.99	4.55
57	000900.SZ	现代投资	4.8	4.34	5.86	4	5.05	5.06
58	600834.SH	申通地铁	4.8	4.31	4.82	5.18	4.79	5.14
59	002357.SZ	富临运业	4.8	4.37	4.79	5.15	4.9	4.91
60	300013.SZ	新宁物流	4.8	4.71	4.33	5.18	4.96	5.14
61	600575.SH	皖江物流	4.8	4.85	5.1	4.61	4.53	4.74
62	600692.SH	亚通股份	4.78	4.38	4.47	5.45	4.96	4.58
63	002769.SZ	普路通	4.77	3.89	4.99	5.08	4.99	5.6
64	000886.SZ	海南高速	4.77	6.09	3.24	5	4.76	4.72
65	601008.SH	连云港	4.72	3.87	5.48	4.31	5.24	5.49
66	000099.SZ	中信海直	4.72	4.78	4.61	4.64	5.03	4.58
67	002627.SZ	宜昌交运	4.72	4.71	4.75	4.9	4.46	4.54
68	300350.SZ	华鹏飞	4.71	5.18	3.8	5.23	4.58	4.72

续表

排名	代码	公司名称	总得分	财务状况	估值与成长性	创值能力	公司治理	创新与研发
69	002210.SZ	飞马国际	4.71	3.69	4.89	5.51	4.73	4.83
70	002183.SZ	怡亚通	4.7	3.67	5.47	4.61	5	5.34
71	600611.SH	大众交通	4.69	5.04	4.27	4.66	4.76	4.86
72	600017.SH	日照港	4.69	4.72	5.23	4.04	4.68	4.98
73	600269.SH	赣粤高速	4.68	4.66	5.5	3.54	4.66	5.87
74	600221.SH	海航控股	4.67	4.55	5.98	2.84	5.36	5.51
75	601107.SH	四川成渝	4.66	4.51	5.34	3.82	5.03	4.93
76	601872.SH	招商轮船	4.65	5.11	5.11	3.8	4.63	4.45
77	000905.SZ	厦门港务	4.64	4.43	5.04	4.58	4.43	4.64
78	600751.SH	海航科技	4.64	5.09	4.76	3.85	4.84	4.91
79	601919.SH	中远海控	4.63	3.95	4.13	5.23	5.49	4.99
80	600119.SH	长江投资	4.62	4.22	4.13	5.22	4.96	5.01
81	600026.SH	中远海能	4.62	4.9	5.44	3.28	5	4.64
82	600794.SH	保税科技	4.61	5.18	3.86	4.78	4.68	4.55
83	600057.SH	厦门象屿	4.61	4.1	5.7	3.65	5.11	4.88
84	600561.SH	江西长运	4.6	3.94	5.38	4.04	5.43	4.51
85	601880.SH	大连港	4.59	4.8	4.96	4.02	4.1	5.52
86	600190.SH	锦州港	4.58	4.44	4.76	4.15	5.1	4.92
87	600279.SH	重庆港九	4.57	4.54	5.06	3.86	5.1	4.43
88	002040.SZ	南京港	4.54	4.89	4.01	4.47	4.91	4.67
89	600020.SH	中原高速	4.46	4.19	5.4	3.42	4.82	4.97
90	600428.SH	中远海特	4.39	4.2	5.32	3.55	4.57	4.37
91	601866.SH	中远海发	4.06	3.9	4.5	3.02	5.15	4.61

(十九) 农林牧渔

排名	代码	公司名称	总得分	财务状况	估值与成长性	创值能力	公司治理	创新与研发
1	300498.SZ	温氏股份	5.94	5.65	5.4	7.67	4.79	5.14
2	600201.SH	生物股份	5.9	6.51	5.15	6.46	5.46	5.31
3	002714.SZ	牧原股份	5.8	4.99	5.39	7.73	4.92	5.14
4	600438.SH	通威股份	5.6	4.88	5.31	6.91	5.21	5.33

续表

排名	代码	公司名称	总得分	财务状况	估值与成长性	创值能力	公司治理	创新与研发
5	300149.SZ	量子生物	5.58	6.84	4.59	5.66	5.11	5.24
6	600298.SH	安琪酵母	5.55	4.8	5.31	6.79	5.53	4.79
7	002311.SZ	海大集团	5.54	4.95	5.21	6.93	4.86	5.23
8	603566.SH	普莱柯	5.53	6.48	4.97	5.29	5.54	4.98
9	000876.SZ	新希望	5.5	5.08	5.77	5.75	5.44	5.28
10	600598.SH	北大荒	5.45	5.64	5.22	5.77	5.37	4.67
11	603336.SH	宏辉果蔬	5.44	6.56	5.14	5.54	4.33	4.51
12	002385.SZ	大北农	5.42	4.99	5.5	5.92	5.11	5.54
13	000998.SZ	隆平高科	5.42	4.89	5.39	6.19	5.2	5.08
14	600873.SH	梅花生物	5.35	5.01	5.65	5.4	5.45	5.08
15	603718.SH	海利生物	5.34	5.83	4.67	5.73	4.94	5.38
16	600506.SH	香梨股份	5.32	6.09	4.57	5.52	5.32	4.64
17	600195.SH	中牧股份	5.32	5.36	5.26	5.26	5.5	5.19
18	000639.SZ	西王食品	5.27	4.68	5.46	5.55	5.35	5.48
19	603609.SH	禾丰牧业	5.26	5.08	5.47	5.22	5.42	4.98
20	600965.SH	福成股份	5.25	5.61	4.84	5.48	5.01	5.06
21	300175.SZ	朗源股份	5.21	5.84	5.18	4.84	4.95	4.98
22	300143.SZ	星普医科	5.15	5.62	5.26	4.95	4.57	5.02
23	002286.SZ	保龄宝	5.11	5.11	5.55	4.81	5	4.85
24	600371.SH	万向德农	5.11	5.28	4.74	5.34	4.95	5.24
25	600737.SH	中粮糖业	5.09	4.44	5.49	5.17	5.58	4.74
26	002688.SZ	金河生物	5.09	4.87	5.63	4.76	5.2	4.86
27	000702.SZ	正虹科技	5.08	5.04	4.96	5.14	5.52	4.59
28	002124.SZ	天邦股份	5.08	5.09	5.28	4.61	5.49	5.15
29	002100.SZ	天康生物	5.08	5.06	5.45	5.02	4.68	4.86
30	300087.SZ	荃银高科	5.07	5.15	4.31	5.48	5.35	5.45
31	600226.SH	瀚叶股份	5.07	4.84	5.13	5.26	5.08	4.99
32	002157.SZ	正邦科技	5.07	4.55	5.49	4.58	5.9	5.47
33	002746.SZ	仙坛股份	5.04	5.53	5.16	4.65	4.97	4.45
34	000798.SZ	中水渔业	5.04	5.02	5.02	5.11	5.39	4.25
35	002447.SZ	晨鑫科技	5.04	5.72	4.51	5.13	4.45	5.32
36	002679.SZ	福建金森	5.03	4.85	4.78	5.35	5.08	5.3
37	002696.SZ	百洋股份	5.01	4.83	5.68	4.66	4.89	4.79

续表

排名	代码	公司名称	总得分	财务状况	估值与成长性	创值能力	公司治理	创新与研发
38	300119.SZ	瑞普生物	4.99	5.28	5.39	4.59	4.48	5.02
39	300094.SZ	国联水产	4.99	4.44	5.64	5.14	4.49	5.08
40	000592.SZ	平潭发展	4.98	5.55	5.39	4.05	5.08	4.65
41	002772.SZ	众兴菌业	4.98	5.59	5.34	3.88	5.44	4.55
42	600097.SH	开创国际	4.98	5.01	5.26	4.5	5.26	5.04
43	300021.SZ	大禹节水	4.98	4.47	5.28	5.11	5.14	4.92
44	600962.SH	国投中鲁	4.96	4.61	5.49	4.74	4.9	5.18
45	002567.SZ	唐人神	4.96	5.16	5.44	4.02	5.36	4.98
46	000735.SZ	罗牛山	4.94	4.64	4.88	5.12	5.49	4.49
47	300138.SZ	晨光生物	4.94	4.47	5.49	4.95	4.67	5.16
48	600975.SH	新五丰	4.94	5.2	4.72	4.73	5.28	4.8
49	002041.SZ	登海种业	4.93	5.46	5.17	4.24	4.79	4.95
50	300511.SZ	雪榕生物	4.93	4.58	5.49	5.05	4.44	4.76
51	002086.SZ	东方海洋	4.88	5.23	5.19	4.37	4.5	5.12
52	600127.SH	金健米业	4.87	4.08	5.4	4.88	5.31	4.85
53	002299.SZ	圣农发展	4.84	4.6	5.25	4.91	4.48	4.68
54	000713.SZ	丰乐种业	4.81	4.59	5.44	4.2	5.13	4.9
55	000930.SZ	中粮生化	4.8	4.2	4.15	5.6	5.46	5.12
56	600257.SH	大湖股份	4.79	5	4.88	4.31	5.04	4.96
57	002548.SZ	金新农	4.77	4.85	5.15	4.3	4.7	4.94
58	002173.SZ	创新医疗	4.76	5.21	4.73	4.15	4.95	5.01
59	300313.SZ	天山生物	4.75	4.36	4.13	5.57	5.04	4.9
60	600695.SH	绿庭投资	4.75	4.75	4.04	5.27	5.1	4.67
61	002505.SZ	大康农业	4.73	4.38	5.68	3.76	5.51	4.54
62	002234.SZ	民和股份	4.71	4.37	4.96	4.93	4.62	4.49
63	300189.SZ	神农基因	4.67	5.3	4.63	4.33	4.05	5.08
64	002220.SZ	天宝食品	4.65	4.73	5.57	3.54	4.82	4.74
65	600251.SH	冠农股份	4.65	4.19	5.1	4.44	5.08	4.49
66	002458.SZ	益生股份	4.64	4.49	4.57	4.85	4.49	4.95
67	600108.SH	亚盛集团	4.63	4.73	5.3	3.63	5.08	4.5
68	000576.SZ	广东甘化	4.61	5.2	3.76	4.7	4.92	4.64
69	002477.SZ	雏鹰农牧	4.57	4.31	5.41	3.79	4.7	5.01
70	600359.SH	新农开发	4.52	3.95	4.33	4.93	5.03	4.77

续表

排名	代码	公司名称	总得分	财务状况	估值与成长性	创值能力	公司治理	创新与研发
71	601118.SH	海南橡胶	4.5	4.31	4.96	3.94	4.95	4.68
72	600540.SH	新赛股份	4.5	3.85	4.41	5.12	4.56	4.75
73	600313.SH	农发种业	4.49	4.77	5.08	3.6	4.4	4.74
74	300268.SZ	佳沃股份	4.49	4.69	3.38	5.41	4.69	4.03
75	600191.SH	华资实业	4.48	4.81	4.87	3.48	5.03	4.29
76	002321.SZ	华英农业	4.47	4.27	5.33	3.62	4.79	4.46
77	600467.SH	好当家	4.47	4.71	5.17	3.5	4.47	4.6
78	600354.SH	敦煌种业	4.37	4.24	3.76	4.52	5.09	4.95
79	600189.SH	吉林森工	4.3	4.06	4.58	3.75	4.77	5.16
80	002069.SZ	獐子岛	4.3	4.02	4.43	4.28	4.19	5.05
81	000911.SZ	南宁糖业	4.27	3.81	5.04	3.35	4.98	4.9
82	300106.SZ	西部牧业	4.18	3.65	4.97	3.71	4.37	4.54

（二十）汽车

排名	代码	公司名称	总得分	财务状况	估值与成长性	创值能力	公司治理	创新与研发
1	601238.SH	广汽集团	5.79	4.99	5.57	7.09	5.38	5.65
2	600741.SH	华域汽车	5.65	4.5	5.67	7.1	5.26	5.31
3	600660.SH	福耀玻璃	5.61	5.44	5.61	6.08	5.35	5.05
4	603023.SH	威帝股份	5.59	7.19	4.87	5.26	5.04	4.85
5	600104.SH	上汽集团	5.59	4.26	5.78	7.08	5.11	5.32
6	603306.SH	华懋科技	5.58	6.96	5.15	5.04	5.37	4.56
7	300507.SZ	苏奥传感	5.53	6.75	5.06	5.2	5.18	4.77
8	603997.SH	继峰股份	5.52	6.31	5.28	5.35	5.29	4.67
9	601965.SH	中国汽研	5.48	6.78	5.32	4.81	4.8	5.16
10	000338.SZ	潍柴动力	5.47	4.34	5.78	6.8	4.57	5.49
11	601633.SH	长城汽车	5.47	4.55	5.45	6.24	5.66	5.71
12	002213.SZ	特尔佳	5.47	6.3	4.93	5.43	5.09	5.35
13	002553.SZ	南方轴承	5.43	6.81	5.02	5.21	4.63	4.46
14	000887.SZ	中鼎股份	5.41	5.19	5.76	5.27	5.46	5.32
15	600066.SH	宇通客车	5.38	4.66	5.43	6.3	5.13	4.99

续表

排名	代码	公司名称	总得分	财务状况	估值与成长性	创值能力	公司治理	创新与研发
16	300375.SZ	鹏翎股份	5.37	6.54	5.07	4.52	5.48	5.07
17	603158.SH	腾龙股份	5.37	5.79	5.37	5.26	5.08	4.82
18	300473.SZ	德尔股份	5.36	5.96	5.6	4.93	4.85	4.98
19	603239.SH	浙江仙通	5.36	5.94	5.16	5.23	5.14	4.87
20	002448.SZ	中原内配	5.35	5.95	5.51	4.78	5.21	5.03
21	000581.SZ	威孚高科	5.35	5.64	5.38	5.24	5.15	4.98
22	300304.SZ	云意电气	5.35	6.71	4.84	4.88	4.8	5.14
23	002725.SZ	跃岭股份	5.34	6.11	5.19	5.17	4.99	4.48
24	603788.SH	宁波高发	5.33	5.82	4.97	5.21	5.59	4.78
25	300547.SZ	川环科技	5.33	5.7	4.94	5.31	5.46	5.16
26	000625.SZ	长安汽车	5.32	4.27	5.43	6.11	5.32	5.85
27	002406.SZ	远东传动	5.3	6.82	5.2	4.51	4.48	4.79
28	300258.SZ	精锻科技	5.28	5.6	5.41	5.25	4.9	4.6
29	002594.SZ	比亚迪	5.25	4.12	5.12	6.64	4.98	5.39
30	002085.SZ	万丰奥威	5.24	5.2	5.13	5.39	5.38	4.91
31	601689.SH	拓普集团	5.23	5.38	5.36	5.15	4.9	5.17
32	002664.SZ	长鹰信质	5.22	5.21	5.08	5.43	5.22	4.99
33	603766.SH	隆鑫通用	5.21	5.19	5.65	4.95	4.82	5.42
34	002625.SZ	光启技术	5.2	6.64	4.35	5.05	4.46	5.16
35	601311.SH	骆驼股份	5.19	5.24	5.38	4.85	5.57	4.78
36	603701.SH	德宏股份	5.18	5.6	4.93	5.21	5.12	4.67
37	601799.SH	星宇股份	5.17	5.25	5.11	5.4	5.1	4.47
38	603528.SH	多伦科技	5.16	5.75	5	5.25	4.46	4.79
39	603377.SH	东方时尚	5.15	5.7	4.61	5.28	5.16	4.69
40	300585.SZ	奥联电子	5.14	5.67	4.74	5.38	4.71	4.81
41	600099.SH	林海股份	5.13	5.61	4.67	5.12	5.06	5.2
42	000996.SZ	中国中期	5.13	5.5	4.64	5.41	4.83	5.11
43	000030.SZ	富奥股份	5.11	4.99	5.44	4.78	5.42	4.94
44	002715.SZ	登云股份	5.1	5.11	4.96	5.1	5.36	5.09
45	300176.SZ	鸿特科技	5.1	4.79	5.03	5.74	4.94	4.55
46	000757.SZ	浩物股份	5.09	5.14	4.93	5.3	5.34	4.31
47	000559.SZ	万向钱潮	5.06	4.65	4.83	5.56	5.36	5
48	002239.SZ	奥特佳	5.06	4.83	5.29	5	5.29	4.78

A股：按申万行业划分标准

续表

排名	代码	公司名称	总得分	财务状况	估值与成长性	创值能力	公司治理	创新与研发
49	002472.SZ	双环传动	5.05	5.36	5.57	4.7	4.34	4.8
50	603085.SH	天成自控	5.05	5.44	4.86	5.32	4.44	4.62
51	603319.SH	湘油泵	5.03	5	4.88	5.15	5.29	4.74
52	002434.SZ	万里扬	5.03	4.73	5.33	5.01	5.04	5.13
53	002126.SZ	银轮股份	5.03	4.86	5.4	4.93	4.87	4.97
54	002536.SZ	西泵股份	5.01	4.82	5.29	4.86	5.31	4.64
55	300100.SZ	双林股份	5	4.58	5.45	4.71	5.39	5.11
56	002765.SZ	蓝黛传动	5	4.81	5.27	5	4.91	4.88
57	600960.SH	渤海汽车	4.99	5.23	5.26	4.38	5.14	5.1
58	603006.SH	联明股份	4.99	5.35	4.87	4.93	4.85	4.57
59	002592.SZ	八菱科技	4.98	5.6	4.78	4.73	4.82	4.76
60	600148.SH	长春一东	4.98	4.7	4.54	5.4	5.44	5.12
61	601127.SH	小康股份	4.98	3.98	5.38	5.51	4.87	5.37
62	001696.SZ	宗申动力	4.97	4.99	5.34	4.47	5.21	4.88
63	002454.SZ	松芝股份	4.97	5.17	5.48	4.17	5.14	4.92
64	002708.SZ	光洋股份	4.96	5.43	4.87	4.59	5.12	4.64
65	002703.SZ	浙江世宝	4.96	5.32	4.68	5.07	4.88	4.44
66	600523.SH	贵航股份	4.95	5.27	4.87	4.51	5.54	4.48
67	603009.SH	北特科技	4.94	4.86	4.96	4.9	5.25	4.65
68	002265.SZ	西仪股份	4.94	4.98	4.47	5.24	5.3	4.65
69	002510.SZ	天汽模	4.94	4.78	5.11	4.76	5.16	5.01
70	002662.SZ	京威股份	4.94	5.32	5.24	4.4	4.86	4.6
71	000913.SZ	钱江摩托	4.93	4.99	4.71	4.85	5.51	4.59
72	000025.SZ	特力A	4.92	5.04	4.47	5.53	4.62	4.62
73	300432.SZ	富临精工	4.92	5.31	5.42	4.17	4.57	5.17
74	600699.SH	均胜电子	4.91	4.3	5.3	5.16	4.87	4.81
75	000550.SZ	江铃汽车	4.9	4.81	5.3	4.16	5.53	5.16
76	002283.SZ	天润曲轴	4.89	5.08	5.25	4.25	5.12	4.77
77	600698.SH	湖南天雁	4.89	4.59	4.68	5.46	4.65	5.1
78	002101.SZ	广东鸿图	4.86	4.79	5.34	4.06	5.37	5.27
79	603166.SH	福达股份	4.86	4.92	4.87	4.79	5.02	4.5
80	600679.SH	上海凤凰	4.86	4.93	4.59	5.22	4.78	4.4
81	600081.SH	东风科技	4.85	4.39	5.18	4.85	5.05	4.91

续表

排名	代码	公司名称	总得分	财务状况	估值与成长性	创值能力	公司治理	创新与研发
82	600742.SH	一汽富维	4.81	4.77	5.42	4.25	5.04	4.39
83	600327.SH	大东方	4.81	4.6	5.2	4.28	5.32	4.94
84	002048.SZ	宁波华翔	4.79	4.71	5.46	4.04	5.12	4.75
85	002590.SZ	万安科技	4.79	4.69	4.87	4.94	4.67	4.58
86	000800.SZ	一汽轿车	4.78	4.5	4.8	4.63	5.26	5.23
87	002363.SZ	隆基机械	4.77	5.36	5.15	4.09	4.25	4.74
88	000980.SZ	众泰汽车	4.76	4.76	5.4	3.95	4.91	5.05
89	600335.SH	国机汽车	4.76	4.22	5.33	4.47	4.98	5.26
90	002355.SZ	兴民智通	4.76	4.77	4.66	4.94	4.6	4.79
91	600686.SH	金龙汽车	4.75	3.92	5.23	4.89	5.08	4.77
92	600213.SH	亚星客车	4.73	3.77	4.88	5.46	4.81	4.9
93	002593.SZ	日上集团	4.73	4.75	5.14	4.35	4.58	4.85
94	002105.SZ	信隆健康	4.73	4.29	4.66	5.1	4.94	4.82
95	600609.SH	金杯汽车	4.71	3.89	4.45	5.56	5.32	4.35
96	600480.SH	凌云股份	4.7	4.54	5.38	3.81	5.22	4.89
97	000017.SZ	深中华A	4.69	3.84	4.62	5.68	4.44	4.98
98	000700.SZ	模塑科技	4.69	4.32	5.32	4.22	5.14	4.52
99	000903.SZ	云内动力	4.69	4.59	5.29	3.87	5.09	5
100	000951.SZ	中国重汽	4.68	3.94	5.49	4.61	4.59	4.84
101	000753.SZ	漳州发展	4.67	4.6	4.65	4.38	5.07	5.18
102	002607.SZ	亚夏汽车	4.66	3.9	4.8	5.26	4.73	4.64
103	000957.SZ	中通客车	4.65	3.87	5.36	4.54	4.87	4.86
104	002488.SZ	金固股份	4.65	4.19	4.94	4.67	4.55	5.36
105	002328.SZ	新朋股份	4.64	5.14	4.95	3.79	4.85	4.39
106	600676.SH	交运股份	4.64	4.98	4.81	3.82	5.17	4.7
107	000622.SZ	恒立实业	4.61	4.4	3.62	5.43	5.38	4.41
108	600178.SH	东安动力	4.61	4.29	4.95	4.3	4.83	5.16
109	002284.SZ	亚太股份	4.59	4.67	4.67	4.56	4.26	4.74
110	600006.SH	东风汽车	4.56	4.16	5.01	4.2	4.97	4.77
111	600418.SH	江淮汽车	4.51	3.75	5.17	3.88	5.27	5.44
112	601777.SH	力帆股份	4.49	3.74	5.24	3.87	4.97	5.66
113	002682.SZ	龙洲股份	4.48	4.1	5.05	3.88	5.01	4.78
114	000678.SZ	襄阳轴承	4.48	4.14	4.35	4.78	4.94	4.12

续表

排名	代码	公司名称	总得分	财务状况	估值与成长性	创值能力	公司治理	创新与研发
115	000760.SZ	斯太尔	4.46	4.69	3.92	4.32	4.82	5.33
116	600166.SH	福田汽车	4.43	3.92	5.09	3.72	5.12	5.02
117	000868.SZ	安凯客车	4.42	3.25	4.62	5.06	4.72	4.92
118	600303.SH	曙光股份	4.38	3.99	4.52	4.15	5.08	4.61
119	600653.SH	申华控股	4.29	3.61	4.52	4.34	5.07	4.17
120	601258.SH	庞大集团	4.25	3.62	4.85	3.71	4.62	5.49
121	000572.SZ	海马汽车	4.17	4.16	4.72	3.1	4.75	4.79
122	000927.SZ	一汽夏利	3.95	2.93	3.12	5.08	4.87	4.63

（二十一）轻工制造

排名	代码	公司名称	总得分	财务状况	估值与成长性	创值能力	公司治理	创新与研发
1	002572.SZ	索菲亚	5.97	5.94	5.06	7.49	5.37	5.17
2	603816.SH	顾家家居	5.74	5.15	5.15	7.27	5.3	5.39
3	603898.SH	好莱客	5.68	6.2	5.07	5.95	5.69	4.96
4	002831.SZ	裕同科技	5.67	4.92	5.38	7.41	4.91	4.81
5	600612.SH	老凤祥	5.67	4.55	5.33	7.48	5.24	5.34
6	002078.SZ	太阳纸业	5.66	4.54	5.57	7.33	5.14	5.05
7	603899.SH	晨光文具	5.62	5.47	4.67	6.96	5.44	5.12
8	000910.SZ	大亚圣象	5.59	4.88	5.27	6.66	5.73	5.21
9	601515.SH	东风股份	5.59	5.59	5.3	6.3	5.06	5.17
10	600567.SH	山鹰纸业	5.53	4.25	5.62	7.11	5.08	5.09
11	002191.SZ	劲嘉股份	5.51	5.64	5.23	5.65	5.59	5.43
12	603838.SH	四通股份	5.47	6.3	5.19	5.08	5.5	4.82
13	603398.SH	邦宝益智	5.46	6.91	4.95	5.32	4.49	4.68
14	002117.SZ	东港股份	5.42	5.27	5.13	5.62	5.66	5.82
15	603818.SH	曲美家居	5.4	5.76	5.11	5.5	5.47	4.65
16	603058.SH	永吉股份	5.38	6.58	4.72	5.36	4.93	4.54
17	600337.SH	美克家居	5.31	5.18	5.42	5.09	5.7	5.41
18	002790.SZ	瑞尔特	5.29	6.22	5.31	4.8	4.65	4.88
19	002798.SZ	帝欧家居	5.27	5.75	4.84	5.26	5.5	4.68

续表

排名	代码	公司名称	总得分	财务状况	估值与成长性	创值能力	公司治理	创新与研发
20	002701.SZ	奥瑞金	5.26	4.63	5.43	5.82	5.17	5.07
21	601996.SH	丰林集团	5.26	6.03	5.23	4.65	5.18	4.93
22	002511.SZ	中顺洁柔	5.25	4.84	5.07	5.69	5.49	5.26
23	603600.SH	永艺股份	5.25	4.99	5.44	5.35	5.26	5.1
24	002014.SZ	永新股份	5.23	5.45	5.28	5.07	5.22	4.81
25	603313.SH	梦百合	5.21	5.3	5.6	5.18	4.7	4.62
26	002348.SZ	高乐股份	5.18	6.58	5	4.61	4.18	4.96
27	000488.SZ	晨鸣纸业	5.18	3.75	5.86	6.11	5	4.87
28	300501.SZ	海顺新材	5.17	5.93	5.11	5.1	4.25	4.83
29	002735.SZ	王子新材	5.12	5.35	4.91	5.17	5.3	4.61
30	300061.SZ	康旗股份	5.12	5.26	5.32	4.77	5.06	5.23
31	002812.SZ	创新股份	5.11	5.36	4.53	5.52	5.21	4.65
32	002787.SZ	华源控股	5.11	5.25	5.07	5.07	5.12	4.82
33	600978.SH	宜华生活	5.1	4.68	5.83	5.04	4.79	4.91
34	002615.SZ	哈尔斯	5.1	4.73	5.49	5.16	4.91	5.17
35	002575.SZ	群兴玩具	5.09	6.67	4.44	4.61	4.45	4.85
36	603008.SH	喜临门	5.09	4.5	5.46	5.24	5.19	5.18
37	603268.SH	松发股份	5.09	5	5.55	4.9	4.89	4.82
38	002303.SZ	美盈森	5.07	5.23	5.21	5.08	4.65	4.87
39	600966.SH	博汇纸业	5.05	4.14	5.59	5.45	5.2	4.62
40	603389.SH	亚振家居	5.04	5.67	4.91	4.93	4.52	4.73
41	002836.SZ	新宏泽	5.04	5.48	4.6	5.29	4.7	4.78
42	002084.SZ	海鸥住工	5.03	4.96	5.52	4.35	5.44	5.06
43	002678.SZ	珠江钢琴	5.02	5.27	4.71	4.93	5.38	4.81
44	002067.SZ	景兴纸业	5.01	4.49	4.99	5.52	5.02	5.17
45	002631.SZ	德尔未来	5.01	5.55	4.66	4.98	4.85	4.79
46	300329.SZ	海伦钢琴	5.01	5.59	4.75	4.82	4.87	4.78
47	600308.SH	华泰股份	4.99	4.62	5.58	4.85	5.04	4.56
48	002345.SZ	潮宏基	4.97	4.97	5.1	5.05	4.72	4.71
49	002228.SZ	合兴包装	4.96	4.4	5.22	5.21	5.04	4.92
50	600439.SH	瑞贝卡	4.95	4.9	5.61	4.38	4.96	4.74
51	002243.SZ	通产丽星	4.93	5.37	5.28	4.3	4.68	4.92
52	002012.SZ	凯恩股份	4.93	4.93	4.91	4.57	5.38	5.39

A股：按申万行业划分标准

续表

排名	代码	公司名称	总得分	财务状况	估值与成长性	创值能力	公司治理	创新与研发
53	002799.SZ	环球印务	4.92	4.92	4.73	5.14	4.89	4.87
54	600210.SH	紫江企业	4.91	4.35	5.09	4.92	5.55	4.88
55	000026.SZ	飞亚达A	4.91	5.04	5.14	4.39	5.22	4.81
56	002803.SZ	吉宏股份	4.88	4.34	4.82	5.43	5.22	4.37
57	600599.SH	熊猫金控	4.87	4.62	4.74	4.92	5.4	4.91
58	600135.SH	乐凯胶片	4.84	4.98	5.03	4.34	4.96	5.18
59	002605.SZ	姚记扑克	4.83	5.23	5.03	4.36	4.71	4.64
60	002751.SZ	易尚展示	4.83	4.07	4.73	5.39	5.07	5.36
61	603022.SH	新通联	4.82	5.07	4.92	4.81	4.57	4.19
62	002521.SZ	齐峰新材	4.81	5.15	5.55	3.66	5.14	4.46
63	002356.SZ	赫美集团	4.81	4.18	4.89	5.13	5.03	5.17
64	000812.SZ	陕西金叶	4.77	4.79	4.95	4.54	4.93	4.59
65	002522.SZ	浙江众成	4.77	4.92	5.02	4.56	4.51	4.61
66	002599.SZ	盛通股份	4.77	4.56	4.96	4.71	4.75	5.01
67	300089.SZ	文化长城	4.76	5.13	4.9	4.36	4.49	4.87
68	600433.SH	冠豪高新	4.75	4.54	5.09	4.46	5.03	4.79
69	002229.SZ	鸿博股份	4.74	4.96	4.7	4.51	4.85	4.74
70	002752.SZ	昇兴股份	4.74	4.7	4.83	4.97	4.33	4.64
71	000659.SZ	珠海中富	4.74	4.06	4.18	5.32	5.64	5.22
72	600356.SH	恒丰纸业	4.74	5.33	5.41	3.42	4.86	4.65
73	600103.SH	青山纸业	4.73	4.62	5	4.22	5.2	5.02
74	600086.SH	东方金钰	4.7	3.79	5.09	5.37	4.45	4.73
75	002571.SZ	德力股份	4.7	4.9	4.8	4.17	4.86	5.2
76	002740.SZ	爱迪尔	4.69	4.58	5	4.16	5.13	4.98
77	002731.SZ	萃华珠宝	4.67	4.37	5.14	4.48	4.82	4.43
78	002565.SZ	顺灏股份	4.66	4.59	5.14	4.3	4.52	4.81
79	603021.SH	山东华鹏	4.65	4.25	5.12	4.31	5.07	4.74
80	002301.SZ	齐心集团	4.58	4.17	4.86	4.82	4.15	5.1
81	600836.SH	界龙实业	4.56	3.78	4.93	4.79	4.89	4.53
82	002489.SZ	浙江永强	4.55	4.34	4.77	4.17	4.87	5.22
83	002240.SZ	威华股份	4.52	4.3	3.88	4.69	5.33	5.25
84	300057.SZ	万顺股份	4.51	4.51	5.32	3.48	4.61	5.02
85	000663.SZ	永安林业	4.49	4.48	4.93	3.78	4.91	4.71

续表

排名	代码	公司名称	总得分	财务状况	估值与成长性	创值能力	公司治理	创新与研发
86	002235.SZ	安妮股份	4.49	5.55	4.52	3.03	4.71	5.28
87	600235.SH	民丰特纸	4.48	4.41	4.7	3.97	4.91	4.82
88	601968.SH	宝钢包装	4.46	4.1	5.14	3.83	4.78	4.93
89	002259.SZ	升达林业	4.45	4.8	4.77	3.9	4.23	4.55
90	600069.SH	银鸽投资	4.44	4.18	4.32	4.67	4.58	4.73
91	002585.SZ	双星新材	4.44	5.24	5.2	2.75	4.41	4.89
92	002721.SZ	金一文化	4.42	3.73	5.12	3.73	5.27	5.04
93	002574.SZ	明牌珠宝	4.39	4.82	4.78	3.22	5.01	4.35
94	600793.SH	宜宾纸业	4.31	3.66	3.69	5.39	4.68	4.32
95	000815.SZ	美利云	4.31	4.09	3.81	4.6	5.11	4.16
96	600963.SH	岳阳林纸	4.3	4.15	5.04	3.12	5.04	4.85
97	000587.SZ	金洲慈航	4.03	4.22	5.2	2.16	4.59	4.63

（二十二）商业贸易

排名	代码	公司名称	总得分	财务状况	估值与成长性	创值能力	公司治理	创新与研发
1	601933.SH	永辉超市	5.89	5.36	5.14	7.78	5.43	4.65
2	002640.SZ	跨境通	5.86	5.09	5.34	7.6	5.31	5.37
3	002818.SZ	富森美	5.83	6.11	5.16	7.01	5.01	4.69
4	600415.SH	小商品城	5.75	5.18	5.17	7.44	5.18	4.94
5	600735.SH	新华锦	5.6	6.42	5.06	5.57	5.53	4.89
6	603900.SH	莱绅通灵	5.59	6.16	4.87	6.07	5.26	5.1
7	002091.SZ	江苏国泰	5.58	4.85	5.56	6.8	4.92	5.29
8	002561.SZ	徐家汇	5.58	6.65	5.24	5.46	4.99	4.65
9	002419.SZ	天虹股份	5.58	4.91	5.31	7.04	5.18	4.54
10	600729.SH	重庆百货	5.57	4.8	5.48	6.73	5.34	5.05
11	000501.SZ	鄂武商A	5.56	4.78	5.37	6.95	5.11	4.96
12	600859.SH	王府井	5.49	5.36	5.4	6.12	5.18	4.73
13	002094.SZ	青岛金王	5.48	5.16	5.14	6.33	5.45	4.93
14	600694.SH	大商股份	5.44	4.98	5.14	6.1	5.81	5
15	603977.SH	国泰集团	5.35	5.85	5.08	5.42	4.95	5.05

A股：按申万行业划分标准

续表

排名	代码	公司名称	总得分	财务状况	估值与成长性	创值能力	公司治理	创新与研发
16	600723.SH	首商股份	5.34	5.43	5.32	5.37	5.42	4.91
17	600682.SH	南京新百	5.34	4.61	5.27	6.17	5.48	4.98
18	600755.SH	厦门国贸	5.33	4.48	5.62	5.98	5.43	4.82
19	600693.SH	东百集团	5.31	4.88	5.32	6.02	4.93	5.11
20	000516.SZ	国际医学	5.27	5.4	5.22	5.42	5.06	4.97
21	000785.SZ	武汉中商	5.26	4.85	4.81	6.17	5.49	4.66
22	002024.SZ	苏宁易购	5.26	4.49	5.28	5.94	5.35	5.26
23	300413.SZ	快乐购	5.24	5.64	4.82	5.81	4.45	4.96
24	600824.SH	益民集团	5.24	5.75	5.22	4.95	5.04	4.9
25	603708.SH	家家悦	5.23	4.94	5.14	6.19	4.58	4.54
26	600814.SH	杭州解百	5.22	5.36	5.22	5.24	5.16	4.83
27	000151.SZ	中成股份	5.2	4.64	5.35	5.78	4.76	5.51
28	002697.SZ	红旗连锁	5.17	5.12	5.31	5.46	4.73	4.66
29	000829.SZ	天音控股	5.16	4.34	5.18	6.17	4.7	5.42
30	600865.SH	百大集团	5.16	6	5.09	4.46	5.26	4.78
31	600628.SH	新世界	5.15	5.45	5.06	5.14	5.06	4.62
32	601116.SH	三江购物	5.13	5.31	4.79	5.55	5	4.53
33	600738.SH	兰州民百	5.12	5.02	5.17	5.48	4.74	4.77
34	600605.SH	汇通能源	5.12	5.06	5.19	5.03	5.05	5.47
35	600826.SH	兰生股份	5.11	5.54	4.65	5.46	4.66	4.91
36	000715.SZ	中兴商业	5.1	5.48	5.22	4.76	5.06	4.6
37	600898.SH	国美通讯	5.1	4.3	5.17	5.69	5.04	5.63
38	601010.SH	文峰股份	5.08	5.24	5.08	5.01	5.22	4.56
39	000058.SZ	深赛格	5.08	5.17	4.65	5.63	4.92	4.73
40	603101.SH	汇嘉时代	5.05	4.91	5.23	5.28	4.81	4.61
41	600739.SH	辽宁成大	5.05	5.23	5.13	4.72	5.07	5.27
42	600785.SH	新华百货	5.05	4.87	5.37	4.98	5.19	4.5
43	002187.SZ	广百股份	5.04	5.16	5.41	4.49	5.29	4.7
44	600838.SH	上海九百	5.02	5.9	3.88	5.27	4.88	5.29
45	002416.SZ	爱施德	4.98	4.81	5.08	5.04	5.13	4.78
46	600790.SH	轻纺城	4.98	4.89	5.31	4.77	4.96	4.89
47	600287.SH	江苏舜天	4.95	4.96	5.46	4.53	4.74	4.93
48	000419.SZ	通程控股	4.93	5.01	5.28	4.64	4.74	4.88

235

续表

排名	代码	公司名称	总得分	财务状况	估值与成长性	创值能力	公司治理	创新与研发
49	600122.SH	宏图高科	4.92	5.04	5.27	4.09	5.44	5.19
50	000417.SZ	合肥百货	4.92	4.88	5.45	4.5	5	4.53
51	600712.SH	南宁百货	4.91	4.62	4.99	4.87	5.36	4.9
52	603123.SH	翠微股份	4.91	5.15	5.36	4.12	5.15	4.76
53	000861.SZ	海印股份	4.9	5.11	5.37	4.17	5.01	4.9
54	600697.SH	欧亚集团	4.9	4.46	5.67	4.45	5.24	4.68
55	600250.SH	南纺股份	4.9	3.93	4.85	5.85	5.08	4.76
56	600861.SH	北京城乡	4.89	5.29	5.29	3.76	5.28	5.25
57	000906.SZ	浙商中拓	4.89	4.2	5.35	4.96	5.06	5.08
58	600981.SH	汇鸿集团	4.87	4.43	5.53	4.94	4.4	4.84
59	000155.SZ	川化股份	4.85	4.46	4.23	5.51	5.32	5.12
60	600120.SH	浙江东方	4.81	5.02	5.46	3.85	4.93	4.89
61	600655.SH	豫园股份	4.8	4.72	5.56	4	4.87	5.09
62	600280.SH	中央商场	4.79	4.42	5.03	4.75	5.06	4.85
63	600774.SH	汉商集团	4.78	4.4	4.46	5.31	5.07	4.76
64	600241.SH	时代万恒	4.78	4.47	4.97	4.64	4.85	5.46
65	300022.SZ	吉峰农机	4.78	4.48	4.68	5.28	4.4	5.12
66	600278.SH	东方创业	4.76	4.9	5.42	3.95	4.88	4.56
67	002264.SZ	新华都	4.74	4.28	4.85	4.79	5.24	4.73
68	000759.SZ	中百集团	4.72	4.27	5.1	4.38	5.46	4.62
69	600822.SH	上海物贸	4.68	4.02	4.08	5.64	5.01	5.08
70	000679.SZ	大连友谊	4.68	4.77	4.62	4.29	5.15	4.97
71	600306.SH	商业城	4.67	3.89	3.8	5.93	5.05	5.19
72	600361.SH	华联综超	4.64	4.78	5.19	3.85	4.83	4.62
73	002344.SZ	海宁皮城	4.64	5.34	5.36	3.29	4.54	4.59
74	002277.SZ	友阿股份	4.6	4.9	5.41	3.5	4.52	4.76
75	600858.SH	银座股份	4.6	4.45	5.35	3.55	5.3	4.77
76	002251.SZ	步步高	4.54	4.67	5.23	3.7	4.33	5.07
77	000560.SZ	我爱我家	4.51	5.26	5.32	2.95	4.6	4.42
78	600058.SH	五矿发展	4.48	4.57	4.84	3.52	5.02	5.15
79	600827.SH	百联股份	4.38	4.75	5.14	2.77	5.03	4.75
80	600821.SH	津劝业	4.36	4	3.05	5.41	5.21	4.82
81	000061.SZ	农产品	4.35	4.53	5.18	2.66	5.2	5.09

A股：按申万行业划分标准

续表

排名	代码	公司名称	总得分	财务状况	估值与成长性	创值能力	公司治理	创新与研发
82	000564.SZ	供销大集	4.35	5.15	5.49	2.06	4.79	4.74
83	000882.SZ	华联股份	4.31	5.76	4.57	2.3	4.57	4.87
84	600857.SH	宁波中百	4.31	5.55	3.49	3.75	4.42	4.55
85	002336.SZ	人人乐	4.28	4.5	5.05	3.12	4.4	4.6
86	000626.SZ	远大控股	4.07	4.31	4.96	2.77	3.91	5

（二十三）食品饮料

排名	代码	公司名称	总得分	财务状况	估值与成长性	创值能力	公司治理	创新与研发
1	600519.SH	贵州茅台	6.2	5.93	5.49	7.85	5.66	4.92
2	000858.SZ	五粮液	6.14	5.89	5.28	7.65	5.63	5.72
3	000895.SZ	双汇发展	5.7	5.33	5.45	6.65	5.43	5.14
4	002304.SZ	洋河股份	5.7	5.04	5.35	7.15	5.28	4.94
5	600887.SH	伊利股份	5.67	4.79	5.23	6.98	5.52	5.99
6	300146.SZ	汤臣倍健	5.56	6.45	5.22	5.29	5.15	5.46
7	000568.SZ	泸州老窖	5.56	5.54	5.23	5.91	5.66	5.36
8	603288.SH	海天味业	5.54	5.74	4.8	6.68	4.77	5.06
9	603866.SH	桃李面包	5.5	6.33	5.08	5.46	5.51	4.16
10	002820.SZ	桂发祥	5.4	6.73	5.1	4.77	5.09	4.66
11	603589.SH	口子窖	5.33	5.19	5.22	5.6	5.62	4.69
12	002507.SZ	涪陵榨菜	5.32	5.73	5.2	5.52	5.04	4.27
13	000848.SZ	承德露露	5.31	5.41	5.28	5.24	5.25	5.43
14	600779.SH	水井坊	5.31	5.1	4.95	5.55	5.87	5.29
15	000596.SZ	古井贡酒	5.28	4.87	5.21	5.63	5.56	5.21
16	600197.SH	伊力特	5.26	5.24	5.27	5.21	5.65	4.65
17	002495.SZ	佳隆股份	5.24	6.48	4.91	4.61	4.96	4.86
18	603369.SH	今世缘	5.24	5.32	5.26	5.38	5.04	4.78
19	603696.SH	安记食品	5.21	6.11	4.89	5.1	4.6	4.77
20	603027.SH	千禾味业	5.13	5.36	5.04	5.3	4.71	4.95
21	000799.SZ	酒鬼酒	5.13	5.39	5.06	5.03	5.15	4.7
22	600872.SH	中炬高新	5.12	4.86	5.05	5.4	5.38	4.77

237

续表

排名	代码	公司名称	总得分	财务状况	估值与成长性	创值能力	公司治理	创新与研发
23	600809.SH	山西汾酒	5.11	4.7	4.96	5.64	5.36	4.74
24	000869.SZ	张裕A	5.07	4.96	5.49	5.02	4.69	4.93
25	002515.SZ	金字火腿	5.06	6.31	4.7	4.53	4.71	4.59
26	603020.SH	爱普股份	5.04	6.08	5.33	3.95	4.74	4.79
27	603198.SH	迎驾贡酒	5.03	4.95	5.23	5.1	5.01	4.45
28	600305.SH	恒顺醋业	5.03	4.88	5.12	5.09	5.01	5.03
29	002719.SZ	麦趣尔	5.03	5.26	5.41	4.54	4.93	4.74
30	600132.SH	重庆啤酒	5	4.07	5.07	5.49	5.52	5.23
31	600600.SH	青岛啤酒	4.98	4.49	5.1	5.02	5.52	4.99
32	000752.SZ	西藏发展	4.98	5.84	4.95	4.35	4.7	4.82
33	603886.SH	元祖股份	4.97	4.91	5.04	5.09	5	4.5
34	002661.SZ	克明面业	4.96	5.24	5.26	4.43	4.76	5.17
35	002726.SZ	龙大肉食	4.96	5.44	4.97	4.65	4.7	4.76
36	002695.SZ	煌上煌	4.92	5.51	4.5	4.99	4.61	4.75
37	600543.SH	莫高股份	4.92	5.32	4.97	4.47	5.18	4.4
38	603919.SH	金徽酒	4.91	4.72	5.19	4.94	4.86	4.58
39	000019.SZ	深深宝A	4.91	5	4.63	5.07	4.95	4.89
40	600559.SH	老白干酒	4.9	4.52	4.65	5.32	5.37	4.64
41	600573.SH	惠泉啤酒	4.89	6.07	4.9	3.89	4.71	4.63
42	002732.SZ	燕塘乳业	4.88	5.04	5.05	4.95	4.29	4.67
43	002646.SZ	青青稞酒	4.87	5.27	4.97	4.57	4.62	4.67
44	002557.SZ	洽洽食品	4.86	4.56	5.41	4.71	4.57	5.07
45	002568.SZ	百润股份	4.85	4.7	4.79	4.97	4.96	4.92
46	600702.SH	舍得酒业	4.84	4.48	4.77	5.05	5.24	4.78
47	603777.SH	来伊份	4.83	4.68	4.95	4.78	5.08	4.65
48	600597.SH	光明乳业	4.82	4.15	5.55	4.44	5.17	5.21
49	002702.SZ	海欣食品	4.82	4.56	4.75	4.84	5.14	5.2
50	000860.SZ	顺鑫农业	4.81	3.99	5.42	4.83	4.96	5.14
51	600882.SH	广泽股份	4.78	4.29	5.23	4.67	4.84	5.15
52	002481.SZ	双塔食品	4.76	4.39	5.55	4.23	4.89	4.86
53	600616.SH	金枫酒业	4.74	5.14	4.73	4.08	5.11	4.94
54	600059.SH	古越龙山	4.73	5.25	4.93	4.09	4.64	4.64
55	601579.SH	会稽山	4.73	4.72	5.12	4.14	5.1	4.73

A股：按申万行业划分标准

续表

排名	代码	公司名称	总得分	财务状况	估值与成长性	创值能力	公司治理	创新与研发
56	002770.SZ	科迪乳业	4.71	4.57	5.16	4.48	4.77	4.41
57	002330.SZ	得利斯	4.69	4.77	4.99	4.32	4.56	4.92
58	600866.SH	星湖科技	4.69	4.16	5.11	4.76	4.7	4.76
59	600073.SH	上海梅林	4.69	4.22	5.7	3.69	5.22	5.17
60	002650.SZ	加加食品	4.68	4.56	4.96	4.73	4.2	4.93
61	600429.SH	三元股份	4.66	4.83	4.84	4.04	4.95	4.99
62	600186.SH	莲花健康	4.64	3.52	4.46	5.69	5.12	4.59
63	603779.SH	威龙股份	4.62	4.38	4.72	4.56	4.97	4.64
64	000929.SZ	兰州黄河	4.62	4.95	4.99	3.59	5.01	4.95
65	600365.SH	通葡股份	4.6	4.16	4.98	4.53	4.86	4.58
66	000716.SZ	黑芝麻	4.59	4.34	5.42	3.59	5.12	5.09
67	000729.SZ	燕京啤酒	4.59	4.79	5.1	3.71	4.77	4.81
68	002461.SZ	珠江啤酒	4.57	4.55	4.79	3.79	5.12	5.41
69	002216.SZ	三全食品	4.56	3.82	4.67	4.74	5	5.28
70	600199.SH	金种子酒	4.56	4.58	4.68	3.98	5.14	4.92
71	002582.SZ	好想你	4.55	4.32	5.09	4.24	4.45	4.76
72	600084.SH	中葡股份	4.55	4.7	4.43	4.26	4.93	4.67
73	002329.SZ	皇氏集团	4.51	4.53	5.24	3.58	4.56	5.01
74	002387.SZ	维信诺	4.5	4.06	3.64	5.54	4.46	5.51
75	600300.SH	维维股份	4.47	3.79	5.01	4.08	5.12	4.96
76	603031.SH	安德利	4.36	3.82	4.67	4.58	4.31	4.45

（二十四）通信

排名	代码	公司名称	总得分	财务状况	估值与成长性	创值能力	公司治理	创新与研发
1	300017.SZ	网宿科技	5.75	6.46	5.69	5.56	5.05	5.51
2	300571.SZ	平治信息	5.57	6.23	5.06	5.72	5.45	4.75
3	300570.SZ	太辰光	5.56	6.95	5.26	5.24	4.79	4.38
4	300548.SZ	博创科技	5.53	6.77	5.17	5.4	4.69	4.64
5	603421.SH	鼎信通讯	5.52	5.91	5.31	5.52	5.37	5.16
6	002396.SZ	星网锐捷	5.44	5.1	5.41	5.84	5.63	5.03

续表

排名	代码	公司名称	总得分	财务状况	估值与成长性	创值能力	公司治理	创新与研发
7	300250.SZ	初灵信息	5.33	6.76	4.98	4.6	4.74	5.35
8	300211.SZ	亿通科技	5.3	6.19	5.31	5.12	4.41	4.6
9	300531.SZ	优博讯	5.3	6.2	4.98	5.48	4.09	5.03
10	600487.SH	亨通光电	5.3	4.23	5.22	6.5	5.33	4.99
11	000063.SZ	中兴通讯	5.27	4	5.33	6.52	4.91	5.87
12	600522.SH	中天科技	5.26	4.97	5.64	5.29	5.15	5.11
13	600498.SH	烽火通信	5.22	4.08	5.58	6.14	4.87	5.48
14	300560.SZ	中富通	5.22	5.86	4.57	5.5	4.58	5.48
15	000889.SZ	茂业通信	5.21	5.44	5.2	5.13	5.32	4.54
16	300098.SZ	高新兴	5.21	5.17	5.33	5.14	5	5.57
17	300383.SZ	光环新网	5.2	5.3	5.4	5.15	4.96	4.84
18	300353.SZ	东土科技	5.2	5.43	5.24	5.1	4.95	5.09
19	300050.SZ	世纪鼎利	5.19	6.13	5.4	4.04	5.09	5.35
20	600345.SH	长江通信	5.18	5.3	5.16	5.31	5.01	4.69
21	002104.SZ	恒宝股份	5.17	5.65	4.9	5.06	5.08	4.93
22	002281.SZ	光迅科技	5.16	4.86	5.1	5.56	5.17	5.03
23	000032.SZ	深桑达A	5.14	5.66	5.21	4.72	5.23	4.28
24	002792.SZ	通宇通讯	5.11	5.24	5.47	5.01	4.57	4.81
25	002465.SZ	海格通信	5.11	5.2	5.12	5.1	5.07	4.84
26	300563.SZ	神宇股份	5.1	5.02	5.03	5.35	5.28	4.46
27	002017.SZ	东信和平	5.1	4.93	5.34	4.92	5.35	5.01
28	002467.SZ	二六三	5.09	5.57	5.02	4.87	4.75	5.09
29	600804.SH	鹏博士	5.07	4.48	5.41	5.23	5.48	4.54
30	002491.SZ	通鼎互联	5.04	4.69	5.11	5.32	5.19	4.78
31	002231.SZ	奥维通信	5.04	5.28	4.75	5.15	4.67	5.6
32	600260.SH	凯乐科技	5.04	4.03	5.21	5.77	4.95	5.57
33	300565.SZ	科信技术	5.03	5.01	5	5.31	4.53	5.21
34	600776.SH	东方通信	5.03	5.22	5.13	4.79	4.97	4.91
35	300205.SZ	天喻信息	5.01	5.17	4.85	5.07	5.12	4.65
36	600130.SH	波导股份	5.01	4.81	5.21	4.96	5.36	4.53
37	000971.SZ	高升控股	5.01	6.02	5.09	3.92	5	5.03
38	000561.SZ	烽火电子	5	4.8	4.99	5.04	5.27	5.09
39	002446.SZ	盛路通信	5	5.34	5.07	4.79	4.66	4.96

A股：按申万行业划分标准

续表

排名	代码	公司名称	总得分	财务状况	估值与成长性	创值能力	公司治理	创新与研发
40	002583.SZ	海能达	5	4.36	5.5	5.33	4.43	5.42
41	300292.SZ	吴通控股	4.99	5.03	5.31	4.59	4.89	5.32
42	002417.SZ	深南股份	4.98	5.81	3.54	5.45	5.1	5.23
43	300038.SZ	梅泰诺	4.97	5.15	5.78	4.31	4.56	4.69
44	300555.SZ	路通视信	4.96	5.03	5.04	5.16	4.56	4.55
45	603559.SH	中通国脉	4.96	4.78	4.48	5.41	5.21	5.21
46	000836.SZ	鑫茂科技	4.95	5.07	4.65	4.98	5.34	4.78
47	002093.SZ	国脉科技	4.95	4.83	4.92	5.03	5.05	5.05
48	603322.SH	超讯通信	4.94	4.25	4.78	5.44	5.25	5.47
49	300310.SZ	宜通世纪	4.93	5.18	5.15	4.39	5.01	5.06
50	300213.SZ	佳讯飞鸿	4.93	4.84	5.19	4.72	4.91	5.17
51	603703.SH	盛洋科技	4.91	4.67	5.12	5.25	4.68	4.33
52	600355.SH	精伦电子	4.9	4.34	4.73	5.35	5.39	4.82
53	603118.SH	共进股份	4.89	4.58	5.96	3.88	5.39	4.79
54	300081.SZ	恒信东方	4.89	5.64	4.25	4.99	4.58	4.83
55	002313.SZ	日海智能	4.89	4.4	4.84	5.19	5.18	5.18
56	000586.SZ	汇源通信	4.89	3.96	5	5.49	5.36	4.66
57	600105.SH	永鼎股份	4.88	4.72	5.48	4.55	4.82	4.66
58	002115.SZ	三维通信	4.88	4.42	5.09	4.95	5.11	5.02
59	000070.SZ	特发信息	4.88	4.24	5.49	4.96	4.94	4.57
60	002089.SZ	新海宜	4.87	4.13	5.62	5.19	4.27	4.9
61	002544.SZ	杰赛科技	4.87	4.07	5.02	5.35	5.01	5.18
62	600775.SH	南京熊猫	4.82	4.81	5.08	4.42	5.2	4.63
63	300252.SZ	金信诺	4.82	4.29	5.45	4.74	4.91	4.51
64	600462.SH	九有股份	4.79	4.09	5.07	5.3	4.9	4.33
65	600734.SH	实达集团	4.75	4.98	4.79	4.33	5.08	4.65
66	002316.SZ	亚联发展	4.74	4.26	4.88	5.17	4.66	4.6
67	600293.SH	三峡新材	4.68	3.78	5.11	4.71	5.25	5.04
68	300025.SZ	华星创业	4.67	4.05	5.02	4.73	4.89	5.01
69	600203.SH	福日电子	4.67	3.76	5.52	4.38	5.26	4.68
70	000687.SZ	华讯方舟	4.65	3.77	4.19	5.39	5.4	5.21
71	000851.SZ	高鸿股份	4.6	4.19	4.94	4.19	4.93	5.64
72	002813.SZ	路畅科技	4.59	3.95	4.41	5.5	4.36	4.69

241

续表

排名	代码	公司名称	总得分	财务状况	估值与成长性	创值能力	公司治理	创新与研发
73	300312.SZ	邦讯技术	4.51	4.44	3.63	5.17	4.61	5.25
74	300134.SZ	大富科技	4.48	4.83	4.54	3.96	4.7	4.49
75	300028.SZ	*金亚	4.21	4.29	3.33	4.7	4.48	4.7
76	600050.SH	中国联通	3.81	4.24	4.69	1.67	4.81	4.67

（二十五）休闲服务

排名	代码	公司名称	总得分	财务状况	估值与成长性	创值能力	公司治理	创新与研发
1	601888.SH	中国国旅	6.11	5.69	5.45	8.03	5.32	4.7
2	300144.SZ	宋城演艺	6.05	6.56	5.32	7.08	5.17	5
3	603099.SH	长白山	5.46	6.94	5.22	5.09	4.39	4.61
4	600054.SH	黄山旅游	5.42	6.19	5.35	5.16	4.99	4.75
5	002033.SZ	丽江旅游	5.41	6.79	5.37	4.58	4.92	4.57
6	002186.SZ	全聚德	5.36	5.73	5.41	5.11	5.33	4.85
7	603199.SH	九华旅游	5.32	6.19	5.19	5.03	4.96	4.53
8	000888.SZ	峨眉山A	5.25	5.88	5.34	4.77	5.15	4.53
9	000524.SZ	岭南控股	5.24	5.28	5.64	4.81	5.23	5.14
10	600138.SH	中青旅	5.14	4.35	5.51	5.53	5.42	4.68
11	600593.SH	大连圣亚	5.14	5.02	4.98	5.4	5.21	5.02
12	000613.SZ	大东海A	5.12	4.75	4.94	5.75	5.11	4.85
13	603869.SH	北部湾旅	5.12	5.15	5.5	4.71	4.75	5.79
14	002707.SZ	众信旅游	5.01	4.52	5.39	5.41	4.44	5.15
15	600258.SH	首旅酒店	5	4.27	5.32	5.18	5.51	4.76
16	300178.SZ	腾邦国际	4.84	4.06	5.21	5.2	4.53	5.58
17	601007.SH	金陵饭店	4.82	4.98	5.18	4.2	5.06	4.65
18	000430.SZ	张家界	4.81	4.73	4.9	4.45	5.26	5.07
19	600706.SH	曲江文旅	4.77	4.4	5.09	4.74	4.81	4.91
20	002159.SZ	三特索道	4.67	3.9	4.96	5	5	4.59
21	002059.SZ	云南旅游	4.64	4.1	4.94	4.9	4.28	5.24
22	000721.SZ	西安饮食	4.63	4.21	4.54	4.85	5.07	4.77
23	000978.SZ	桂林旅游	4.56	4.58	4.77	3.96	5.13	4.65

A股：按申万行业划分标准

续表

排名	代码	公司名称	总得分	财务状况	估值与成长性	创值能力	公司治理	创新与研发
24	600754.SH	锦江股份	4.45	4.2	5.52	3.22	4.88	5.03
25	600358.SH	国旅联合	4.45	4.16	3.48	5.27	4.74	5.38
26	000610.SZ	西安旅游	4.42	3.93	4.85	4.29	4.82	4.23
27	000863.SZ	三湘印象	4.15	4.18	4.32	2.83	5.4	5.59
28	000428.SZ	华天酒店	3.96	4.01	3.87	3.17	4.89	4.91

（二十六）医药生物

排名	代码	公司名称	总得分	财务状况	估值与成长性	创值能力	公司治理	创新与研发
1	600276.SH	恒瑞医药	6.32	6.83	4.78	8.04	5.83	4.91
2	002294.SZ	信立泰	6.08	6.34	5.09	7.53	5.22	5.37
3	000423.SZ	东阿阿胶	6.03	5.76	5.54	7.43	5.41	5.07
4	000538.SZ	云南白药	5.81	5.16	5.17	7.75	5.18	4.87
5	002007.SZ	华兰生物	5.81	6.73	5.13	6.18	5.26	4.83
6	600566.SH	济川药业	5.75	5.35	5.15	7.15	5.58	4.68
7	002773.SZ	康弘药业	5.74	6.58	4.66	6.46	5.33	4.86
8	600867.SH	通化东宝	5.73	6.21	4.93	6.51	5.3	5.05
9	000963.SZ	华东医药	5.71	4.34	5.34	7.87	5.38	4.92
10	300406.SZ	九强生物	5.67	6.9	5.2	5.22	5.46	5.05
11	000661.SZ	长春高新	5.64	5.16	5.27	6.68	5.67	4.89
12	603658.SH	安图生物	5.63	6.1	4.83	6.15	5.46	5.25
13	600196.SH	复星医药	5.61	4.37	5.5	7.43	5.05	5.11
14	002038.SZ	双鹭药业	5.61	6.91	4.71	5.66	4.94	5.35
15	300357.SZ	我武生物	5.58	7.14	4.82	5.56	4.74	4.6
16	600332.SH	白云山	5.58	4.89	5.23	6.99	5.34	4.82
17	300529.SZ	健帆生物	5.56	6.73	4.87	5.66	4.87	4.96
18	600085.SH	同仁堂	5.56	5.13	5.11	6.85	5.24	4.79
19	000513.SZ	丽珠集团	5.56	4.92	4.37	7.32	5.72	5.48
20	600518.SH	康美药业	5.55	4.4	5.47	7.44	4.65	5.05
21	002001.SZ	新和成	5.55	5.13	5.73	6.49	4.78	4.58
22	300558.SZ	贝达药业	5.54	6.42	4.7	5.95	4.86	5.29

243

续表

排名	代码	公司名称	总得分	财务状况	估值与成长性	创值能力	公司治理	创新与研发
23	300519.SZ	新光药业	5.53	6.96	5.06	5.06	4.97	4.88
24	300298.SZ	三诺生物	5.52	6.07	5.25	5.52	5.18	5.2
25	300485.SZ	赛升药业	5.52	7.04	5.29	4.85	4.57	5.22
26	300015.SZ	爱尔眼科	5.51	5.24	5.09	6.04	6.06	5.02
27	600436.SH	片仔癀	5.48	5.59	4.95	6.31	4.97	5.08
28	300482.SZ	万孚生物	5.46	5.91	4.88	5.64	5.48	5.26
29	002275.SZ	桂林三金	5.45	6.12	5.31	5.27	5.26	4.66
30	300122.SZ	智飞生物	5.42	6.34	4.6	5.98	4.6	4.8
31	000999.SZ	华润三九	5.41	4.81	5.53	6.2	5.04	5.13
32	002821.SZ	凯莱英	5.39	5.47	5.22	5.72	5	5.32
33	300003.SZ	乐普医疗	5.39	4.75	5.2	6.39	5.09	5.38
34	002287.SZ	奇正藏药	5.39	6.23	4.87	5.42	5.23	4.47
35	600062.SH	华润双鹤	5.38	5.58	5.26	5.52	5.21	5.01
36	000989.SZ	九芝堂	5.38	5.65	5.29	5.67	5	4.51
37	600521.SH	华海药业	5.37	4.67	5.42	6.12	5.26	5.31
38	600380.SH	健康元	5.37	4.68	4.85	6.28	5.91	5.36
39	601607.SH	上海医药	5.36	4.01	5.62	6.69	5.23	4.82
40	600535.SH	天士力	5.36	4.15	5.26	6.91	5.19	4.85
41	300347.SZ	泰格医药	5.35	5.22	5.22	5.58	5.44	5.23
42	300463.SZ	迈克生物	5.34	5.19	5.15	5.56	5.55	5.3
43	300294.SZ	博雅生物	5.33	5.41	5.29	5.45	5.37	4.78
44	600161.SH	天坛生物	5.33	5.13	3.84	6.97	5.39	5.43
45	002365.SZ	永安药业	5.32	5.9	5.39	4.79	5.27	5
46	600750.SH	江中药业	5.31	6.32	5.22	4.92	4.84	4.46
47	002262.SZ	恩华药业	5.3	5.07	5.16	5.67	5.55	4.84
48	300401.SZ	花园生物	5.3	5.77	5.38	5.21	4.9	4.51
49	002223.SZ	鱼跃医疗	5.3	5.65	5.32	5.44	4.51	5.12
50	600763.SH	通策医疗	5.27	5.54	4.69	5.57	5.75	4.35
51	300016.SZ	北陆药业	5.27	6.64	4.45	4.87	5.23	4.85
52	002252.SZ	上海莱士	5.26	6.53	4.18	5.41	4.8	4.99
53	300436.SZ	广生堂	5.26	6.05	4.87	5.15	4.8	5.18
54	002626.SZ	金达威	5.26	5.06	5.55	5.44	4.91	5.01
55	603858.SH	步长制药	5.25	4.83	4.61	6.56	4.93	5.02

A股：按申万行业划分标准

续表

排名	代码	公司名称	总得分	财务状况	估值与成长性	创值能力	公司治理	创新与研发
56	300039.SZ	上海凯宝	5.24	6.17	5.19	4.77	4.71	4.88
57	300267.SZ	尔康制药	5.24	6.53	5.41	4.36	4.4	4.87
58	600079.SH	人福医药	5.24	4.1	5.42	6.11	5.36	5.26
59	002022.SZ	科华生物	5.23	5.48	5.23	4.84	5.43	5.29
60	000650.SZ	仁和药业	5.22	5.61	5.17	4.94	5.43	4.59
61	600056.SH	中国医药	5.22	4.06	5.37	6.31	5.05	5.23
62	603309.SH	维力医疗	5.2	5.78	5.39	4.52	5.24	4.81
63	600993.SH	马应龙	5.2	5.59	5.15	4.98	5.22	4.69
64	600572.SH	康恩贝	5.2	4.59	5.29	5.52	5.42	5.39
65	300204.SZ	舒泰神	5.19	5.78	5.27	4.71	4.79	5.37
66	300326.SZ	凯利泰	5.19	5.29	5.18	4.85	5.6	5.18
67	000915.SZ	山大华特	5.18	5.49	5.29	4.73	5.35	4.96
68	002737.SZ	葵花药业	5.18	4.96	5.24	5.48	5.15	4.71
69	002603.SZ	以岭药业	5.16	5.39	5.22	4.94	5.05	5.1
70	002107.SZ	沃华医药	5.16	5.72	4.69	5.03	5.21	5.14
71	300199.SZ	翰宇药业	5.15	5.34	5.3	4.99	4.78	5.33
72	600511.SH	国药股份	5.15	4.37	5.34	5.8	4.93	5.32
73	603998.SH	方盛制药	5.13	5.6	5.04	4.68	5.28	5.01
74	300396.SZ	迪瑞医疗	5.12	5.19	5.22	5.07	4.89	5.17
75	300009.SZ	安科生物	5.11	5.42	4.58	5.7	4.37	5.32
76	300439.SZ	美康生物	5.11	5.06	5.27	5.15	4.77	5.25
77	300314.SZ	戴维医疗	5.11	6.17	4.96	4.76	4.32	4.69
78	000623.SZ	吉林敖东	5.1	5.37	5.28	4.72	5.14	4.74
79	603669.SH	灵康药业	5.1	5.71	4.88	4.88	4.93	4.81
80	002422.SZ	科伦药业	5.09	4.21	5.15	5.83	5.09	5.45
81	002653.SZ	海思科	5.09	4.91	5	5.5	4.84	5.1
82	300497.SZ	富祥股份	5.08	4.71	5.64	5.11	4.8	4.91
83	002817.SZ	黄山胶囊	5.08	5.91	4.98	4.55	4.94	4.63
84	002412.SZ	汉森制药	5.08	5.25	5.16	4.88	5.12	4.81
85	300026.SZ	红日药业	5.08	5.51	5.48	4.35	4.91	5
86	002424.SZ	贵州百灵	5.07	5.12	4.9	5.49	4.74	4.73
87	002826.SZ	易明医药	5.07	5.22	5.1	5	5.08	4.69
88	600557.SH	康缘药业	5.07	4.83	5.42	4.81	5.25	5.18

续表

排名	代码	公司名称	总得分	财务状况	估值与成长性	创值能力	公司治理	创新与研发
89	300453.SZ	三鑫医疗	5.06	5.71	5.21	4.61	4.58	4.86
90	002750.SZ	龙津药业	5.06	6.22	4.62	4.89	4.26	4.78
91	600529.SH	山东药玻	5.05	5.23	5.49	4.55	5.12	4.55
92	000004.SZ	国农科技	5.05	5.63	4.51	5.12	4.92	4.91
93	600329.SH	中新药业	5.04	4.66	5.31	5.18	5.25	4.56
94	603987.SH	康德莱	5.04	5.12	5.42	4.59	5.22	4.69
95	603939.SH	益丰药房	5.04	4.76	5.16	5.32	5.12	4.43
96	600771.SH	广誉远	5.03	4.74	4.85	5.49	5.21	4.72
97	300049.SZ	福瑞股份	5.02	5.6	5.38	3.85	5.21	5.44
98	600252.SH	中恒集团	5.02	5.97	4.41	4.68	5.23	4.59
99	603883.SH	老百姓	5.02	4.35	5.06	5.44	5.52	4.66
100	002550.SZ	千红制药	5.01	5.33	5.37	4.67	4.51	4.81
101	002317.SZ	众生药业	5	5.03	5.34	4.81	4.29	5.73
102	603222.SH	济民制药	4.99	5.4	5.25	4.64	4.53	4.81
103	600211.SH	西藏药业	4.99	4.94	5.07	4.89	5.02	5.13
104	000028.SZ	国药一致	4.98	4.17	5.51	5.23	5.1	4.92
105	002644.SZ	佛慈制药	4.98	5.59	5.06	4.83	4.32	4.47
106	000739.SZ	普洛药业	4.97	4.15	5.61	4.99	5.38	4.71
107	603456.SH	九洲药业	4.97	5.06	5.4	4.39	5.15	4.76
108	002727.SZ	一心堂	4.95	4.38	5.17	5.25	5.3	4.47
109	000952.SZ	广济药业	4.95	4.14	5.5	5.01	5.53	4.53
110	300452.SZ	山河药辅	4.95	5.41	4.93	4.99	4.4	4.43
111	002370.SZ	亚太药业	4.95	4.96	5.25	4.87	4.64	4.82
112	002675.SZ	东诚药业	4.95	4.91	5.59	4.44	4.87	4.84
113	300238.SZ	冠昊生物	4.95	5.13	4.94	4.78	4.72	5.37
114	600513.SH	联环药业	4.93	5.12	5.14	4.34	5.37	4.71
115	300562.SZ	乐心医疗	4.93	4.81	4.92	5.06	5.02	4.77
116	603567.SH	珍宝岛	4.93	4.87	5.08	4.94	4.82	4.78
117	002349.SZ	精华制药	4.92	5.39	5.12	4.23	5.02	4.8
118	300246.SZ	宝莱特	4.92	4.97	5.03	4.93	4.64	4.87
119	300206.SZ	理邦仪器	4.91	5.47	4.58	4.65	4.77	5.3
120	002589.SZ	瑞康医药	4.91	3.73	5.52	5.41	5.22	4.53
121	002437.SZ	誉衡药业	4.91	4.43	5.2	4.78	5.16	5.52

A股：按申万行业划分标准

续表

排名	代码	公司名称	总得分	财务状况	估值与成长性	创值能力	公司治理	创新与研发
122	600479.SH	千金药业	4.91	4.98	5.22	4.39	5.24	4.76
123	603168.SH	莎普爱思	4.9	5.69	4.94	4.04	5.14	4.57
124	600285.SH	羚锐制药	4.9	4.95	5.05	4.63	5.06	4.82
125	300534.SZ	陇神戎发	4.89	5.29	5.05	4.73	4.37	4.62
126	300239.SZ	东宝生物	4.89	5.28	5.2	4.51	4.47	4.66
127	300412.SZ	迦南科技	4.88	4.87	5.17	4.59	4.9	4.94
128	300289.SZ	利德曼	4.88	5.24	5.04	4.06	5.21	5.24
129	002020.SZ	京新药业	4.88	4.99	5.09	4.48	5.03	4.79
130	002198.SZ	嘉应制药	4.87	5.39	4.66	4.37	5.2	4.91
131	600420.SH	现代制药	4.87	4.36	5.45	4.75	4.94	4.84
132	603716.SH	塞力斯	4.86	4.75	5.09	4.85	4.63	5
133	300255.SZ	常山药业	4.86	4.97	5.4	4.44	4.33	5.2
134	000503.SZ	国新健康	4.85	5.83	3.06	5.31	5.31	5.16
135	600594.SH	益佰制药	4.85	4.83	5.37	4.17	5.14	4.86
136	002332.SZ	仙琚制药	4.85	4.46	5.4	4.88	4.54	4.78
137	600080.SH	金花股份	4.85	4.73	5.04	4.67	5.17	4.59
138	300363.SZ	博腾股份	4.84	4.32	5.39	4.84	4.79	4.91
139	002030.SZ	达安基因	4.83	4.25	4.89	4.96	5.28	5.29
140	600833.SH	第一医药	4.83	4.6	5.08	4.62	5.07	5.01
141	300108.SZ	吉药控股	4.83	5.03	4.68	4.59	5.09	4.91
142	300194.SZ	福安药业	4.82	5.57	5.57	3.62	4.34	4.78
143	002393.SZ	力生制药	4.82	5.51	5.41	3.61	4.83	4.51
144	300233.SZ	金城医药	4.81	4.82	5.3	3.91	5.22	5.42
145	300244.SZ	迪安诊断	4.81	4.07	5.17	5.26	4.68	4.82
146	002399.SZ	海普瑞	4.81	4.59	5.49	4	5.13	5.37
147	000518.SZ	四环生物	4.8	4.37	4.7	4.96	5.22	5.28
148	600216.SH	浙江医药	4.8	4.89	5.37	3.79	5.16	5.24
149	002099.SZ	海翔药业	4.79	4.91	5.2	3.99	5.12	5.08
150	600055.SH	万东医疗	4.79	4.81	4.69	4.68	5.03	4.99
151	600976.SH	健民集团	4.79	4.4	5.17	4.59	5.3	4.48
152	600422.SH	昆药集团	4.79	4.72	5.42	4.23	4.7	4.92
153	600789.SH	鲁抗医药	4.78	4.05	5.4	4.78	4.94	4.85
154	000766.SZ	通化金马	4.78	4.69	5.21	4.42	4.81	4.78

续表

排名	代码	公司名称	总得分	财务状况	估值与成长性	创值能力	公司治理	创新与研发
155	000790.SZ	泰合健康	4.76	4.36	4.2	5.15	5.64	4.99
156	603520.SH	司太立	4.75	4.03	5.31	4.7	5.15	4.73
157	002728.SZ	特一药业	4.74	4.43	5.23	4.71	4.5	4.7
158	000756.SZ	新华制药	4.73	4.24	5.48	4.15	5.16	4.93
159	600488.SH	天药股份	4.72	5.2	5.45	3.68	4.43	4.7
160	603108.SH	润达医疗	4.72	3.94	5.46	4.4	5.32	4.74
161	002758.SZ	华通医药	4.71	4.17	5.25	4.72	4.84	4.45
162	300573.SZ	兴齐眼药	4.71	4.74	4.9	4.49	4.66	4.77
163	600829.SH	人民同泰	4.7	3.93	5.14	4.65	5.38	4.67
164	600538.SH	国发股份	4.7	4.77	4.76	4.68	4.75	4.26
165	600664.SH	哈药股份	4.7	4.44	5.41	3.78	5.32	5.12
166	002166.SZ	莱茵生物	4.7	4.19	4.96	4.83	4.74	5
167	600796.SH	钱江生化	4.7	4.46	5.21	4.48	4.64	4.65
168	600351.SH	亚宝药业	4.69	4.29	5.16	4.39	5.08	4.71
169	600267.SH	海正药业	4.69	3.84	5.15	4.53	5.33	5.27
170	300086.SZ	康芝药业	4.68	5.48	4.87	3.64	4.72	4.84
171	000150.SZ	宜华健康	4.68	4.02	4.93	4.88	5.12	4.52
172	000919.SZ	金陵药业	4.67	5.08	5.35	3.41	4.85	4.94
173	600998.SH	九州通	4.67	3.75	5.32	4.56	5.16	5
174	600613.SH	神奇制药	4.67	5.12	5.2	3.42	5.08	4.79
175	603368.SH	柳药股份	4.67	3.95	5.25	4.78	4.73	4.58
176	600530.SH	交大昂立	4.66	4.66	4.57	4.47	5.24	4.54
177	002462.SZ	嘉事堂	4.66	3.78	5.56	4.27	5.26	4.78
178	600851.SH	海欣股份	4.65	4.72	4.98	4.15	4.94	4.46
179	300181.SZ	佐力药业	4.65	4.8	4.87	4.12	4.9	4.67
180	002551.SZ	尚荣医疗	4.65	4.47	5.53	3.92	4.68	4.66
181	000078.SZ	海王生物	4.64	3.62	5.28	4.44	5.35	5.2
182	600272.SH	开开实业	4.64	4.14	5	4.71	4.59	4.91
183	002219.SZ	恒康医疗	4.63	4.35	5.34	3.91	4.96	5.06
184	300358.SZ	楚天科技	4.63	4.38	5.2	4.22	4.45	5.29
185	300030.SZ	阳普医疗	4.63	4.47	5.21	4.21	4.49	4.94
186	000590.SZ	启迪古汉	4.62	4.13	4.43	4.75	5.7	4.41
187	000153.SZ	丰原药业	4.62	4.03	5.32	3.95	5.42	4.95

A股：按申万行业划分标准

续表

排名	代码	公司名称	总得分	财务状况	估值与成长性	创值能力	公司治理	创新与研发
188	300381.SZ	溢多利	4.59	4.3	5.53	3.75	4.85	4.8
189	002102.SZ	冠福股份	4.59	4.42	4.88	4.08	5.22	4.75
190	300110.SZ	华仁药业	4.59	4.34	4.55	4.67	4.91	4.71
191	000788.SZ	北大医药	4.58	3.95	4.54	4.64	5.22	5.47
192	000597.SZ	东北制药	4.58	3.65	5.29	4.32	5.21	5.02
193	002693.SZ	双成药业	4.58	4.17	4.4	4.59	5.37	5.03
194	300404.SZ	博济医药	4.58	4.67	4.52	4.98	3.89	4.47
195	000705.SZ	浙江震元	4.57	4.5	5.17	3.69	5.06	4.79
196	002433.SZ	太安堂	4.56	4.38	5.61	3.37	4.94	4.86
197	000566.SZ	海南海药	4.56	4.4	5.22	4.09	4.31	4.94
198	300158.SZ	振东制药	4.54	4.47	5.51	3.5	4.49	5.07
199	300273.SZ	和佳股份	4.53	4.09	5.21	4	4.88	4.9
200	002118.SZ	紫鑫药业	4.53	4.16	5.21	4.3	4.29	4.77
201	600129.SH	太极集团	4.53	3.68	4.56	4.93	5.14	4.75
202	600671.SH	天目药业	4.52	3.46	4.22	5.31	5.49	4.57
203	300254.SZ	仟源医药	4.51	4.49	4.55	4.13	4.97	4.85
204	002390.SZ	信邦制药	4.51	4.11	5.22	3.79	4.85	5.2
205	300171.SZ	东富龙	4.5	4.87	5.14	3.58	3.84	5.51
206	600645.SH	中源协和	4.46	4.29	3.83	4.82	5.02	4.83
207	600222.SH	太龙药业	4.45	4.44	4.76	3.69	5.04	4.82
208	300006.SZ	莱美药业	4.43	4.22	4.88	4.13	4.35	4.72
209	600713.SH	南京医药	4.42	3.69	5.2	3.85	5.08	4.95
210	000411.SZ	英特集团	4.42	3.76	5.08	3.76	5.17	5.15
211	002566.SZ	益盛药业	4.4	4.64	5.19	3.34	4.27	4.71
212	002788.SZ	鹭燕医药	4.38	3.63	5.37	4.16	4.24	4.64
213	600587.SH	新华医疗	4.38	3.82	5.22	3.42	5.16	5.13
214	002432.SZ	九安医疗	4.33	4.18	3.85	3.97	5.59	5.24
215	300147.SZ	香雪制药	4.32	4.32	5.02	3.23	4.72	4.83
216	300318.SZ	博晖创新	4.28	4.51	3.7	4.29	4.42	5.1
217	600812.SH	华北制药	4.24	3.57	5.42	2.98	5.28	4.7
218	300142.SZ	沃森生物	3.98	3.88	3.01	4.36	4.72	4.94
219	600227.SH	圣济堂	3.95	4.06	4.29	3.06	4.41	4.55
220	600721.SH	百花村	3.92	4.14	3.81	2.68	5.08	5.46
221	300216.SZ	千山药机	3.61	3.43	3.4	3.62	3.67	4.87

(二十七) 有色金属

排名	代码	公司名称	总得分	财务状况	估值与成长性	创值能力	公司治理	创新与研发
1	600516.SH	方大炭素	6.02	5.75	4.99	7.72	5.75	5.15
2	002466.SZ	天齐锂业	5.98	5.48	5.08	7.81	5.6	5.18
3	002460.SZ	赣锋锂业	5.85	5.4	4.96	7.98	4.78	5.19
4	000688.SZ	建新矿业	5.82	6.63	5.15	6	5.68	5.04
5	603799.SH	华友钴业	5.7	4.31	5.26	7.98	5.29	4.99
6	000975.SZ	银泰资源	5.66	6.8	5.07	5.51	5.32	5.02
7	000603.SZ	盛达矿业	5.62	6.49	5.24	5.59	5.12	5.02
8	603688.SH	石英股份	5.58	6.65	5.33	5.24	5.18	4.78
9	300395.SZ	菲利华	5.56	5.97	5.31	5.48	5.62	5.14
10	300127.SZ	银河磁体	5.52	6.71	5.07	5.4	4.86	4.63
11	600114.SH	东睦股份	5.47	5.61	5.31	5.34	5.89	5.1
12	601899.SH	紫金矿业	5.42	4.72	5.34	6.15	5.51	5.37
13	300428.SZ	四通新材	5.41	5.94	5.19	5.46	5.14	4.72
14	600549.SH	厦门钨业	5.39	4.43	5.36	6.53	5.35	4.87
15	000970.SZ	中科三环	5.36	5.73	5.48	5.03	5.42	4.71
16	000831.SZ	五矿稀土	5.31	6.69	4.39	5.15	5.08	4.72
17	601020.SH	华钰矿业	5.31	5.34	5	5.6	5.31	5.27
18	000060.SZ	中金岭南	5.28	4.84	5.56	5.55	5.23	5.01
19	603663.SH	三祥新材	5.28	5.82	5.05	5.41	4.87	4.6
20	600206.SH	有研新材	5.27	5.95	5.2	4.9	5.1	4.82
21	002171.SZ	楚江新材	5.25	5.31	5.02	5.43	5.14	5.39
22	000426.SZ	兴业矿业	5.24	4.89	5.25	5.51	5.41	5.18
23	002540.SZ	亚太科技	5.23	5.99	5.12	4.66	5.28	4.87
24	600711.SH	盛屯矿业	5.23	4.71	5.12	5.76	5.47	5.07
25	601137.SH	博威合金	5.22	5.19	5.7	4.9	5.21	4.71
26	002057.SZ	中钢天源	5.22	5.69	5.1	5	5.27	4.6
27	002203.SZ	海亮股份	5.2	4.42	5.55	6.04	4.75	4.62
28	600673.SH	东阳光科	5.16	4.48	5.32	5.75	5.08	5.06
29	600980.SH	北矿科技	5.12	5.08	5.12	5.18	5.19	4.85
30	002155.SZ	湖南黄金	5.12	5.19	5.29	4.98	5.05	4.87
31	002237.SZ	恒邦股份	5.09	4.43	5.32	5.87	4.47	5.08
32	600547.SH	山东黄金	5.08	5.07	5.34	4.69	5.31	5.14

A股：按申万行业划分标准

续表

排名	代码	公司名称	总得分	财务状况	估值与成长性	创值能力	公司治理	创新与研发
33	002578.SZ	闽发铝业	5.06	5.39	5.21	4.91	4.77	4.56
34	600988.SH	赤峰黄金	5.06	4.76	5.18	5.27	5.32	4.47
35	601069.SH	西部黄金	5.05	5.15	4.91	5.26	4.93	4.71
36	002806.SZ	华锋股份	5.03	4.97	5	5.57	4.43	4.75
37	601388.SH	怡球资源	5.02	4.63	5.54	4.99	5.06	4.59
38	600385.SH	山东金泰	5.01	4.92	4.91	5.58	4.42	4.86
39	002340.SZ	格林美	5.01	4.32	5.37	5.51	4.54	5.31
40	600111.SH	北方稀土	4.99	4.84	4.97	5.02	5.13	5.24
41	600330.SH	天通股份	4.99	5.05	5.16	4.76	4.92	5.19
42	002182.SZ	云海金属	4.99	4.58	5.18	5.33	4.9	4.71
43	600615.SH	丰华股份	4.97	5.8	4.13	5.15	4.83	4.62
44	603399.SH	吉翔股份	4.96	4.44	4.86	5.34	5.26	5.23
45	601677.SH	明泰铝业	4.95	4.77	5.75	4.26	5.15	4.86
46	000697.SZ	炼石有色	4.94	5.05	4.6	5.12	4.89	5.28
47	600497.SH	驰宏锌锗	4.94	4.6	4.83	5.21	5.08	5.34
48	600392.SH	盛和资源	4.94	4.65	4.6	5.34	5.28	5.03
49	600687.SH	刚泰控股	4.94	4.39	5.27	4.99	5.25	4.88
50	002295.SZ	精艺股份	4.93	5.25	5.02	4.45	4.88	5.2
51	000807.SZ	云铝股份	4.92	4.36	5.23	5.1	4.98	5.05
52	002716.SZ	金贵银业	4.92	4.63	5.31	4.97	4.53	5.18
53	600459.SH	贵研铂业	4.91	4.41	5.23	4.86	5.03	5.5
54	600614.SH	鹏起科技	4.91	4.65	5.08	4.99	4.88	5.02
55	000751.SZ	锌业股份	4.91	4.62	5.18	4.86	5.29	4.37
56	600366.SH	宁波韵升	4.9	5.21	4.92	4.58	4.92	4.88
57	000657.SZ	中钨高新	4.9	4.77	5.15	4.73	4.8	5.29
58	600219.SH	南山铝业	4.9	5.19	5.61	3.97	4.9	4.61
59	300224.SZ	正海磁材	4.86	5.1	4.94	4.79	4.23	5.25
60	603993.SH	洛阳钼业	4.85	4.94	5.41	4.03	5.08	5.05
61	000630.SZ	铜陵有色	4.84	4.61	5.38	4.28	5.16	5.11
62	000960.SZ	锡业股份	4.84	4.63	5.13	4.74	5.02	4.61
63	002428.SZ	云南锗业	4.84	5.16	4.7	4.97	4.27	4.93
64	002379.SZ	宏创控股	4.83	4.94	4.82	4.85	4.64	4.89
65	300489.SZ	中飞股份	4.83	4.94	4.82	4.97	4.51	4.57

251

续表

排名	代码	公司名称	总得分	财务状况	估值与成长性	创值能力	公司治理	创新与研发
66	600255.SH	梦舟股份	4.81	4.97	5.28	4	5.26	4.51
67	002130.SZ	沃尔核材	4.8	4.6	4.77	4.79	4.97	5.31
68	600961.SH	株冶集团	4.78	4.08	4.54	5.45	5.19	4.89
69	300337.SZ	银邦股份	4.77	4.21	5.08	5.11	4.58	4.87
70	600888.SH	新疆众和	4.77	4.33	5.33	4.55	4.79	5.05
71	600766.SH	园城黄金	4.75	4.95	3.37	5.61	4.97	5.46
72	002378.SZ	章源钨业	4.74	4.6	4.62	4.98	4.94	4.48
73	000933.SZ	神火股份	4.74	3.98	5.35	4.51	5.27	5.04
74	000878.SZ	云南铜业	4.74	4.18	5.11	4.69	5.08	4.88
75	601958.SH	金钼股份	4.73	5.46	5.28	3.36	4.95	4.56
76	002167.SZ	东方锆业	4.72	4.32	4.6	5.09	4.87	4.87
77	002160.SZ	常铝股份	4.71	4.48	5.36	3.95	5.24	4.78
78	002501.SZ	利源精制	4.7	4.81	5.31	4.19	4.38	4.68
79	000758.SZ	中色股份	4.7	4.22	5.68	3.84	5.18	4.98
80	600311.SH	荣华实业	4.7	5.39	3.8	4.78	4.67	5.15
81	600259.SH	广晟有色	4.69	3.93	4.78	5.02	5.34	4.61
82	000969.SZ	安泰科技	4.66	4.74	5.44	3.6	4.9	4.87
83	601168.SH	西部矿业	4.65	4.87	5.57	3.03	5.48	4.69
84	600456.SH	宝钛股份	4.63	4.61	4.62	4.23	5.3	4.83
85	000612.SZ	焦作万方	4.61	4.81	5.07	3.97	4.67	4.44
86	000633.SZ	合金投资	4.6	4.84	3.61	5.4	4.63	4.42
87	002114.SZ	罗平锌电	4.59	4.67	4.74	4.28	4.83	4.46
88	600331.SH	宏达股份	4.58	4.74	5.17	3.79	4.64	4.69
89	600768.SH	宁波富邦	4.56	3.85	4.01	5.64	4.84	4.66
90	600362.SH	江西铜业	4.56	4.85	5.42	3.44	4.31	4.95
91	600531.SH	豫光金铅	4.56	4.04	5.07	4.21	5.07	4.71
92	002149.SZ	西部材料	4.53	4.24	4.37	4.44	5.24	5.04
93	000962.SZ	东方钽业	4.41	4.35	4.65	3.99	4.51	5.05
94	600489.SH	中金黄金	4.41	4.32	5.15	3.43	4.79	4.8
95	000511.SZ	烯碳退	4.3	4.04	4.89	3.8	4.32	4.85
96	600595.SH	中孚实业	4.16	4.14	5.02	2.6	4.94	5.06
97	601600.SH	中国铝业	3.96	4.09	5.08	1.67	5.43	4.66

A股：按申万行业划分标准

（二十八）综合

排名	代码	公司名称	总得分	财务状况	估值与成长性	创值能力	公司治理	创新与研发
1	603060.SH	国检集团	5.58	6.13	5.25	5.9	4.76	5.37
2	300012.SZ	华测检测	5.57	6.06	5.29	5.94	4.72	5.27
3	000007.SZ	全新好	5.55	6.52	4.63	5.86	4.93	5.54
4	000529.SZ	广弘控股	5.47	5.87	5.47	5.58	5.14	4.35
5	600113.SH	浙江东日	5.46	5.8	5.13	5.78	5.44	4.37
6	600419.SH	天润乳业	5.38	5.44	5.32	5.8	5.19	4.34
7	600620.SH	天宸股份	5.36	6.34	5.07	5.09	5.09	4.46
8	600053.SH	九鼎投资	5.3	5.03	5.1	5.99	5.23	4.68
9	600212.SH	江泉实业	5.3	5.89	4.63	5.53	5.42	4.51
10	600704.SH	物产中大	5.28	4.44	5.79	5.95	4.94	4.82
11	600083.SH	博信股份	5.27	4.49	5.1	5.99	5.85	4.96
12	600624.SH	复旦复华	5.2	4.81	5.35	5.55	5.08	5.02
13	000711.SZ	京蓝科技	5.18	5.56	4.51	5.38	5.34	5.17
14	600200.SH	江苏吴中	5.17	4.92	5.22	5.33	5.32	4.99
15	600770.SH	综艺股份	5.14	5.14	5.39	4.96	5.12	4.96
16	600769.SH	祥龙电业	5.12	4.39	5.29	5.97	4.77	4.84
17	600207.SH	安彩高科	5.12	5.38	4.85	5.41	4.92	4.58
18	600455.SH	博通股份	5.12	4.23	5.03	5.84	5.34	5.54
19	000632.SZ	三木集团	5.1	4.47	5.58	5.26	5.2	4.85
20	000881.SZ	中广核技	5.09	4.55	5.25	5.6	4.87	5.06
21	600846.SH	同济科技	5.07	4.43	5.34	5.29	5.29	5.16
22	600051.SH	宁波联合	5.05	4.51	5.39	4.99	5.66	4.75
23	600818.SH	中路股份	5.01	4.86	4.69	5.77	4.64	4.69
24	600128.SH	弘业股份	5	4.82	5.46	4.69	5.29	4.5
25	600082.SH	海泰发展	4.99	4.62	5.22	5.07	4.82	5.5
26	000839.SZ	中信国安	4.98	4.64	5.08	5.31	5.03	4.56
27	000931.SZ	中关村	4.92	4.51	5.14	5.37	4.6	4.58
28	000638.SZ	万方发展	4.89	4.6	4.38	5.76	4.73	4.95
29	600784.SH	鲁银投资	4.88	4.61	5.19	4.86	5.05	4.51
30	000652.SZ	泰达股份	4.84	4.08	5.23	5.35	4.54	5.01
31	600730.SH	中国高科	4.79	5.75	3.55	4.93	4.93	5.04
32	000628.SZ	高新发展	4.79	4.27	4.86	5.57	4.31	4.58

续表

排名	代码	公司名称	总得分	财务状况	估值与成长性	创值能力	公司治理	创新与研发
33	000993.SZ	闽东电力	4.78	4.85	4.8	4.62	4.93	4.8
34	000009.SZ	中国宝安	4.78	4.52	5.58	4.13	4.77	5.2
35	600175.SH	美都能源	4.61	4.75	4.83	3.9	5.12	4.76
36	600805.SH	悦达投资	4.41	4.84	5.24	2.79	4.84	4.73
37	600811.SH	东方集团	4.3	4.85	5.16	2.4	5.1	4.45
38	600139.SH	西部资源	4.26	4.06	4.46	4.04	4.19	5.1
39	601992.SH	金隅集团	4.13	4.34	5.5	1.67	5.01	5.45

B.6
香港中资股：按 GICS 行业划分标准

（一）半导体产品与设备

排名	代码	公司名称	总得分	财务状况	估值与成长性	创值能力	公司治理	创新与研发
1	0968.HK	信义光能	5.93	5.09	5.69	7.35	5.23	4.72
2	1347.HK	华虹半导体	5.44	5.97	5.18	5.38	5.05	6.92
3	3355.HK	先进半导体	5.39	6.13	5.12	4.92	5.36	7.43
4	0566.HK	汉能薄膜发电	5.38	5.24	4.66	5.92	6	5.29
5	1385.HK	上海复旦	5.37	5.57	5.07	5.38	5.54	6.37
6	0981.HK	中芯国际	5.33	5.51	5.19	5.09	5.72	5.5
7	0710.HK	京东方精电	5.13	6.53	4.96	4.49	3.99	8.1
8	1799.HK	新特能源	5.03	4.72	5.59	5	4.55	4.03
9	3800.HK	保利协鑫能源	5.01	4.88	5.28	4.66	5.44	4.02
10	8301.HK	明华科技	4.95	4.3	4.88	5.31	5.63	3.73
11	0085.HK	中电华大科技	4.93	4.75	5.04	5	4.91	4.58
12	0757.HK	阳光能源	4.58	4.52	4.8	4.63	4.19	3.8
13	2468.HK	创益太阳能	4.55	4.12	4.63	5.11	4.12	3.71
14	1305.HK	伟志控股	4.53	4.56	5.08	3.91	4.59	4.35
15	1187.HK	汉唐国际控股	4.3	3.2	4.81	4.94	4.17	3.23
16	1165.HK	顺风清洁能源	3.96	4.92	4.6	1.84	4.95	3.84

（二）电信业务

排名	代码	公司名称	总得分	财务状况	估值与成长性	创值能力	公司治理	创新与研发
1	0941.HK	中国移动	6.05	5.68	5.52	7.47	5	4.28
2	8167.HK	中国新电信	5.24	5.6	5.15	4.87	5.42	5.76

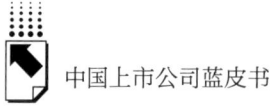

续表

排名	代码	公司名称	总得分	财务状况	估值与成长性	创值能力	公司治理	创新与研发
3	0439.HK	光启科学	5.21	6.16	3.75	5.58	5.48	7.43
4	1045.HK	亚太卫星	5.01	5.72	5.44	3.69	5.37	5.98
5	0552.HK	中国通信服务	4.99	4.79	5.16	4.85	5.32	4.51
6	3969.HK	中国通号	4.96	4.37	5.19	5.3	4.95	4.5
7	1883.HK	中信国际电讯	4.84	4.7	5.38	4.35	5.03	4.85
8	0728.HK	中国电信	4.78	4.62	5.33	4.24	5.11	3.74
9	3773.HK	年年卡	4.77	4.62	5.03	4.95	4.22	4.63
10	1135.HK	ASIA SATELLITE	4.68	4.72	5.35	4.26	4.09	4.76
11	6168.HK	中国优通	4.59	3.89	4.52	5.58	4.18	4.74
12	0762.HK	中国联通	4.34	4.48	4.43	3.67	5.22	3.7

（三）公用事业

排名	代码	公司名称	总得分	财务状况	估值与成长性	创值能力	公司治理	创新与研发
1	0270.HK	粤海投资	6.19	7.1	4.92	6.89	5.51	8.07
2	1430.HK	苏创燃气	5.8	6.89	4.8	5.99	5.27	7.73
3	8196.HK	建禹集团	5.53	6.14	4.8	6.06	4.74	6.82
4	1659.HK	海天能源	5.5	6.09	4.45	6.21	4.98	8.05
5	1193.HK	华润燃气	5.48	5.03	4.93	6.78	4.87	4.38
6	2688.HK	新奥能源	5.48	4.98	4.91	6.51	5.53	4.26
7	1250.HK	北控清洁能源集团	5.44	5.23	5.13	6.07	5.21	6.31
8	0392.HK	北京控股	5.38	5.33	5.47	5.08	5.94	4.96
9	1065.HK	天津创业环保股份	5.37	5.55	5.15	5.54	5.12	5.85
10	1363.HK	中滔环保	5.33	5.35	4.81	6.06	4.87	5.26
11	1811.HK	中广核新能源	5.29	4.9	5.07	6.16	4.74	5.91
12	1265.HK	天津津燃公用	5.28	6.15	5.06	5.03	4.46	7.73
13	1395.HK	强泰环保	5.26	5.9	4.95	5.03	5.08	6.96
14	1635.HK	大众公用	5.26	4.98	5.43	5.41	5.18	4.47
15	8117.HK	中国基础能源	5.25	5.21	4.81	5.94	4.86	5.11
16	1600.HK	天伦燃气	5.2	4.89	4.85	5.94	5.04	4.8
17	0371.HK	北控水务集团	5.15	4.47	5.04	5.93	5.16	4.45

香港中资股：按GICS行业划分标准

续表

排名	代码	公司名称	总得分	财务状况	估值与成长性	创值能力	公司治理	创新与研发
18	0603.HK	中油燃气	5.12	5.36	4.82	4.99	5.53	5.28
19	0527.HK	瑞风新能源	5.11	4.88	5.1	5.58	4.67	5.61
20	0855.HK	中国水务	5.08	5.09	5.04	5.43	4.43	5.3
21	2886.HK	滨海投资	5.06	4.77	4.98	5.63	4.67	4.9
22	0958.HK	华能新能源	5.02	4.31	5.18	5.6	4.99	3.52
23	6136.HK	康达环保	5.02	4.57	5.34	5.12	5.05	4.81
24	0611.HK	中国核能科技	4.99	4.19	5.14	5.9	4.44	4.7
25	0579.HK	京能清洁能源	4.92	4.61	5.23	5.07	4.63	3.76
26	0182.HK	协合新能源	4.91	4.84	5.33	4.47	5.11	4.81
27	8111.HK	中科光电	4.9	5.04	3.63	5.85	5.24	5.72
28	0646.HK	中国环保科技	4.86	3.71	4.54	6.11	5.3	4.32
29	0735.HK	中国电力清洁能源	4.85	4.73	5.23	4.38	5.22	4.6
30	0090.HK	琥珀能源	4.84	4.53	5.03	5.34	4.09	3.72
31	0967.HK	桑德国际	4.78	4.3	5.04	5.43	3.91	4.39
32	0916.HK	龙源电力	4.77	4.49	5.23	4.47	5.05	3.41
33	6839.HK	云南水务	4.74	4.58	5.2	4.38	4.87	4.86
34	0295.HK	江山控股	4.69	4.6	4.72	4.75	4.69	4.63
35	0836.HK	华润电力	4.66	4.77	5.24	3.93	4.78	3.79
36	0816.HK	华电福新	4.6	4.27	5.2	4.19	4.86	3.65
37	1816.HK	中广核电力	4.53	4.79	5.19	3.34	5.1	4.35
38	2380.HK	中国电力	4.48	4.54	5.24	3.14	5.52	3.51
39	1798.HK	大唐新能源	4.33	4.16	5.07	3.61	4.61	3.42
40	0902.HK	华能国际电力股份	4.13	4.4	5.07	2.34	5.29	3.4
41	0991.HK	大唐发电	3.99	4.28	5.07	2.03	5.16	3.55
42	1071.HK	华电国际电力股份	3.9	4.37	5.16	1.74	4.76	3.51

（四）技术硬件与设备

排名	代码	公司名称	总得分	财务状况	估值与成长性	创值能力	公司治理	创新与研发
1	2382.HK	舜宇光学科技	6.09	5.15	5.39	7.71	6.09	4.83
2	0763.HK	中兴通讯	6.05	4.99	5.41	7.61	6.34	4.67

续表

排名	代码	公司名称	总得分	财务状况	估值与成长性	创值能力	公司治理	创新与研发
3	0285.HK	比亚迪电子	5.72	5.03	5.22	7.09	5.36	4.76
4	6869.HK	长飞光纤光缆	5.53	5.2	5.37	5.95	5.63	4.97
5	0992.HK	联想集团	5.34	4.9	5.21	5.67	5.82	4.57
6	0877.HK	昂纳科技集团	5.27	5.01	5.25	5.26	5.88	4.79
7	2028.HK	映美控股	5.25	5.32	5.07	5.01	5.94	5.14
8	0327.HK	百富环球	5.22	5.4	5.27	4.85	5.5	5.44
9	1617.HK	南方通信	5.21	5.16	5.21	5.45	4.84	4.86
10	0698.HK	通达集团	5.2	5.04	5.34	5.48	4.69	4.76
11	1979.HK	天宝集团	5.19	5.01	5.27	5.29	5.22	4.69
12	1282.HK	中国金洋	5.18	5.61	4.38	5.38	5.52	6.66
13	0903.HK	冠捷科技	5.18	5.1	5.26	4.98	5.57	4.62
14	1639.HK	安捷利实业	5.17	5.03	5.08	5.3	5.34	4.7
15	3393.HK	威胜集团	5.15	5.17	5.21	4.67	5.91	4.87
16	2342.HK	京信通信	5.12	5.05	5.16	4.58	6.3	4.76
17	0334.HK	华显光电	5.1	4.9	5.12	5.32	5.01	4.64
18	1300.HK	俊知集团	5.09	5.28	5.29	4.4	5.67	4.92
19	0438.HK	彩虹新能源	5.08	4.87	5.18	5.36	4.75	4.53
20	1206.HK	同方泰德	5.05	5.02	5.22	4.61	5.62	4.82
21	2310.HK	申基国际	5.03	4.61	5.11	5.43	4.95	4.55
22	0633.HK	中国全通	5.03	5.04	5.16	4.84	5.12	4.82
23	8171.HK	中国趋势	5.02	5.75	3.95	5.27	5.22	7.27
24	0553.HK	南京熊猫电子股份	5.02	5.04	5.23	4.78	5.05	4.92
25	8227.HK	西安海天天	5	4.79	4.7	5.44	5.16	4.53
26	0445.HK	中集天达	4.99	5.07	5.05	4.89	4.94	4.88
27	8147.HK	汇思太平洋	4.98	4.3	5.47	5.43	4.48	4.37
28	8205.HK	交大慧谷	4.97	4.97	4.71	5.21	5	5.04
29	0117.HK	天利控股集团	4.97	4.73	5.36	4.77	5.05	4.74
30	8016.HK	长虹佳华	4.95	4.88	5.28	4.58	5.14	4.61
31	1155.HK	星辰通信	4.93	5.14	5.26	4.75	4.22	4.89
32	0110.HK	中国长远	4.93	4.69	5.19	5.4	3.92	4.41
33	1108.HK	洛阳玻璃股份	4.92	4.83	4.65	5.25	4.96	4.55
34	3919.HK	金力集团	4.91	4.94	5.12	4.65	4.97	4.61
35	0591.HK	中国高精密	4.9	5.73	5.21	4.15	4.11	7.73

续表

排名	代码	公司名称	总得分	财务状况	估值与成长性	创值能力	公司治理	创新与研发
36	0861.HK	神州控股	4.88	4.83	5.65	3.73	5.72	4.65
37	1202.HK	成都普天电缆股份	4.86	5.23	5.49	3.94	4.72	5.28
38	0465.HK	富通科技	4.86	4.91	5.6	4.01	4.99	4.7
39	2308.HK	研祥智能	4.84	5.21	5.36	4.4	3.95	4.57
40	1480.HK	恩达集团控股	4.82	4.99	5.19	4.58	4.21	4.67
41	8249.HK	瑞远智控	4.81	4.43	4.75	5.67	3.99	4.44
42	2000.HK	晨讯科技	4.81	5	5.27	3.91	5.31	4.72
43	0515.HK	达进东方照明	4.81	4.82	5.1	4.7	4.41	4.6
44	0732.HK	信利国际	4.81	4.96	4.95	4.39	5.05	4.7
45	8236.HK	宝德科技集团	4.76	4.89	5.1	4.11	5.13	4.63
46	0894.HK	万裕科技	4.74	5.21	5.13	3.79	4.95	4.67
47	2336.HK	海亮国际	4.7	4.55	4.68	4.97	4.52	5.2
48	3335.HK	DBA 电讯	4.7	4.89	4.74	4.75	4.16	4.8
49	8050.HK	量子思维	4.68	5.07	3.66	5.43	4.41	4.71
50	0031.HK	航天控股	4.66	4.87	5.31	3.6	5.08	4.75
51	3777.HK	中国光纤	4.66	5.16	4.2	4.75	4.37	4.67
52	8266.HK	卓信国际控股	4.65	4.72	4.87	4.75	3.84	4.55
53	2369.HK	酷派集团	4.57	4.68	4.51	4.75	4.12	4.62
54	8286.HK	长城微光	4.52	4.97	3.9	4.75	4.38	4.47
55	1613.HK	协同通信	4.46	4.82	3.99	4.75	4.07	4.57
56	0161.HK	中航国际控股	4.3	4.9	5	2.47	5.39	4.7
57	6133.HK	维太移动	4.26	4.86	4.13	3.74	4.36	4.96

(五)家庭与个人用品

排名	代码	公司名称	总得分	财务状况	估值与成长性	创值能力	公司治理	创新与研发
1	1044.HK	恒安国际	5.87	4.75	5.31	7.58	5.81	4.23
2	3332.HK	中生联合	5.48	6.27	5.64	4.82	4.9	8.22
3	2023.HK	中国绿岛科技	5.09	4.94	5.53	4.93	4.81	4.94
4	3828.HK	明辉国际	5.05	5.03	5.12	4.78	5.48	4.43
5	8281.HK	中国金典集团	4.79	4.65	5.03	4.84	4.47	3.93

续表

排名	代码	公司名称	总得分	财务状况	估值与成长性	创值能力	公司治理	创新与研发
6	0274.HK	中富资源	4.68	4.13	4.73	4.81	5.45	3.87
7	1259.HK	中国儿童护理	4.53	4.9	5.16	3.19	5.17	5.59
8	0399.HK	领航医药生物科技	4.51	5.29	3.72	4.78	3.99	4.51

（六）零售业

排名	代码	公司名称	总得分	财务状况	估值与成长性	创值能力	公司治理	创新与研发
1	0881.HK	中升控股	5.91	4.88	5.29	7.66	5.71	3.99
2	3709.HK	珂莱蒂尔	5.56	6.03	4.98	5.77	5.38	6.81
3	3836.HK	和谐汽车	5.39	5.07	5.02	6.21	5.13	4.76
4	6116.HK	拉夏贝尔	5.27	5.3	4.98	5.43	5.48	4.51
5	1528.HK	红星美凯龙	5.24	5.09	5.42	5.37	4.94	4.11
6	1293.HK	广汇宝信	5.22	4.85	5.01	5.87	5.12	4.46
7	1268.HK	美东汽车	5.21	5	5.09	5.7	4.88	4.17
8	0811.HK	新华文轩	5.2	4.75	5.42	5.71	4.68	4.5
9	8265.HK	中国之信集团	5.2	5.4	4.75	5.64	4.83	7.21
10	0885.HK	仁天科技控股	5.17	5.35	5.65	4.8	4.58	6.33
11	1728.HK	正通汽车	5.03	4.68	4.97	5.31	5.31	3.98
12	0312.HK	岁宝百货	5.01	5.21	5.16	4.78	4.75	4.78
13	1353.HK	诺奇	4.96	5.43	4.35	5.53	4.1	5.68
14	0886.HK	银基集团	4.9	4.95	5.08	4.86	4.56	4.73
15	1495.HK	集一家居	4.9	4.98	5.08	4.73	4.75	5.74
16	1698.HK	博士蛙国际	4.89	3.16	5.96	5.69	4.6	3.1
17	1828.HK	大昌行集团	4.86	4.93	5.15	4.19	5.51	4.49
18	0238.HK	长兴国际	4.85	5.51	5.02	4.2	4.45	6.52
19	8116.HK	中国幸福投资	4.84	5.2	4.37	4.49	5.74	6.33
20	2213.HK	益华控股	4.8	4.4	4.73	5.4	4.53	3.58
21	6188.HK	迪信通	4.76	4.8	4.98	4.27	5.23	4.55
22	3389.HK	亨得利	4.75	6.27	4.8	2.9	5.3	8.32
23	8126.HK	G.A.控股	4.73	5.19	4.94	3.76	5.36	4.86
24	1365.HK	润东汽车	4.73	4.62	4.92	4.59	4.8	3.81
25	0162.HK	世纪金花	4.66	4.57	4.83	4.86	4.1	3.62
26	0493.HK	国美零售	4.36	5.06	4.88	2.84	5	4.14

香港中资股：按 GICS 行业划分标准

（七）传媒

排名	代码	公司名称	总得分	财务状况	估值与成长性	创值能力	公司治理	创新与研发
1	1661.HK	智美体育	5.52	5.62	5.28	5.86	5.15	5.79
2	0623.HK	中视金桥	5.39	5.37	5.51	5.21	5.56	4.63
3	0800.HK	A8新媒体	5.25	5.09	5.28	5.49	5.03	4.83
4	1831.HK	十方控股	5.24	4.74	5.26	5.65	5.39	4.68
5	8243.HK	大贺传媒	5.2	4.53	5.54	5.55	5.16	4.27
6	2008.HK	凤凰卫视	5.2	5.27	5.33	4.99	5.21	4.81
7	3636.HK	保利文化	5.18	5.26	5.28	5.13	4.94	4.46
8	0863.HK	品牌中国	5.13	4.98	4.58	6.18	4.42	4.78
9	8032.HK	非凡中国	5.09	5.12	5.3	5.2	4.4	4.74
10	8280.HK	中国数字视频	5.08	4.28	5.49	5.02	5.99	4.46
11	0072.HK	现代传播	5.05	5.05	5.15	4.94	5.06	4.52
12	2366.HK	星美文化旅游	5	4.57	4.83	5.47	5.3	4.27
13	8172.HK	拉近网娱	4.97	5.36	4.01	5.73	4.56	6.17
14	1000.HK	北青传媒	4.93	4.81	5.66	4.6	4.35	5.47
15	8271.HK	环球数码创意	4.91	5.14	5.17	4.84	4.06	5.06
16	0198.HK	星美控股	4.89	4.74	5.12	4.74	5.06	4.05
17	8368.HK	中国创意控股	4.89	4.57	3.83	6.13	5.17	4.65
18	8228.HK	国艺娱乐	4.87	4.17	5.02	5.73	4.24	3.83
19	8087.HK	中国三三传媒	4.81	4.9	5.33	4.33	4.55	5.12
20	1060.HK	阿里影业	4.77	5.45	5.6	3.29	4.73	5.63
21	0082.HK	第一视频	4.54	5.63	4.23	3.39	5.3	6.54

（八）耐用消费品与服装

排名	代码	公司名称	总得分	财务状况	估值与成长性	创值能力	公司治理	创新与研发
1	2313.HK	申洲国际	6.07	5.41	5.28	7.72	5.7	5.6
2	1169.HK	海尔电器	5.97	4.95	5.39	7.59	5.88	4.51
3	2020.HK	安踏体育	5.96	5.44	4.79	7.74	5.79	5.35
4	0921.HK	海信科龙	5.75	4.58	5.49	7.49	5.13	3.99
5	1234.HK	中国利郎	5.63	5.39	5.52	6.05	5.45	5.68

261

续表

排名	代码	公司名称	总得分	财务状况	估值与成长性	创值能力	公司治理	创新与研发
6	0256.HK	冠城钟表珠宝	5.61	4.98	5.17	6.77	5.45	4.36
7	1070.HK	TCL多媒体	5.54	4.53	5.48	6.66	5.47	4.12
8	0837.HK	谭木匠	5.51	6.63	5.09	5.19	4.72	8.29
9	2678.HK	天虹纺织	5.46	4.68	5.58	6.46	4.79	4.1
10	1585.HK	雅迪控股	5.46	5.26	5.15	6.04	5.31	4.19
11	3306.HK	江南布衣	5.4	5.25	4.95	5.78	5.82	4.51
12	2331.HK	李宁	5.4	5.08	5.26	5.67	5.76	4.74
13	3818.HK	中国动向	5.34	5.59	5.15	5.21	5.47	6.2
14	2033.HK	时计宝	5.34	5.85	5.46	5.12	4.5	6.38
15	2200.HK	浩沙国际	5.34	5.26	5.4	5.35	5.32	5.26
16	3966.HK	中国宝丰国际	5.33	4.8	5.39	5.89	5.16	4.65
17	1478.HK	丘钛科技	5.33	4.84	4.86	6.26	5.35	4.26
18	3608.HK	永盛新材料	5.3	5.26	5.54	5.06	5.37	5.12
19	2030.HK	卡宾	5.28	4.96	5.42	5.26	5.64	4.58
20	1368.HK	特步国际	5.25	5.08	5.53	5.12	5.29	5.08
21	2298.HK	都市丽人	5.24	5.25	5.25	5.33	5.02	5.25
22	0601.HK	权智(国际)	5.21	4.86	5.56	5.22	5.16	4.71
23	1361.HK	361度	5.2	5.21	5.27	5.08	5.26	5.54
24	2222.HK	雷士照明	5.2	5.08	5.45	4.94	5.44	4.79
25	1249.HK	通力电子	5.19	4.54	5.17	5.56	5.77	4.17
26	8192.HK	环球能源资源	5.19	5.31	5.19	4.72	5.86	7.4
27	2111.HK	超盈国际控股	5.16	4.91	5.26	5.53	4.74	4.42
28	0311.HK	联泰控股	5.15	4.74	5.39	5.35	5.14	4.35
29	0643.HK	恒富控股	5.15	5.51	5.12	5.13	4.52	6.32
30	1822.HK	弘达金融控股	5.14	4.87	5.63	5.03	4.94	5.82
31	2014.HK	浩泽净水	5.13	4.89	5.16	5.16	5.5	4.13
32	2299.HK	百宏实业	5.13	4.83	5.06	5.4	5.3	4
33	1028.HK	千百度	5.12	5.06	5.12	4.93	5.62	4.71
34	1532.HK	中国派对文化	5.1	5.24	5.61	4.67	4.67	4.91
35	0114.HK	HERALD HOLD	5.08	5.04	5.59	4.82	4.66	4.86
36	1388.HK	安莉芳控股	5.08	5.35	5.26	4.68	4.96	4.35
37	2358.HK	久融控股	5.04	4.92	5.2	5.12	4.78	4.81
38	0540.HK	迅捷环球控股	5.04	4.55	5.38	5.1	5.2	4.37

香港中资股：按GICS行业划分标准

续表

排名	代码	公司名称	总得分	财务状况	估值与成长性	创值能力	公司治理	创新与研发
39	3778.HK	中国织材控股	5.03	4.64	5.33	5.05	5.15	3.71
40	3998.HK	波司登	5.01	5.07	5.43	4.82	4.43	4.7
41	2011.HK	KEE	4.96	5.25	4.86	4.88	4.75	5.7
42	2223.HK	卡撒天娇	4.96	5.32	5.32	4.59	4.28	5.26
43	8211.HK	浙江永安	4.96	5.38	4.89	4.68	4.81	6.41
44	2228.HK	中国节能海东青	4.94	5.58	4.71	4.82	4.37	6.27
45	1237.HK	中科生物	4.93	4.99	5.43	4.4	4.87	4.52
46	1566.HK	华夏动漫	4.93	4.87	5.37	4.82	4.38	4.5
47	1418.HK	盛诺集团	4.91	4.74	5.43	4.63	4.79	4.25
48	1819.HK	富贵鸟	4.9	5.22	4.92	4.82	4.34	5.69
49	0844.HK	广泰国际控股	4.89	4.93	4.99	4.94	4.48	4.41
50	0370.HK	国华	4.89	5.04	5.12	4.42	5.04	6.13
51	1027.HK	中国集成控股	4.86	4.78	5.42	4.72	4.17	4.52
52	8093.HK	万星控股	4.86	5.67	3.53	5.34	4.92	7.18
53	1856.HK	依波路	4.85	4.99	5.13	4.62	4.5	4.68
54	0396.HK	兴利（香港）控股	4.85	4.68	4.86	4.8	5.28	4.1
55	0485.HK	中国华星	4.83	4.51	5.45	4.82	4.26	4.2
56	1616.HK	星宏传媒	4.83	4.71	5.14	4.43	5.24	4.17
57	3882.HK	天彩控股	4.82	4.89	4.73	4.33	5.84	4.81
58	1247.HK	米格国际控股	4.81	5.53	5.29	3.29	5.44	6.71
59	0420.HK	福田实业	4.8	4.86	5.45	3.68	5.63	4.5
60	0528.HK	金达控股	4.8	4.8	5.33	4.17	5.02	4.23
61	1678.HK	中创环球	4.8	6.1	5.12	3.09	4.95	8.16
62	0496.HK	卡森国际	4.79	5.07	5.38	3.74	5.19	4.04
63	0638.HK	建溢集团	4.79	4.49	5.33	4.82	4.25	4.05
64	3398.HK	华鼎控股	4.74	5.24	5.33	3.69	4.69	4.61
65	0873.HK	中国泰丰床品	4.74	4.59	5.04	4.82	4.31	4.94
66	0449.HK	志高控股	4.72	4.53	5.15	4.04	5.58	4
67	2668.HK	百德国际	4.69	4.66	4.57	4.82	4.75	4.59
68	2123.HK	金盾控股	4.69	4.59	4.85	4.82	4.31	4.94
69	0048.HK	中国汽车内饰	4.69	5.55	4.18	4.24	4.91	6.15
70	0264.HK	中玺国际	4.69	4.94	4.12	5.25	4.2	5.06
71	2698.HK	魏桥纺织	4.68	5.36	5.69	2.7	5.29	5.28

续表

排名	代码	公司名称	总得分	财务状况	估值与成长性	创值能力	公司治理	创新与研发
72	1058.HK	粤海制革	4.66	4.63	4.67	4.96	4.09	4.39
73	1223.HK	新沣集团	4.62	4.92	4.03	4.57	5.29	4.69
74	0209.HK	瀛晟科学	4.55	4.34	4.49	4.64	4.93	4.17
75	1386.HK	国投集团控股	4.55	4.4	4.82	4.82	3.74	3.93
76	1280.HK	汇银智慧社区	4.54	4.31	4.65	4.82	4.22	3.97
77	0707.HK	亚洲电视控股	4.46	4.46	4.03	4.7	4.82	4.22
78	1400.HK	宏太控股	4.45	4.22	4.89	4.36	4.18	4.24
79	1327.HK	时间由你	4.43	5.66	4.01	3.39	4.92	7.25
80	0526.HK	利时集团控股	4.39	4.54	3.68	4.82	4.67	4.19
81	3344.HK	共享集团	4.34	4.15	3.67	5.24	4.29	3.77
82	8026.HK	长达健康	4.34	4.55	3.9	4.82	3.82	4.31
83	1121.HK	宝峰时尚	4.3	4.46	4.09	3.99	5	3.92
84	0210.HK	达芙妮国际	4.25	5.1	5.14	1.83	5.61	4.52
85	0751.HK	创维数码	4.2	4.62	5.42	2.17	4.99	4.2

（九）能源

排名	代码	公司名称	总得分	财务状况	估值与成长性	创值能力	公司治理	创新与研发
1	1088.HK	中国神华	5.92	5.41	5.42	7.24	5.32	5.05
2	1573.HK	中国优质能源	5.41	5.31	4.89	5.68	6.09	4.7
3	0866.HK	中国秦发	5.41	4.55	5.17	6.56	5.29	3.97
4	0883.HK	中国海洋石油	5.38	5.29	5.18	5.34	6.04	5.54
5	0554.HK	汉思能源	5.31	4.95	5.65	5.73	4.48	4.95
6	3948.HK	伊泰煤炭	5.29	5.23	5.49	5.11	5.38	4.99
7	8246.HK	北方新能源	5.29	5.22	5.01	5.58	5.39	5.72
8	3337.HK	安东油田服务	5.27	5.32	5.36	4.94	5.68	4.81
9	2728.HK	裕华能源	5.25	4.88	5.28	5.63	5.16	4.63
10	0578.HK	融信资源	5.21	4.53	5.07	6.15	5.02	4.39
11	0681.HK	中民控股	5.17	5.37	5.24	5.15	4.63	5.29
12	0956.HK	新天绿色能源	5.16	5.02	5.41	4.89	5.47	4.6
13	0065.HK	弘海高新资源	5.14	4.73	5.18	5.53	5.07	4.54

香港中资股：按GICS行业划分标准

续表

排名	代码	公司名称	总得分	财务状况	估值与成长性	创值能力	公司治理	创新与研发
14	0196.HK	宏华集团	5.12	5.26	5.17	4.88	5.25	4.82
15	1171.HK	兖州煤业股份	5.12	5.08	5.42	4.74	5.38	4.71
16	0135.HK	昆仑能源	5.12	5.36	4.8	5.07	5.37	4.78
17	0934.HK	中石化冠德	5.12	5.16	5.08	5.23	4.87	4.39
18	0850.HK	投融长富	5.11	5.27	5.39	5.15	4.17	5.59
19	0386.HK	中国石油化工股份	5.11	5.29	5.25	4.62	5.49	4.54
20	0332.HK	元亨燃气	5.11	4.77	5.74	5.15	4.4	4.53
21	1103.HK	大生农业金融	5.11	4.95	5.14	5.25	5.07	4.69
22	2883.HK	中海油田服务	5.1	5.25	5.14	4.9	5.11	5.08
23	0702.HK	中国油气控股	5.1	4.87	5.53	4.89	5.11	4.5
24	8250.HK	丝路能源	5.09	5.73	4.78	4.88	4.88	7.4
25	0852.HK	海峡石油化工	5.08	5.2	5.03	5.45	4.2	4.88
26	0933.HK	光汇石油	5.05	5.05	5.17	5.15	4.61	4.71
27	0346.HK	延长石油国际	5.04	5.09	5.21	5	4.65	4.84
28	1623.HK	海隆控股	5.03	5.31	5.09	4.63	5.17	4.93
29	3303.HK	巨涛海洋石油服务	5.02	5.17	4.59	5.37	4.87	4.9
30	2178.HK	百勤油服	4.99	5.24	4.74	4.69	5.63	4.86
31	1080.HK	胜利管道	4.99	4.99	5.05	5.06	4.76	4.63
32	1228.HK	奇峰国际	4.99	4.69	5.31	5.15	4.64	5.83
33	1251.HK	华油能源	4.97	5.03	4.92	5.03	4.83	4.82
34	2236.HK	惠生工程	4.96	4.93	4.59	5.54	4.6	4.64
35	0650.HK	IDG能源	4.96	5.49	4.11	5.39	4.71	7.74
36	8066.HK	品创控股	4.95	4.95	5.17	4.68	5.04	5.31
37	0353.HK	能源国际投资	4.93	4.43	5.09	5.29	4.86	4.28
38	0307.HK	优派能源发展	4.91	4.69	5.18	5.15	4.35	5.83
39	0260.HK	幸福控股	4.89	4.92	4.98	4.68	5.08	4.62
40	1555.HK	MI能源	4.89	4.87	4.08	5.7	4.9	5.37
41	0568.HK	山东墨龙	4.84	4.58	5.19	4.57	5.21	4.25
42	1938.HK	珠江钢管	4.83	4.99	4.77	5.06	4.18	4.28
43	1033.HK	中石化油服	4.74	4.72	4.65	4.75	4.91	4.28
44	1898.HK	中煤能源	4.66	4.98	4.96	3.85	5.05	4.47
45	8270.HK	中国煤层气	4.6	4.82	5.09	4.03	4.35	4.12
46	0835.HK	亚洲煤业	4.47	3.38	5.06	5.15	4.09	4.41
47	1393.HK	恒鼎实业	4.37	4.54	4.71	4.02	4.02	3.96
48	0857.HK	中国石油股份	4.36	5.25	4.82	2.52	5.36	4.58

265

（十）汽车与汽车零部件

排名	代码	公司名称	总得分	财务状况	估值与成长性	创值能力	公司治理	创新与研发
1	2238.HK	广汽集团	5.92	5.4	5.42	7.33	5.16	4.78
2	0175.HK	吉利汽车	5.84	5.04	5.03	7.64	5.5	4.66
3	0489.HK	东风集团股份	5.53	5.08	5.13	6.6	5.05	4.68
4	3606.HK	福耀玻璃	5.43	5.17	5.11	5.83	5.82	4.79
5	0868.HK	信义玻璃	5.39	5.21	5.15	5.76	5.48	4.69
6	0425.HK	敏实集团	5.34	5.26	5.24	5.51	5.32	4.85
7	0819.HK	天能动力	5.22	5.09	5.35	5.21	5.26	4.64
8	1211.HK	比亚迪股份	5.16	4.63	5.09	5.63	5.4	4.56
9	1114.HK	BRILLIANCE CHI	5.15	4.96	4.6	6.01	4.93	4.54
10	0909.HK	中大国际	5.07	4.38	6.16	5.05	4.28	4.58
11	2333.HK	长城汽车	5.06	5.01	5.06	5.24	4.77	4.63
12	1316.HK	耐世特	5.04	5.14	4.81	5.13	5.1	4.8
13	1188.HK	正道集团	4.98	5.61	5.37	4.41	4.09	7.4
14	2339.HK	京西国际	4.95	5.22	5.18	3.96	5.93	4.71
15	0951.HK	超威动力	4.94	4.87	5.16	4.54	5.44	4.6
16	1039.HK	鑫网易商	4.88	4.71	4.8	4.88	5.4	5.69
17	2488.HK	元征科技	4.87	4.97	4.83	4.76	4.97	4.73
18	1122.HK	庆铃汽车股份	4.87	5.37	5.08	4.01	5.14	5.22
19	1057.HK	浙江世宝	4.86	5.15	5.13	4.4	4.62	4.91
20	3663.HK	协众国际控股	4.85	4.72	5.51	4.39	4.73	4.62
21	0651.HK	中海重工	4.68	3.83	5.03	5.34	4.34	4.44
22	6830.HK	华众车载	4.67	4.64	4.85	4.6	4.53	4.57
23	8273.HK	浙江展望	4.66	5.22	4.82	4.23	4.1	5.35
24	1958.HK	北京汽车	4.66	4.88	5.26	3.38	5.6	4.59
25	1241.HK	双桦控股	4.57	5.45	4.37	3.98	4.38	5.55
26	1899.HK	兴达国际	4.57	5.17	4.99	3.5	4.65	4.75
27	1269.HK	首控集团	4.55	4.71	4.19	4.57	4.9	4.68
28	8137.HK	洪桥集团	4.53	5.05	3.25	4.98	5.16	4.97
29	1148.HK	新晨动力	4.53	4.93	5.06	3.33	5.06	4.66
30	0305.HK	五菱汽车	4.23	4.31	5.21	3.46	3.67	4.55

（十一）软件与服务

排名	代码	公司名称	总得分	财务状况	估值与成长性	创值能力	公司治理	创新与研发
1	0700.HK	腾讯控股	5.95	4.94	5.1	7.9	5.75	4.02
2	8361.HK	中国育儿网络	5.49	6.43	5.45	4.9	4.87	8.26
3	8345.HK	火岩控股	5.44	5.96	4.95	5.41	5.41	6.99
4	1588.HK	畅捷通	5.4	5.75	5.33	5.08	5.51	6.29
5	1980.HK	天鸽互动	5.39	5.79	5.18	5.22	5.32	6.71
6	1297.HK	中国擎天软件	5.3	5.8	5.23	5.12	4.8	6.57
7	0777.HK	网龙	5.29	4.81	5.76	5.19	5.52	4.28
8	3888.HK	金山软件	5.25	4.9	5.17	5.58	5.48	4.91
9	0696.HK	中国民航信息网络	5.24	5.1	5.19	5.48	5.15	4.7
10	0268.HK	金蝶国际	5.22	5.05	5.14	5.26	5.67	4.78
11	8342.HK	飞思达科技	5.21	5.03	4.9	5.36	5.87	4.95
12	8106.HK	升华兰德	5.19	5.77	5.33	5.07	4.03	7.53
13	8076.HK	新利软件	5.18	4.64	5.65	5.4	4.87	4.47
14	0354.HK	中国软件国际	5.17	4.79	5.27	5.19	5.68	4.17
15	0543.HK	太平洋网络	5.16	5.04	5.32	4.9	5.58	4.56
16	1089.HK	乐游科技控股	5.09	4.92	4.95	5.53	4.83	4.86
17	0484.HK	云游控股	5.09	5.23	5.15	4.71	5.41	5.99
18	0434.HK	博雅互动	5.08	5.43	5.18	4.6	5.15	5.78
19	6899.HK	联众	5.05	5.4	4.75	4.9	5.26	5.49
20	2100.HK	百奥家庭互动	5.04	5.81	5.05	4.42	4.73	6.6
21	2280.HK	慧聪集团	4.95	4.78	5.2	4.78	5.17	3.82
22	1708.HK	三宝科技	4.95	4.68	5.21	5.22	4.46	4.02
23	1075.HK	首都信息	4.95	4.97	5.28	4.77	4.62	4.04
24	8235.HK	赛迪顾问	4.93	5.22	4.97	4.68	4.79	4.87
25	0818.HK	高阳科技	4.92	4.87	5.32	4.5	5.09	4.29
26	8165.HK	华普智通	4.92	4.02	5.17	5.26	5.53	3.86
27	8095.HK	北大青鸟环宇	4.9	4.91	5.17	4.37	5.42	4.17
28	8267.HK	蓝港互动	4.86	4.71	5.24	4.28	5.57	4.43
29	1357.HK	美图公司	4.84	4.33	4.67	5.42	5.06	6.16
30	1022.HK	飞鱼科技	4.81	4.99	3.98	5.05	5.66	4.32
31	1808.HK	企展控股	4.81	4.98	4.15	5.24	4.93	4.71
32	1450.HK	世纪睿科	4.76	4.56	5.16	4.58	4.7	3.79

续表

排名	代码	公司名称	总得分	财务状况	估值与成长性	创值能力	公司治理	创新与研发
33	8045.HK	南大苏富特	4.75	4.24	5.07	5.04	4.57	3.49
34	1522.HK	京投交通科技	4.73	5.24	5.21	3.85	4.47	5.3
35	8083.HK	中国有赞	4.71	4.58	4.51	5.1	4.58	4.21
36	0596.HK	浪潮国际	4.67	4.77	5.06	4.44	4.11	4.18
37	1149.HK	中国安芯	4.65	4.32	5.38	4.51	4.09	4.34
38	0418.HK	方正控股	4.6	4.75	5.43	3.72	4.38	4.16
39	8060.HK	国联通信	4.59	4.67	5.02	4.51	3.76	4.3
40	1900.HK	中国智能交通	4.59	4.52	5.34	3.69	5.02	3.87
41	1236.HK	国农控股	4.55	4.67	4.93	4.51	3.62	4.26
42	8178.HK	中国信息科技	4.5	4.74	3.79	4.8	4.84	4.95
43	8255.HK	神州数字	4.46	5	4.16	4.13	4.65	4.29
44	1094.HK	中国公共采购	4.44	4.2	4.48	4.64	4.46	3.74

（十二）商业与专业服务

排名	代码	公司名称	总得分	财务状况	估值与成长性	创值能力	公司治理	创新与研发
1	0257.HK	中国光大国际	5.86	4.56	5.8	7.4	5.5	4.4
2	1272.HK	大唐环境	5.41	4.49	5.41	6.79	4.47	4.35
3	1586.HK	中国力鸿	5.36	5.69	5.21	5.35	4.99	4.96
4	1328.HK	精英国际	5.23	5.96	4.99	4.73	5.28	7.98
5	0436.HK	新宇环保	5.23	5.61	5	5.13	5.13	4.51
6	1253.HK	中国绿地博大绿泽	5.19	4.42	5.14	5.77	5.67	4.41
7	0895.HK	东江环保	5.19	4.65	5.01	5.74	5.5	4.25
8	0982.HK	华金国际资本	5.17	4.94	5.15	5.34	5.31	4.75
9	0935.HK	龙翔集团	4.97	6.35	3.97	4.74	4.7	6.83
10	1330.HK	绿色动力环保	4.86	4.44	5.12	5.02	4.82	4.19
11	6128.HK	泛亚国际	4.83	4.83	4.33	5.06	5.35	4.82
12	1527.HK	天洁环境	4.78	4.33	5.33	4.92	4.3	4.36
13	8128.HK	中国地能	4.52	4.95	4.8	3.34	5.46	4.31
14	3989.HK	首创环境	4.37	4.47	4.92	3.55	4.7	4.37
15	0154.HK	北京控股环境集团	4.36	4.4	5.14	3.46	4.54	4.34
16	0556.HK	泛亚环保	4.26	4.9	4.82	3.2	3.97	4.68

(十三)食品

排名	代码	公司名称	总得分	财务状况	估值与成长性	创值能力	公司治理	创新与研发
1	3799.HK	达利食品	5.97	5.91	4.74	7.58	5.32	6.25
2	1458.HK	周黑鸭	5.7	5.98	4.97	6.25	5.48	6.21
3	6183.HK	中国绿宝	5.66	6.6	5.36	5.22	5.27	8.33
4	0506.HK	中国食品	5.61	4.56	5.21	7.26	5.18	4.18
5	1112.HK	H&H国际控股	5.51	4.58	4.87	6.52	6.62	4.3
6	1579.HK	颐海国际	5.44	5.69	4.75	5.74	5.76	6.45
7	0039.HK	中国北大荒	5.4	5.1	5.86	5.34	5.22	4.86
8	6836.HK	天韵国际控股	5.34	5.46	5.32	5.49	4.85	5.47
9	2226.HK	老恒和酿造	5.31	5.1	5.54	5.33	5.22	4.44
10	1115.HK	西藏水资源	5.31	5.32	5.03	5.6	5.24	5.16
11	1006.HK	长寿花食品	5.3	5.41	5.2	5.31	5.24	5.48
12	0168.HK	青岛啤酒股份	5.29	5.11	5.13	5.61	5.37	4.49
13	3838.HK	中国淀粉	5.28	5.44	5.17	5.35	5.05	5.17
14	2319.HK	蒙牛乳业	5.26	4.81	5.45	5.36	5.63	4.4
15	2218.HK	安德利果汁	5.21	5.24	5.26	5.15	5.2	4.64
16	1285.HK	嘉士利集团	5.19	5.34	5.27	5.36	4.38	5.14
17	1583.HK	亲亲食品	5.16	5.07	5.07	5.26	5.31	5.19
18	0602.HK	佳华百货控股	5.15	5.08	5.34	5.06	5.1	4.65
19	0829.HK	神冠控股	5.14	5.45	5.28	4.6	5.32	5.16
20	0606.HK	中国粮油控股	5.14	4.28	5.43	5.56	5.41	4.25
21	1610.HK	中粮肉食	5.13	4.75	5.15	5.39	5.34	4.35
22	0389.HK	通天酒业	5.12	5.9	5.1	4.52	4.78	6.86
23	0073.HK	亚洲果业	5.1	5.35	5	5.22	4.55	7.4
24	1533.HK	庄园牧场	5.06	4.89	4.9	5.32	5.22	4.41
25	0756.HK	森美控股	5.05	4.91	5.27	4.99	5.03	5.02
26	0841.HK	木薯资源	5.05	5.04	5.03	5.22	4.79	4.57
27	1340.HK	惠生国际	5.01	5.81	5.35	4.04	4.63	5.25
28	0904.HK	中绿	4.97	4.89	4.99	5.22	4.62	4.7
29	0329.HK	东建国际	4.95	5.73	3.93	5.47	4.42	7.49
30	0974.HK	中国顺客隆	4.95	4.7	4.92	5.44	4.51	4.52
31	1492.HK	中地乳业	4.94	4.73	5.1	4.95	4.99	4.15
32	0969.HK	华联国际	4.93	4.07	4.75	6.21	4.46	4.16

续表

排名	代码	公司名称	总得分	财务状况	估值与成长性	创值能力	公司治理	创新与研发
33	0759.HK	CEC INT'L HOLD	4.9	4.55	5.28	5.22	4.21	4.07
34	1230.HK	雅士利国际	4.9	4.95	5.09	4.58	5.05	4.69
35	0472.HK	新丝路文旅	4.89	4.83	4.73	4.92	5.23	4.66
36	0814.HK	北京京客隆	4.88	4.41	5.35	4.55	5.57	4.23
37	0828.HK	王朝酒业	4.88	4.56	5.11	5.22	4.36	4.15
38	1175.HK	鲜驰达控股	4.86	4.69	4.78	5.22	4.67	4.63
39	1886.HK	汇源果汁	4.85	4.73	4.92	5.22	4.22	4.38
40	1699.HK	普甜食品	4.84	4.69	4.91	5.16	4.35	4.32
41	6863.HK	辉山乳业	4.81	4.81	4.76	5.22	4.13	4.25
42	0291.HK	华润啤酒	4.8	4.7	4.01	5.4	5.36	4.08
43	2898.HK	龙润茶	4.79	5.07	4.36	5.22	4.26	5.2
44	0809.HK	大成生化科技	4.76	3.88	5.34	5	4.88	4.03
45	0980.HK	联华超市	4.76	4.34	5.09	4.68	5.08	4.13
46	1431.HK	原生态牧业	4.75	4.98	5.21	3.95	4.98	4.93
47	0834.HK	康大食品	4.74	4.22	5.14	4.91	4.67	4.17
48	0359.HK	海升果汁	4.74	4.64	5.4	4.33	4.41	4.09
49	1432.HK	中国圣牧	4.57	4.79	5.26	3.38	5.11	4.39
50	1262.HK	蜡笔小新食品	4.55	4.49	4.71	4.59	4.29	4.25
51	0364.HK	区块链集团	4.43	5.26	4.02	3.7	5.07	5.07
52	1117.HK	现代牧业	4.42	4.62	5.21	3.14	5.03	4.06
53	0682.HK	超大现代	4.16	5.2	4.04	2.8	5.01	4.98
54	1068.HK	雨润食品	3.85	4.47	4.89	1.67	4.88	3.98

（十四）消费者服务

排名	代码	公司名称	总得分	财务状况	估值与成长性	创值能力	公司治理	创新与研发
1	1572.HK	中国艺术金融	5.63	6.07	5.29	5.96	4.77	6.19
2	2669.HK	中海物业	5.57	4.76	5.3	6.55	5.78	4.62
3	1181.HK	唐宫中国	5.49	5.3	5.11	5.94	5.69	4.86
4	0308.HK	香港中旅	5.43	5.42	5.39	5.6	5.2	5.21
5	1076.HK	博华太平洋	5.41	4.39	5.56	6.7	4.59	4.24

续表

排名	代码	公司名称	总得分	财务状况	估值与成长性	创值能力	公司治理	创新与研发
6	0542.HK	富元国际集团	5.41	5.87	5.25	5.37	4.87	6.18
7	1565.HK	成实外教育	5.39	4.83	5.47	6.15	4.86	4.45
8	0181.HK	闽港控股	5.35	6.1	5.28	5.1	4.46	7.54
9	8055.HK	中国网络信息科技	5.16	5.41	4.61	5.44	5.2	5.82
10	8308.HK	古兜控股	5.11	4.5	5.17	5.73	5.02	3.98
11	2255.HK	海昌海洋公园	5.07	4.6	5.56	4.91	5.35	4.15
12	3666.HK	国际天食	5.02	4.99	4.69	5.22	5.34	4.25
13	1371.HK	华彩控股	4.96	5.17	4.92	4.52	5.53	5.34
14	2371.HK	创联教育金融	4.94	5.29	3.87	5.46	5.34	5.3
15	0922.HK	安贤园中国	4.92	4.76	4.78	5.29	4.76	4.1
16	0132.HK	中国兴业控股	4.9	5	4.91	5.05	4.41	4.39
17	8071.HK	中彩网通控股	4.9	4.48	4.82	5.65	4.38	7
18	8156.HK	众彩股份	4.84	4.71	4.5	5.26	4.91	5.18
19	0538.HK	味千（中国）	4.82	5.64	5.34	3.25	5.27	5.36
20	8108.HK	福泽集团	4.78	4.95	5.11	4.02	5.31	4.54
21	0997.HK	普汇中金国际	4.74	4.23	4.87	5.29	4.41	3.84
22	0908.HK	珠海控股投资	4.71	4.42	5.42	3.82	5.65	4.26
23	6139.HK	金茂酒店-SS	4.68	4.38	5.43	4.08	4.98	3.76
24	1355.HK	㓥浚国际	4.63	4.39	3.87	5.64	4.61	4.43
25	2700.HK	格林国际控股	4.43	4.17	4.12	4.91	4.64	4.59
26	2006.HK	锦江酒店	4.27	4.43	5.51	2.45	5.11	4.27

（十五）医疗保健设备与服务

排名	代码	公司名称	总得分	财务状况	估值与成长性	创值能力	公司治理	创新与研发
1	1066.HK	威高股份	5.78	5.23	5.24	7.11	5.34	5.13
2	1099.HK	国药控股	5.73	4.56	5.4	7.37	5.48	4.11
3	2607.HK	上海医药	5.54	4.56	5.52	6.72	5.21	4.11
4	1858.HK	春立医疗	5.38	5.99	5.44	5	4.83	7.25
5	0876.HK	佳兆业健康	5.36	5.53	5.53	4.85	5.71	5.82
6	1302.HK	先健科技	5.23	5.56	4.34	5.32	6.17	5.46

续表

排名	代码	公司名称	总得分	财务状况	估值与成长性	创值能力	公司治理	创新与研发
7	1345.HK	中国先锋医药	5.19	5.1	5.07	5.39	5.23	4.47
8	1509.HK	和美医疗	5.18	5.72	5.09	4.79	5.06	6.06
9	1011.HK	泰凌医药	5.12	4.8	5.37	5.1	5.32	4.03
10	0926.HK	碧生源	5.04	4.89	5.39	4.67	5.38	4.53
11	2120.HK	康宁医院	5.02	4.98	5.21	4.96	4.84	4.9
12	1110.HK	金活医药集团	5.01	4.74	5.31	4.87	5.27	4.18
13	0574.HK	百信国际	5	4.88	5.69	4.58	4.7	4.78
14	6896.HK	金嗓子	4.98	5.09	5.2	4.93	4.42	4.87
15	2010.HK	瑞年国际	4.97	6.46	5.35	3.01	5.13	8.05
16	2289.HK	创美药业	4.93	4.41	5.4	4.98	4.96	4.01
17	3689.HK	康华医疗	4.92	4.98	4.91	5.16	4.34	4.62
18	1515.HK	华润凤凰医疗	4.76	4.96	4.04	5.13	5.03	4.83
19	1178.HK	汇银控股集团	4.74	4.48	4.97	4.73	4.8	4.56
20	1526.HK	瑞慈医疗	4.67	4.68	4.64	4.75	4.55	4.27
21	0233.HK	铭源医疗	4.61	4.36	4.82	4.84	4.22	4.56
22	6833.HK	兴科蓉医药	4.57	4.18	4.88	4.64	4.56	3.9
23	0801.HK	金卫医疗	4.54	4.87	4.06	4.84	4.24	4.1
24	8081.HK	互娱中国	4.5	4.62	4.77	3.72	5.28	4.35
25	0419.HK	华谊腾讯娱乐	4.49	5.12	3.47	4.74	4.81	6.7
26	2666.HK	环球医疗	4.45	4.46	5.53	3.3	4.61	3.83

（十六）银行

排名	代码	公司名称	总得分	财务状况	估值与成长性	创值能力	公司治理	创新与研发
1	2016.HK	浙商银行	6.74	9.51	5.64	5.8	5.27	7.34
2	0416.HK	锦州银行	6.73	10.12	4.99	5.89	5.13	8.33
3	3618.HK	重庆农村商业银行	6.49	9	5.3	5.8	5.2	6.12
4	6196.HK	郑州银行	6.36	8.68	5.38	5.54	5.3	6.57
5	3698.HK	徽商银行	6.23	8.54	5.14	5.68	4.93	5.57
6	1577.HK	汇鑫小贷	6.19	7.91	4.7	6.37	5.4	5
7	2066.HK	盛京银行	6.05	7.85	5.65	5.33	4.68	5.17

香港中资股：按 GICS 行业划分标准

续表

排名	代码	公司名称	总得分	财务状况	估值与成长性	创值能力	公司治理	创新与研发
8	2388.HK	中银香港	6.04	8.39	4.06	6.51	4.35	4.85
9	3968.HK	招商银行	6.01	7.64	4.28	6.11	6.02	4.76
10	1658.HK	邮储银行	5.99	8.72	5.46	4.28	5	5.42
11	1963.HK	重庆银行	5.95	7.71	5.67	5.02	4.87	4.69
12	3866.HK	青岛银行	5.92	7.76	4.09	6.4	4.93	5.33
13	1988.HK	民生银行	5.7	6.81	5.53	4.94	5.35	3.71
14	6818.HK	中国光大银行	5.65	6.96	5.49	4.73	5.17	3.82
15	3328.HK	交通银行	5.59	6.98	5.83	4.12	5.28	4.13
16	1111.HK	创兴银行	5.58	8.2	3.9	5.17	4.54	4.55
17	1578.HK	天津银行	5.58	6.46	4.71	6	4.71	2.76
18	0998.HK	中信银行	5.53	7.07	5.6	4.27	4.85	4.09
19	6138.HK	哈尔滨银行	5.47	6.25	5.29	5.15	4.9	2.7
20	0939.HK	建设银行	5.37	7.93	4.88	3.3	5.33	4.64
21	1398.HK	工商银行	5.35	7.76	4.79	3.28	5.8	4.87
22	3988.HK	中国银行	5.12	7.58	4.68	2.86	5.57	4.42
23	1288.HK	农业银行	5.1	7.1	5	2.89	5.75	4.9

（十七）原材料

排名	代码	公司名称	总得分	财务状况	估值与成长性	创值能力	公司治理	创新与研发
1	0338.HK	上海石油化工股份	5.95	5.21	5.25	7.47	5.76	4.83
2	0914.HK	海螺水泥	5.9	5	5.24	7.53	5.75	4.88
3	0581.HK	中国东方集团	5.77	4.99	4.88	7.42	5.82	4.73
4	0347.HK	鞍钢股份	5.54	4.83	5.17	6.9	5.01	4.62
5	1313.HK	华润水泥控股	5.44	4.99	5.3	6.1	5.33	4.67
6	0336.HK	华宝国际	5.4	5.74	5.13	5.46	5.13	6.33
7	0323.HK	马鞍山钢铁股份	5.39	4.85	4.92	6.55	5.08	4.64
8	2689.HK	玖龙纸业	5.38	4.95	4.92	6.49	4.92	4.74
9	1378.HK	中国宏桥	5.36	4.94	5.24	6.08	5.02	4.71
10	0189.HK	东岳集团	5.3	4.9	4.7	6.07	5.77	4.74
11	1197.HK	中国恒石	5.29	5.12	5.24	5.31	5.67	4.96

273

续表

排名	代码	公司名称	总得分	财务状况	估值与成长性	创值能力	公司治理	创新与研发
12	2899.HK	紫金矿业	5.27	5.09	5.15	5.53	5.35	4.66
13	1812.HK	晨鸣纸业	5.26	4.86	5.5	5.42	5.27	4.62
14	2268.HK	优源控股	5.26	5.03	5.15	5.49	5.47	4.86
15	6865.HK	福莱特玻璃	5.25	4.99	5.32	5.12	5.88	4.83
16	2889.HK	镍资源国际	5.24	4.61	5.46	5.82	4.89	4.51
17	0546.HK	阜丰集团	5.23	4.9	5.12	5.7	5.2	4.67
18	2099.HK	中国黄金国际	5.23	5.24	5.2	5.29	5.14	4.65
19	2212.HK	高鹏矿业	5.2	5.57	4.72	5.38	5.06	7.4
20	0976.HK	齐合环保	5.19	4.86	5.67	5.23	4.8	4.83
21	1266.HK	西王特钢	5.18	5.06	5.25	5.29	5.06	4.55
22	6898.HK	中国铝罐	5.18	5.32	5.09	5.23	4.96	5.01
23	2302.HK	中核国际	5.17	5.01	5.42	5.32	4.69	5.77
24	2303.HK	恒兴黄金	5.16	5.24	4.67	5.59	5.13	4.93
25	1239.HK	TEAMWAY INTL GP	5.16	5.27	4.96	5.22	5.21	5.48
26	2233.HK	西部水泥	5.15	4.95	5.12	5.18	5.59	4.77
27	1220.HK	志道国际	5.15	6.03	4.66	4.99	4.68	7.4
28	0815.HK	中国白银集团	5.13	4.99	5.16	5.21	5.16	5.07
29	8003.HK	世大控股	5.12	5.19	5.57	4.99	4.36	4.95
30	1866.HK	中国心连心化肥	5.11	5.14	5.18	4.98	5.19	4.63
31	3788.HK	中国罕王	5.1	4.85	4.46	5.78	5.55	4.66
32	1636.HK	中国金属利用	5.1	4.95	4.9	5.53	4.95	4.7
33	0640.HK	星谦发展	5.1	5.04	5.22	5.07	5.04	5.11
34	2198.HK	中国三江化工	5.1	4.88	4.99	5.33	5.28	4.61
35	1629.HK	盟科控股	5.09	4.86	5.13	5.43	4.81	4.68
36	0906.HK	中粮包装	5.09	4.93	5.28	5.02	5.19	4.92
37	0609.HK	天德化工	5.09	5.11	5.29	4.94	4.96	5.07
38	1164.HK	中广核矿业	5.08	5.64	4.8	5.23	4.19	6.23
39	0067.HK	旭光高新材料	5.07	4.41	5.18	6.01	4.32	4.67
40	1073.HK	浩伦农科	5.07	5.33	5.27	4.99	4.29	4.98
41	2229.HK	长港敦信	5.07	5.11	5.48	4.99	4.31	5.06
42	3363.HK	正业国际	5.06	4.97	5.07	5.11	5.17	4.68
43	1619.HK	天合化工	5.06	5.39	5.35	4.99	3.98	4.98
44	1208.HK	五矿资源	5.06	4.93	5.05	5.26	4.94	4.87

香港中资股：按GICS行业划分标准

续表

排名	代码	公司名称	总得分	财务状况	估值与成长性	创值能力	公司治理	创新与研发
45	1252.HK	中国天瑞水泥	5.06	4.88	4.85	5.53	4.88	4.63
46	1885.HK	中国优材	5.05	5.22	5.05	5.34	4.16	5.26
47	2341.HK	中怡国际	5.05	5.02	5.33	4.67	5.32	5.05
48	1312.HK	同方康泰	5.05	4.92	5.33	5	4.85	4.82
49	1020.HK	赛伯乐国际控股	5.05	4.69	5.08	5.09	5.62	4.84
50	1258.HK	中国有色矿业	5.05	4.91	4.96	5.44	4.73	5
51	8189.HK	泰达生物	5.05	4.91	5.11	4.85	5.61	4.95
52	0639.HK	首钢资源	5.04	5.02	5.24	4.49	5.82	5.16
53	1986.HK	彩客化学	5.04	4.96	4.83	5.42	4.89	4.77
54	3318.HK	中国香精香料	5.04	4.95	5.45	4.54	5.41	4.78
55	0695.HK	东吴水泥	5.04	4.93	5.05	5.2	4.92	4.9
56	1333.HK	中国忠旺	5.04	4.93	5.61	4.62	4.98	4.73
57	1106.HK	中国海景	5.04	4.93	5.09	5.08	5.08	4.73
58	0954.HK	常茂生物	5.04	5.09	5.18	4.81	5.08	4.93
59	1090.HK	大明国际	5.03	5.08	5.11	4.99	4.86	4.63
60	2002.HK	阳光纸业	5	4.91	5.05	4.92	5.22	4.63
61	1452.HK	迪诺斯环保	5	5.1	4.95	4.6	5.69	6.08
62	2738.HK	华津国际控股	4.99	4.88	5.2	5.34	4.05	4.7
63	8139.HK	长安仁恒	4.99	4.97	4.83	5.08	5.14	4.69
64	2362.HK	金川国际	4.98	4.56	4.94	5.39	5.11	4.77
65	1021.HK	麦达斯控股-S	4.98	4.94	5.35	4.99	4.33	4.69
66	1863.HK	中国龙天集团	4.97	4.8	4.84	5.4	4.73	4.59
67	2112.HK	优库资源	4.97	5.05	4.58	5.47	4.58	4.78
68	8191.HK	鸿伟亚洲	4.97	4.87	5.27	4.72	5.07	4.68
69	1818.HK	招金矿业	4.95	5.09	5.08	4.48	5.33	4.6
70	8277.HK	骏东控股	4.93	4.94	5.14	5.22	3.93	4.8
71	8258.HK	西北实业	4.93	5.31	4.5	5.27	4.36	5.5
72	1439.HK	移动互联(中国)	4.93	4.94	4.54	5.28	4.98	4.87
73	2623.HK	爱德新能源	4.92	4.97	5.06	5.01	4.39	4.86
74	0629.HK	悦达矿业	4.92	4.76	4.92	5.23	4.63	4.79
75	0246.HK	瑞金矿业	4.92	5.44	4.66	4.99	4.27	5.44
76	1370.HK	奥威控股	4.91	4.8	4.94	4.95	5.01	4.73
77	0377.HK	华君控股	4.91	4.83	5.39	4.99	3.94	4.75

续表

排名	代码	公司名称	总得分	财务状况	估值与成长性	创值能力	公司治理	创新与研发
78	0661.HK	中国大冶有色金属	4.9	5.08	5.07	4.39	5.24	4.65
79	0826.HK	天工国际	4.9	4.88	5.17	4.52	5.14	4.69
80	8028.HK	天时软件	4.89	5.08	5.25	4.38	4.84	5.32
81	2320.HK	合丰集团	4.89	4.97	5.16	4.73	4.53	4.87
82	1196.HK	伟禄集团	4.88	4.92	4.37	5.41	4.8	4.67
83	0408.HK	叶氏化工集团	4.88	4.94	5.22	4.2	5.45	4.82
84	3330.HK	灵宝黄金	4.88	4.81	4.88	4.68	5.41	4.63
85	1069.HK	中国农林低碳	4.88	4.69	5.03	4.88	4.95	4.79
86	2326.HK	新源万恒控股	4.88	5.13	4.77	4.99	4.37	4.71
87	1335.HK	顺泰控股	4.87	4.98	5.03	4.63	4.79	4.83
88	0509.HK	世纪阳光	4.85	5	5.41	3.85	5.41	5.01
89	3993.HK	洛阳钼业	4.85	5.01	4.99	4.17	5.58	4.94
90	0433.HK	北方矿业	4.84	4.8	5.12	4.52	5.01	4.82
91	3833.HK	新疆新鑫矿业	4.84	4.89	5.23	4.25	5.13	4.65
92	0758.HK	JUNEFIELD GROUP	4.83	4.82	5.03	4.83	4.47	4.76
93	0769.HK	中国稀土	4.83	5.37	5.1	4.23	4.37	6.77
94	0697.HK	SHOUGANG INT'L	4.82	4.88	5.22	4.31	4.95	4.67
95	0691.HK	山水水泥	4.82	4.77	4.95	4.99	4.33	4.54
96	3983.HK	中海石油化学	4.78	5.08	5.01	4.25	4.74	5.14
97	0103.HK	首长宝佳	4.76	5	5.13	3.85	5.34	4.68
98	0893.HK	中国铁钛	4.72	4.72	5.22	3.99	5.18	4.61
99	1091.HK	中信大锰	4.72	4.8	4.66	4.47	5.16	4.65
100	1203.HK	广南(集团)	4.71	5.1	5.27	3.88	4.5	5.27
101	8306.HK	中国有色金属	4.6	4.85	4.27	4.99	3.98	4.65
102	1053.HK	重庆钢铁股份	4.59	4.8	4.52	4.68	4.12	4.57
103	1194.HK	麦盛资本	4.53	4.94	5.07	3.27	5.14	4.58
104	0362.HK	中国天化工	4.46	4.72	4.8	3.79	4.6	4.51
105	2600.HK	中国铝业	4.45	4.98	4.97	2.92	5.43	4.65
106	0358.HK	江西铜业股份	4.44	4.93	4.94	3.17	4.97	4.74
107	1380.HK	中国金石	4.41	4.39	4.15	4.36	5.1	4.78
108	0297.HK	中化化肥	4.38	5.03	4.63	3.18	5.02	4.64
109	3323.HK	中国建材	4.28	4.86	5.39	2.14	5.21	4.61
110	2009.HK	金隅集团	4.24	5.01	4.99	2.36	4.98	4.67

香港中资股：按 GICS 行业划分标准

（十八）运输

排名	代码	公司名称	总得分	财务状况	估值与成长性	创值能力	公司治理	创新与研发
1	0177.HK	江苏宁沪高速公路	5.89	5.4	4.87	7.65	5.37	3.83
2	0995.HK	安徽皖通高速公路	5.73	5.75	5.41	5.87	6.06	6.43
3	0144.HK	招商局港口	5.59	5.76	5.29	5.84	5.34	5.71
4	6198.HK	青岛港	5.54	4.67	5.35	6.86	4.99	4.46
5	0152.HK	深圳国际	5.5	5.28	4.81	6.37	5.56	5.67
6	1052.HK	越秀交通基建	5.49	5.58	5.44	5.24	5.88	6.03
7	0517.HK	中远海运国际	5.39	6.09	5.62	4.88	4.55	6.9
8	0548.HK	深圳高速公路股份	5.35	4.97	5.52	5.46	5.56	5.33
9	1308.HK	海丰国际	5.32	5.53	4.92	5.98	4.4	6.04
10	0368.HK	中外运航运	5.32	5.75	5.09	5.68	4.19	7.75
11	0598.HK	中国外运	5.31	4.73	5.38	5.85	5.22	4.78
12	0357.HK	航基股份	5.28	5.25	5.4	5.48	4.68	4.69
13	0560.HK	珠江船务	5.26	5.57	5.34	5.21	4.54	5.67
14	0694.HK	北京首都机场股份	5.18	5.1	3.4	7.1	5.02	4.42
15	1199.HK	中远海运港口	5.17	5.26	4.46	5.84	5.11	5.34
16	0576.HK	浙江沪杭甬	5.17	4.66	4.65	6.19	5.15	4.52
17	3399.HK	粤运交通	5.13	4.82	5.28	5.57	4.59	4.91
18	1292.HK	长安民生物流	5.1	5.07	5.61	4.59	5.19	4.76
19	3369.HK	秦港股份	5.08	4.78	5.21	5.34	4.91	4.24
20	8310.HK	大丰港	5.05	4.24	5.4	5.73	4.57	4.49
21	0525.HK	广深铁路股份	5.03	5.29	4.82	4.86	5.24	4.8
22	6888.HK	英达公路再生科技	4.96	5.32	4.95	4.52	5.11	5.74
23	0107.HK	四川成渝高速公路	4.94	4.44	5.29	4.8	5.48	4.53
24	0871.HK	中国疏浚环保	4.74	5.03	4.96	4.06	5.08	4.7
25	1719.HK	中国基建港口	4.71	4.26	3.97	5.68	5.15	3.77
26	2880.HK	大连港	4.68	4.87	5.07	4.19	4.49	5.06
27	0753.HK	中国国航	4.67	4.74	4.9	4.03	5.37	3.72
28	3378.HK	厦门港务	4.65	4.65	5.43	3.92	4.52	4.01
29	8348.HK	滨海泰达物流	4.64	4.24	5.16	4.69	4.26	4.37
30	1138.HK	中远海能	4.63	4.84	5	4.08	4.53	4.87
31	0269.HK	中国资源交通	4.57	3.55	4.79	5.39	4.56	3.13
32	3382.HK	天津港发展	4.43	4.98	5.26	2.8	4.9	5.34

277

续表

排名	代码	公司名称	总得分	财务状况	估值与成长性	创值能力	公司治理	创新与研发
33	1055.HK	中国南方航空股份	4.36	4.61	5.15	3.14	4.72	3.53
34	0670.HK	中国东方航空股份	4.32	4.19	5.08	3.16	5.37	3.52
35	1919.HK	中远海控	4.13	4.52	4.26	3.29	4.79	5.03
36	2866.HK	中远海发	4.09	4.01	5.1	2.97	4.46	4.2

（十九）制药、生物科技与生命科学

排名	代码	公司名称	总得分	财务状况	估值与成长性	创值能力	公司治理	创新与研发
1	1513.HK	丽珠医药	6.04	5.04	5.54	7.55	5.98	4.25
2	1093.HK	石药集团	5.86	4.93	4.82	7.82	5.88	4.41
3	1177.HK	中国生物制药	5.83	5.04	4.74	7.87	5.47	4.36
4	0867.HK	康哲药业	5.6	5.04	5.2	6.63	5.46	4.71
5	2196.HK	复星医药	5.5	4.55	5.39	6.56	5.47	3.87
6	1558.HK	东阳光药	5.4	5.41	5.43	5.56	5.02	6.03
7	6826.HK	昊海生物科技	5.4	5.89	5.52	4.75	5.46	7.34
8	0460.HK	四环医药	5.35	5.74	4.97	5.7	4.64	5.52
9	2186.HK	绿叶制药	5.28	4.77	5.22	5.69	5.62	4.52
10	0874.HK	白云山	5.28	4.94	5.18	5.77	5.22	4.4
11	3613.HK	同仁堂国药	5.24	6.82	4.55	4.29	5.33	8.33
12	1349.HK	复旦张江	5.21	5.01	5.15	5.14	5.84	4.8
13	2348.HK	东瑞制药	5.15	5.54	5.18	4.74	5.1	5.65
14	2005.HK	石四药集团	5.07	4.6	5.02	5.47	5.37	4.1
15	1061.HK	亿胜生物科技	5.06	4.8	5.16	5.04	5.41	4.35
16	1681.HK	康臣药业	5.06	5	5.1	5.13	4.94	4.83
17	2877.HK	神威药业	5.01	5.64	5.31	4.08	5.03	6.31
18	3737.HK	中智药业	5	5.14	5.21	4.68	4.97	4.81
19	1548.HK	金斯瑞生物科技	4.9	5.16	4.21	5.33	4.87	5.03
20	1666.HK	同仁堂科技	4.89	5.14	4.8	4.97	4.42	5.13
21	8197.HK	北斗嘉药业	4.87	5.87	4.17	4.72	4.57	6.99
22	0587.HK	华瀚健康	4.87	6.01	5.22	3.84	3.97	7.92
23	8225.HK	中国医疗集团	4.86	4.14	5.32	5.33	4.43	3.72

香港中资股：按 GICS 行业划分标准

续表

排名	代码	公司名称	总得分	财务状况	估值与成长性	创值能力	公司治理	创新与研发
24	0570.HK	中国中药	4.86	4.54	5.3	4.6	5.13	4.25
25	0690.HK	联康生物科技集团	4.82	4.59	5.04	4.41	5.66	4.53
26	0503.HK	朗生医药	4.82	4.21	5.22	5.07	4.71	3.82
27	0512.HK	远大医药	4.81	4.31	5.03	5.19	4.57	3.79
28	3933.HK	联邦制药	4.77	4.54	5.57	4.27	4.65	3.85
29	0719.HK	山东新华制药股份	4.72	4.61	5.14	4.36	4.79	3.87
30	8049.HK	吉林长龙药业	4.71	5.28	5.2	3.69	4.62	5.27
31	1498.HK	培力控股	4.67	4.16	5.51	4.13	5.06	4.03
32	3320.HK	华润医药	4.62	4.32	5.28	4	5.15	3.9
33	8247.HK	中生北控生物科技	4.58	4.61	5.36	3.4	5.36	4.27
34	8329.HK	海王英特龙	4.56	4.76	5.25	3.47	4.96	4.37
35	0455.HK	天大药业	4.51	5.44	4.7	3.84	3.62	6.55
36	0858.HK	精优药业	4.48	4.92	4.83	3.84	4.19	4.56
37	8158.HK	中国再生医学	4.36	4.6	4.95	3.84	3.73	4.85
38	0940.HK	中国动物保健品	4.06	3.75	4.74	3.84	3.74	3.63
39	1889.HK	三爱健康集团	4.05	4.6	4.17	3.34	4.12	4.64

（二十）资本品

排名	代码	公司名称	总得分	财务状况	估值与成长性	创值能力	公司治理	创新与研发
1	1085.HK	亨鑫科技	5.49	6.4	5.1	4.94	5.56	8.21
2	0586.HK	海螺创业	5.43	5.7	5.29	5.31	5.41	6.13
3	1289.HK	盛力达科技	5.4	6.59	5	4.88	4.91	8.33
4	3628.HK	仁恒实业控股	5.39	5.96	4.92	5.33	5.3	6.87
5	1152.HK	正乾金融控股	5.37	6.25	4.99	5.32	4.5	7.25
6	3898.HK	中车时代电气	5.36	5.71	5.1	5.37	5.19	6.14
7	3339.HK	中国龙工	5.36	5.71	4.96	5.28	5.62	6.46
8	2322.HK	仁瑞投资	5.35	5.36	6.21	5.12	4.09	6.59
9	2188.HK	泰坦能源技术	5.28	5.32	4.9	5.18	6.2	5.56
10	0580.HK	赛晶电力电子	5.28	5.16	5.12	5.25	5.89	4.84
11	0564.HK	郑煤机	5.28	5.57	5.06	4.91	5.87	6.79

续表

排名	代码	公司名称	总得分	财务状况	估值与成长性	创值能力	公司治理	创新与研发
12	1301.HK	德基科技控股	5.25	5.61	5.35	5.11	4.6	6.21
13	1868.HK	同方友友	5.25	5.68	5.1	5.16	4.86	7.57
14	1596.HK	翼辰实业	5.23	5.56	5.04	5.28	4.87	5.83
15	0153.HK	中国赛特	5.23	5.87	5.24	4.84	4.7	6.94
16	0658.HK	中国高速传动	5.23	5.08	5.14	5.25	5.65	4.48
17	1882.HK	海天国际	5.22	5.58	5.07	5.36	4.51	6.04
18	1786.HK	铁建装备	5.21	5.84	5.14	4.86	4.77	6.63
19	2208.HK	金风科技	5.2	4.8	5.38	5.29	5.45	4.35
20	2128.HK	中国联塑	5.2	5.12	5.3	5.2	5.16	4.78
21	0569.HK	中国自动化	5.19	5	5.24	5.02	5.84	4.78
22	0830.HK	远东环球	5.18	4.96	5.34	5.24	5.2	4.77
23	2386.HK	中石化炼化工程	5.17	5.13	5.02	5.19	5.53	4.97
24	0390.HK	中国中铁	5.17	4.56	5.26	5.42	5.69	4.13
25	2345.HK	上海集优	5.16	4.87	5.17	4.94	6.15	4.71
26	3311.HK	中国建筑国际	5.16	4.65	5.39	5.29	5.43	4.12
27	2338.HK	潍柴动力	5.14	4.8	5.37	5.19	5.26	4.5
28	0363.HK	上海实业控股	5.13	5.24	5.36	4.46	5.77	4.83
29	8115.HK	上海青浦消防	5.13	5.78	4.61	5.22	4.67	6.58
30	0631.HK	三一国际	5.12	5.49	4.93	5.04	4.95	4.98
31	2588.HK	中银航空租赁	5.12	5.19	5.34	5.34	4.11	5.11
32	8053.HK	比优集团	5.12	5.6	5.03	5.12	4.33	5.48
33	3808.HK	中国重汽	5.11	4.87	5.25	5.17	5.19	4.31
34	1157.HK	中联重科	5.1	5.49	4.9	4.94	5.05	5.33
35	1072.HK	东方电气	5.09	4.89	5.36	4.93	5.29	4.28
36	1800.HK	中国交通建设	5.08	4.57	5.56	5.03	5.26	4.09
37	1848.HK	中国飞机租赁	5.07	4.99	5.24	5.2	4.61	4.63
38	0641.HK	中国恒天立信国际	5.07	4.76	5.09	5.21	5.34	3.97
39	1087.HK	威讯控股	5.05	5.54	4.67	4.7	5.55	6.13
40	0838.HK	亿和控股	5.05	5.07	5.05	5.05	5.02	4.91
41	0317.HK	中船防务	5.05	4.68	5.46	5.14	4.77	4.13
42	1766.HK	中国中车	5.05	4.76	5.12	5.24	5.11	4.14
43	6189.HK	爱得威建设集团	5.04	4.64	5.1	5.23	5.36	4.95
44	0505.HK	欢悦互娱	5.04	4.83	5.17	5	5.27	3.87

香港中资股：按GICS行业划分标准

续表

排名	代码	公司名称	总得分	财务状况	估值与成长性	创值能力	公司治理	创新与研发
45	0840.HK	天业节水	5.03	5.17	5.22	4.92	4.61	5
46	1829.HK	中国机械工程	5.02	4.9	5.24	5.21	4.46	4.7
47	8230.HK	中国宇天	5.01	4.94	5.2	5.16	4.49	4.54
48	1599.HK	城建设计	5.01	4.66	5.33	5.2	4.66	4.55
49	0024.HK	宝威控股	5.01	5.13	5.08	5.23	4.18	5.02
50	0842.HK	理士国际	5	4.59	5.15	4.96	5.6	3.87
51	1186.HK	中国铁建	5	4.57	5.35	5.07	4.98	4.01
52	2357.HK	中航科工	4.99	4.83	5.14	5	5.02	4.23
53	1673.HK	华章科技	4.98	4.86	4.5	5.35	5.42	4.76
54	8356.HK	中国新华电视	4.97	4.19	5.03	5.55	5.25	4.39
55	3996.HK	中国能源建设	4.97	4.55	5.22	4.86	5.51	4.2
56	0155.HK	中国源畅	4.96	4.81	5.26	5.12	4.36	6.16
57	3899.HK	中集安瑞科	4.96	4.89	4.56	5.26	5.32	4.76
58	1205.HK	中信资源	4.96	5.25	4.6	5.12	4.82	5.91
59	2355.HK	宝业集团	4.96	4.59	5.44	4.75	5.17	4.01
60	0750.HK	兴业太阳能	4.95	4.84	5.18	4.95	4.73	4.95
61	0822.HK	嘉瑞国际	4.94	4.74	5.09	4.93	5.07	4.14
62	2039.HK	中集集团	4.94	4.58	4.98	5.03	5.41	3.83
63	0656.HK	复星国际	4.93	4.58	5.35	4.91	4.81	4.13
64	0729.HK	五龙电动车	4.92	4.56	5.4	5.12	4.31	3.85
65	1618.HK	中国中冶	4.92	4.59	5.24	4.73	5.34	3.93
66	3823.HK	德普科技	4.92	5.1	4.79	5.12	4.41	6.44
67	2068.HK	中铝国际	4.9	4.65	5.06	5	4.86	4.35
68	1459.HK	巨匠建设	4.9	4.59	5.24	4.86	4.9	4.12
69	1399.HK	飞毛腿	4.89	4.58	5.23	5.12	4.4	4.08
70	0187.HK	京城机电股份	4.89	4.48	5.08	5.08	4.97	3.81
71	0300.HK	昆明机床	4.89	4.38	5.03	5.37	4.68	3.51
72	1685.HK	博耳电力	4.89	4.72	5.22	5.09	4.16	4.27
73	3816.HK	KFM金德	4.89	5.06	4.98	5.12	3.89	4.16
74	0365.HK	紫光控股	4.89	5.19	4.45	5.37	4.18	5.84
75	2722.HK	重庆机电	4.88	4.72	5.25	4.74	4.77	4.34
76	2727.HK	上海电气	4.88	4.8	5.01	4.88	4.78	4.31
77	8022.HK	永耀集团控股	4.88	4.5	4.67	5.35	5.09	4.13

281

续表

排名	代码	公司名称	总得分	财务状况	估值与成长性	创值能力	公司治理	创新与研发
78	0882.HK	天津发展	4.88	5.18	5.21	4.36	4.64	5.18
79	1366.HK	江南集团	4.87	4.78	5.11	4.71	4.88	4.36
80	1101.HK	华荣能源	4.86	3.7	4.54	6.16	5.2	2.82
81	1823.HK	华昱高速	4.86	4.77	4.47	5.35	4.8	4.66
82	0558.HK	力劲科技	4.83	4.85	4.95	5.12	3.97	4.1
83	1296.HK	国电科环	4.82	4.73	4.98	4.68	4.97	4.05
84	0431.HK	大中华金融	4.81	5.06	4.12	5.23	4.87	5.97
85	1589.HK	中国物流资产	4.81	5.18	4.2	5.05	4.81	5.62
86	0038.HK	第一拖拉机股份	4.81	4.72	4.76	4.92	4.87	4.39
87	0118.HK	大同机械	4.79	4.69	5.12	4.39	5.14	4.26
88	1133.HK	哈尔滨电气	4.74	4.59	5.09	4.37	5.05	4.17
89	8132.HK	中油港燃	4.74	4.4	5.01	5.12	4.09	4.66
90	2277.HK	华融投资股份	4.73	4.54	4.47	5.15	4.81	4.92
91	1185.HK	中国航天万源	4.7	4.73	4.56	5.02	4.27	3.98
92	2789.HK	远大中国	4.68	4.74	4.99	4.36	4.57	4.28
93	0042.HK	东北电气	4.64	4.72	3.77	5.4	4.74	4.71
94	1043.HK	光宇国际集团科技	4.53	4.44	4.3	4.87	4.48	3.7
95	0267.HK	中信股份	4.23	4.56	5.26	2.39	5.22	3.39

B.7 美国中资股：按 GICS 行业划分标准

（一）半导体产品与设备

排名	代码	公司名称	总得分	财务状况	估值与成长性	创值能力	公司治理	创新与研发
1	OIIM.O	凹凸科技	5.51	6.17	5.27	5.25	5.17	7.4
2	SMI.N	中芯国际	5.39	5.5	5.62	5.14	5.22	5.51
3	JASO.O	晶澳太阳能	5.12	5.01	5.33	4.98	5.18	4.78
4	JKS.N	晶科能源	5.11	4.7	5.77	4.87	5.09	4.55
5	HQCL.O	韩华新能源	5.02	5.04	5.08	5.19	4.53	4.65
6	CSIQ.O	阿特斯太阳能	4.99	4.83	4.76	5.26	5.23	4.6
7	DQ.N	大全新能源	4.98	5.46	3.94	5.34	5.35	4.54
8	SOL.N	昱辉阳光	4.91	4.76	4.97	5.28	4.32	4.39
9	SPI.O	绿能宝	4.78	4.17	5.16	5.25	4.27	4.25
10	YGE.N	英利绿色能源	4.45	4.05	4.94	3.89	5.38	4.28

（二）电信业务

排名	代码	公司名称	总得分	财务状况	估值与成长性	创值能力	公司治理	创新与研发
1	CHL.N	中国移动	5.77	5.71	5.27	6.7	5.06	5.06
2	CCRC.O	泰盈科技	5.43	6.03	5.06	5.41	5.05	7.25
3	CHA.N	中国电信	4.74	4.24	5.84	4.06	4.87	3.97
4	CHU.N	中国联通	4.06	4.02	3.83	3.83	5.02	3.73

（三）公用事业

排名	代码	公司名称	总得分	财务状况	估值与成长性	创值能力	公司治理	创新与研发
1	SKYS.O	天华阳光	5.06	4.6	4.76	6.18	4.31	5.85
2	HNP.N	华能电力	4.94	5.4	5.24	3.82	5.69	4.15

（四）技术硬件与设备

排名	代码	公司名称	总得分	财务状况	估值与成长性	创值能力	公司治理	创新与研发
1	HOLI.O	和利时自动化	6.04	5.74	5.36	7.25	5.57	5.95
2	UTSI.O	UT斯达康	5.02	5.13	4.2	5.58	5.3	5.14
3	DSWL.O	德斯维尔工业	4.99	5.7	4.96	5.09	3.43	7.15
4	BRQS.O	BORQS TECHNOLOGIES	4.87	5.16	4.41	4.81	5.36	4.32
5	CNTF.O	泰克飞石	4.71	4.73	5.99	2.95	5.65	4.17
6	CBAK.O	CBAK能源科技有限公司	4.37	3.54	5.08	4.34	4.68	3.27

（五）零售业

排名	代码	公司名称	总得分	财务状况	估值与成长性	创值能力	公司治理	创新与研发
1	BABA.N	阿里巴巴	6.15	5.82	5.24	7.61	5.74	5.62
2	CTRP.O	携程网	5.25	5.19	5.38	4.71	6.17	4.61
3	VIPS.N	唯品会	5.09	4.53	5.39	5.05	5.7	4
4	JD.O	京东	5.01	4.18	5.89	4.8	5.29	3.91
5	CALI.O	中国汽车物流	4.8	3.84	5.83	5.02	4.21	3.77
6	KBSF.O	KBS FASHION	4.79	6.49	4.55	3.66	4.16	8.03
7	JMEI.N	聚美优品	4.73	5.74	4.67	3.65	5.02	5.98
8	TOUR.O	途牛	4.71	4.74	4.35	4.53	5.71	4.43
9	LITB.N	兰亭集势	4.65	4.5	4.24	5.15	4.79	4.43
10	ATV.N	橡果国际	4.43	4.66	4.29	4.89	3.3	4.59

（六）传媒

排名	代码	公司名称	总得分	财务状况	估值与成长性	创值能力	公司治理	创新与研发
1	AMCN.O	航美传媒	5.14	5.64	4.74	5.39	4.41	5.85
2	SSC.O	七星云	4.86	4.36	5.26	4.61	5.59	4.15

（七）耐用消费品与服装

排名	代码	公司名称	总得分	财务状况	估值与成长性	创值能力	公司治理	创新与研发
1	NVFY.O	诺华家具	5.48	5.77	4.44	6.36	5.23	7.01
2	EVK.O	华瑞服装	5.46	4.99	5.32	6.15	5.25	4.67
3	KGJI.O	金凰珠宝	4.74	4.59	6.01	3.76	4.46	4.23
4	SGOC.O	上为集团	4.32	4.65	4.23	3.74	5.05	4.08

（八）能源

排名	代码	公司名称	总得分	财务状况	估值与成长性	创值能力	公司治理	创新与研发
1	CEO.N	中海油	5.4	5.13	5.66	5.54	5.1	5.57
2	RCON.O	研控科技	5.26	5.15	4.79	5.92	5.06	5.97
3	SNP.N	中石化	5.25	4.94	5.86	4.93	5.31	3.79
4	SES.O	综合能源系统	4.9	4.85	3.97	6.21	4.22	5.93
5	PTR.N	中石油	4.2	4.93	4.72	2.4	5.31	3.74

（九）汽车与汽车零部件

排名	代码	公司名称	总得分	财务状况	估值与成长性	创值能力	公司治理	创新与研发
1	SORL.O	瑞立集团	5.76	5.71	5.27	6.79	4.81	6.32
2	KNDI.O	康迪车业	4.77	4.73	4.56	4.67	5.46	4.25

续表

排名	代码	公司名称	总得分	财务状况	估值与成长性	创值能力	公司治理	创新与研发
3	CAAS.O	中汽系统	4.73	5.2	4.38	4.47	5.05	5.49
4	CXDC.O	鑫达集团	4.73	4.37	5.79	4.06	4.68	3.94

（十）软件与服务

排名	代码	公司名称	总得分	财务状况	估值与成长性	创值能力	公司治理	创新与研发
1	NTES.O	网易	5.84	5.52	5.19	7.17	5.14	5.75
2	BIDU.O	百度	5.83	5.14	5.35	7.1	5.62	5.18
3	YY.O	欢聚时代	5.48	5.88	5.34	5.26	5.37	5.75
4	MOMO.O	陌陌	5.4	6.18	5.15	4.85	5.47	7.31
5	ATHM.N	汽车之家	5.21	5.56	4.88	5.26	5.06	6.19
6	XNET.O	迅雷	5.18	6.04	4.86	4.74	4.99	7.85
7	WB.O	微博	5.07	5.61	4.73	4.89	5.01	6.3
8	CNET.O	中网在线	5.06	5.32	5.04	4.66	5.4	4.98
9	SOHU.O	搜狐	5.05	5.23	5.1	4.56	5.56	5.32
10	WUBA.N	58同城	5.04	5.07	4.98	4.84	5.5	4.3
11	CMCM.N	猎豹移动	5.03	5.33	4.94	4.84	5.03	5.49
12	SINA.O	新浪	5	5.3	4.78	4.75	5.33	5.75
13	CYOU.O	畅游	5	5.29	4.99	4.74	4.93	5.56
14	LEJU.N	乐居	4.99	5.27	4.94	4.58	5.38	5.52
15	CCIH.O	蓝汛	4.95	4.24	4.82	5.75	5.04	4.21
16	BZUN.O	宝尊电商	4.95	5.02	5.02	4.69	5.19	5.3
17	GDS.O	万国数据	4.92	4.69	5.62	4.4	5.04	4.76
18	JRJC.O	金融界	4.91	5.15	4.96	4.69	4.75	5.19
19	SFUN.N	搜房网	4.87	4.67	5.62	4.74	4.06	4.61
20	JMU.O	众美联	4.79	4.62	5.09	4.59	4.95	3.18
21	TAOP.O	淘屏	4.77	4.42	5.14	4.76	4.75	3.09
22	KONE.O	西安联合信息	4.75	5.59	4.62	4.39	4.08	4.84
23	RENN.N	人人网	4.69	4.46	4.84	4.63	4.99	3.69

美国中资股：按GICS行业划分标准

续表

排名	代码	公司名称	总得分	财务状况	估值与成长性	创值能力	公司治理	创新与研发
24	NCTY.O	第九城市	4.68	3.66	4.93	5.82	3.89	3.68
25	MARK.O	REMARK	4.67	3.86	5.03	4.8	5.33	2.71
26	FENG.N	凤凰新媒体	4.64	5.08	4.69	4.14	4.69	5.05
27	VNET.O	世纪互联	4.63	4.76	5.09	3.8	5.1	4.44
28	LKM.N	凌动智行	4.62	4.43	4.87	4.65	4.47	4.73
29	GSUM.O	国双	4.61	4.71	4.8	4.65	3.97	5.03
30	BITA.N	易车	4.4	5.15	5	2.7	5.1	5.34
31	MOXC.O	魔线	4.37	3.27	4.57	4.79	5.34	2.23

（十一）商业与专业服务

排名	代码	公司名称	总得分	财务状况	估值与成长性	创值能力	公司治理	创新与研发
1	JOBS.O	前程无忧	5.19	5.19	5.55	4.61	5.64	5.79
2	CREG.O	中国循环能源	4.81	4.81	4.45	5.39	4.36	4.21

（十二）食品

排名	代码	公司名称	总得分	财务状况	估值与成长性	创值能力	公司治理	创新与研发
1	ABAC.O	RENMIN TIANLI	5.75	6.84	5	5.55	5.45	8.33
2	TYHT.O	尚高	5.3	5.78	4.42	5.79	5.09	5.78
3	BORN.N	博润	5.26	4.73	5.69	5.58	4.83	4.4
4	CJJD.O	九洲大药房	5	4.2	5.11	5.7	4.97	4.15
5	SEED.O	奥瑞金种业	4.62	4.58	4.28	4.5	5.62	3.88
6	FTFT.O	未来金融科技集团	4.61	4.87	5.53	3.54	4.42	4.27
7	ALN.A	绿润集团	4.49	3.95	5	4.48	4.59	4.05

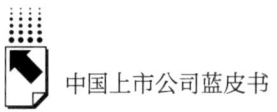

（十三）消费者服务

排名	代码	公司名称	总得分	财务状况	估值与成长性	创值能力	公司治理	创新与研发
1	HTHT.O	华住	5.47	4.76	4.39	7.27	5.46	4.13
2	YUMC.N	百胜中国	5.45	4.98	5.34	6.05	5.44	3.93
3	HLG.O	海亮教育	5.18	5.52	5.2	5.27	4.3	5.57
4	TAL.N	好未来	5.12	4.86	5.08	5.55	4.85	4.11
5	ATAI.O	ATA公司	5.06	6.03	4.91	4.74	4.07	6.49
6	TEDU.O	达内科技	5.04	5.38	4.63	5.18	4.9	6.02
7	DL.N	正保远程教育	5	4.57	5.25	5.08	5.24	3.86
8	AMBO.A	安博教育	4.75	3.93	5.52	4.45	5.41	4.46
9	EDU.N	新东方	4.73	5.18	4.61	4.74	4.05	4.95
10	COE.N	无忧英语（51TALK）	4.6	4.21	4.84	4.28	5.52	4.39
11	WBAI.N	500彩票网	4.32	5.34	4.78	2.29	5.44	6.72

（十四）医疗保健设备与服务

排名	代码	公司名称	总得分	财务状况	估值与成长性	创值能力	公司治理	创新与研发
1	LLIT.O	联络智能	5.47	5.28	5.59	5.92	4.74	5.9
2	CO.N	中国脐带血库	5.21	5.35	4.65	5.82	4.81	6.48
3	KANG.O	爱康国宾	4.98	4.69	4.17	5.75	5.61	3.82
4	CCM.N	泰和诚医疗	4.34	4.68	5.58	2.51	4.84	3.8

（十五）原材料

排名	代码	公司名称	总得分	财务状况	估值与成长性	创值能力	公司治理	创新与研发
1	SHI.N	上石化	5.97	5.22	5.49	7.23	5.92	4.52
2	GURE.O	海湾资源	5.68	6.73	5.53	4.91	5.44	8.33
3	SVM.A	希尔威金属矿业	5.39	5.49	5.51	5.36	5.04	4.87
4	FORK.O	富岭环球	5.31	4.64	5.69	5.34	5.82	4.43

续表

排名	代码	公司名称	总得分	财务状况	估值与成长性	创值能力	公司治理	创新与研发
5	TANH. O	碳博士控股	5.25	5.26	5.22	5.29	5.2	4.84
6	ONP. A	东方纸业	5.08	5.28	5.46	4.8	4.46	4.42
7	YECO. O	宇隆环保建材	4.94	4.6	5	5.37	4.64	4.37
8	CGA. N	中国绿色农业	4.93	5.42	4.7	4.65	4.93	5.23
9	DELT. O	江苏长三角精细化工	4.8	4.36	5.04	5.28	4.24	4.37
10	OSN. O	奥盛创新	4.74	5.09	4.5	4.86	4.25	4.8
11	CADC. O	新奥混凝土	4.72	4.58	4.14	5.32	4.97	4.43
12	CHNR. O	中国天然资源	4.4	3.47	4.37	5.43	4.26	4.32
13	ACH. N	中国铝业	4.39	4.64	5.22	2.65	5.74	4.38
14	FFHL. O	富维薄膜	4.26	4.41	4.38	3.84	4.53	4.32

（十六）运输

排名	代码	公司名称	总得分	财务状况	估值与成长性	创值能力	公司治理	创新与研发
1	ZTO. N	中通快递	6.25	6.7	5.12	7.35	5.41	6.99
2	PME. O	平潭海洋实业	5.26	5.15	5.18	6.01	4.12	4.73
3	SINO. O	中环球船务	5.09	5.55	3.77	6.01	4.98	6.48
4	SSW. N	塞斯潘	5.07	4.38	5.22	5.59	5.08	5.38
5	GSH. N	广深铁路	4.87	4.98	5.24	4.28	5.13	4.52
6	EHIC. N	一嗨租车	4.78	4.64	4.83	4.76	4.98	5.15
7	CEA. N	东方航空	4.38	4.1	5.48	3.04	5.44	3.34
8	ZNH. N	南方航空	4.33	4.42	5.42	2.96	4.71	3.35

（十七）制药、生物科技与生命科学

排名	代码	公司名称	总得分	财务状况	估值与成长性	创值能力	公司治理	创新与研发
1	BGNE. O	百济神州	6.03	5.65	5.57	6.93	5.9	6.69
2	CBPO. O	泰邦生物	5.5	6.18	4.62	5.86	5.19	6.62

续表

排名	代码	公司名称	总得分	财务状况	估值与成长性	创值能力	公司治理	创新与研发
3	SVA.O	科兴生物	5.2	4.53	5.75	5.68	4.51	4.47
4	BSPM.O	奥星制药	4.92	5.26	5.47	4.38	4.24	4.09
5	HCM.O	和黄中国医药	4.19	4.22	3.13	4.73	5.18	4.38
6	CPHI.A	惠普森医药	4.15	4.16	5.45	2.42	4.99	3.76

（十八）资本品

排名	代码	公司名称	总得分	财务状况	估值与成长性	创值能力	公司治理	创新与研发
1	CYD.N	玉柴国际	6.03	4.9	5.77	7.25	6.37	4.59
2	CLWT.O	欧陆科仪	5.06	5.06	5.39	4.9	4.7	4.19
3	SEII.O	SHARING ECONOMY INTERNATIONAL	4.99	5.37	4.55	4.82	5.44	5.89
4	HPJ.O	豪鹏国际	4.95	3.64	5.94	5	5.52	3.42
5	HEBT.O	希伯伦科技	4.94	5.16	4.8	4.95	4.74	4.79
6	HIHO.O	骇维金属加工	4.85	5.67	4.14	4.93	4.52	6.55
7	NFEC.O	能发伟业	4.68	4.51	4.86	4.85	4.33	3.66
8	CCCL.O	中国陶瓷	4.4	5.57	4.61	3.07	4.31	6.82

参考文献

Aghion, P. and Howitt, P., "A Model of Growth Through Creative Destruction", *Econometrica*, 1992, pp. 323 – 351.

Aghion, P. and Howitt, P., *Endogenous Growth Theory*, Cambridge, MA: MIT Press, 1998.

Bush, "Science: The Endless Frontier", Us Government Printing Office, Washington, DC, 1945.

Cai, "Fang and Dewen Wang, China's Demographic Transition: Implications for Growth", in: Garnaut and Song (eds.), *The China Boom and Its Discontents*, Canberra: Asia Pacific Press, 2005.

Charles I. Jones, "Time Series Tests of Endogenous Growth Models", *The Quarterly Journal of Economics*, 1995 (110), pp. 495 – 525.

Charles I. Jones, "With or Without Scale Effects", *American Economic Review*, 1999 (89), pp. 139 – 144.

Chol-Won Li, "Endogenous vs Semi-endogenous Growth in a Two-R&D-Sector Model", 2000 (110), pp. C109 – C122.

Dinopoulos, E. and Thompson, P., "Schumpeterian Growth without Scale Effects", *Journal of Economic Growth*, 1998 (3), pp. 313 – 335.

Franel, M., "The Production Function in Allocation and Growth: A Synthesis", *American Economic Review*, 1962 (52), pp. 995 – 1022.

Grossman, G. M. and Helpman, E., *Innovation and Growth in the Global Economy*, Cambridge. MA: MIT Press, 1991.

Howitt, P., "Steady Endogenous Growth with Population and R&D Inputs

Growing", *Journal of Political Economy*, 1999 (107), pp. 715 – 730.

Katz, M. L. , and C. Shapiro, "Technology Adoption in the Presence of Network Externalities", *Journal of Political Economy*, 1986 (4), pp. 822 – 841.

Lucas, R. E. Jr. , "On the Mechanics of Economic Development", *Journal of Monrtary Economics*, 1988 (22), pp. 3 – 42.

Peretto, P. , "Technological Change and Population Growth", *Journal of Economic Growth*, 1998 (4), pp. 283 – 312.

Peretto, P. and S. Smulders, "Specialization, Knowledge Dilution and Scale Effects in an IO – based Growth Model", mimeo, Duke Univesity, 1998.

Romer, P. M. , "Increasing Returns and Long – run Growth", *Journal of Political Economy*, 1986 (94), pp. 1002 – 1037.

Uzawa, H. , "Optimal Technical Change in an Aggregative Model of Economic Growth", *International Economic Review*, 1965 (6), pp. 18 – 31.

Young, A. , "Growth without Scale Effects", *Journal of Political Economy*, 1998 (106), pp. 41 – 63.

白重恩、刘俏、陆洲等:《中国上市公司治理结构的实证研究》,《经济研究》2005年第5期。

常欣:《谨防信用收缩期二元融资结构固化与去杠杆主体错位》,中国经济增长与周期高峰论坛,2017年7月1日。

黄小琳、朱松、陈关亭:《债券违约对涉事信用评级机构的影响——基于中国信用债市场违约事件的分析》,《金融研究》2017年第3期。

姬江帆:《"违约潮"演进途中的政策博弈——2018年下半年信用市场展望》,《中金证券研究报告》2018年6月25日。

靳毅:《2017信用债违约回顾,信用利差大都走扩》,《国海证券固定收益信用周报》2018年1月15日。

靳毅:《2018信用债违约梳理及启示》,《国海证券固定收益信用周报》2018年7月9日。

克里斯坦森等:《"颠覆性创新"之父克里斯坦森:我只有一套理论》,

中信出版社，2015。

李维安、张国萍：《公司治理评价指数：解析中国公司治理现状与走势》，《经济理论与经济管理》2005年第9期。

李维安：《深化公司治理改革的风向标：治理有效性》，《南开管理评论》2013年第5期。

李扬：《"金融服务实体经济"辨》，《经济研究》2017年第6期。

林左鸣：《广义虚拟经济》，人民出版社，2010。

鲁桐、仲继银、孔杰：《2008年中国上市公司100强公司治理评价报告》，《首席财务官》2008年第9期。

鲁桐、仲继银、叶扬、于换军、吴国鼎：《中国中小上市公司治理研究》，《学术研究》2014年第6期。

罗伯特·J. 巴罗、哈维尔·萨拉伊马丁：《经济增长（中译本）》，何晖、刘明兴译，中国社会科学出版社，2000。

马歇尔·范阿尔斯丁、杰弗里·帕克、桑杰特·保罗·乔达利：《平台时代战略新规则》，《哈佛商业评论》2016年第4期。

迈克尔·于戈斯、德瑞克·哈里斯基：《赢在云端：云计算与未来商机（中译本）》，王鹏译，人民邮电出版社，2012。

盛松成：《从M2增速下降到社融增量下跌看金融去杠杆》，《21世纪经济报道》2018年6月19日。

孙彬彬：《告别2017，都是痛的领悟？2017年债市年终思考》，《天风证券研究报告》2017年12月29日。

张磊、张鹏：《互联网经济促进传统金融业的逆袭》，《银行家》2018年第3期。

张磊、张鹏：《互联网经济中的服务业》，载《中国上市公司发展报告（2015）》，社会科学文献出版社，2015。

张磊、张鹏：《中国互联网经济发展与经济增长动力重构》，《南京社会科学》2016年第12期。

张磊、张鹏：《中国上市公司创值挑战和体制改革》，载《中国上市公司发展报告（2014）》，社会科学文献出版社，2014。

张磊、张鹏：《中国互联网经济发展与增长动力重构》，载《中国上市公司发展报告（2016）》，社会科学文献出版社，2016。

张鹏、王习、王亚菲：《中国上市公司价值评估研究》，载《中国上市公司发展报告（2016）》，社会科学文献出版社，2016。

张鹏：《中国上市公司价值评估研究》，载《中国上市公司发展报告（2017）》，社会科学文献出版社，2017。

张平、王习、张磊、符旸、张鹏：《中国经济从规模供给转向"需求—价值创造"——2014年经济转型和上市公司价值创造评估》，载《中国上市公司发展报告（2014）》，社会科学文献出版社，2014。

张平、王习、张磊、符旸、张鹏：《中国经济从规模供给转向"需求—价值创造"——2014年经济转型和上市公司价值创造评估》，载《中国上市公司发展报告（2014）》，社会科学文献出版社，2014。

张平、张鹏、王宏淼：《宏观之困和微观之变：中国上市公司的创新与治理》，载《中国上市公司发展报告（2016）》，社会科学文献出版社，2016。

张平、张鹏、张磊、王习：《新常态、新转型——2015年经济转型和上市公司价值创造评估》，载《中国上市公司发展报告（2015）》，社会科学文献出版社，2015。

中国经济增长前沿课题组等：《突破经济增长减速的新要素供给理论、体制与政策选择》，《经济研究》2015年第11期。

中国经济增长前沿课题组：《上海市创新转型发展指标体系研究》，2015。

中国经济增长前沿课题组：《中国经济转型的结构性特征、风险与效率提升路径》，《经济研究》2013年第10期。

中国经济增长前沿课题组：《中国经济转型的结构性特征、风险与效率提升路径》，《经济研究》2013年第10期。

中国经济增长前沿课题组：《中国经济增长的低效率冲击与减速治理》，《经济研究》2014年第12期。

Abstract

The general report points out, due to the impact of credit contraction caused by strong supervision and increased externalrisk, China economy is expected to grow by 6.6% in 2018 and 6.3% in 2019. The performance growth of listed companies and economic growth show a trend of differentiation. The valuation of A-shares has dropped to a historically low level. The operation of listed companies remains stable, so value investment emerges. The current rapid growth of China's new economy makes the old and the new economic growth momentum in the normal place, the new economy has become an important driver of economic growth, but the characteristics of the high growth, high innovation ability, light assets and high technology mode, China's current capital market system is not enough to support the new economy rapid development. We must build multi-level capital market system to help for China's new economic development and promote the old and new momentum conversion smoothly. Sub report Ⅰ "Study on Evaluation of Chinese Listed Companies" based on the value evaluation model in 2017, we add or update the multi-dimensional innovation measures, and primarily use public data in annual report of China's A-share and Chinese stock in Hong Kong, the United States market, we evaluated the all listed companies and obtail the comprehensive ranking, then selected the high degree listed companies. From the ranking results, we find that supply-side structural reform, consumption upgrading, new science and technology, new business model and other important factors are important for structural transformation and value growth of listed companies. Sub report Ⅱ analyze how to reconstruct the growth momentum after the disappearance of demographic dividend is a worldwide problem. In the process of reconstructing growth momentum, the development of Internet economy plays an extremely important role. The technological means provided by the development of Internet economy can help enterprises successfully cope with the changes in market demand structure, obtain the agile dividend, prolong the period of demographic dividend, and improve consumer welfare. More importantly, thanks to the development of the Internet economy, it is possible to create new markets and create disruptive innovations with sufficient spillover effects and successfully reconstruct the growth momentum. In this report, we selected data in 2004 – 2017 from non-financial service industry and manufacturing listed companies closely related to the Internet in the A, Hong Kong stock and the United States stock market, we make international comparison between Chinese and American listed companies in the Internet service industry. While the characteristics of disruptive innovation are not obvious and the agile dividend is facing failure, the development of China's Internet economy is still insufficient to reconstruct the growth momentum. In the special report, the 2017 bear market mainly affected by the following factors: Firstly, the bond market is under pressure from both inside and outside economy, with domestic growth increased and the federal reserve leading the global monetary tightening; Secondly, monetary policy is turned to be prudent "neutrally" with marginal tightening, which is bad news for bond market; Thirdly, tightening of regulation has amplified the short-term liquidity risks, such as the new regulations of asset management has changed the behaviour of market institutions; Finally, with volatility of exchange rate and widening of interest rate differentials of bonds between China and the United States has pushed up bond rates in China. The growth of bond defaults scale of the new trend is much faster than the former two years since 2017, and has new characteristics as follows: firstly, with the financial de-leverage policies, financing of private enterprises which are highly dependent on external financing is restricted, and the proportion of default is significantly increased; Secondly, as the policy effect of financial deleveraging has changed from monetary tightening to a decline in the rate of growth of nongovernmental financing, bond defaults has exacerbated because of the contraction in off-balance-sheet financing; Thirdly, as policies such as the new regulations on asset management have been implemented, the policy effect has turned from marginal tightening of monetary policy to tightening off-balance sheet funds, some high-quality bonds with good liquid have been sold off; Fourthly, With the deepening of the marketization, the bond default disposal mechanism has been improved. In the first half of 2018, the overall bond market yield has fluctuated downward, affected by the central bank's cut of reserve requirement ratio and not raising interest rates as the federal reserve, and the market capital was relatively loose compared with last year. There would be the peak of the maturity of non-financial credit bonds of enterprises in 2018. How to deepen the marketization process in an orderly manner, and meanwhile to reduce the risk of bond default within a controllable range to avoid the outbreak of systemic financial risk or regional debt risk, and to be good for the long-term development goal of marketization will be the key emphasis of future work.

Keywords: New Economy; Capital Market; Nifty 100; Disruptive Innovation; Bond Market

Contents

B.1 The Old and New Momentum Conversion and
Capital Market System Transformation

Liu Yuhui, Qian Xuening, Zhang Ping and Zhang Peng / 001

Abstract: Due to the impact of credit contraction caused by strong supervision and increased external risk, China economy is expected to grow by 6.6% in 2018 and 6.3% in 2019. The performance growth of listed companies and economic growth show a trend of differentiation. The valuation of A-shares has dropped to a historically low level. The operation of listed companies remains stable, so value investment emerges. The current rapid growth of China's new economy makes the old and the new economic growth momentum in the normal place, the new economy has become an important driver of economic growth, but the characteristics of the high growth, high innovation ability, light assets and high technology mode, China's current capital market system is not enough to support the new economy rapid development. We must build multi-level capital market system to help for China's new economic development and promote the old and new momentum conversion smoothly.

Keywords: Strong Supervision; External Risks; New Economic; Capital Market

B.2 Study on Evaluation of Chinese Listed Companies

Zhang Peng / 025

Abstract: In 2017, under the background of strong supervision and promotion of supply-side structural reform, the degree of market concentration is increased, blue-chip stocks' earnings and return grew fastly, while the growth of small and medium-sized enterprises has slowed down. However, due to concerns about domestic and foreign economic operation risk factors, the downward trend of A-shares is obvious, and the risk preference of the market is difficult to be significantly improved. Future growth must rely on deepening the reform to promote innovation mechanism, improve the quality of the listed company. Based on the value evaluation model in 2017, we add or update the multi-dimensional innovation measures, and primarily use public data in annual report of China's A-share and Chinese stock in Hong Kong, the United States market, we evaluated the all listed companies and obtail the comprehensive ranking, then selected the high degree listed companies. From the ranking results, we find that supply-side structural reform, consumption upgrading, new science and technology, new business model and other important factors are important for structural transformation and value growth of listed companies.

Keywords: Innovation; Company Governance; Evaluation Model; Comprehensive Ranking

B. 3 Analyze How to Reconstruct the Growth Momentum after the Disappearance of Demographic Dividend is a Worldwide Problem *Zhang Lei, Zhang Peng* / 105

Abstract: How to reconstruct the growth momentum after the disappearance of demographic dividend is a worldwide problem. In the process of reconstructing growth momentum, the development of Internet economy plays an extremely important role. The technological means provided by the development of Internet economy can help enterprises successfully cope with the changes in market demand structure, obtain the agile dividend, prolong the period of demographic dividend, and improve consumer welfare. More importantly, thanks to the development of the Internet economy, it is possible to create new markets and create disruptive innovations with sufficient spillover effects and successfully reconstruct the growth momentum. In this report, we selected data in 2004 – 2017 from non-financial service industry and manufacturing listed companies closely related to the Internet in the A, Hong Kong stock and the United States stock market, we make international comparison between Chinese and American listed companies in the Internet service industry. While the characteristics of disruptive innovation are not obvious and the agile dividend is facing failure, the development of China's Internet economy is still insufficient to reconstruct the growth momentum.

Keywords: Internet Economy Development; Disruptive Innovation; Growth Momentum Reconstruction

B. 4　Characteristics of the New Round of Default and Financial Risk Prevention　　*Huang Yinying* / 135

Abstract: In 2017, there continued to be bear market, mainly affected by the following factors: Firstly, the bond market is under pressure from both inside and outside economy, with domestic growth increased and the federal reserve leading the global monetary tightening; Secondly, monetary policy is turned to be prudent "neutrally" with marginal tightening, which is bad news for bond market; Thirdly, tightening of regulation has amplified the short-term liquidity risks, such as the new regulations of asset management has changed the behavior of market institutions; Finally, with volatility of exchange rate and widening of interest rate differentials of bonds between China and the United States has pushed up bond rates in China. The growth of bond defaults scale of the new trend is much faster than the former two years since 2017, and has new characteristics as follows: firstly, with the financial de-leverage policies, financing of private enterprises which are highly dependent on external financing is restricted, and the proportion of default is significantly increased; Secondly, as the policy effect of financial deleveraging has changed from monetary tightening to a decline in the rate of growth of nongovernmental financing, bond defaults has exacerbated because of the contraction in off-balance-sheet financing; Thirdly, as policies such as the new regulations on asset management have been implemented, the policy effect has turned from marginal tightening of monetary policy to tightening off-balance sheet funds, some high-quality bonds with good liquid have been sold off; Fourthly, With the deepening of the marketization, the bond default disposal mechanism has been improved. In the first half of 2018, the overall bond market yield has fluctuated downward, affected by the central bank's cut of reserve requirement ratio and not raising interest rates as the federal reserve, and the market capital was relatively loose compared with last year. There would be the peak of the maturity of non-financial credit bonds of enterprises in 2018. How to deepen the marketization process in an orderly manner, and meanwhile to reduce the risk of bond default within a controllable range to avoid the outbreak of systemic financial risk or regional debt risk, and to be good for the long-term development goal of marketization will be the key emphasis of future work.

Keywords: Bond Default; Finance Deleverage; Liquidity Risk; Strong Regulatory

权威报告·一手数据·特色资源

皮书数据库
ANNUAL REPORT(YEARBOOK) DATABASE

当代中国经济与社会发展高端智库平台

所获荣誉

- 2016年,入选"'十三五'国家重点电子出版物出版规划骨干工程"
- 2015年,荣获"搜索中国正能量 点赞2015""创新中国科技创新奖"
- 2013年,荣获"中国出版政府奖·网络出版物奖"提名奖
- 连续多年荣获中国数字出版博览会"数字出版·优秀品牌"奖

成为会员

通过网址www.pishu.com.cn访问皮书数据库网站或下载皮书数据库APP,进行手机号码验证或邮箱验证即可成为皮书数据库会员。

会员福利

- 使用手机号码首次注册的会员,账号自动充值100元体验金,可直接购买和查看数据库内容(仅限PC端)。
- 已注册用户购书后可免费获赠100元皮书数据库充值卡。刮开充值卡涂层获取充值密码,登录并进入"会员中心"—"在线充值"—"充值卡充值",充值成功后即可购买和查看数据库内容(仅限PC端)。
- 会员福利最终解释权归社会科学文献出版社所有。

卡号:915199279188
密码:

数据库服务热线:400-008-6695
数据库服务QQ:2475522410
数据库服务邮箱:database@ssap.cn
图书销售热线:010-59367070/7028
图书服务QQ:1265056568
图书服务邮箱:duzhe@ssap.cn

S 基本子库
SUB DATABASE

中国社会发展数据库（下设 12 个子库）

全面整合国内外中国社会发展研究成果，汇聚独家统计数据、深度分析报告，涉及社会、人口、政治、教育、法律等 12 个领域，为了解中国社会发展动态、跟踪社会核心热点、分析社会发展趋势提供一站式资源搜索和数据分析与挖掘服务。

中国经济发展数据库（下设 12 个子库）

基于"皮书系列"中涉及中国经济发展的研究资料构建，内容涵盖宏观经济、农业经济、工业经济、产业经济等 12 个重点经济领域，为实时掌控经济运行态势、把握经济发展规律、洞察经济形势、进行经济决策提供参考和依据。

中国行业发展数据库（下设 17 个子库）

以中国国民经济行业分类为依据，覆盖金融业、旅游、医疗卫生、交通运输、能源矿产等 100 多个行业，跟踪分析国民经济相关行业市场运行状况和政策导向，汇集行业发展前沿资讯，为投资、从业及各种经济决策提供理论基础和实践指导。

中国区域发展数据库（下设 6 个子库）

对中国特定区域内的经济、社会、文化等领域现状与发展情况进行深度分析和预测，研究层级至县及县以下行政区，涉及地区、区域经济体、城市、农村等不同维度。为地方经济社会宏观态势研究、发展经验研究、案例分析提供数据服务。

中国文化传媒数据库（下设 18 个子库）

汇聚文化传媒领域专家观点、热点资讯，梳理国内外中国文化发展相关学术研究成果、一手统计数据，涵盖文化产业、新闻传播、电影娱乐、文学艺术、群众文化等 18 个重点研究领域。为文化传媒研究提供相关数据、研究报告和综合分析服务。

世界经济与国际关系数据库（下设 6 个子库）

立足"皮书系列"世界经济、国际关系相关学术资源，整合世界经济、国际政治、世界文化与科技、全球性问题、国际组织与国际法、区域研究 6 大领域研究成果，为世界经济与国际关系研究提供全方位数据分析，为决策和形势研判提供参考。

法律声明

"皮书系列"(含蓝皮书、绿皮书、黄皮书)之品牌由社会科学文献出版社最早使用并持续至今,现已被中国图书市场所熟知。"皮书系列"的相关商标已在中华人民共和国国家工商行政管理总局商标局注册,如LOGO( )、皮书、Pishu、经济蓝皮书、社会蓝皮书等。"皮书系列"图书的注册商标专用权及封面设计、版式设计的著作权均为社会科学文献出版社所有。未经社会科学文献出版社书面授权许可,任何使用与"皮书系列"图书注册商标、封面设计、版式设计相同或者近似的文字、图形或其组合的行为均系侵权行为。

经作者授权,本书的专有出版权及信息网络传播权等为社会科学文献出版社享有。未经社会科学文献出版社书面授权许可,任何就本书内容的复制、发行或以数字形式进行网络传播的行为均系侵权行为。

社会科学文献出版社将通过法律途径追究上述侵权行为的法律责任,维护自身合法权益。

欢迎社会各界人士对侵犯社会科学文献出版社上述权利的侵权行为进行举报。电话:010-59367121,电子邮箱:fawubu@ssap.cn。

社会科学文献出版社

皮书系列

2018年

智库成果出版与传播平台

社会科学文献出版社
SOCIAL SCIENCES ACADEMIC PRESS (CHINA)

社长致辞

蓦然回首，皮书的专业化历程已经走过了二十年。20年来从一个出版社的学术产品名称到媒体热词再到智库成果研创及传播平台，皮书以专业化为主线，进行了系列化、市场化、品牌化、数字化、国际化、平台化的运作，实现了跨越式的发展。特别是在党的十八大以后，以习近平总书记为核心的党中央高度重视新型智库建设，皮书也迎来了长足的发展，总品种达到600余种，经过专业评审机制、淘汰机制遴选，目前，每年稳定出版近400个品种。"皮书"已经成为中国新型智库建设的抓手，成为国际国内社会各界快速、便捷地了解真实中国的最佳窗口。

20年孜孜以求，"皮书"始终将自己的研究视野与经济社会发展中的前沿热点问题紧密相连。600个研究领域，3万多位分布于800余个研究机构的专家学者参与了研创写作。皮书数据库中共收录了15万篇专业报告，50余万张数据图表，合计30亿字，每年报告下载量近80万次。皮书为中国学术与社会发展实践的结合提供了一个激荡智力、传播思想的入口，皮书作者们用学术的话语、客观翔实的数据谱写出了中国故事壮丽的篇章。

20年跬步千里，"皮书"始终将自己的发展与时代赋予的使命与责任紧紧相连。每年百余场新闻发布会，10万余次中外媒体报道，中、英、俄、日、韩等12个语种共同出版。皮书所具有的凝聚力正在形成一种无形的力量，吸引着社会各界关注中国的发展，参与中国的发展，它是我们向世界传递中国声音、总结中国经验、争取中国国际话语权最主要的平台。

皮书这一系列成就的取得，得益于中国改革开放的伟大时代，离不开来自中国社会科学院、新闻出版广电总局、全国哲学社会科学规划办公室等主管部门的大力支持和帮助，也离不开皮书研创者和出版者的共同努力。他们与皮书的故事创造了皮书的历史，他们对皮书的拳拳之心将继续谱写皮书的未来！

现在，"皮书"品牌已经进入了快速成长的青壮年时期。全方位进行规范化管理，树立中国的学术出版标准；不断提升皮书的内容质量和影响力，搭建起中国智库产品和智库建设的交流服务平台和国际传播平台；发布各类皮书指数，并使之成为中国指数，让中国智库的声音响彻世界舞台，为人类的发展做出中国的贡献——这是皮书未来发展的图景。作为"皮书"这个概念的提出者，"皮书"从一般图书到系列图书和品牌图书，最终成为智库研究和社会科学应用对策研究的知识服务和成果推广平台这整个过程的操盘者，我相信，这也是每一位皮书人执着追求的目标。

"当代中国正经历着我国历史上最为广泛而深刻的社会变革，也正在进行着人类历史上最为宏大而独特的实践创新。这种前无古人的伟大实践，必将给理论创造、学术繁荣提供强大动力和广阔空间。"

在这个需要思想而且一定能够产生思想的时代，皮书的研创出版一定能创造出新的更大的辉煌！

社会科学文献出版社社长
中国社会学会秘书长
2017年11月

社会科学文献出版社简介

社会科学文献出版社（以下简称"社科文献出版社"）成立于1985年，是直属于中国社会科学院的人文社会科学学术出版机构。成立至今，社科文献出版社始终依托中国社会科学院和国内外人文社会科学界丰厚的学术出版和专家学者资源，坚持"创社科经典，出传世文献"的出版理念、"权威、前沿、原创"的产品定位以及学术成果和智库成果出版的专业化、数字化、国际化、市场化的经营道路。

社科文献出版社是中国新闻出版业转型与文化体制改革的先行者。积极探索文化体制改革的先进方向和现代企业经营决策机制，社科文献出版社先后荣获"全国文化体制改革工作先进单位"、中国出版政府奖·先进出版单位奖、中国社会科学院先进集体、全国科普工作先进集体等荣誉称号。多人次荣获"第十届韬奋出版奖""全国新闻出版行业领军人才""数字出版先进人物""北京市新闻出版广电行业领军人才"等称号。

社科文献出版社是中国人文社会科学学术出版的大社名社，也是以皮书为代表的智库成果出版的专业强社。年出版图书2000余种，其中皮书400余种，出版新书字数5.5亿字，承印与发行中国社科院院属期刊72种，先后创立了皮书系列、列国志、中国史话、社科文献学术译库、社科文献学术文库、甲骨文书系等一大批既有学术影响又有市场价值的品牌，确立了在社会学、近代史、苏东问题研究等专业学科及领域出版的领先地位。图书多次荣获中国出版政府奖、"三个一百"原创图书出版工程、"五个'一'工程奖"、"大众喜爱的50种图书"等奖项，在中央国家机关"强素质·做表率"读书活动中，入选图书品种数位居各大出版社之首。

社科文献出版社是中国学术出版规范与标准的倡议者与制定者，代表全国50多家出版社发起实施学术著作出版规范的倡议，承担学术著作规范国家标准的起草工作，率先编撰完成《皮书手册》对皮书品牌进行规范化管理，并在此基础上推出中国版芝加哥手册——《社科文献出版社学术出版手册》。

社科文献出版社是中国数字出版的引领者，拥有皮书数据库、列国志数据库、"一带一路"数据库、减贫数据库、集刊数据库等4大产品线11个数据库产品，机构用户达1300余家，海外用户百余家，荣获"数字出版转型示范单位""新闻出版标准化先进单位""专业数字内容资源知识服务模式试点企业标准化示范单位"等称号。

社科文献出版社是中国学术出版走出去的践行者。社科文献出版社海外图书出版与学术合作业务遍及全球40余个国家和地区，并于2016年成立俄罗斯分社，累计输出图书500余种，涉及近20个语种，累计获得国家社科基金中华学术外译项目资助76种、"丝路书香工程"项目资助60种、中国图书对外推广计划项目资助71种以及经典中国国际出版工程资助28种，被五部委联合认定为"2015-2016年度国家文化出口重点企业"。

如今，社科文献出版社完全靠自身积累拥有固定资产3.6亿元，年收入3亿元，设置了七大出版分社、六大专业部门，成立了皮书研究院和博士后科研工作站，培养了一支近400人的高素质与高效率的编辑、出版、营销和国际推广队伍，为未来成为学术出版的大社、名社、强社，成为文化体制改革与文化企业转型发展的排头兵奠定了坚实的基础。

宏观经济类

经济蓝皮书
2018年中国经济形势分析与预测

李平/主编　2017年12月出版　定价：89.00元

◆ 本书为总理基金项目，由著名经济学家李扬领衔，联合中国社会科学院等数十家科研机构、国家部委和高等院校的专家共同撰写，系统分析了2017年的中国经济形势并预测2018年中国经济运行情况。

城市蓝皮书
中国城市发展报告No.11

潘家华　单菁菁/主编　2018年9月出版　估价：99.00元

◆ 本书是由中国社会科学院城市发展与环境研究中心编著的，多角度、全方位地立体展示了中国城市的发展状况，并对中国城市的未来发展提出了许多建议。该书有强烈的时代感，对中国城市发展实践有重要的参考价值。

人口与劳动绿皮书
中国人口与劳动问题报告No.19

张车伟/主编　2018年10月出版　估价：99.00元

◆ 本书为中国社会科学院人口与劳动经济研究所主编的年度报告，对当前中国人口与劳动形势做了比较全面和系统的深入讨论，为研究中国人口与劳动问题提供了一个专业性的视角。

宏观经济类·区域经济类

中国省域竞争力蓝皮书
中国省域经济综合竞争力发展报告（2017~2018）

李建平　李闽榕　高燕京/主编　2018年5月出版　估价：198.00元

◆ 本书融多学科的理论为一体，深入追踪研究了省域经济发展与中国国家竞争力的内在关系，为提升中国省域经济综合竞争力提供有价值的决策依据。

金融蓝皮书
中国金融发展报告（2018）

王国刚/主编　2018年6月出版　估价：99.00元

◆ 本书由中国社会科学院金融研究所组织编写，概括和分析了2017年中国金融发展和运行中的各方面情况，研讨和评论了2017年发生的主要金融事件，有利于读者了解掌握2017年中国的金融状况，把握2018年中国金融的走势。

区域经济类

京津冀蓝皮书
京津冀发展报告（2018）

祝合良　叶堂林　张贵祥/等著　2018年6月出版　估价：99.00元

◆ 本书遵循问题导向与目标导向相结合、统计数据分析与大数据分析相结合、纵向分析和长期监测与结构分析和综合监测相结合等原则，对京津冀协同发展新形势与新进展进行测度与评价。

社会政法类

社会蓝皮书
2018年中国社会形势分析与预测

李培林　陈光金　张翼/主编　2017年12月出版　定价：89.00元

◆ 本书由中国社会科学院社会学研究所组织研究机构专家、高校学者和政府研究人员撰写，聚焦当下社会热点，对2017年中国社会发展的各个方面内容进行了权威解读，同时对2018年社会形势发展趋势进行了预测。

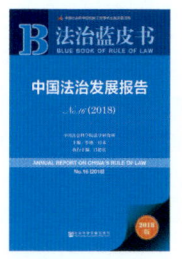

法治蓝皮书
中国法治发展报告 No.16（2018）

李林　田禾/主编　2018年3月出版　定价：128.00元

◆ 本年度法治蓝皮书回顾总结了2017年度中国法治发展取得的成就和存在的不足，对中国政府、司法、检务透明度进行了跟踪调研，并对2018年中国法治发展形势进行了预测和展望。

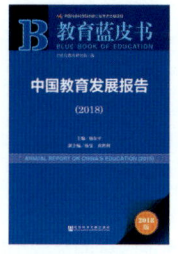

教育蓝皮书
中国教育发展报告（2018）

杨东平/主编　2018年3月出版　定价：89.00元

◆ 本书重点关注了2017年教育领域的热点，资料翔实，分析有据，既有专题研究，又有实践案例，从多角度对2017年教育改革和实践进行了分析和研究。

社会政法类

社会体制蓝皮书
中国社会体制改革报告 No.6（2018）

龚维斌 / 主编　2018 年 3 月出版　定价：98.00 元

◆ 本书由国家行政学院社会治理研究中心和北京师范大学中国社会管理研究院共同组织编写，主要对 2017 年社会体制改革情况进行回顾和总结，对 2018 年的改革走向进行分析，提出相关政策建议。

社会心态蓝皮书
中国社会心态研究报告（2018）

王俊秀　杨宜音 / 主编　2018 年 12 月出版　估价：99.00 元

◆ 本书是中国社会科学院社会学研究所社会心理研究中心"社会心态蓝皮书课题组"的年度研究成果，运用社会心理学、社会学、经济学、传播学等多种学科的方法进行了调查和研究，对于目前中国社会心态状况有较广泛和深入的揭示。

华侨华人蓝皮书
华侨华人研究报告（2018）

贾益民 / 主编　2017 年 12 月出版　估价：139.00 元

◆ 本书关注华侨华人生产与生活的方方面面。华侨华人是中国建设 21 世纪海上丝绸之路的重要中介者、推动者和参与者。本书旨在全面调研华侨华人，提供最新涉侨动态、理论研究成果和政策建议。

民族发展蓝皮书
中国民族发展报告（2018）

王延中 / 主编　2018 年 10 月出版　估价：188.00 元

◆ 本书从民族学人类学视角，研究近年来少数民族和民族地区的发展情况，展示民族地区经济、政治、文化、社会和生态文明"五位一体"建设取得的辉煌成就和面临的困难挑战，为深刻理解中央民族工作会议精神、加快民族地区全面建成小康社会进程提供了实证材料。

产业经济类·行业及其他类　　皮书系列重点推荐

产业经济类

房地产蓝皮书
中国房地产发展报告 No.15（2018）

李春华　王业强 / 主编　2018年5月出版　估价：99.00元

◆ 2018年《房地产蓝皮书》持续追踪中国房地产市场最新动态，深度剖析市场热点，展望2018年发展趋势，积极谋划应对策略。对2017年房地产市场的发展态势进行全面、综合的分析。

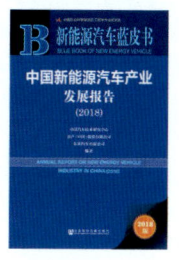

新能源汽车蓝皮书
中国新能源汽车产业发展报告（2018）

中国汽车技术研究中心　日产（中国）投资有限公司
东风汽车有限公司 / 编著　2018年8月出版　估价：99.00元

◆ 本书对中国2017年新能源汽车产业发展进行了全面系统的分析，并介绍了国外的发展经验。有助于相关机构、行业和社会公众等了解中国新能源汽车产业发展的最新动态，为政府部门出台新能源汽车产业相关政策法规、企业制定相关战略规划，提供必要的借鉴和参考。

行业及其他类

旅游绿皮书
2017~2018年中国旅游发展分析与预测

中国社会科学院旅游研究中心 / 编　2018年1月出版　定价：99.00元

◆ 本书从政策、产业、市场、社会等多个角度勾画出2017年中国旅游发展全貌，剖析了其中的热点和核心问题，并就未来发展作出预测。

皮书系列重点推荐

行业及其他类

民营医院蓝皮书
中国民营医院发展报告（2018）

薛晓林 / 主编　2018 年 11 月出版　估价：99.00 元

◆ 本书在梳理国家对社会办医的各种利好政策的前提下，对我国民营医疗发展现状、我国民营医院竞争力进行了分析，并结合我国医疗体制改革对民营医院的发展趋势、发展策略、战略规划等方面进行了预估。

会展蓝皮书
中外会展业动态评估研究报告（2018）

张敏 / 主编　2018 年 12 月出版　估价：99.00 元

◆ 本书回顾了 2017 年的会展业发展动态，结合"供给侧改革"、"互联网+"、"绿色经济"的新形势分析了我国展会的行业现状，并介绍了国外的发展经验，有助于行业和社会了解最新的展会业动态。

中国上市公司蓝皮书
中国上市公司发展报告（2018）

张平　王宏淼 / 主编　2018 年 9 月出版　估价：99.00 元

◆ 本书由中国社会科学院上市公司研究中心组织编写的，着力于全面、真实、客观反映当前中国上市公司财务状况和价值评估的综合性年度报告。本书详尽分析了 2017 年中国上市公司情况，特别是现实中暴露出的制度性、基础性问题，并对资本市场改革进行了探讨。

工业和信息化蓝皮书
人工智能发展报告（2017～2018）

尹丽波 / 主编　2018 年 6 月出版　估价：99.00 元

◆ 本书国家工业信息安全发展研究中心在对 2017 年全球人工智能技术和产业进行全面跟踪研究基础上形成的研究报告。该报告内容翔实、视角独特，具有较强的产业发展前瞻性和预测性，可为相关主管部门、行业协会、企业等全面了解人工智能发展形势以及进行科学决策提供参考。

国际问题与全球治理类

国际问题与全球治理类

世界经济黄皮书

2018年世界经济形势分析与预测

张宇燕 / 主编　2018年1月出版　定价：99.00元

◆ 本书由中国社会科学院世界经济与政治研究所的研究团队撰写，分总论、国别与地区、专题、热点、世界经济统计与预测等五个部分，对2018年世界经济形势进行了分析。

国际城市蓝皮书

国际城市发展报告（2018）

屠启宇 / 主编　2018年2月出版　定价：89.00元

◆ 本书作者以上海社会科学院从事国际城市研究的学者团队为核心，汇集同济大学、华东师范大学、复旦大学、上海交通大学、南京大学、浙江大学相关城市研究专业学者。立足动态跟踪介绍国际城市发展时间中，最新出现的重大战略、重大理念、重大项目、重大报告和最佳案例。

非洲黄皮书

非洲发展报告 No.20（2017~2018）

张宏明 / 主编　2018年7月出版　估价：99.00元

◆ 本书是由中国社会科学院西亚非洲研究所组织编撰的非洲形势年度报告，比较全面、系统地分析了2017年非洲政治形势和热点问题，探讨了非洲经济形势和市场走向，剖析了大国对非洲关系的新动向；此外，还介绍了国内非洲研究的新成果。

国别类

美国蓝皮书
美国研究报告（2018）

郑秉文 黄平 / 主编　2018年5月出版　估价：99.00元

◆ 本书是由中国社会科学院美国研究所主持完成的研究成果，它回顾了美国2017年的经济、政治形势与外交战略，对美国内政外交发生的重大事件及重要政策进行了较为全面的回顾和梳理。

德国蓝皮书
德国发展报告（2018）

郑春荣 / 主编　2018年6月出版　估价：99.00元

◆ 本报告由同济大学德国研究所组织编撰，由该领域的专家学者对德国的政治、经济、社会文化、外交等方面的形势发展情况，进行全面的阐述与分析。

俄罗斯黄皮书
俄罗斯发展报告（2018）

李永全 / 编著　2018年6月出版　估价：99.00元

◆ 本书系统介绍了2017年俄罗斯经济政治情况，并对2016年该地区发生的焦点、热点问题进行了分析与回顾；在此基础上，对该地区2018年的发展前景进行了预测。

 文化传媒类

皮书系列
重点推荐

文 化 传 媒 类

新媒体蓝皮书

中国新媒体发展报告 No.9（2018）

唐绪军 / 主编　2018 年 6 月出版　估价：99.00 元

◆ 本书是由中国社会科学院新闻与传播研究所组织编写的关于新媒体发展的最新年度报告，旨在全面分析中国新媒体的发展现状，解读新媒体的发展趋势，探析新媒体的深刻影响。

移动互联网蓝皮书

中国移动互联网发展报告（2018）

余清楚 / 主编　2018 年 6 月出版　估价：99.00 元

◆ 本书着眼于对 2017 年度中国移动互联网的发展情况做深入解析，对未来发展趋势进行预测，力求从不同视角、不同层面全面剖析中国移动互联网发展的现状、年度突破及热点趋势等。

文化蓝皮书

中国文化消费需求景气评价报告（2018）

王亚南 / 主编　2018 年 3 月出版　定价：99.00 元

◆ 本书首创全国文化发展量化检测评价体系，也是至今全国唯一的文化民生量化检测评价体系，对于检验全国及各地"以人民为中心"的文化发展具有首创意义。

地方发展类

北京蓝皮书

北京经济发展报告（2017~2018）

杨松 / 主编　2018年6月出版　估价：99.00元

◆ 本书对2017年北京市经济发展的整体形势进行了系统性的分析与回顾，并对2018年经济形势走势进行了预测与研判，聚焦北京市经济社会发展中的全局性、战略性和关键领域的重点问题，运用定量和定性分析相结合的方法，对北京市经济社会发展的现状、问题、成因进行了深入分析，提出了可操作性的对策建议。

温州蓝皮书

2018年温州经济社会形势分析与预测

蒋儒标　王春光　金浩 / 主编　2018年6月出版　估价：99.00元

◆ 本书是中共温州市委党校和中国社会科学院社会学研究所合作推出的第十一本温州蓝皮书，由来自党校、政府部门、科研机构、高校的专家、学者共同撰写的2017年温州区域发展形势的最新研究成果。

黑龙江蓝皮书

黑龙江社会发展报告（2018）

王爱丽 / 主编　2018年1月出版　定价：89.00元

◆ 本书以千份随机抽样问卷调查和专题研究为依据，运用社会学理论框架和分析方法，从专家和学者的独特视角，对2017年黑龙江省关系民生的问题进行广泛的调研与分析，并对2017年黑龙江省诸多社会热点和焦点问题进行了有益的探索。这些研究不仅可以为政府部门更加全面深入了解省情、科学制定决策提供智力支持，同时也可以为广大读者认识、了解、关注黑龙江社会发展提供理性思考。

宏观经济类

城市蓝皮书
中国城市发展报告（No.11）
著（编）者：潘家华 单菁菁
2018年9月出版 / 估价：99.00元
PSN B-2007-091-1/1

城乡一体化蓝皮书
中国城乡一体化发展报告（2018）
著（编）者：付崇兰
2018年9月出版 / 估价：99.00元
PSN B-2011-226-1/2

城镇化蓝皮书
中国新型城镇化健康发展报告（2018）
著（编）者：张占斌
2018年8月出版 / 估价：99.00元
PSN B-2014-396-1/1

创新蓝皮书
创新型国家建设报告（2018~2019）
著（编）者：詹正茂
2018年12月出版 / 估价：99.00元
PSN B-2009-140-1/1

低碳发展蓝皮书
中国低碳发展报告（2018）
著（编）者：张希良 齐晔
2018年6月出版 / 估价：99.00元
PSN B-2011-223-1/1

低碳经济蓝皮书
中国低碳经济发展报告（2018）
著（编）者：薛进军 赵忠秀
2018年11月出版 / 估价：99.00元
PSN B-2011-194-1/1

发展和改革蓝皮书
中国经济发展和体制改革报告No.9
著（编）者：邹东涛 王再文
2018年1月出版 / 估价：99.00元
PSN B-2008-122-1/1

国家创新蓝皮书
中国创新发展报告（2017）
著（编）者：陈劲 2018年5月出版 / 估价：99.00元
PSN B-2014-370-1/1

金融蓝皮书
中国金融发展报告（2018）
著（编）者：王国刚
2018年6月出版 / 估价：99.00元
PSN B-2004-031-1/7

经济蓝皮书
2018年中国经济形势分析与预测
著（编）者：李平 2017年12月出版 / 定价：89.00元
PSN B-1996-001-1/1

经济蓝皮书春季号
2018年中国经济前景分析
著（编）者：李扬 2018年5月出版 / 估价：99.00元
PSN B-1999-008-1/1

经济蓝皮书夏季号
中国经济增长报告（2017~2018）
著（编）者：李扬 2018年9月出版 / 估价：99.00元
PSN B-2010-176-1/1

农村绿皮书
中国农村经济形势分析与预测（2017~2018）
著（编）者：魏后凯 黄秉信
2018年4月出版 / 定价：99.00元
PSN G-1998-003-1/1

人口与劳动绿皮书
中国人口与劳动问题报告No.19
著（编）者：张车伟 2018年11月出版 / 估价：99.00元
PSN G-2000-012-1/1

新型城镇化蓝皮书
新型城镇化发展报告（2017）
著（编）者：李伟 宋敏
2018年3月出版 / 定价：98.00元
PSN B-2005-038-1/1

中国省域竞争力蓝皮书
中国省域经济综合竞争力发展报告（2016~2017）
著（编）者：李建平 李闽榕
2018年2月出版 / 定价：198.00元
PSN B-2007-088-1/1

中小城市绿皮书
中国中小城市发展报告（2018）
著（编）者：中国城市经济学会中小城市经济发展委员会
　　　　　中国城镇化促进会中小城市发展委员会
　　　　　《中国中小城市发展报告》编纂委员会
　　　　　中小城市发展战略研究院
2018年11月出版 / 估价：128.00元
PSN G-2010-161-1/1

皮书系列 2018全品种
区域经济类 · 社会政法类

区域经济类

东北蓝皮书
中国东北地区发展报告（2018）
著（编）者：姜晓秋　2018年11月出版 / 估价：99.00元
PSN B-2006-067-1/1

金融蓝皮书
中国金融中心发展报告（2017~2018）
著（编）者：王力 黄育华　2018年11月出版 / 估价：99.00元
PSN B-2011-186-6/7

京津冀蓝皮书
京津冀发展报告（2018）
著（编）者：祝合良 叶堂林 张贵祥
2018年6月出版 / 估价：99.00元
PSN B-2012-262-1/1

西北蓝皮书
中国西北发展报告（2018）
著（编）者：王福生 马廷旭 董秋生
2018年1月出版 / 定价：99.00元
PSN B-2012-261-1/1

西部蓝皮书
中国西部发展报告（2018）
著（编）者：章勇 任保平　2018年8月出版 / 估价：99.00元
PSN B-2005-039-1/1

长江经济带产业蓝皮书
长江经济带产业发展报告（2018）
著（编）者：吴传清　2018年11月出版 / 估价：128.00元
PSN B-2017-666-1/1

长江经济带蓝皮书
长江经济带发展报告（2017~2018）
著（编）者：王振　2018年11月出版 / 估价：99.00元
PSN B-2016-575-1/1

长江中游城市群蓝皮书
长江中游城市群新型城镇化与产业协同发展报告（2018）
著（编）者：杨刚强　2018年11月出版 / 估价：99.00元
PSN B-2016-578-1/1

长三角蓝皮书
2017年创新融合发展的长三角
著（编）者：刘飞跃　2018年5月出版 / 估价：99.00元
PSN B-2005-038-1/1

长株潭城市群蓝皮书
长株潭城市群发展报告（2017）
著（编）者：张萍 朱有志　2018年6月出版 / 估价：99.00元
PSN B-2008-109-1/1

特色小镇蓝皮书
特色小镇智慧运营报告（2018）：顶层设计与智慧架构标
著（编）者：陈劲　2018年1月出版 / 定价：79.00元
PSN B-2013-692-1/1

中部竞争力蓝皮书
中国中部经济社会竞争力报告（2018）
著（编）者：教育部人文社会科学重点研究基地南昌大学中国
中部经济社会发展研究中心
2018年12月出版 / 估价：99.00元
PSN B-2012-276-1/1

中部蓝皮书
中国中部地区发展报告（2018）
著（编）者：宋亚平　2018年12月出版 / 估价：99.00元
PSN B-2007-089-1/1

区域蓝皮书
中国区域经济发展报告（2017~2018）
著（编）者：赵弘　2018年5月出版 / 估价：99.00元
PSN B-2004-034-1/1

中三角蓝皮书
长江中游城市群发展报告（2018）
著（编）者：秦尊文　2018年9月出版 / 估价：99.00元
PSN B-2014-417-1/1

中原蓝皮书
中原经济区发展报告（2018）
著（编）者：李英杰　2018年6月出版 / 估价：99.00元
PSN B-2011-192-1/1

珠三角流通蓝皮书
珠三角商圈发展研究报告（2018）
著（编）者：王先庆 林至颖　2018年7月出版 / 估价：99.00元
PSN B-2012-292-1/1

社会政法类

北京蓝皮书
中国社区发展报告（2017~2018）
著（编）者：于燕燕　2018年9月出版 / 估价：99.00元
PSN B-2007-083-5/8

殡葬绿皮书
中国殡葬事业发展报告（2017~2018）
著（编）者：李伯森　2018年6月出版 / 估价：158.00元
PSN G-2010-180-1/1

城市管理蓝皮书
中国城市管理报告（2017-2018）
著（编）者：刘林 刘承水　2018年5月出版 / 估价：158.00元
PSN B-2013-336-1/1

城市生活质量蓝皮书
中国城市生活质量报告（2017）
著（编）者：张连城 张平 杨春学 郎丽华
2017年12月出版 / 定价：89.00元
PSN B-2013-326-1/1

皮书系列 2018全品种 — 社会政法类

城市政府能力蓝皮书
中国城市政府公共服务能力评估报告（2018）
著(编)者：何艳玲　2018年5月出版／估价：99.00元
PSN B-2013-338-1/1

创业蓝皮书
中国创业发展研究报告（2017~2018）
著(编)者：黄群慧　赵卫星　钟宏武
2018年11月出版／估价：99.00元
PSN B-2016-577-1/1

慈善蓝皮书
中国慈善发展报告（2018）
著(编)者：杨团　2018年6月出版／估价：99.00元
PSN B-2009-142-1/1

党建蓝皮书
党的建设研究报告No.2（2018）
著(编)者：崔建民　陈东平　2018年6月出版／估价：99.00元
PSN B-2016-523-1/1

地方法治蓝皮书
中国地方法治发展报告No.3（2018）
著(编)者：李林　田禾　2018年6月出版／估价：118.00元
PSN B-2015-442-1/1

电子政务蓝皮书
中国电子政务发展报告（2018）
著(编)者：李季　2018年8月出版／估价：99.00元
PSN B-2003-022-1/1

儿童蓝皮书
中国儿童参与状况报告（2017）
著(编)者：苑立新　2017年12月出版／定价：89.00元
PSN B-2017-682-1/1

法治蓝皮书
中国法治发展报告No.16（2018）
著(编)者：李林　田禾　2018年3月出版／定价：128.00元
PSN B-2004-027-1/3

法治蓝皮书
中国法院信息化发展报告No.2（2018）
著(编)者：李林　田禾　2018年2月出版／定价：118.00元
PSN B-2017-604-3/3

法治政府蓝皮书
中国法治政府发展报告（2017）
著(编)者：中国政法大学法治政府研究院
2018年3月出版／定价：158.00元
PSN B-2015-502-1/2

法治政府蓝皮书
中国法治政府评估报告（2018）
著(编)者：中国政法大学法治政府研究院
2018年9月出版／定价：168.00元
PSN B-2016-576-2/2

反腐倡廉蓝皮书
中国反腐倡廉建设报告No.8
著(编)者：张英伟　2018年12月出版／估价：99.00元
PSN B-2012-259-1/1

扶贫蓝皮书
中国扶贫开发报告（2018）
著(编)者：李培林　魏后凯　2018年12月出版／估价：128.00元
PSN B-2016-599-1/1

妇女发展蓝皮书
中国妇女发展报告 No.6
著(编)者：王金玲　2018年9月出版／估价：158.00元
PSN B-2006-069-1/1

妇女教育蓝皮书
中国妇女教育发展报告 No.3
著(编)者：张李玺　2018年10月出版／估价：99.00元
PSN B-2008-121-1/1

妇女绿皮书
2018年：中国性别平等与妇女发展报告
著(编)者：谭琳　2018年12月出版／估价：99.00元
PSN G-2006-073-1/1

公共安全蓝皮书
中国城市公共安全发展报告（2017~2018）
著(编)者：黄育华　杨文明　赵建辉
2018年6月出版／估价：99.00元
PSN B-2017-628-1/1

公共服务蓝皮书
中国城市基本公共服务力评价（2018）
著(编)者：钟君　刘志昌　吴正晏
2018年12月出版／估价：99.00元
PSN B-2011-214-1/1

公民科学素质蓝皮书
中国公民科学素质报告（2017~2018）
著(编)者：李群　陈雄　马宗文
2017年12月出版／估价：89.00元
PSN B-2014-379-1/1

公益蓝皮书
中国公益慈善发展报告（2016）
著(编)者：朱健刚　胡小军　2018年6月出版／估价：99.00元
PSN B-2012-283-1/1

国际人才蓝皮书
中国国际移民报告（2018）
著(编)者：王辉耀　2018年6月出版／估价：99.00元
PSN B-2012-304-3/4

国际人才蓝皮书
中国留学发展报告（2018）No.7
著(编)者：王辉耀　苗绿　2018年12月出版／估价：99.00元
PSN B-2012-244-2/4

海洋社会蓝皮书
中国海洋社会发展报告（2017）
著(编)者：崔凤　宋宁而　2018年3月出版／定价：89.00元
PSN B-2015-478-1/1

行政改革蓝皮书
中国行政体制改革报告No.7（2018）
著(编)者：魏礼群　2018年6月出版／估价：99.00元
PSN B-2011-231-1/1

皮书系列 2018全品种 — 社会政法类

华侨华人蓝皮书
华侨华人研究报告（2017）
著(编)者：张禹东 庄国土　2017年12月出版 / 定价：148.00元
PSN B-2011-204-1/1

互联网与国家治理蓝皮书
互联网与国家治理发展报告（2017）
著(编)者：张志安　2018年1月出版 / 定价：98.00元
PSN B-2017-671-1/1

环境管理蓝皮书
中国环境管理发展报告（2017）
著(编)者：李金惠　2017年12月出版 / 定价：98.00元
PSN B-2017-678-1/1

环境竞争力绿皮书
中国省域环境竞争力发展报告（2018）
著(编)者：李建平 李闽榕 王金南
2018年11月出版 / 估价：198.00元
PSN G-2010-165-1/1

环境绿皮书
中国环境发展报告（2017~2018）
著(编)者：李波　2018年6月出版 / 估价：99.00元
PSN G-2006-048-1/1

家庭蓝皮书
中国"创建幸福家庭活动"评估报告（2018）
著(编)者：国务院发展研究中心"创建幸福家庭活动评估"课题组
2018年12月出版 / 估价：99.00元
PSN B-2015-508-1/1

健康城市蓝皮书
中国健康城市建设研究报告（2018）
著(编)者：王鸿春 盛继洪　2018年12月出版 / 估价：99.00元
PSN B-2016-564-2/2

健康中国蓝皮书
社区首诊与健康中国分析报告（2018）
著(编)者：高和荣 杨叔禹 姜杰
2018年6月出版 / 估价：99.00元
PSN B-2017-611-1/1

教师蓝皮书
中国中小学教师发展报告（2017）
著(编)者：曾晓东 鱼霞
2018年6月出版 / 估价：99.00元
PSN B-2012-289-1/1

教育扶贫蓝皮书
中国教育扶贫报告（2018）
著(编)者：司树杰 王文静 李兴洲
2018年12月出版 / 估价：99.00元
PSN B-2016-590-1/1

教育蓝皮书
中国教育发展报告（2018）
著(编)者：杨东平　2018年3月出版 / 定价：89.00元
PSN B-2006-047-1/1

金融法治建设蓝皮书
中国金融法治建设年度报告（2015~2016）
著(编)者：朱小黄　2018年6月出版 / 估价：99.00元
PSN B-2017-633-1/1

京津冀教育蓝皮书
京津冀教育发展研究报告（2017~2018）
著(编)者：方中雄　2018年6月出版 / 估价：99.00元
PSN B-2017-608-1/1

就业蓝皮书
2018年中国本科生就业报告
著(编)者：麦可思研究院　2018年6月出版 / 估价：99.00元
PSN B-2009-146-1/2

就业蓝皮书
2018年中国高职高专生就业报告
著(编)者：麦可思研究院　2018年6月出版 / 估价：99.00元
PSN B-2015-472-2/2

科学教育蓝皮书
中国科学教育发展报告（2018）
著(编)者：王康友　2018年10月出版 / 估价：99.00元
PSN B-2015-487-1/1

劳动保障蓝皮书
中国劳动保障发展报告（2018）
著(编)者：刘燕斌　2018年9月出版 / 估价：158.00元
PSN B-2014-415-1/1

老龄蓝皮书
中国老年宜居环境发展报告（2017）
著(编)者：党俊武 周燕珉　2018年6月出版 / 估价：99.00元
PSN B-2013-320-1/1

连片特困区蓝皮书
中国连片特困区发展报告（2017~2018）
著(编)者：游俊 冷志明 丁建军
2018年6月出版 / 估价：99.00元
PSN B-2013-321-1/1

流动儿童蓝皮书
中国流动儿童教育发展报告（2017）
著(编)者：杨东平　2018年6月出版 / 估价：99.00元
PSN B-2017-600-1/1

民调蓝皮书
中国民生调查报告（2018）
著(编)者：谢耘耕　2018年12月出版 / 估价：99.00元
PSN B-2014-398-1/1

民族发展蓝皮书
中国民族发展报告（2018）
著(编)者：王延中　2018年10月出版 / 估价：188.00元
PSN B-2006-070-1/1

女性生活蓝皮书
中国女性生活状况报告No.12（2018）
著(编)者：高博燕　2018年7月出版 / 估价：99.00元
PSN B-2006-071-1/1

社会政法类 — 皮书系列 2018全品种

汽车社会蓝皮书
中国汽车社会发展报告（2017~2018）
著（编）者：王俊秀　2018年6月出版　估价：99.00元
PSN B-2011-224-1/1

青年蓝皮书
中国青年发展报告（2018）No.3
著（编）者：廉思　2018年6月出版　估价：99.00元
PSN B-2013-333-1/1

青少年蓝皮书
中国未成年人互联网运用报告（2017~2018）
著（编）者：李为民　李文革　沈杰
2018年11月出版　估价：99.00元
PSN B-2010-156-1/1

人权蓝皮书
中国人权事业发展报告No.8（2018）
著（编）者：李君如　2018年9月出版　估价：99.00元
PSN B-2011-215-1/1

社会保障绿皮书
中国社会保障发展报告No.9（2018）
著（编）者：王延中　2018年6月出版　估价：99.00元
PSN G-2001-014-1/1

社会风险评估蓝皮书
风险评估与危机预警报告（2017~2018）
著（编）者：唐钧　2018年8月出版　估价：99.00元
PSN B-2012-293-1/1

社会工作蓝皮书
中国社会工作发展报告（2016~2017）
著（编）者：民政部社会工作研究中心
2018年8月出版　估价：99.00元
PSN B-2009-141-1/1

社会管理蓝皮书
中国社会管理创新报告No.6
著（编）者：连玉明　2018年11月出版　估价：99.00元
PSN B-2012-300-1/1

社会蓝皮书
2018年中国社会形势分析与预测
著（编）者：李培林　陈光金　张翼
2017年12月出版　定价：89.00元
PSN B-1998-002-1/1

社会体制蓝皮书
中国社会体制改革报告No.6（2018）
著（编）者：龚维斌　2018年3月出版　定价：98.00元
PSN B-2013-330-1/1

社会心态蓝皮书
中国社会心态研究报告（2018）
著（编）者：王俊秀　2018年12月出版　估价：99.00元
PSN B-2011-199-1/1

社会组织蓝皮书
中国社会组织报告（2017-2018）
著（编）者：黄晓勇　2018年6月出版　估价：99.00元
PSN B-2008-118-1/2

社会组织蓝皮书
中国社会组织评估发展报告（2018）
著（编）者：徐家良　2018年12月出版　估价：99.00元
PSN B-2013-366-2/2

生态城市绿皮书
中国生态城市建设发展报告（2018）
著（编）者：刘举科　孙伟平　胡文臻
2018年9月出版　估价：158.00元
PSN G-2012-269-1/1

生态文明绿皮书
中国省域生态文明建设评价报告（ECI 2018）
著（编）者：严耕　2018年12月出版　估价：99.00元
PSN G-2010-170-1/1

退休生活蓝皮书
中国城市居民退休生活质量指数报告（2017）
著（编）者：杨一帆　2018年6月出版　估价：99.00元
PSN B-2017-618-1/1

危机管理蓝皮书
中国危机管理报告（2018）
著（编）者：文学国　范正青
2018年8月出版　估价：99.00元
PSN B-2010-171-1/1

学会蓝皮书
2018年中国学会发展报告
著（编）者：麦可思研究院　2018年12月出版　估价：99.00元
PSN B-2016-597-1/1

医改蓝皮书
中国医药卫生体制改革报告（2017~2018）
著（编）者：文学国　房志武
2018年11月出版　估价：99.00元
PSN B-2014-432-1/1

应急管理蓝皮书
中国应急管理报告（2018）
著（编）者：宋英华　2018年9月出版　估价：99.00元
PSN B-2016-562-1/1

政府绩效评估蓝皮书
中国地方政府绩效评估报告 No.2
著（编）者：贠杰　2018年12月出版　估价：99.00元
PSN B-2017-672-1/1

政治参与蓝皮书
中国政治参与报告（2018）
著（编）者：房宁　2018年8月出版　估价：128.00元
PSN B-2011-200-1/1

政治文化蓝皮书
中国政治文化报告（2018）
著（编）者：邢乐敏　魏大鹏　龚克
2018年8月出版　估价：128.00元
PSN B-2017-615-1/1

中国传统村落蓝皮书
中国传统村落保护现状报告（2018）
著（编）者：胡彬彬　李向军　王晓波
2018年12月出版　估价：99.00元
PSN B-2017-663-1/1

皮书系列 2018全品种

社会政法类·产业经济类

中国农村妇女发展蓝皮书
农村流动女性城市生活发展报告（2018）
著(编)者：谢丽华　2018年12月出版 / 估价：99.00元
PSN B-2014-434-1/1

宗教蓝皮书
中国宗教报告（2017）
著(编)者：邱永辉　2018年8月出版 / 估价：99.00元
PSN B-2008-117-1/1

产业经济类

保健蓝皮书
中国保健服务产业发展报告 No.2
著(编)者：中国保健协会　中共中央党校
2018年7月出版 / 估价：198.00元
PSN B-2012-272-3/3

保健蓝皮书
中国保健食品产业发展报告 No.2
著(编)者：中国保健协会
　　　　　中国社会科学院食品药品产业发展与监管研究中心
2018年8月出版 / 估价：198.00元
PSN B-2012-271-2/3

保健蓝皮书
中国保健用品产业发展报告 No.2
著(编)者：中国保健协会
　　　　　国务院国有资产监督管理委员会研究中心
2018年6月出版 / 估价：198.00元
PSN B-2012-270-1/3

保险蓝皮书
中国保险业竞争力报告（2018）
著(编)者：保监会　2018年12月出版 / 估价：99.00元
PSN B-2013-311-1/1

冰雪蓝皮书
中国冰上运动产业发展报告（2018）
著(编)者：孙承华　杨占武　刘戈　张鸿俊
2018年9月出版 / 估价：99.00元
PSN B-2017-648-3/3

冰雪蓝皮书
中国滑雪产业发展报告（2018）
著(编)者：孙承华　伍斌　魏庆华　张鸿俊
2018年9月出版 / 估价：99.00元
PSN B-2016-559-1/3

餐饮产业蓝皮书
中国餐饮产业发展报告（2018）
著(编)者：邢颖
2018年6月出版 / 估价：99.00元
PSN B-2009-151-1/1

茶业蓝皮书
中国茶产业发展报告（2018）
著(编)者：杨江帆　李闽榕
2018年10月出版 / 估价：99.00元
PSN B-2010-164-1/1

产业安全蓝皮书
中国文化产业安全报告（2018）
著(编)者：北京印刷学院文化产业安全研究院
2018年12月出版 / 估价：99.00元
PSN B-2014-378-12/14

产业安全蓝皮书
中国新媒体产业安全报告（2016~2017）
著(编)者：肖丽　2018年6月出版 / 估价：99.00元
PSN B-2015-500-14/14

产业安全蓝皮书
中国出版传媒产业安全报告（2017~2018）
著(编)者：北京印刷学院文化产业安全研究院
2018年6月出版 / 估价：99.00元
PSN B-2014-384-13/14

产业蓝皮书
中国产业竞争力报告（2018）No.8
著(编)者：张其仔　2018年12月出版 / 估价：168.00元
PSN B-2010-175-1/1

动力电池蓝皮书
中国新能源汽车动力电池产业发展报告（2018）
著(编)者：中国汽车技术研究中心
2018年8月出版 / 估价：99.00元
PSN B-2017-639-1/1

杜仲产业绿皮书
中国杜仲橡胶资源与产业发展报告（2017~2018）
著(编)者：杜红岩　胡文臻　俞锐
2018年6月出版 / 估价：99.00元
PSN G-2013-350-1/1

房地产蓝皮书
中国房地产发展报告No.15（2018）
著(编)者：李春华　王业强
2018年5月出版 / 估价：99.00元
PSN B-2004-028-1/1

服务外包蓝皮书
中国服务外包产业发展报告（2017~2018）
著(编)者：王晓红　刘德军
2018年6月出版 / 估价：99.00元
PSN B-2013-331-2/2

服务外包蓝皮书
中国服务外包竞争力报告（2017~2018）
著(编)者：刘春生　王力　黄育华
2018年12月出版 / 估价：99.00元
PSN B-2011-216-1/2

产业经济类 — 皮书系列 2018全品种

工业和信息化蓝皮书
世界信息技术产业发展报告（2017~2018）
著(编)者：尹丽波　2018年6月出版 / 估价：99.00元
PSN B-2015-449-2/6

工业和信息化蓝皮书
战略性新兴产业发展报告（2017~2018）
著(编)者：尹丽波　2018年6月出版 / 估价：99.00元
PSN B-2015-450-3/6

海洋经济蓝皮书
中国海洋经济发展报告（2015~2018）
著(编)者：殷克东　高金田　方胜民
2018年3月出版 / 定价：128.00元
PSN B-2018-697-1/1

康养蓝皮书
中国康养产业发展报告（2017）
著(编)者：何莽　2017年12月出版 / 定价：88.00元
PSN B-2017-685-1/1

客车蓝皮书
中国客车产业发展报告（2017~2018）
著(编)者：姚蔚　2018年10月出版 / 估价：99.00元
PSN B-2013-361-1/1

流通蓝皮书
中国商业发展报告（2018~2019）
著(编)者：王雪峰　林诗慧
2018年7月出版 / 估价：99.00元
PSN B-2009-152-1/2

能源蓝皮书
中国能源发展报告（2018）
著(编)者：崔民选　王军生　陈义和
2018年12月出版 / 估价：99.00元
PSN B-2006-049-1/1

农产品流通蓝皮书
中国农产品流通产业发展报告（2017）
著(编)者：贾敬敦　张东科　张玉玺　张鹏毅　周伟
2018年6月出版 / 估价：99.00元
PSN B-2012-288-1/1

汽车工业蓝皮书
中国汽车工业发展年度报告（2018）
著(编)者：中国汽车工业协会
　　　　　中国汽车技术研究中心
　　　　　丰田汽车公司
2018年5月出版 / 定价：168.00元
PSN B-2015-463-1/2

汽车工业蓝皮书
中国汽车零部件产业发展报告（2017~2018）
著(编)者：中国汽车工业协会
　　　　　中国汽车工程研究院深圳市沃特玛电池有限公司
2018年9月出版 / 估价：99.00元
PSN B-2016-515-2/2

汽车蓝皮书
中国汽车产业发展报告（2018）
著(编)者：中国汽车工程学会
　　　　　大众汽车集团（中国）
2018年11月出版 / 估价：99.00元
PSN B-2008-124-1/1

世界茶业蓝皮书
世界茶业发展报告（2018）
著(编)者：李闽榕　冯廷佺
2018年5月出版 / 估价：168.00元
PSN B-2017-619-1/1

世界能源蓝皮书
世界能源发展报告（2018）
著(编)者：黄晓勇　2018年6月出版 / 估价：168.00元
PSN B-2013-349-1/1

石油蓝皮书
中国石油产业发展报告（2018）
著(编)者：中国石油化工集团公司经济技术研究院
　　　　　中国国际石油化工联合有限责任公司
　　　　　中国社会科学院数量经济与技术经济研究所
2018年2月出版 / 定价：98.00元
PSN B-2018-690-1/1

体育蓝皮书
国家体育产业基地发展报告（2016~2017）
著(编)者：李颖川　2018年6月出版 / 估价：168.00元
PSN B-2017-609-5/5

体育蓝皮书
中国体育产业发展报告（2018）
著(编)者：阮伟　钟秉枢
2018年12月出版 / 估价：99.00元
PSN B-2010-179-1/5

文化金融蓝皮书
中国文化金融发展报告（2018）
著(编)者：杨涛　金巍
2018年6月出版 / 估价：99.00元
PSN B-2017-610-1/1

新能源汽车蓝皮书
中国新能源汽车产业发展报告（2018）
著(编)者：中国汽车技术研究中心
　　　　　日产（中国）投资有限公司
　　　　　东风汽车有限公司
2018年8月出版 / 估价：99.00元
PSN B-2013-347-1/1

薏仁米产业蓝皮书
中国薏仁米产业发展报告No.2（2018）
著(编)者：李发耀　石明　秦礼康
2018年8月出版 / 估价：99.00元
PSN B-2017-645-1/1

邮轮绿皮书
中国邮轮产业发展报告（2018）
著(编)者：汪泓　2018年10月出版 / 估价：99.00元
PSN G-2014-419-1/1

智能养老蓝皮书
中国智能养老产业发展报告（2018）
著(编)者：朱勇　2018年10月出版 / 估价：99.00元
PSN B-2015-488-1/1

中国节能汽车蓝皮书
中国节能汽车发展报告（2017~2018）
著(编)者：中国汽车工程研究院股份有限公司
2018年9月出版 / 估价：99.00元
PSN B-2016-565-1/1

产业经济类·行业及其他类

中国陶瓷产业蓝皮书
中国陶瓷产业发展报告（2018）
著（编）者：左和平 黄速建
2018年10月出版 / 估价：99.00元
PSN B-2016-573-1/1

装备制造业蓝皮书
中国装备制造业发展报告（2018）
著（编）者：徐东华
2018年12月出版 / 估价：118.00元
PSN B-2015-505-1/1

行业及其他类

"三农"互联网金融蓝皮书
中国"三农"互联网金融发展报告（2018）
著（编）者：李勇坚 王弢
2018年8月出版 / 估价：99.00元
PSN B-2016-560-1/1

SUV蓝皮书
中国SUV市场发展报告（2017~2018）
著（编）者：靳军 2018年9月出版 / 估价：99.00元
PSN B-2016-571-1/1

冰雪蓝皮书
中国冬季奥运会发展报告（2018）
著（编）者：孙承华 伍斌 魏庆华 张鸿俊
2018年9月出版 / 估价：99.00元
PSN B-2017-647-2/3

彩票蓝皮书
中国彩票发展报告（2018）
著（编）者：益彩基金 2018年6月出版 / 估价：99.00元
PSN B-2015-462-1/1

测绘地理信息蓝皮书
测绘地理信息供给侧结构性改革研究报告（2018）
著（编）者：库热西·买合苏提
2018年12月出版 / 估价：168.00元
PSN B-2009-145-1/1

产权市场蓝皮书
中国产权市场发展报告（2017）
著（编）者：曹和平
2018年5月出版 / 估价：99.00元
PSN B-2009-147-1/1

城投蓝皮书
中国城投行业发展报告（2018）
著（编）者：华景斌
2018年11月出版 / 估价：300.00元
PSN B-2016-514-1/1

城市轨道交通蓝皮书
中国城市轨道交通运营发展报告（2017~2018）
著（编）者：崔学忠 贾文峥
2018年3月出版 / 定价：89.00元
PSN B-2018-694-1/1

大数据蓝皮书
中国大数据发展报告（No.2）
著（编）者：连玉明 2018年5月出版 / 估价：99.00元
PSN B-2017-620-1/1

大数据应用蓝皮书
中国大数据应用发展报告No.2（2018）
著（编）者：陈军君 2018年8月出版 / 估价：99.00元
PSN B-2017-644-1/1

对外投资与风险蓝皮书
中国对外直接投资与国家风险报告（2018）
著（编）者：中债资信评估有限责任公司
　　　　　中国社会科学院世界经济与政治研究所
2018年6月出版 / 估价：189.00元
PSN B-2017-606-1/1

工业和信息化蓝皮书
人工智能发展报告（2017~2018）
著（编）者：尹丽波 2018年6月出版 / 估价：99.00元
PSN B-2015-448-1/6

工业和信息化蓝皮书
世界智慧城市发展报告（2017~2018）
著（编）者：尹丽波 2018年6月出版 / 估价：99.00元
PSN B-2015-624-6/6

工业和信息化蓝皮书
世界网络安全发展报告（2017~2018）
著（编）者：尹丽波 2018年6月出版 / 估价：99.00元
PSN B-2015-452-5/6

工业和信息化蓝皮书
世界信息化发展报告（2017~2018）
著（编）者：尹丽波 2018年6月出版 / 估价：99.00元
PSN B-2015-451-4/6

工业设计蓝皮书
中国工业设计发展报告（2018）
著（编）者：王晓红 于炜 张立群 2018年9月出版 / 估价：168.00元
PSN B-2014-420-1/1

公共关系蓝皮书
中国公共关系发展报告（2017）
著（编）者：柳斌杰 2018年1月出版 / 定价：89.00元
PSN B-2016-579-1/1

皮书系列 2018全品种

行业及其他类

公共关系蓝皮书
中国公共关系发展报告（2018）
著（编）者：柳斌杰　2018年11月出版　估价：99.00元
PSN B-2016-579-1/1

管理蓝皮书
中国管理发展报告（2018）
著（编）者：张晓东　2018年10月出版　估价：99.00元
PSN B-2014-416-1/1

轨道交通蓝皮书
中国轨道交通行业发展报告（2017）
著（编）者：仲建华　李闽榕
2017年12月出版　定价：98.00元
PSN B-2017-674-1/1

海关发展蓝皮书
中国海关发展前沿报告（2018）
著（编）者：干春晖　2018年6月出版　估价：99.00元
PSN B-2017-616-1/1

互联网医疗蓝皮书
中国互联网健康医疗发展报告（2018）
著（编）者：芮晓武　2018年6月出版　估价：99.00元
PSN B-2016-567-1/1

黄金市场蓝皮书
中国商业银行黄金业务发展报告（2017~2018）
著（编）者：平安银行　2018年6月出版　估价：99.00元
PSN B-2016-524-1/1

会展蓝皮书
中外会展业动态评估研究报告（2018）
著（编）者：张敏　任中峰　聂鑫焱　牛盼强
2018年12月出版　估价：99.00元
PSN B-2013-327-1/1

基金会蓝皮书
中国基金会发展报告（2017~2018）
著（编）者：中国基金会发展报告课题组
2018年6月出版　估价：99.00元
PSN B-2013-368-1/1

基金会绿皮书
中国基金会发展独立研究报告（2018）
著（编）者：基金会中心网　中央民族大学基金会研究中心
2018年6月出版　估价：99.00元
PSN G-2011-213-1/1

基金会透明度蓝皮书
中国基金会透明度发展研究报告（2018）
著（编）者：基金会中心网　清华大学廉政与治理研究中心
2018年9月出版　估价：99.00元
PSN B-2013-339-1/1

建筑装饰蓝皮书
中国建筑装饰行业发展报告（2018）
著（编）者：葛道顺　刘晓一
2018年10月出版　估价：198.00元
PSN B-2016-553-1/1

金融监管蓝皮书
中国金融监管报告（2018）
著（编）者：胡滨　2018年3月出版　定价：98.00元
PSN B-2012-281-1/1

金融蓝皮书
中国互联网金融行业分析与评估（2018~2019）
著（编）者：黄国平　伍旭川　2018年12月出版　估价：99.00元
PSN B-2016-585-7/7

金融科技蓝皮书
中国金融科技发展报告（2018）
著（编）者：李扬　孙国峰　2018年10月出版　估价：99.00元
PSN B-2014-374-1/1

金融信息服务蓝皮书
中国金融信息服务发展报告（2018）
著（编）者：李平　2018年5月出版　估价：99.00元
PSN B-2017-621-1/1

金蜜蜂企业社会责任蓝皮书
金蜜蜂中国企业社会责任报告研究（2017）
著（编）者：殷格非　于志宏　管竹笋
2018年1月出版　定价：99.00元
PSN B-2018-693-1/1

京津冀金融蓝皮书
京津冀金融发展报告（2018）
著（编）者：王爱俭　王璟怡　2018年10月出版　估价：99.00元
PSN B-2016-527-1/1

科普蓝皮书
国家科普能力发展报告（2018）
著（编）者：王康友　2018年5月出版　估价：138.00元
PSN B-2017-632-4/4

科普蓝皮书
中国基层科普发展报告（2017~2018）
著（编）者：赵立新　陈玲　2018年9月出版　估价：99.00元
PSN B-2016-568-3/4

科普蓝皮书
中国科普基础设施发展报告（2017~2018）
著（编）者：任福君　2018年6月出版　估价：99.00元
PSN B-2010-174-1/3

科普蓝皮书
中国科普人才发展报告（2017~2018）
著（编）者：郑念　任嵘嵘　2018年7月出版　估价：99.00元
PSN B-2016-512-2/4

科普能力蓝皮书
中国科普能力评价报告（2018~2019）
著（编）者：李富强　李群　2018年8月出版　估价：99.00元
PSN B-2016-555-1/1

临空经济蓝皮书
中国临空经济发展报告（2018）
著（编）者：连玉明　2018年9月出版　估价：99.00元
PSN B-2014-421-1/1

皮书系列 2018全品种

行业及其他类

旅游安全蓝皮书
中国旅游安全报告（2018）
著(编)者：郑向敏 谢朝武　2018年5月出版 / 估价：158.00元
PSN B-2012-280-1/1

旅游绿皮书
2017~2018年中国旅游发展分析与预测
著(编)者：宋瑞　2018年1月出版 / 定价：99.00元
PSN G-2002-018-1/1

煤炭蓝皮书
中国煤炭工业发展报告（2018）
著(编)者：岳福斌　2018年12月出版 / 估价：99.00元
PSN B-2008-123-1/1

民营企业社会责任蓝皮书
中国民营企业社会责任报告（2018）
著(编)者：中华全国工商业联合会
2018年12月出版 / 估价：99.00元
PSN B-2015-510-1/1

民营医院蓝皮书
中国民营医院发展报告（2017）
著(编)者：薛晓林　2017年12月出版 / 定价：89.00元
PSN B-2012-299-1/1

闽商蓝皮书
闽商发展报告（2018）
著(编)者：李闽榕 王日根 林琛
2018年12月出版 / 估价：99.00元
PSN B-2012-298-1/1

农业应对气候变化蓝皮书
中国农业气象灾害及其灾损评估报告（No.3）
著(编)者：矫梅燕　2018年6月出版 / 估价：118.00元
PSN B-2014-413-1/1

品牌蓝皮书
中国品牌战略发展报告（2018）
著(编)者：汪同三　2018年10月出版 / 估价：99.00元
PSN B-2016-580-1/1

企业扶贫蓝皮书
中国企业扶贫研究报告（2018）
著(编)者：钟宏武　2018年12月出版 / 估价：99.00元
PSN B-2016-593-1/1

企业公益蓝皮书
中国企业公益研究报告（2018）
著(编)者：钟宏武 汪杰 黄晓娟
2018年12月出版 / 估价：99.00元
PSN B-2015-501-1/1

企业国际化蓝皮书
中国企业全球化报告（2018）
著(编)者：王辉耀 苗绿　2018年11月出版 / 估价：99.00元
PSN B-2014-427-1/1

企业蓝皮书
中国企业绿色发展报告No.2（2018）
著(编)者：李红玉 朱光辉
2018年8月出版 / 估价：99.00元
PSN B-2015-481-2/2

企业社会责任蓝皮书
中资企业海外社会责任研究报告（2017~2018）
著(编)者：钟宏武 叶柳红 张蒽
2018年6月出版 / 估价：99.00元
PSN B-2017-603-2/2

企业社会责任蓝皮书
中国企业社会责任研究报告（2018）
著(编)者：黄群慧 钟宏武 张蒽 汪杰
2018年11月出版 / 估价：99.00元
PSN B-2009-149-1/2

汽车安全蓝皮书
中国汽车安全发展报告（2018）
著(编)者：中国汽车技术研究中心
2018年8月出版 / 估价：99.00元
PSN B-2014-385-1/1

汽车电子商务蓝皮书
中国汽车电子商务发展报告（2018）
著(编)者：中华全国工商业联合会汽车经销商商会
　　　　　北方工业大学
　　　　　北京易观智库网络科技有限公司
2018年10月出版 / 估价：158.00元
PSN B-2015-485-1/1

汽车知识产权蓝皮书
中国汽车产业知识产权发展报告（2018）
著(编)者：中国汽车工程研究院股份有限公司
　　　　　中国汽车工程学会
　　　　　重庆长安汽车股份有限公司
2018年12月出版 / 估价：99.00元
PSN B-2016-594-1/1

青少年体育蓝皮书
中国青少年体育发展报告（2017）
著(编)者：刘扶民 杨桦　2018年6月出版 / 估价：99.00元
PSN B-2015-482-1/1

区块链蓝皮书
中国区块链发展报告（2018）
著(编)者：李伟　2018年9月出版 / 估价：99.00元
PSN B-2017-649-1/1

群众体育蓝皮书
中国群众体育发展报告（2017）
著(编)者：刘国永 戴健　2018年5月出版 / 估价：99.00元
PSN B-2014-411-1/3

群众体育蓝皮书
中国社会体育指导员发展报告（2018）
著(编)者：刘国永 王欢　2018年6月出版 / 估价：99.00元
PSN B-2016-520-3/3

人力资源蓝皮书
中国人力资源发展报告（2018）
著(编)者：余兴安　2018年11月出版 / 估价：99.00元
PSN B-2012-287-1/1

融资租赁蓝皮书
中国融资租赁业发展报告（2017~2018）
著(编)者：李光荣 王力　2018年8月出版 / 估价：99.00元
PSN B-2015-443-1/1

 行业及其他类

皮书系列 2018全品种

商会蓝皮书
中国商会发展报告No.5（2017）
著(编)者：王钦敏　2018年7月出版／估价：99.00元
PSN B-2008-125-1/1

商务中心区蓝皮书
中国商务中心区发展报告No.4（2017~2018）
著(编)者：李国红　单菁菁　2018年9月出版／估价：99.00元
PSN B-2015-444-1/1

设计产业蓝皮书
中国创新设计发展报告（2018）
著(编)者：王晓红　张立群　于炜
2018年11月出版／估价：99.00元
PSN B-2016-581-2/2

社会责任管理蓝皮书
中国上市公司社会责任能力成熟度报告No.4（2018）
著(编)者：肖红军　王晓光　李伟阳
2018年12月出版／估价：99.00元
PSN B-2015-507-2/2

社会责任管理蓝皮书
中国企业公众透明度报告No.4（2017~2018）
著(编)者：黄速建　熊梦　王晓光　肖红军
2018年6月出版／估价：99.00元
PSN B-2015-440-1/2

食品药品蓝皮书
食品药品安全与监管政策研究报告（2016~2017）
著(编)者：唐民皓　2018年6月出版／估价：99.00元
PSN B-2009-129-1/1

输血服务蓝皮书
中国输血行业发展报告（2018）
著(编)者：孙俊　2018年12月出版／估价：99.00元
PSN B-2016-582-1/1

水利风景区蓝皮书
中国水利风景区发展报告（2018）
著(编)者：董建文　兰思仁
2018年10月出版／估价：99.00元
PSN B-2015-480-1/1

数字经济蓝皮书
全球数字经济竞争力发展报告（2017）
著(编)者：王振　2017年12月出版／定价：79.00元
PSN B-2017-673-1/1

私募市场蓝皮书
中国私募股权市场发展报告（2017~2018）
著(编)者：曹和平　2018年12月出版／估价：99.00元
PSN B-2010-162-1/1

碳排放权交易蓝皮书
中国碳排放权交易报告（2018）
著(编)者：孙永平　2018年11月出版／估价：99.00元
PSN B-2017-652-1/1

碳市场蓝皮书
中国碳市场报告（2018）
著(编)者：定金彪　2018年11月出版／估价：99.00元
PSN B-2014-430-1/1

体育蓝皮书
中国公共体育服务发展报告（2018）
著(编)者：戴健　2018年12月出版／估价：99.00元
PSN B-2013-367-2/5

土地市场蓝皮书
中国农村土地市场发展报告（2017~2018）
著(编)者：李光荣　2018年6月出版／估价：99.00元
PSN B-2016-526-1/1

土地整治蓝皮书
中国土地整治发展研究报告（No.5）
著(编)者：国土资源部土地整治中心
2018年7月出版／估价：99.00元
PSN B-2014-401-1/1

土地政策蓝皮书
中国土地政策研究报告（2018）
著(编)者：高延利　张建平　吴次芳
2018年1月出版／定价：98.00元
PSN B-2015-506-1/1

网络空间安全蓝皮书
中国网络空间安全发展报告（2018）
著(编)者：惠志斌　覃庆玲
2018年11月出版／估价：99.00元
PSN B-2015-466-1/1

文化志愿服务蓝皮书
中国文化志愿服务发展报告（2018）
著(编)者：张永新　良警宇　2018年11月出版／估价：128.00元
PSN B-2016-596-1/1

西部金融蓝皮书
中国西部金融发展报告（2017~2018）
著(编)者：李忠民　2018年8月出版／估价：99.00元
PSN B-2010-160-1/1

协会商会蓝皮书
中国行业协会商会发展报告（2017）
著(编)者：景朝阳　李勇　2018年6月出版／估价：99.00元
PSN B-2015-461-1/1

新三板蓝皮书
中国新三板市场发展报告（2018）
著(编)者：王力　2018年8月出版／估价：99.00元
PSN B-2016-533-1/1

信托市场蓝皮书
中国信托业市场报告（2017~2018）
著(编)者：用益金融信托研究院
2018年6月出版／估价：198.00元
PSN B-2014-371-1/1

信息化蓝皮书
中国信息化形势分析与预测（2017~2018）
著(编)者：周宏仁　2018年8月出版／估价：99.00元
PSN B-2010-168-1/1

信用蓝皮书
中国信用发展报告（2017~2018）
著(编)者：章政　田侃　2018年6月出版／估价：99.00元
PSN B-2013-328-1/1

皮书系列 2018全品种
行业及其他类

休闲绿皮书
2017~2018年中国休闲发展报告
著(编)者：宋瑞　2018年7月出版／估价：99.00元
PSN G-2010-158-1/1

休闲体育蓝皮书
中国休闲体育发展报告（2017~2018）
著(编)者：李相如　钟秉枢
2018年10月出版／估价：99.00元
PSN B-2016-516-1/1

养老金融蓝皮书
中国养老金融发展报告（2018）
著(编)者：董克用　姚余栋
2018年9月出版／估价：99.00元
PSN B-2016-583-1/1

遥感监测绿皮书
中国可持续发展遥感监测报告（2017）
著(编)者：顾行发　汪克强　潘教峰　李闽榕　徐东华　王琦安
2018年6月出版／估价：298.00元
PSN B-2017-629-1/1

药品流通蓝皮书
中国药品流通行业发展报告（2018）
著(编)者：佘鲁林　温再兴
2018年7月出版／估价：198.00元
PSN B-2014-429-1/1

医疗器械蓝皮书
中国医疗器械行业发展报告（2018）
著(编)者：王宝亭　耿鸿武
2018年10月出版／估价：99.00元
PSN B-2017-661-1/1

医院蓝皮书
中国医院竞争力报告（2017~2018）
著(编)者：庄一强　2018年3月出版／定价：108.00元
PSN B-2016-528-1/1

瑜伽蓝皮书
中国瑜伽业发展报告（2017~2018）
著(编)者：张永建　徐华锋　朱泰余
2018年6月出版／估价：198.00元
PSN B-2017-625-1/1

债券市场蓝皮书
中国债券市场发展报告（2017~2018）
著(编)者：杨农　2018年10月出版／估价：99.00元
PSN B-2016-572-1/1

志愿服务蓝皮书
中国志愿服务发展报告（2018）
著(编)者：中国志愿服务联合会
2018年11月出版／估价：99.00元
PSN B-2017-664-1/1

中国上市公司蓝皮书
中国上市公司发展报告（2018）
著(编)者：张鹏　张平　黄胤英
2018年9月出版／估价：99.00元
PSN B-2014-414-1/1

中国新三板蓝皮书
中国新三板创新与发展报告（2018）
著(编)者：刘平安　闻召林
2018年8月出版／估价：158.00元
PSN B-2017-638-1/1

中国汽车品牌蓝皮书
中国乘用车品牌发展报告（2017）
著(编)者：《中国汽车报》社有限公司
　　　　　博世（中国）投资有限公司
　　　　　中国汽车技术研究中心数据资源中心
2018年1月出版／定价：89.00元
PSN B-2017-679-1/1

中医文化蓝皮书
北京中医药文化传播发展报告（2018）
著(编)者：毛嘉陵　2018年6月出版／估价：99.00元
PSN B-2015-468-1/2

中医文化蓝皮书
中国中医药文化传播发展报告（2018）
著(编)者：毛嘉陵　2018年7月出版／估价：99.00元
PSN B-2016-584-2/2

中医药蓝皮书
北京中医药知识产权发展报告No.2
著(编)者：汪洪　屠志涛　2018年6月出版／估价：168.00元
PSN B-2017-602-1/1

资本市场蓝皮书
中国场外交易市场发展报告（2016~2017）
著(编)者：高峦　2018年6月出版／估价：99.00元
PSN B-2009-153-1/1

资产管理蓝皮书
中国资产管理行业发展报告（2018）
著(编)者：郑智　2018年7月出版／估价：99.00元
PSN B-2014-407-2/2

资产证券化蓝皮书
中国资产证券化发展报告（2018）
著(编)者：沈炳熙　曹彤　李哲平
2018年4月出版／定价：98.00元
PSN B-2017-660-1/1

自贸区蓝皮书
中国自贸区发展报告（2018）
著(编)者：王力　黄育华
2018年6月出版／估价：99.00元
PSN B-2016-558-1/1

国际问题与全球治理类

皮书系列 2018全品种

国际问题与全球治理类

"一带一路"跨境通道蓝皮书
"一带一路"跨境通道建设研究报（2017~2018）
著（编）者：余鑫 张秋生　2018年1月出版 / 定价：89.00元
PSN B-2016-557-1/1

"一带一路"蓝皮书
"一带一路"建设发展报告（2018）
著（编）者：李永全　2018年3月出版 / 定价：98.00元
PSN B-2016-552-1/1

"一带一路"投资安全蓝皮书
中国"一带一路"投资与安全研究报告（2018）
著（编）者：邹统钎 梁昊光　2018年4月出版 / 定价：98.00元
PSN B-2017-612-1/1

"一带一路"文化交流蓝皮书
中阿文化交流发展报告（2017）
著（编）者：王辉　2017年12月出版 / 定价：89.00元
PSN B-2017-655-1/1

G20国家创新竞争力黄皮书
二十国集团（G20）国家创新竞争力发展报告（2017~2018）
著（编）者：李建平 李闽榕 赵新力 周天勇
2018年7月出版 / 估价：168.00元
PSN Y-2011-229-1/1

阿拉伯黄皮书
阿拉伯发展报告（2016~2017）
著（编）者：罗林　2018年6月出版 / 估价：99.00元
PSN Y-2014-381-1/1

北部湾蓝皮书
泛北部湾合作发展报告（2017~2018）
著（编）者：吕余生　2018年12月出版 / 估价：99.00元
PSN B-2008-114-1/1

北极蓝皮书
北极地区发展报告（2017）
著（编）者：刘惠荣　2018年7月出版 / 估价：99.00元
PSN B-2017-634-1/1

大洋洲蓝皮书
大洋洲发展报告（2017~2018）
著（编）者：喻常森　2018年10月出版 / 估价：99.00元
PSN B-2013-341-1/1

东北亚区域合作蓝皮书
2017年"一带一路"倡议与东北亚区域合作
著（编）者：刘亚政 金美花
2018年5月出版 / 估价：99.00元
PSN B-2017-631-1/1

东盟黄皮书
东盟发展报告（2017）
著（编）者：杨静林 庄国土　2018年6月出版 / 估价：99.00元
PSN Y-2012-303-1/1

东南亚蓝皮书
东南亚地区发展报告（2017~2018）
著（编）者：王勤　2018年12月出版 / 估价：99.00元
PSN B-2012-240-1/1

非洲黄皮书
非洲发展报告No.20（2017~2018）
著（编）者：张宏明　2018年7月出版 / 估价：99.00元
PSN Y-2012-239-1/1

非传统安全蓝皮书
中国非传统安全研究报告（2017~2018）
著（编）者：潇枫 罗中枢　2018年8月出版 / 估价：99.00元
PSN B-2012-273-1/1

国际安全蓝皮书
中国国际安全研究报告（2018）
著（编）者：刘慧　2018年7月出版 / 估价：99.00元
PSN B-2016-521-1/1

国际城市蓝皮书
国际城市发展报告（2018）
著（编）者：屠启宇　2018年2月出版 / 定价：89.00元
PSN B-2012-260-1/1

国际形势黄皮书
全球政治与安全报告（2018）
著（编）者：张宇燕　2018年1月出版 / 定价：99.00元
PSN Y-2001-016-1/1

公共外交蓝皮书
中国公共外交发展报告（2018）
著（编）者：赵启正 雷蔚真　2018年6月出版 / 估价：99.00元
PSN B-2015-457-1/1

海丝蓝皮书
21世纪海上丝绸之路研究报告（2017）
著（编）者：华侨大学海上丝绸之路研究院
2017年12月出版 / 定价：89.00元
PSN B-2017-684-1/1

金砖国家黄皮书
金砖国家综合创新竞争力发展报告（2018）
著（编）者：赵新力 李闽榕 黄茂兴
2018年8月出版 / 估价：128.00元
PSN Y-2017-643-1/1

拉美黄皮书
拉丁美洲和加勒比发展报告（2017~2018）
著（编）者：袁东振　2018年6月出版 / 估价：99.00元
PSN Y-1999-007-1/1

澜湄合作蓝皮书
澜沧江-湄公河合作发展报告（2018）
著（编）者：刘稚　2018年9月出版 / 估价：99.00元
PSN B-2011-196-1/1

国际问题与全球治理类

欧洲蓝皮书
欧洲发展报告（2017~2018）
著(编)者：黄平 周弘 程卫东
2018年6月出版 / 估价：99.00元
PSN B-1999-009-1/1

葡语国家蓝皮书
葡语国家发展报告（2016~2017）
著(编)者：王成安 张敏 刘金兰
2018年6月出版 / 估价：99.00元
PSN B-2015-503-1/2

葡语国家蓝皮书
中国与葡语国家关系发展报告·巴西（2016）
著(编)者：张曙光
2018年8月出版 / 估价：99.00元
PSN B-2016-563-2/2

气候变化绿皮书
应对气候变化报告（2018）
著(编)者：王伟光 郑国光
2018年11月出版 / 估价：99.00元
PSN G-2009-144-1/1

全球环境竞争力绿皮书
全球环境竞争力报告（2018）
著(编)者：李建平 李闽榕 王金南
2018年12月出版 / 估价：198.00元
PSN G-2013-363-1/1

全球信息社会蓝皮书
全球信息社会发展报告（2018）
著(编)者：丁波涛 唐涛 2018年10月出版 / 估价：99.00元
PSN B-2017-665-1/1

日本经济蓝皮书
日本经济与中日经贸关系研究报告（2018）
著(编)者：张季风 2018年6月出版 / 估价：99.00元
PSN B-2008-102-1/1

上海合作组织黄皮书
上海合作组织发展报告（2018）
著(编)者：李进峰 2018年6月出版 / 估价：99.00元
PSN Y-2009-130-1/1

世界创新竞争力黄皮书
世界创新竞争力发展报告（2017）
著(编)者：李建平 李闽榕 赵新力
2018年6月出版 / 估价：168.00元
PSN Y-2013-318-1/1

世界经济黄皮书
2018年世界经济形势分析与预测
著(编)者：张宇燕 2018年1月出版 / 定价：99.00元
PSN Y-1999-006-1/1

世界能源互联网蓝皮书
世界能源清洁发展与互联互通评估报告（2017）：欧洲篇
著(编)者：国网能源研究院
2018年1月出版 / 定价：128.00元
PSN B-2018-695-1/1

丝绸之路蓝皮书
丝绸之路经济带发展报告（2018）
著(编)者：任宗哲 白宽犁 谷孟宾
2018年1月出版 / 定价：89.00元
PSN B-2014-410-1/1

新兴经济体蓝皮书
金砖国家发展报告（2018）
著(编)者：林跃勤 周文
2018年8月出版 / 估价：99.00元
PSN B-2011-195-1/1

亚太蓝皮书
亚太地区发展报告（2018）
著(编)者：李向阳 2018年5月出版 / 估价：99.00元
PSN B-2001-015-1/1

印度洋地区蓝皮书
印度洋地区发展报告（2018）
著(编)者：汪戎 2018年6月出版 / 估价：99.00元
PSN B-2013-334-1/1

印度尼西亚经济蓝皮书
印度尼西亚经济发展报告（2017）：增长与机会
著(编)者：左志刚 2017年11月出版 / 定价：89.00元
PSN B-2017-675-1/1

渝新欧蓝皮书
渝新沿线国家发展报告（2018）
著(编)者：杨柏 黄森
2018年6月出版 / 估价：99.00元
PSN B-2017-626-1/1

中阿蓝皮书
中国-阿拉伯国家经贸发展报告（2018）
著(编)者：张廉 段庆林 王林聪 杨巧红
2018年12月出版 / 估价：99.00元
PSN B-2016-598-1/1

中东黄皮书
中东发展报告No.20（2017~2018）
著(编)者：杨光 2018年10月出版 / 估价：99.00元
PSN Y-1998-004-1/1

中亚黄皮书
中亚国家发展报告（2018）
著(编)者：孙力
2018年3月出版 / 定价：98.00元
PSN Y-2012-238-1/1

皮书系列
2018全品种

国别类·文化传媒类

国别类

澳大利亚蓝皮书
澳大利亚发展报告（2017-2018）
著(编)者：孙有中 韩锋　2018年12月出版 / 估价：99.00元
PSN B-2016-587-1/1

巴西黄皮书
巴西发展报告（2017）
著(编)者：刘国枝　2018年5月出版 / 估价：99.00元
PSN Y-2017-614-1/1

德国蓝皮书
德国发展报告（2018）
著(编)者：郑春荣　2018年6月出版 / 估价：99.00元
PSN B-2012-278-1/1

俄罗斯黄皮书
俄罗斯发展报告（2018）
著(编)者：李永全　2018年6月出版 / 估价：99.00元
PSN Y-2006-061-1/1

韩国蓝皮书
韩国发展报告（2017）
著(编)者：牛林杰 刘宝全　2018年6月出版 / 估价：99.00元
PSN B-2010-155-1/1

加拿大蓝皮书
加拿大发展报告（2018）
著(编)者：唐小松　2018年9月出版 / 估价：99.00元
PSN B-2014-389-1/1

美国蓝皮书
美国研究报告（2018）
著(编)者：郑秉文 黄平　2018年5月出版 / 估价：99.00元
PSN B-2011-210-1/1

缅甸蓝皮书
缅甸国情报告（2017）
著(编)者：祝湘辉
2017年11月出版 / 定价：98.00元
PSN B-2013-343-1/1

日本蓝皮书
日本研究报告（2018）
著(编)者：杨伯江　2018年4月出版 / 定价：99.00元
PSN B-2002-020-1/1

土耳其蓝皮书
土耳其发展报告（2018）
著(编)者：郭长刚 刘义　2018年9月出版 / 估价：99.00元
PSN B-2014-412-1/1

伊朗蓝皮书
伊朗发展报告（2017~2018）
著(编)者：冀开运　2018年10月 / 估价：99.00元
PSN B-2016-574-1/1

以色列蓝皮书
以色列发展报告（2018）
著(编)者：张倩红　2018年8月出版 / 估价：99.00元
PSN B-2015-483-1/1

印度蓝皮书
印度国情报告（2017）
著(编)者：吕昭义　2018年6月出版 / 估价：99.00元
PSN B-2012-241-1/1

英国蓝皮书
英国发展报告（2017~2018）
著(编)者：王展鹏　2018年12月出版 / 估价：99.00元
PSN B-2015-486-1/1

越南蓝皮书
越南国情报告（2018）
著(编)者：谢林城　2018年11月出版 / 估价：99.00元
PSN B-2006-056-1/1

泰国蓝皮书
泰国研究报告（2018）
著(编)者：庄国土 张禹东 刘文正
2018年10月出版 / 估价：99.00元
PSN B-2016-556-1/1

文化传媒类

"三农"舆情蓝皮书
中国"三农"网络舆情报告（2017~2018）
著(编)者：农业部信息中心
2018年6月出版 / 估价：99.00元
PSN B-2017-640-1/1

传媒竞争力蓝皮书
中国传媒国际竞争力研究报告（2018）
著(编)者：李本乾 刘强 王大可
2018年8月出版 / 估价：99.00元
PSN B-2013-356-1/1

传媒蓝皮书
中国传媒产业发展报告（2018）
著(编)者：崔保国
2018年5月出版 / 估价：99.00元
PSN B-2005-035-1/1

传媒投资蓝皮书
中国传媒投资发展报告（2018）
著(编)者：张向东 谭云明
2018年6月出版 / 估价：148.00元
PSN B-2015-474-1/1

皮书系列 2018全品种 — 文化传媒类

非物质文化遗产蓝皮书
中国非物质文化遗产发展报告（2018）
著（编）者：陈平　　2018年6月出版 / 估价：128.00元
PSN B-2015-469-1/2

非物质文化遗产蓝皮书
中国非物质文化遗产保护发展报告（2018）
著（编）者：宋俊华　　2018年10月出版 / 估价：128.00元
PSN B-2016-586-2/2

广电蓝皮书
中国广播电影电视发展报告（2018）
著（编）者：国家新闻出版广电总局发展研究中心
2018年7月出版 / 估价：99.00元
PSN B-2006-072-1/1

广告主蓝皮书
中国广告主营销传播趋势报告No.9
著（编）者：黄升民　杜国清　邵华冬　等
2018年10月出版 / 估价：158.00元
PSN B-2005-041-1/1

国际传播蓝皮书
中国国际传播发展报告（2018）
著（编）者：胡正荣　李继东　姬德强
2018年12月出版 / 估价：99.00元
PSN B-2014-408-1/1

国家形象蓝皮书
中国国家形象传播报告（2017）
著（编）者：张昆　　2018年6月出版 / 估价：128.00元
PSN B-2017-605-1/1

互联网治理蓝皮书
中国网络社会治理研究报告（2018）
著（编）者：罗昕　支庭荣
2018年9月出版 / 估价：118.00元
PSN B-2017-653-1/1

纪录片蓝皮书
中国纪录片发展报告（2018）
著（编）者：何苏六　　2018年10月出版 / 估价：99.00元
PSN B-2011-222-1/1

科学传播蓝皮书
中国科学传播报告（2016~2017）
著（编）者：詹正茂　　2018年6月出版 / 估价：99.00元
PSN B-2008-120-1/1

两岸创意经济蓝皮书
两岸创意经济研究报告（2018）
著（编）者：罗昌智　董泽平
2018年10月出版 / 估价：99.00元
PSN B-2014-437-1/1

媒介与女性蓝皮书
中国媒介与女性发展报告（2017~2018）
著（编）者：刘利群　　2018年5月出版 / 估价：99.00元
PSN B-2013-345-1/1

媒体融合蓝皮书
中国媒体融合发展报告（2017~2018）
著（编）者：梅宁华　支庭荣
2017年12月出版 / 定价：98.00元
PSN B-2015-479-1/1

全球传媒蓝皮书
全球传媒发展报告（2017~2018）
著（编）者：胡正荣　李继东　　2018年6月出版 / 估价：99.00元
PSN B-2012-237-1/1

少数民族非遗蓝皮书
中国少数民族非物质文化遗产发展报告（2018）
著（编）者：肖远平（彝）　柴立（满）
2018年10月出版 / 估价：118.00元
PSN B-2015-467-1/1

视听新媒体蓝皮书
中国视听新媒体发展报告（2018）
著（编）者：国家新闻出版广电总局发展研究中心
2018年7月出版 / 估价：118.00元
PSN B-2011-184-1/1

数字娱乐产业蓝皮书
中国动画产业发展报告（2018）
著（编）者：孙立军　孙平　牛兴侦
2018年10月出版 / 估价：99.00元
PSN B-2011-198-1/2

数字娱乐产业蓝皮书
中国游戏产业发展报告（2018）
著（编）者：孙立军　刘跃军　　2018年10月出版 / 估价：99.00元
PSN B-2011-662-2/2

网络视听蓝皮书
中国互联网视听行业发展报告（2018）
著（编）者：陈鹏　　2018年2月出版 / 定价：148.00元
PSN B-2018-688-1/1

文化创新蓝皮书
中国文化创新报告（2017·No.8）
著（编）者：傅才武　　2018年6月出版 / 估价：99.00元
PSN B-2009-143-1/1

文化建设蓝皮书
中国文化发展报告（2018）
著（编）者：江畅　孙伟平　戴茂堂
2018年5月出版 / 估价：99.00元
PSN B-2014-392-1/1

文化科技蓝皮书
文化科技创新发展报告（2018）
著（编）者：于平　李凤亮　　2018年10月出版 / 估价：99.00元
PSN B-2013-342-1/1

文化蓝皮书
中国公共文化服务发展报告（2017~2018）
著（编）者：刘新成　张永新　张旭
2018年12月出版 / 估价：99.00元
PSN B-2007-093-2/10

文化蓝皮书
中国少数民族文化发展报告（2017~2018）
著（编）者：武翠英　张晓明　任乌晶
2018年9月出版 / 估价：99.00元
PSN B-2013-369-9/10

文化蓝皮书
中国文化产业供需协调检测报告（2018）
著（编）者：王亚南　　2018年3月出版 / 定价：99.00元
PSN B-2013-323-8/10

皮书系列
2018全品种

文化传媒类 · 地方发展类-经济

文化蓝皮书
中国文化消费需求景气评价报告（2018）
著(编)者：王亚南　2018年3月出版／定价：99.00元
PSN B-2011-236-4/10

文化蓝皮书
中国公共文化投入增长测评报告（2018）
著(编)者：王亚南　2018年3月出版／定价：99.00元
PSN B-2014-435-10/10

文化品牌蓝皮书
中国文化品牌发展报告（2018）
著(编)者：欧阳友权　2018年5月出版／估价：99.00元
PSN B-2012-277-1/1

文化遗产蓝皮书
中国文化遗产事业发展报告（2017~2018）
著(编)者：苏杨　张颖岚　卓杰　白海峰　陈晨　陈叙图
2018年8月出版／估价：99.00元
PSN B-2008-119-1/1

文学蓝皮书
中国文情报告（2017~2018）
著(编)者：白烨　2018年5月出版／估价：99.00元
PSN B-2011-221-1/1

新媒体蓝皮书
中国新媒体发展报告No.9（2018）
著(编)者：唐绪军　2018年7月出版／估价：99.00元
PSN B-2010-169-1/1

新媒体社会责任蓝皮书
中国新媒体社会责任研究报告（2018）
著(编)者：钟瑛　2018年12月出版／估价：99.00元
PSN B-2014-423-1/1

移动互联网蓝皮书
中国移动互联网发展报告（2018）
著(编)者：余清楚　2018年6月出版／估价：99.00元
PSN B-2012-282-1/1

影视蓝皮书
中国影视产业发展报告（2018）
著(编)者：司若　陈鹏　陈锐
2018年6月出版／估价：99.00元
PSN B-2016-529-1/1

舆情蓝皮书
中国社会舆情与危机管理报告（2018）
著(编)者：谢耘耕
2018年9月出版／估价：138.00元
PSN B-2011-235-1/1

中国大运河蓝皮书
中国大运河发展报告（2018）
著(编)者：吴欣　2018年2月出版／估价：128.00元
PSN B-2018-691-1/1

地方发展类-经济

澳门蓝皮书
澳门经济社会发展报告（2017~2018）
著(编)者：吴志良　郝雨凡
2018年7月出版／估价：99.00元
PSN B-2009-138-1/1

澳门绿皮书
澳门旅游休闲发展报告（2017~2018）
著(编)者：郝雨凡　林广志
2018年5月出版／估价：99.00元
PSN G-2017-617-1/1

北京蓝皮书
北京经济发展报告（2017~2018）
著(编)者：杨松　2018年6月出版／估价：99.00元
PSN B-2006-054-2/8

北京旅游绿皮书
北京旅游发展报告（2018）
著(编)者：北京旅游学会
2018年7月出版／估价：99.00元
PSN G-2012-301-1/1

北京体育蓝皮书
北京体育产业发展报告（2017~2018）
著(编)者：钟秉枢　陈杰　杨铁黎
2018年9月出版／估价：99.00元
PSN B-2015-475-1/1

滨海金融蓝皮书
滨海新区金融发展报告（2017）
著(编)者：王爱俭　李向前　2018年4月出版／估价：99.00元
PSN B-2014-424-1/1

城乡一体化蓝皮书
北京城乡一体化发展报告（2017~2018）
著(编)者：吴宝新　张宝秀　黄序
2018年5月出版／估价：99.00元
PSN B-2012-258-2/2

非公有制企业社会责任蓝皮书
北京非公有制企业社会责任报告（2018）
著(编)者：宋贵伦　冯培
2018年6月出版／估价：99.00元
PSN B-2017-613-1/1

皮书系列 2018全品种 — 地方发展类-经济

福建旅游蓝皮书
福建省旅游产业发展现状研究（2017~2018）
著(编)者：陈敏华 黄远水　　2018年12月出版／估价：128.00元
PSN B-2016-591-1/1

福建自贸区蓝皮书
中国（福建）自由贸易试验区发展报告(2017~2018)
著(编)者：茅茂兴　　2018年6月出版／估价：118.00元
PSN B-2016-531-1/1

甘肃蓝皮书
甘肃经济发展分析与预测（2018）
著(编)者：安文华 罗哲　　2018年1月出版／定价：99.00元
PSN B-2013-312-1/6

甘肃蓝皮书
甘肃商贸流通发展报告（2018）
著(编)者：张应华 王福生 王晓芳
2018年1月出版／定价：99.00元
PSN B-2016-522-6/6

甘肃蓝皮书
甘肃县域和农村发展报告（2018）
著(编)者：包东红 朱智文 王建兵
2018年1月出版／定价：99.00元
PSN B-2013-316-5/6

甘肃农业科技绿皮书
甘肃农业科技发展研究报告（2018）
著(编)者：魏胜文 乔德华 张东伟
2018年12月出版／估价：198.00元
PSN B-2016-592-1/1

甘肃气象保障蓝皮书
甘肃农业对气候变化的适应与风险评估报告（No.1）
著(编)者：鲍文中 周广胜
2017年12月出版／定价：108.00元
PSN B-2017-677-1/1

巩义蓝皮书
巩义经济社会发展报告（2018）
著(编)者：丁同民 朱军　　2018年6月出版／估价：99.00元
PSN B-2016-532-1/1

广东外经贸蓝皮书
广东对外经济贸易发展研究报告（2017~2018）
著(编)者：陈万灵　　2018年6月出版／估价：99.00元
PSN B-2012-286-1/1

广西北部湾经济区蓝皮书
广西北部湾经济区开放开发报告（2017~2018）
著(编)者：广西壮族自治区北部湾经济区和东盟开放合作办公室
　　　　　广西社会科学院
　　　　　广西北部湾发展研究院
2018年5月出版／估价：99.00元
PSN B-2010-181-1/1

广州蓝皮书
广州城市国际化发展报告（2018）
著(编)者：张跃国　　2018年8月出版／估价：99.00元
PSN B-2012-246-11/14

广州蓝皮书
中国广州城市建设与管理发展报告（2018）
著(编)者：张其学 陈小钢 王宏伟　　2018年8月出版／估价：99.00元
PSN B-2007-087-4/14

广州蓝皮书
广州创新型城市发展报告（2018）
著(编)者：尹涛　　2018年6月出版／估价：99.00元
PSN B-2012-247-12/14

广州蓝皮书
广州经济发展报告（2018）
著(编)者：张跃国 尹涛　　2018年7月出版／估价：99.00元
PSN B-2005-040-1/14

广州蓝皮书
2018年中国广州经济形势分析与预测
著(编)者：魏明海 谢博能 李华
2018年6月出版／估价：99.00元
PSN B-2011-185-9/14

广州蓝皮书
中国广州科技创新发展报告（2018）
著(编)者：于欣伟 陈爽 邓佑满　　2018年8月出版／估价：99.00元
PSN B-2006-065-2/14

广州蓝皮书
广州农村发展报告（2018）
著(编)者：朱名宏　　2018年7月出版／估价：99.00元
PSN B-2010-167-8/14

广州蓝皮书
广州汽车产业发展报告（2018）
著(编)者：杨再高 冯兴亚　　2018年7月出版／估价：99.00元
PSN B-2006-066-3/14

广州蓝皮书
广州商贸业发展报告（2018）
著(编)者：张跃国 陈杰 荀振英
2018年7月出版／估价：99.00元
PSN B-2012-245-10/14

贵阳蓝皮书
贵阳城市创新发展报告No.3（白云篇）
著(编)者：连玉明　　2018年5月出版／估价：99.00元
PSN B-2015-491-3/10

贵阳蓝皮书
贵阳城市创新发展报告No.3（观山湖篇）
著(编)者：连玉明　　2018年5月出版／估价：99.00元
PSN B-2015-497-9/10

贵阳蓝皮书
贵阳城市创新发展报告No.3（花溪篇）
著(编)者：连玉明　　2018年5月出版／估价：99.00元
PSN B-2015-490-2/10

贵阳蓝皮书
贵阳城市创新发展报告No.3（开阳篇）
著(编)者：连玉明　　2018年5月出版／估价：99.00元
PSN B-2015-492-4/10

贵阳蓝皮书
贵阳城市创新发展报告No.3（南明篇）
著(编)者：连玉明　　2018年5月出版／估价：99.00元
PSN B-2015-496-8/10

贵阳蓝皮书
贵阳城市创新发展报告No.3（清镇篇）
著(编)者：连玉明　　2018年5月出版／估价：99.00元
PSN B-2015-489-1/10

地方发展类-经济

皮书系列
2018全品种

贵阳蓝皮书
贵阳城市创新发展报告No.3（乌当篇）
著（编）者：连玉明　2018年5月出版／估价：99.00元
PSN B-2015-495-7/10

贵阳蓝皮书
贵阳城市创新发展报告No.3（息烽篇）
著（编）者：连玉明　2018年5月出版／估价：99.00元
PSN B-2015-493-5/10

贵阳蓝皮书
贵阳城市创新发展报告No.3（修文篇）
著（编）者：连玉明　2018年5月出版／估价：99.00元
PSN B-2015-494-6/10

贵阳蓝皮书
贵阳城市创新发展报告No.3（云岩篇）
著（编）者：连玉明　2018年5月出版／估价：99.00元
PSN B-2015-498-10/10

贵州房地产蓝皮书
贵州房地产发展报告No.5（2018）
著（编）者：武廷方　2018年7月出版／估价：99.00元
PSN B-2014-426-1/1

贵州蓝皮书
贵州册亨经济社会发展报告（2018）
著（编）者：黄德林　2018年6月出版／估价：99.00元
PSN B-2016-525-8/9

贵州蓝皮书
贵州地理标志产业发展报告（2018）
著（编）者：李发耀　黄其松　2018年8月出版／估价：99.00元
PSN B-2017-646-10/10

贵州蓝皮书
贵安新区发展报告（2017~2018）
著（编）者：马长青　吴大华　2018年6月出版／估价：99.00元
PSN B-2015-459-4/10

贵州蓝皮书
贵州国家级开放创新平台发展报告（2017~2018）
著（编）者：申晓庆　吴大华　李泓
2018年11月出版／估价：99.00元
PSN B-2016-518-7/10

贵州蓝皮书
贵州国有企业社会责任发展报告（2017~2018）
著（编）者：郭丽　2018年12月出版／估价：99.00元
PSN B-2015-511-6/10

贵州蓝皮书
贵州民航业发展报告（2017）
著（编）者：申振东　吴大华　2018年6月出版／估价：99.00元
PSN B-2015-471-5/10

贵州蓝皮书
贵州民营经济发展报告（2017）
著（编）者：杨静　吴大华　2018年6月出版／估价：99.00元
PSN B-2016-530-9/9

杭州都市圈蓝皮书
杭州都市圈发展报告（2018）
著（编）者：洪庆华　沈翔　2018年4月出版／估价：98.00元
PSN B-2012-302-1/1

河北经济蓝皮书
河北省经济发展报告（2018）
著（编）者：马树强　金浩　张贵　2018年6月出版／估价：99.00元
PSN B-2014-380-1/1

河北蓝皮书
河北经济社会发展报告（2018）
著（编）者：康振海　2018年1月出版／定价：99.00元
PSN B-2014-372-1/3

河北蓝皮书
京津冀协同发展报告（2018）
著（编）者：陈璐　2017年12月出版／定价：79.00元
PSN B-2017-601-2/3

河南经济蓝皮书
2018年河南经济形势分析与预测
著（编）者：王世炎　2018年3月出版／定价：89.00元
PSN B-2007-086-1/1

河南蓝皮书
河南城市发展报告（2018）
著（编）者：张占仓　王建国　2018年5月出版／估价：99.00元
PSN B-2009-131-3/9

河南蓝皮书
河南工业发展报告（2018）
著（编）者：张占仓　2018年5月出版／估价：99.00元
PSN B-2013-317-5/9

河南蓝皮书
河南金融发展报告（2018）
著（编）者：喻新安　谷建全
2018年6月出版／估价：99.00元
PSN B-2014-390-7/9

河南蓝皮书
河南经济发展报告（2018）
著（编）者：张占仓　完世伟
2018年6月出版／估价：99.00元
PSN B-2010-157-4/9

河南蓝皮书
河南能源发展报告（2018）
著（编）者：国网河南省电力公司经济技术研究院
　　　　　河南省社会科学院
2018年6月出版／估价：99.00元
PSN B-2017-607-9/9

河南商务蓝皮书
河南商务发展报告（2018）
著（编）者：焦锦淼　穆荣国　2018年5月出版／估价：99.00元
PSN B-2014-399-1/1

河南双创蓝皮书
河南创新创业发展报告（2018）
著（编）者：喻新安　杨雪梅
2018年8月出版／估价：99.00元
PSN B-2017-641-1/1

黑龙江蓝皮书
黑龙江经济发展报告（2018）
著（编）者：朱宇　2018年1月出版／定价：89.00元
PSN B-2011-190-2/2

皮书系列 2018全品种

地方发展类–经济

湖南城市蓝皮书
区域城市群整合
著(编)者：童中贤 韩未名　2018年12月出版 / 估价：99.00元
PSN B-2006-064-1/1

湖南蓝皮书
湖南城乡一体化发展报告（2018）
著(编)者：陈文胜 王文强 陆福兴
2018年8月出版 / 估价：99.00元
PSN B-2015-477-8/8

湖南蓝皮书
2018年湖南电子政务发展报告
著(编)者：梁志峰　2018年5月出版 / 估价：128.00元
PSN B-2014-394-6/8

湖南蓝皮书
2018年湖南经济发展报告
著(编)者：卞鹰　2018年5月出版 / 估价：128.00元
PSN B-2011-207-2/8

湖南蓝皮书
2016年湖南经济展望
著(编)者：梁志峰　2018年5月出版 / 估价：128.00元
PSN B-2011-206-1/8

湖南蓝皮书
2018年湖南县域经济社会发展报告
著(编)者：梁志峰　2018年5月出版 / 估价：128.00元
PSN B-2014-395-7/8

湖南县域绿皮书
湖南县域发展报告（No.5）
著(编)者：袁准 周小毛 黎仁寅
2018年6月出版 / 估价：99.00元
PSN G-2012-274-1/1

沪港蓝皮书
沪港发展报告（2018）
著(编)者：尤安山　2018年9月出版 / 估价：99.00元
PSN B-2013-362-1/1

吉林蓝皮书
2018年吉林经济社会形势分析与预测
著(编)者：邵汉明　2017年12月出版 / 定价：89.00元
PSN B-2013-319-1/1

吉林省城市竞争力蓝皮书
吉林省城市竞争力报告（2017~2018）
著(编)者：崔岳春 张磊
2018年3月出版 / 定价：89.00元
PSN B-2016-513-1/1

济源蓝皮书
济源经济社会发展报告（2018）
著(编)者：喻新安　2018年6月出版 / 估价：99.00元
PSN B-2014-387-1/1

江苏蓝皮书
2018年江苏经济发展分析与展望
著(编)者：王庆五 吴先满
2018年7月出版 / 估价：128.00元
PSN B-2017-635-1/3

江西蓝皮书
江西经济社会发展报告（2018）
著(编)者：陈石俊 龚建文　2018年10月出版 / 估价：128.00元
PSN B-2015-484-1/2

江西蓝皮书
江西设区市发展报告（2018）
著(编)者：姜玮 梁勇
2018年10月出版 / 估价：99.00元
PSN B-2016-517-2/2

经济特区蓝皮书
中国经济特区发展报告（2017）
著(编)者：陶一桃　2018年1月出版 / 估价：99.00元
PSN B-2009-139-1/1

辽宁蓝皮书
2018年辽宁经济社会形势分析与预测
著(编)者：梁启东 魏红江　2018年6月出版 / 估价：99.00元
PSN B-2006-053-1/1

民族经济蓝皮书
中国民族地区经济发展报告（2018）
著(编)者：李曦辉　2018年7月出版 / 估价：99.00元
PSN B-2017-630-1/1

南宁蓝皮书
南宁经济发展报告（2018）
著(编)者：胡建华　2018年9月出版 / 估价：99.00元
PSN B-2016-569-2/3

内蒙古蓝皮书
内蒙古精准扶贫研究报告（2018）
著(编)者：张志华　2018年1月出版 / 定价：89.00元
PSN B-2017-681-2/2

浦东新区蓝皮书
上海浦东经济发展报告（2018）
著(编)者：周小平 徐美芳
2018年1月出版 / 定价：89.00元
PSN B-2011-225-1/1

青海蓝皮书
2018年青海经济社会形势分析与预测
著(编)者：陈玮　2018年1月出版 / 定价：98.00元
PSN B-2012-275-1/2

青海科技绿皮书
青海科技发展报告（2017）
著(编)者：青海省科学技术信息研究所
2018年3月出版 / 定价：98.00元
PSN G-2018-701-1/1

山东蓝皮书
山东经济形势分析与预测（2018）
著(编)者：李广杰　2018年7月出版 / 估价：99.00元
PSN B-2014-404-1/5

山东蓝皮书
山东省普惠金融发展报告（2018）
著(编)者：齐鲁财富网
2018年9月出版 / 估价：99.00元
PSN B2017-676-5/5

地方发展类-经济

皮书系列 2018全品种

山西蓝皮书
山西资源型经济转型发展报告（2018）
著（编）者：李志强　　2010年7月出版 / 估价：99.00元
PSN B-2011-197-1/1

陕西蓝皮书
陕西经济发展报告（2018）
著（编）者：任宗哲　白宽犁　裴成荣
2018年1月出版 / 定价：89.00元
PSN B-2009-135-1/6

陕西蓝皮书
陕西精准脱贫研究报告（2018）
著（编）者：任宗哲　白宽犁　王建康
2018年4月出版 / 定价：89.00元
PSN B-2017-623-6/6

上海蓝皮书
上海经济发展报告（2018）
著（编）者：沈开艳　　2018年2月出版 / 定价：89.00元
PSN B-2006-057-1/7

上海蓝皮书
上海资源环境发展报告（2018）
著（编）者：周冯琦　胡静　　2018年2月出版 / 定价：89.00元
PSN B-2006-060-4/7

上海蓝皮书
上海奉贤经济发展分析与研判（2017~2018）
著（编）者：张兆安　朱平芳　　2018年3月出版 / 定价：99.00元
PSN B-2018-698-8/8

上饶蓝皮书
上饶发展报告（2016~2017）
著（编）者：廖其志　　2018年6月出版 / 估价：128.00元
PSN B-2014-377-1/1

深圳蓝皮书
深圳经济发展报告（2018）
著（编）者：张骁儒　　2018年6月出版 / 估价：99.00元
PSN B-2008-112-3/7

四川蓝皮书
四川城镇化发展报告（2018）
著（编）者：侯水平　陈炜　　2018年6月出版 / 估价：99.00元
PSN B-2015-456-7/7

四川蓝皮书
2018年四川经济形势分析与预测
著（编）者：杨钢　　2018年1月出版 / 定价：158.00元
PSN B-2007-098-2/7

四川蓝皮书
四川企业社会责任研究报告（2017~2018）
著（编）者：侯水平　盛毅　　2018年5月出版 / 估价：99.00元
PSN B-2014-386-4/7

四川蓝皮书
四川生态建设报告（2018）
著（编）者：李晟之　　2018年5月出版 / 估价：99.00元
PSN B-2015-455-6/7

四川蓝皮书
四川特色小镇发展报告（2017）
著（编）者：吴志强　　2017年11月出版 / 定价：89.00元
PSN B-2017-670-8/8

体育蓝皮书
上海体育产业发展报告（2017~2018）
著（编）者：张林　黄海燕
2018年10月出版 / 估价：99.00元
PSN B-2015-454-4/5

体育蓝皮书
长三角地区体育产业发展报（2017~2018）
著（编）者：张林　　2018年6月出版 / 估价：99.00元
PSN B-2015-453-3/5

天津金融蓝皮书
天津金融发展报告（2018）
著（编）者：王爱俭　孔德昌
2018年5月出版 / 估价：99.00元
PSN B-2014-418-1/1

图们江区域合作蓝皮书
图们江区域合作发展报告（2018）
著（编）者：李铁　　2018年6月出版 / 估价：99.00元
PSN B-2015-464-1/1

温州蓝皮书
2018年温州经济社会形势分析与预测
著（编）者：蒋儒标　王春光　金浩
2018年6月出版 / 估价：99.00元
PSN B-2008-105-1/1

西咸新区蓝皮书
西咸新区发展报告（2018）
著（编）者：李扬　王军
2018年6月出版 / 估价：99.00元
PSN B-2016-534-1/1

修武蓝皮书
修武经济社会发展报告（2018）
著（编）者：张占仓　袁凯声
2018年10月出版 / 估价：99.00元
PSN B-2017-651-1/1

偃师蓝皮书
偃师经济社会发展报告（2018）
著（编）者：张占仓　袁凯声　何武周
2018年7月出版 / 估价：99.00元
PSN B-2017-627-1/1

扬州蓝皮书
扬州经济社会发展报告（2018）
著（编）者：陈扬
2018年12月出版 / 估价：108.00元
PSN B-2011-191-1/1

长垣蓝皮书
长垣经济社会发展报告（2018）
著（编）者：张占仓　袁凯声　秦保建
2018年10月出版 / 估价：99.00元
PSN B-2017-654-1/1

遵义蓝皮书
遵义发展报告（2018）
著（编）者：邓彦　曾征　龚永育
2018年9月出版 / 估价：99.00元
PSN B-2014-433-1/1

皮书系列 2018全品种
地方发展类-社会

地方发展类-社会

安徽蓝皮书
安徽社会发展报告（2018）
著(编)者：程桦　2018年6月出版 / 估价：99.00元
PSN B-2013-325-1/1

安徽社会建设蓝皮书
安徽社会建设分析报告（2017~2018）
著(编)者：黄家海　蔡宪
2018年11月出版 / 估价：99.00元
PSN B-2013-322-1/1

北京蓝皮书
北京公共服务发展报告（2017~2018）
著(编)者：施昌奎　2018年6月出版 / 估价：99.00元
PSN B-2008-103-7/8

北京蓝皮书
北京社会发展报告（2017~2018）
著(编)者：李伟东
2018年7月出版 / 估价：99.00元
PSN B-2006-055-3/8

北京蓝皮书
北京社会治理发展报告（2017~2018）
著(编)者：殷星辰　2018年7月出版 / 估价：99.00元
PSN B-2014-391-8/8

北京律师蓝皮书
北京律师发展报告No.4（2018）
著(编)者：王隽　2018年12月出版 / 估价：99.00元
PSN B-2011-217-1/1

北京人才蓝皮书
北京人才发展报告（2018）
著(编)者：敏华　2018年12月出版 / 估价：128.00元
PSN B-2011-201-1/1

北京社会心态蓝皮书
北京社会心态分析报告（2017~2018）
北京市社会心理服务促进中心
2018年10月出版 / 估价：99.00元
PSN B-2014-422-1/1

北京社会组织管理蓝皮书
北京社会组织发展与管理（2018）
著(编)者：黄江松
2018年6月出版 / 估价：99.00元
PSN B-2015-446-1/1

北京养老产业蓝皮书
北京居家养老发展报告（2018）
著(编)者：陆杰华　周明明
2018年8月出版 / 估价：99.00元
PSN B-2015-465-1/1

法治蓝皮书
四川依法治省年度报告No.4（2018）
著(编)者：李林　杨天宗　田禾
2018年3月出版 / 定价：118.00元
PSN B-2015-447-2/3

福建妇女发展蓝皮书
福建省妇女发展报告（2018）
著(编)者：刘群英　2018年11月出版 / 估价：99.00元
PSN B-2011-220-1/1

甘肃蓝皮书
甘肃社会发展分析与预测（2018）
著(编)者：安文华　谢增虎　包晓霞
2018年1月出版 / 定价：99.00元
PSN B-2013-313-2/6

广东蓝皮书
广东全面深化改革研究报告（2018）
著(编)者：周林生　涂成林
2018年12月出版 / 估价：99.00元
PSN B-2015-504-3/3

广东蓝皮书
广东社会工作发展报告（2018）
著(编)者：罗观翠　2018年6月出版 / 估价：99.00元
PSN B-2014-402-2/3

广州蓝皮书
广州青年发展报告（2018）
著(编)者：徐柳　张强
2018年8月出版 / 估价：99.00元
PSN B-2013-352-13/14

广州蓝皮书
广州社会保障发展报告（2018）
著(编)者：张跃国　2018年8月出版 / 估价：99.00元
PSN B-2014-425-14/14

广州蓝皮书
2018年中国广州社会形势分析与预测
著(编)者：张强　郭志勇　何镜清
2018年6月出版 / 估价：99.00元
PSN B-2008-110-5/14

贵州蓝皮书
贵州法治发展报告（2018）
著(编)者：吴大华　2018年5月出版 / 估价：99.00元
PSN B-2012-254-2/10

贵州蓝皮书
贵州人才发展报告（2017）
著(编)者：于杰　吴大华
2018年9月出版 / 估价：99.00元
PSN B-2014-382-3/10

贵州蓝皮书
贵州社会发展报告（2018）
著(编)者：王兴骥　2018年6月出版 / 估价：99.00元
PSN B-2010-166-1/10

杭州蓝皮书
杭州妇女发展报告（2018）
著(编)者：魏颖
2018年10月出版 / 估价：99.00元
PSN B-2014-403-1/1

地方发展类-社会

皮书系列
2018全品种

河北蓝皮书
河北法治发展报告（2018）
著(编)者：康振海　2018年6月出版／估价：99.00元
PSN B-2017-622-3/3

河北食品药品安全蓝皮书
河北食品药品安全研究报告（2018）
著(编)者：丁锦霞
2018年10月出版／估价：99.00元
PSN B-2015-473-1/1

河南蓝皮书
河南法治发展报告（2018）
著(编)者：张林海　2018年7月出版／估价：99.00元
PSN B-2014-376-6/9

河南蓝皮书
2018年河南社会形势分析与预测
著(编)者：牛苏林　2018年5月出版／估价：99.00元
PSN B-2005-043-1/9

河南民办教育蓝皮书
河南民办教育发展报告（2018）
著(编)者：胡大白　2018年9月出版／估价：99.00元
PSN B-2017-642-1/1

黑龙江蓝皮书
黑龙江社会发展报告（2018）
著(编)者：王爱丽　2018年1月出版／定价：89.00元
PSN B-2011-189-1/2

湖南蓝皮书
2018年湖南两型社会与生态文明建设报告
著(编)者：卞鹰　2018年5月出版／估价：128.00元
PSN B-2011-208-3/8

湖南蓝皮书
2018年湖南社会发展报告
著(编)者：卞鹰　2018年5月出版／估价：128.00元
PSN B-2014-393-5/8

健康城市蓝皮书
北京健康城市建设研究报告（2018）
著(编)者：王鸿春　盛继洪
2018年9月出版／估价：99.00元
PSN B-2015-460-1/2

江苏法治蓝皮书
江苏法治发展报告No.6（2017）
著(编)者：蔡道通　龚廷泰
2018年8月出版／估价：99.00元
PSN B-2012-290-1/1

江苏蓝皮书
2018年江苏社会发展分析与展望
著(编)者：王庆五　刘旺洪
2018年8月出版／估价：128.00元
PSN B-2017-636-2/3

民族教育蓝皮书
中国民族教育发展报告（2017·内蒙古卷）
著(编)者：陈中永
2017年12月出版／定价：198.00元
PSN B-2017-669-1/1

南宁蓝皮书
南宁法治发展报告（2018）
著(编)者：杨维超　2018年12月出版／估价：99.00元
PSN B-2015-509-1/3

南宁蓝皮书
南宁社会发展报告（2018）
著(编)者：胡建华　2018年10月出版／估价：99.00元
PSN B-2016-570-3/3

内蒙古蓝皮书
内蒙古反腐倡廉建设报告No.2
著(编)者：张志华　2018年6月出版／估价：99.00元
PSN B-2013-365-1/1

青海蓝皮书
2018年青海人才发展报告
著(编)者：王宇燕　2018年9月出版／估价：99.00元
PSN B-2017-650-2/2

青海生态文明建设蓝皮书
青海生态文明建设报告（2018）
著(编)者：张西明　高华　2018年12月出版／估价：99.00元
PSN B-2016-595-1/1

人口与健康蓝皮书
深圳人口与健康发展报告（2018）
著(编)者：陆杰华　傅崇辉
2018年11月出版／估价：99.00元
PSN B-2011-228-1/1

山东蓝皮书
山东社会形势分析与预测（2018）
著(编)者：李善峰　2018年6月出版／估价：99.00元
PSN B-2014-405-2/5

陕西蓝皮书
陕西社会发展报告（2018）
著(编)者：任宗哲　白宽犁　牛昉
2018年1月出版／定价：89.00元
PSN B-2009-136-2/6

上海蓝皮书
上海法治发展报告（2018）
著(编)者：叶必丰　2018年9月出版／估价：99.00元
PSN B-2012-296-6/7

上海蓝皮书
上海社会发展报告（2018）
著(编)者：杨雄　周海旺
2018年2月出版／定价：89.00元
PSN B-2006-058-2/7

皮书系列 2018全品种 地方发展类-社会 · 地方发展类-文化

社会建设蓝皮书
2018年北京社会建设分析报告
著(编)者：宋贵伦 冯虹　2018年9月出版 / 估价：99.00元
PSN B-2010-173-1/1

深圳蓝皮书
深圳法治发展报告（2018）
著(编)者：张骁儒　2018年6月出版 / 估价：99.00元
PSN B-2015-470-6/7

深圳蓝皮书
深圳劳动关系发展报告（2018）
著(编)者：汤庭芬　2018年8月出版 / 估价：99.00元
PSN B-2007-097-2/7

深圳蓝皮书
深圳社会治理与发展报告（2018）
著(编)者：张骁儒　2018年6月出版 / 估价：99.00元
PSN B-2008-113-4/7

生态安全绿皮书
甘肃国家生态安全屏障建设发展报告（2018）
著(编)者：刘举科 喜文华
2018年10月出版 / 99.00元
PSN G-2017-659-1/1

顺义社会建设蓝皮书
北京市顺义区社会建设发展报告（2018）
著(编)者：王学武　2018年9月出版 / 估价：99.00元
PSN B-2017-658-1/1

四川蓝皮书
四川法治发展报告（2018）
著(编)者：郑泰安　2018年6月出版 / 估价：99.00元
PSN B-2015-441-5/7

四川蓝皮书
四川社会发展报告（2018）
著(编)者：李羚　2018年6月出版 / 估价：99.00元
PSN B-2008-127-3/7

四川社会工作与管理蓝皮书
四川省社会工作人力资源发展报告（2017）
著(编)者：边慧敏　2017年12月出版 / 定价：89.00元
PSN B-2017-683-1/1

云南社会治理蓝皮书
云南社会治理年度报告（2017）
著(编)者：晏雄 韩全芳
2018年5月出版 / 估价：99.00元
PSN B-2017-667-1/1

地方发展类-文化

北京传媒蓝皮书
北京新闻出版广电发展报告（2017~2018）
著(编)者：王志　2018年11月出版 / 估价：99.00元
PSN B-2016-588-1/1

北京蓝皮书
北京文化发展报告（2017~2018）
著(编)者：李建盛　2018年5月出版 / 估价：99.00元
PSN B-2007-082-4/8

创意城市蓝皮书
北京文化创意产业发展报告（2018）
著(编)者：郭万超 张京成　2018年12月出版 / 估价：99.00元
PSN B-2012-263-1/7

创意城市蓝皮书
天津文化创意产业发展报告（2017~2018）
著(编)者：谢思全　2018年6月出版 / 估价：99.00元
PSN B-2016-536-7/7

创意城市蓝皮书
武汉文化创意产业发展报告（2018）
著(编)者：黄永林 陈汉桥　2018年12月出版 / 估价：99.00元
PSN B-2013-354-4/7

创意上海蓝皮书
上海文化创意产业发展报告（2017~2018）
著(编)者：王慧敏 王兴全　2018年8月出版 / 估价：99.00元
PSN B-2016-561-1/1

非物质文化遗产蓝皮书
广州市非物质文化遗产保护发展报告（2018）
著(编)者：宋俊华　2018年12月出版 / 估价：99.00元
PSN B-2016-589-1/1

甘肃蓝皮书
甘肃文化发展分析与预测（2018）
著(编)者：马廷旭 戚晓萍　2018年1月出版 / 定价：99.00元
PSN B-2013-314-3/6

甘肃蓝皮书
甘肃舆情分析与预测（2018）
著(编)者：王俊莲 张谦元　2018年1月出版 / 定价：99.00元
PSN B-2013-315-4/6

广州蓝皮书
中国广州文化发展报告（2018）
著(编)者：屈哨兵 陆志强　2018年6月出版 / 估价：99.00元
PSN B-2009-134-7/14

广州蓝皮书
广州文化创意产业发展报告（2018）
著(编)者：徐咏虹　2018年7月出版 / 估价：99.00元
PSN B-2008-111-6/14

海淀蓝皮书
海淀区文化和科技融合发展报告（2018）
著(编)者：陈名杰 孟景伟　2018年5月出版 / 估价：99.00元
PSN B-2013-329-1/1

地方发展类-文化

皮书系列 2018全品种

河南蓝皮书
河南文化发展报告（2018）
著(编)者：卫绍生　　2018年7月出版／估价：99.00元
PSN B-2008-106-2/9

湖北文化产业蓝皮书
湖北省文化产业发展报告（2018）
著(编)者：黄晓华　　2018年9月出版／估价：99.00元
PSN B-2017-656-1/1

湖北文化蓝皮书
湖北文化发展报告（2017~2018）
著(编)者：湖北大学高等人文研究院
　　　　　中华文化发展湖北省协同创新中心
2018年10月出版／估价：99.00元
PSN B-2016-566-1/1

江苏蓝皮书
2018年江苏文化发展分析与展望
著(编)者：王庆五　樊和平　　2018年9月出版／估价：128.00元
PSN B-2017-637-3/3

江西文化蓝皮书
江西非物质文化遗产发展报告（2018）
著(编)者：张圣才　傅安平　　2018年12月出版／估价：128.00元
PSN B-2015-499-1/1

洛阳蓝皮书
洛阳文化发展报告（2018）
著(编)者：刘福兴　陈启明　　2018年7月出版／估价：99.00元
PSN B-2015-476-1/1

南京蓝皮书
南京文化发展报告（2018）
著(编)者：中共南京市委宣传部
2018年12月出版／估价：99.00元
PSN B-2014-439-1/1

宁波文化蓝皮书
宁波"一人一艺"全民艺术普及发展报告（2017）
著(编)者：张爱琴　　2018年11月出版／估价：128.00元
PSN B-2017-668-1/1

山东蓝皮书
山东文化发展报告（2018）
著(编)者：涂可国　　2018年5月出版／估价：99.00元
PSN B-2014-406-3/5

陕西蓝皮书
陕西文化发展报告（2018）
著(编)者：任宗哲　白宽犁　王长寿
2018年1月出版／定价：89.00元
PSN B-2009-137-3/6

上海蓝皮书
上海传媒发展报告（2018）
著(编)者：强荧　焦雨虹　　2018年2月出版／定价：89.00元
PSN B-2012-295-5/7

上海蓝皮书
上海文学发展报告（2018）
著(编)者：陈圣来　　2018年6月出版／估价：99.00元
PSN B-2012-297-7/7

上海蓝皮书
上海文化发展报告（2018）
著(编)者：荣跃明　　2018年6月出版／估价：99.00元
PSN B-2006-059-3/7

深圳蓝皮书
深圳文化发展报告（2018）
著(编)者：张骁儒　　2018年7月出版／估价：99.00元
PSN B-2016-554-7/7

四川蓝皮书
四川文化产业发展报告（2018）
著(编)者：向宝云　张立伟　　2018年6月出版／估价：99.00元
PSN B-2006-074-1/7

郑州蓝皮书
2018年郑州文化发展报告
著(编)者：王哲　　2018年9月出版／估价：99.00元
PSN B-2008-107-1/1

社会科学文献出版社　皮书系列

❖ 皮书起源 ❖

"皮书"起源于十七、十八世纪的英国，主要指官方或社会组织正式发表的重要文件或报告，多以"白皮书"命名。在中国，"皮书"这一概念被社会广泛接受，并被成功运作、发展成为一种全新的出版形态，则源于中国社会科学院社会科学文献出版社。

❖ 皮书定义 ❖

皮书是对中国与世界发展状况和热点问题进行年度监测，以专业的角度、专家的视野和实证研究方法，针对某一领域或区域现状与发展态势展开分析和预测，具备原创性、实证性、专业性、连续性、前沿性、时效性等特点的公开出版物，由一系列权威研究报告组成。

❖ 皮书作者 ❖

皮书系列的作者以中国社会科学院、著名高校、地方社会科学院的研究人员为主，多为国内一流研究机构的权威专家学者，他们的看法和观点代表了学界对中国与世界的现实和未来最高水平的解读与分析。

❖ 皮书荣誉 ❖

皮书系列已成为社会科学文献出版社的著名图书品牌和中国社会科学院的知名学术品牌。2016年，皮书系列正式列入"十三五"国家重点出版规划项目；2013~2018年，重点皮书列入中国社会科学院承担的国家哲学社会科学创新工程项目；2018年，59种院外皮书使用"中国社会科学院创新工程学术出版项目"标识。

中国皮书网

（网址：www.pishu.cn）

发布皮书研创资讯，传播皮书精彩内容
引领皮书出版潮流，打造皮书服务平台

栏目设置

关于皮书：何谓皮书、皮书分类、皮书大事记、皮书荣誉、
皮书出版第一人、皮书编辑部

最新资讯：通知公告、新闻动态、媒体聚焦、网站专题、视频直播、下载专区

皮书研创：皮书规范、皮书选题、皮书出版、皮书研究、研创团队

皮书评奖评价：指标体系、皮书评价、皮书评奖

互动专区：皮书说、社科数托邦、皮书微博、留言板

所获荣誉

2008年、2011年，中国皮书网均在全国新闻出版业网站荣誉评选中获得"最具商业价值网站"称号；

2012年，获得"出版业网站百强"称号。

网库合一

2014年，中国皮书网与皮书数据库端口合一，实现资源共享。

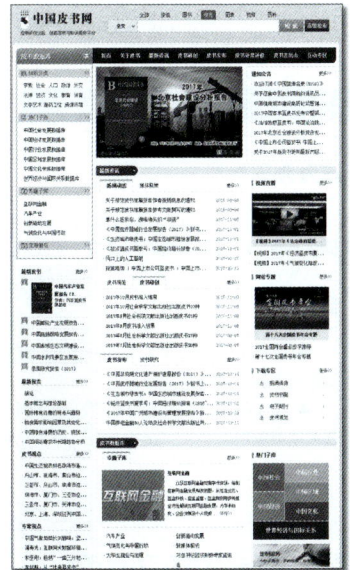

权威报告·一手数据·特色资源

皮书数据库
ANNUAL REPORT(YEARBOOK) DATABASE

当代中国经济与社会发展高端智库平台

所获荣誉

- 2016年，入选"'十三五'国家重点电子出版物出版规划骨干工程"
- 2015年，荣获"搜索中国正能量 点赞2015""创新中国科技创新奖"
- 2013年，荣获"中国出版政府奖·网络出版物奖"提名奖
- 连续多年荣获中国数字出版博览会"数字出版·优秀品牌"奖

成为会员

通过网址www.pishu.com.cn或使用手机扫描二维码进入皮书数据库网站，进行手机号码验证或邮箱验证即可成为皮书数据库会员（建议通过手机号码快速验证注册）。

会员福利

- 使用手机号码首次注册的会员，账号自动充值100元体验金，可直接购买和查看数据库内容（仅限使用手机号码快速注册）。
- 已注册用户购书后可免费获赠100元皮书数据库充值卡。刮开充值卡涂层获取充值密码，登录并进入"会员中心"—"在线充值"—"充值卡充值"，充值成功后即可购买和查看数据库内容。

数据库服务热线：400-008-6695　　图书销售热线：010-59367070/7028
数据库服务QQ：2475522410　　　　图书服务QQ：1265056568
数据库服务邮箱：database@ssap.cn　图书服务邮箱：duzhe@ssap.cn

更多信息请登录

皮书数据库
http://www.pishu.com.cn

中国皮书网
http://www.pishu.cn

皮书微博
http://weibo.com/pishu

皮书微信"皮书说"

请到当当、亚马逊、京东或各地书店购买,也可办理邮购

咨询 / 邮购电话:010-59367028 59367070
邮　　箱:duzhe@ssap.cn
邮购地址:北京市西城区北三环中路甲29号院3号楼
　　　　华龙大厦13层读者服务中心
邮　　编:100029
银行户名:社会科学文献出版社
开户银行:中国工商银行北京北太平庄支行
账　　号:0200010019200365434